U0895104

经邦济民 治学创新

我与马克思主义经济学

郭 飞◎著

中国财经出版传媒集团
经济科学出版社
Economic Science Press

图书在版编目（CIP）数据

经邦济民治学创新：我与马克思主义经济学/郭飞著. —北京：经济科学出版社，2019. 8

ISBN 978 -7 -5218 -0826 -1

Ⅰ. ①经… Ⅱ. ①郭… Ⅲ. ①马克思主义政治经济学 - 研究 Ⅳ. ①F0 -0

中国版本图书馆 CIP 数据核字（2019）第 187491 号

责任编辑：范 莹
责任校对：王肖楠
责任印制：李 鹏

经邦济民治学创新
——我与马克思主义经济学
郭 飞 著
经济科学出版社出版、发行 新华书店经销
社址：北京市海淀区阜成路甲 28 号 邮编：100142
总编部电话：010 -88191217 发行部电话：010 -88191522
网址：www. esp. com. cn
电子邮箱：esp@ esp. com. cn
天猫网店：经济科学出版社旗舰店
网址：http://jjkxcbs. tmall. com
北京季蜂印刷有限公司印装
710 ×1000 16 开 25 印张 420000 字
2019 年 8 月第 1 版 2019 年 8 月第 1 次印刷
ISBN 978 -7 -5218 -0826 -1 定价：126. 00 元
（图书出现印装问题，本社负责调换。电话：010 -88191510）

1955 年幼儿时期的郭飞（左 1）

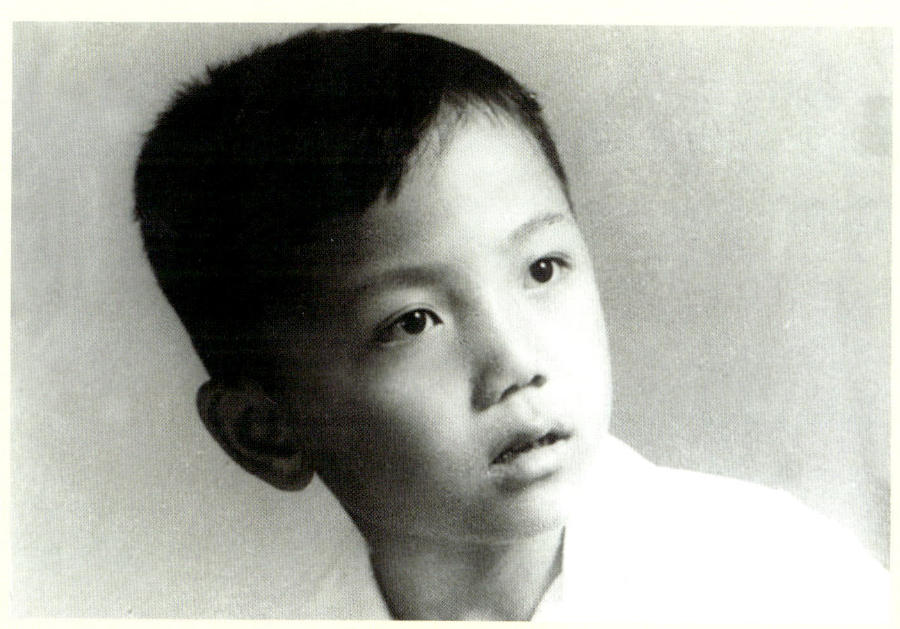

1962 年小学时期的郭飞

1965 年 7 月郭飞（第 4 排左 10）的小学毕业合影

1967 年初中时期的郭飞

1970 年 1 月郭飞在下乡插队期间写的短文《读书》中的部分手迹

1971 年 5 月郭飞（前排）在前郭县“八三工程”指挥部工作期间与同事合影

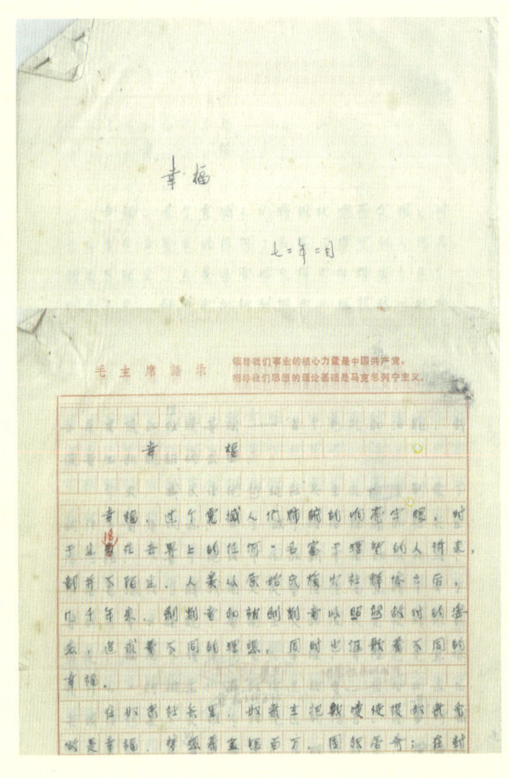

幸福

七二年二月

毛主席语录 领导我们事业的核心力量是中国共产党。指导我们思想的理论基础是马克思列宁主义。

幸福

幸福，这个震撼人们心弦的响亮字眼，对于生活在世界上的任何一个富于理智的人讲来，都并不陌生。人类从原始氏族公社解体之后，几千年来，剥削者和被剥削者以[illegible]的姿态，追求着不同的理想，同时也体验着不同的幸福。

在奴隶社会里，奴隶主把[illegible]就是幸福，梦想着金银百万，囤积居奇；在封

1972 年 2 月郭飞在前郭县苇场工作期间写的《幸福》一文

1973 年 5 月大学本科期间的郭飞

1975 年 1 月郭飞（第 5 排左 7）的大学毕业合影

1983 年冬郭飞（第 4 排左 5）与长春地质学院（后更名为长春科技大学并入吉林大学）社会科学系同事合影

1983 年 1 月郭飞（第 4 排左 11）在教育部委托吉林大学举办的全国高校政治经济学教师进修班结业时合影

1986 年 4 月郭飞（第 1 排左 7）在东北师范大学青年经济研究会成立后与部分师生合影

1987 年 6 月郭飞（左 5）与东北师范大学政治经济学专业部分研究生合影

1988 年 6 月郭飞（第 2 排左 1）参加硕士学位论文答辩后与答辩委员会主席张大简教授（第 1 排左 2，时任吉林省社联副主席、中共吉林省委党校副校长）和导师曹序教授（第 1 排左 3）等合影

2000 年 11 月郭飞在中国金融学院（隶属中国人民银行，由全国九大金融机构创办）门前留影

1995 年 5 月郭飞在家中留影

1997 年 5 月的郭飞

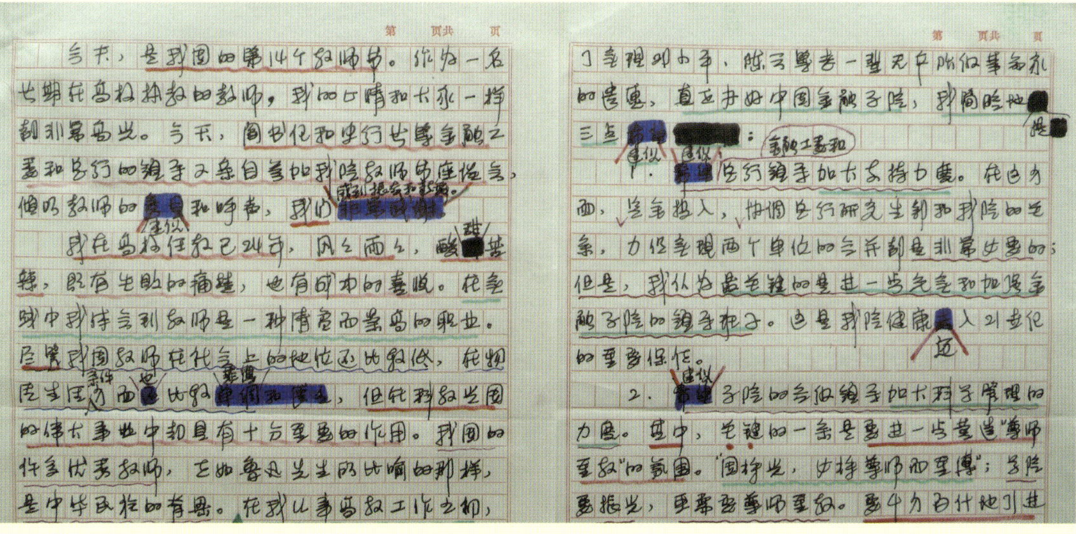

1998 年 9 月郭飞在有中央金融工委和中国人民银行领导参加的中国金融学院教师代表座谈会上的发言稿

2001 年起郭飞在对外经济贸易大学国际经济贸易学院任教

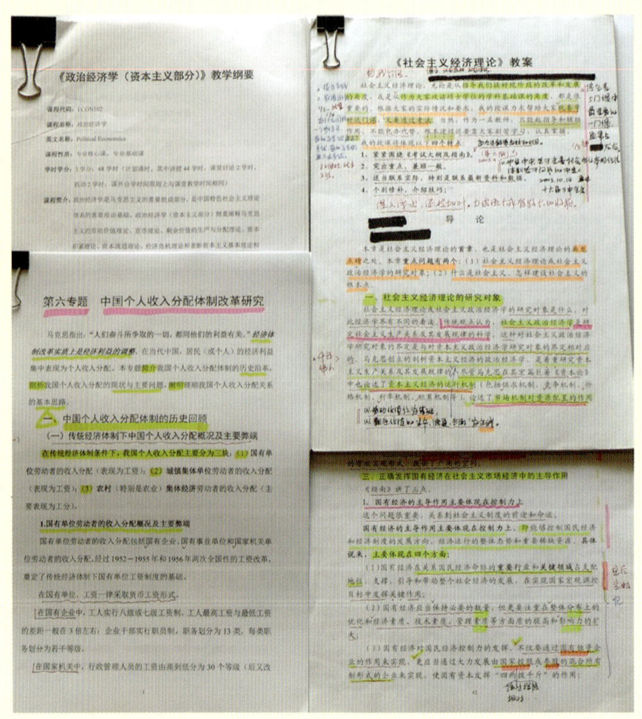

《政治经济学（资本主义部分）》教学纲要

第六专题　中国个人收入分配体制改革研究

一、中国个人收入分配体制的历史回顾

（一）传统经济体制下中国个人收入分配概况及主要弊端

在传统经济体制条件下，我国个人收入分配主要分为三块：（1）国有单位劳动者的收入分配（表现为工资）；（2）城镇集体单位劳动者的收入分配（表现为工资）；（3）农村（特别是农业）集体经济劳动者的收入分配（主要表现为工分）。

1.国有单位劳动者的收入分配概况及主要弊端

《社会主义经济理论》教案

1. 紧紧围绕《考试大纲及指南》。
2. 突出重点，兼顾一般。
3. 适当联系实际，特别是联系最新资料和数据。
4. 个别结合，介绍技巧。

导　论

一、社会主义经济理论的研究对象

三、正确发挥国有经济在社会主义市场经济中的主导作用

1. 国有经济的主导作用主要体现在控制力上

郭飞为本科生或研究生授课的部分教学纲要和讲稿

1998 年 4 月郭飞于本科教学评估前在中国金融学院全院教师和干部大会上进行示范性授课

1996 年 4 月郭飞组织中国金融学院 1995 级部分学生到北京第一机床厂参观调查后合影

1997 年 6 月郭飞（左 3）与中国金融学院部分学生在家中合影

2014 年 4 月郭飞（左 5）与指导的本科留学生在对外经济贸易大学校史馆前合影

2012 年 5 月郭飞（第 1 排左 2）与指导的研究生在论文答辩后合影

2006 年 9 月郭飞与杰出经济学家、中国社会科学院原副院长刘国光学部委员合影

2004 年 10 月郭飞与杰出经济学家、中国人民大学卫兴华教授合影

2009 年 1 月郭飞与中国经济规律研究会（2018 年末更名为中国政治经济学学会）部分领导同志（前排左起：陈德华、杨时旺、项启源、胡钧、刘方棫；后排左起：郭飞、文魁、杨圣明、程恩富、毛立言）合影

證書

郭飞 同志被评选为

北京市高等学校（青年）

学科带头人。特发此证。

北京市高等教育局

1992年8月25日

1992 年 8 月郭飞被评为北京高校首批（青年）学科带头人

证书

郭飞同志：

为了表彰您为发展我国高等教育事业做出的突出贡献，特决定发给政府特殊津贴并颁发证书。

国务院

1998 年 2 月郭飞被国务院批准为享受政府特殊津贴的有突出贡献的专家

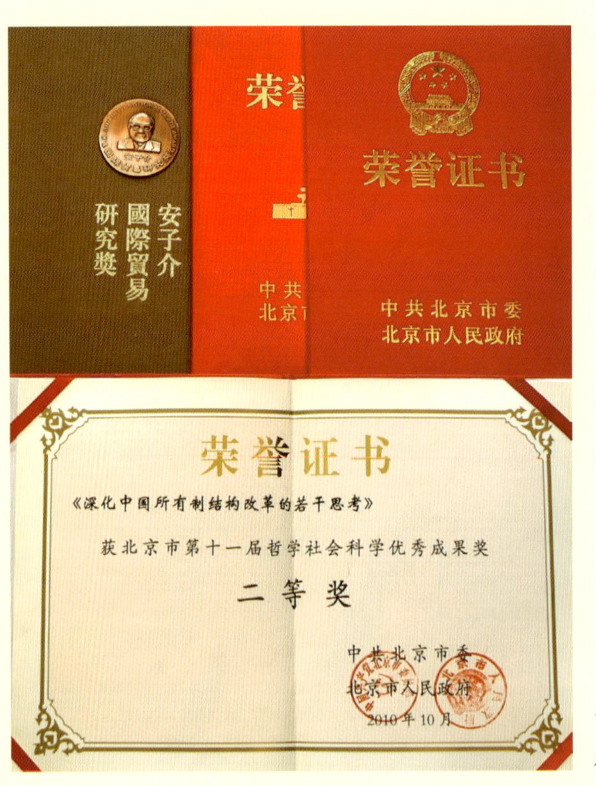

郭飞独立（或为第一作者）获得省部级科研成果奖的证书

郭飞九次独立获得北京高校政治经济学优秀论文一等奖

郭飞获得国家级、省部级、校级等奖励30余项

《郭飞文选——经济理论与经济改革重大问题研究》（上、下卷）由经济科学出版社2016年出版

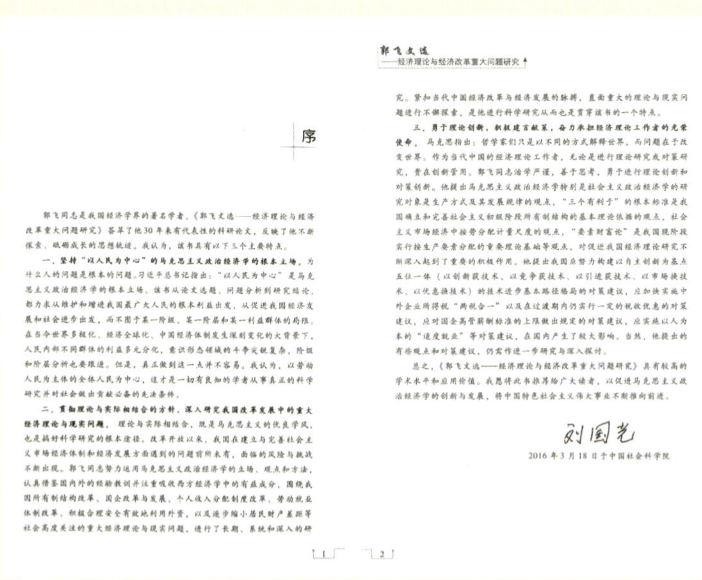

序

郭飞同志是我国经济学界的著名学者，《郭飞文选——经济理论与经济改革重大问题研究》荟萃了他30年来有代表性的科研论文，反映了他不断探索、砥砺成长的思想轨迹。我认为，该书具有以下三个主要特点。

一、坚持"以人民为中心"的马克思主义政治经济学的根本立场。为什么人的问题是根本的问题。习近平总书记指出："以人民为中心"是马克思主义政治经济学的根本立场。该书从论文选题、问题分析到研究结论，都力求从维护和增进我国最广大人民的根本利益出发，从促进我国经济发展和社会进步出发，而不囿于某一阶级、某一阶层和某一利益群体的局限。在当今世界多极化、经济全球化、中国经济体制发生深刻变化的大背景下，人民内部不同群体的利益多元分化，意识形态领域的斗争尖锐复杂，阶级和阶层分析也要跟进。但是，真正做到这一点并不容易。我认为，以劳动人民为主体的全体人民为中心，这才是一切有良知的学者从事真正的科学研究并对社会做出贡献必备的先决条件。

二、贯彻理论与实际相结合的方针，深入研究我国改革发展中的重大经济理论与现实问题。理论与实际相结合，既是马克思主义的优良学风，也是搞好科学研究的根本途径。改革开放以来，我国在建立与完善社会主义市场经济体制和经济发展方面遇到的问题前所未有，面临的风险与挑战不断出现。郭飞同志努力运用马克思主义政治经济学的立场、观点和方法，认真借鉴国内外的经验教训并注重吸收西方经济学中的有益成分，围绕我国所有制结构改革、国企改革与发展、个人收入分配制度改革、劳动就业体制改革、积极合理安全有效地利用外资，以及逐步缩小居民财产差距等社会高度关注的重大经济理论与现实问题，进行了长期、系统和深入的研

1

郭飞文选

——经济理论与经济改革重大问题研究

究。紧扣当代中国经济改革与经济发展的脉搏，直面重大的理论与现实问题进行不懈探索，是他进行科学研究从而也是贯穿该书的一个特点。

三、勇于理论创新，积极建言献策，奋力承担经济理论工作者的光荣使命。马克思指出：哲学家们只是以不同的方式解释世界，而问题在于改变世界。作为当代中国的经济理论工作者，无论是进行理论研究或对策研究，贵在创新管用。郭飞同志治学严谨，善于思考，勇于进行理论创新和对策创新。他提出马克思主义政治经济学特别是社会主义政治经济学的研究对象是生产方式及其发展规律的观点，"三个有利于"的根本标准是我国确立和完善社会主义初级阶段所有制结构的基本理论依据的观点，社会主义市场经济中按劳分配计量尺度的观点，"要素财富论"是我国现阶段实行按生产要素分配的重要理论基础等观点，对促进我国经济理论研究不断深入起到了重要的积极作用。他提出我国应努力构建以自主创新为基点五位一体（以创新获技术、以竞争获技术、以引进获技术、以市场换技术、以优惠换技术）的技术进步基本路径格局的对策建议，应加快实施中外企业所得税"两税合一"以及在过渡期内仍实行一定的税收优惠的对策建议，应对国企高管薪酬标准的上限做出规定的对策建议，应实施以人为本的"适度就业"等对策建议，在国内产生了较大影响。当然，他提出的有些观点和对策建议，仍需作进一步研究与深入探讨。

总之，《郭飞文选——经济理论与经济改革重大问题研究》具有较高的学术水平和应用价值。我愿将此书推荐给广大读者，以促进马克思主义政治经济学的创新与发展，将中国特色社会主义伟大事业不断推向前进。

刘国光

2016年3月18日于中国社会科学院

2

杰出经济学家刘国光为《郭飞文选——经济理论与经济改革重大问题研究》作序

《经济学动态》2016年第7期

·书　评·

对经济理论与经济改革若干重大问题的有益探索

《郭飞文选——经济理论与经济改革重大问题研究》（上、下卷），已由经济科学出版社出版。该书荟萃了对外经济贸易大学郭飞同志30年来有代表性的科研论文，反映了他不断探索、砥砺成长的思想轨迹。我认为，该书具有三个主要特点。

1. *坚持"以人民为中心"的马克思主义政治经济学的根本立场。*为什么人的问题是根本的问题。习近平总书记指出："以人民为中心"是马克思主义政治经济学的根本立场。该书从论文选题、问题分析到研究结论，都力求从维护和增进我国最广大人民的根本利益出发，从促进我国经济发展和社会进步出发，而不囿于某一阶级、某一阶层和某一利益群体的局限。在当今世界多极化、经济全球化、中国经济体制发生深刻变化的大背景下，人民内部不同群体的利益多元分化，意识形态领域的斗争尖锐复杂，阶级和阶层分析也要跟进。但是，真正做到这一点并不容易。以劳动人民为主体的全体人民为中心，才是一切有良知的学者从事真正的科学研究并对社会做出贡献必备的先决条件。

2. *贯彻理论与实际相结合的方针，深入研究我国改革发展中的重大经济理论与现实问题。*理论与实际相结合，既是马克思主义的优良学风，也是搞好科学研究的根本途径。改革开放以来，我国在建立与完善社会主义市场经济体制和经济发展方面遇到的问题前所未有，面临的风险与挑战不断出现。郭飞同志努力运用马克思主义政治经济学的立场、观点和方法，认真借鉴国内外的经验教训并注重吸收西方经济学中的有益成分，围绕我国所有制结构改革、国企改革与发展、个人收入分配制度改革、劳动就业体制改革、积极合理安全有效地利用外资以及逐步缩小居民财产差距等社会高度关注的重大经济理论与现实问题，进行了长期、系统和深入的研究。紧扣当代中国经济改革与经济发展的脉搏，直面重大的理论与现实问题，是贯穿该书的又一个特点。

3. *勇于理论创新，积极建言献策，奋力承担经济理论工作者的光荣使命。*马克思指出，哲学家们只是以不同的方式解释世界，而问题在于改变世界。作为当代中国的经济理论工作者，无论是进行理论研究或对策研究，贵在创新管用。该书提出马克思主义政治经济学特别是社会主义政治经济学的研究对象是生产方式及其发展规律的观点，"三个有利于"的根本标准是我国确立和完善社会主义初级阶段所有制结构的基本理论依据的观点，社会主义市场经济中按劳分配计量尺度的观点，"要素财富论"是我国现阶段实行按生产要素分配的重要理论基础等观点，对促进我国经济理论研究不断深入起到了重要的积极作用。另外，该书提出我国应努力构建以自主创新为基点五位一体（以创新获技术、以竞争获技术、以引进获技术、以市场换技术、以优惠换技术）的技术进步基本路径格局、我国应加快实施中外企业所得税"两税合一"以及在过渡期内仍实行一定的税收优惠、我国应对国企高管薪酬标准的上限做出规定、我国应实施以人为本的"适度就业"等对策建议，在国内产生了较大影响。当然，有些观点和对策建议，仍需作进一步研究与深入探讨。

总之，《郭飞文选——经济理论与经济改革重大问题研究》具有较高的学术水平和应用价值。我愿将此书推荐给广大读者，以促进马克思主义政治经济学的创新与发展，将中国特色社会主义伟大事业不断推向前进。

（中国社会科学院 刘国光）

（责任编辑：钟培华）

— 155 —

《人民日报》《光明日报》《中国教育报》理论版和《经济学动态》杂志发表了刘国光、杨圣明等撰写的书评

郭飞的论著《中国经济改革若干问题研究》（东北师范大学出版社1995年版）、《经济理论与经济改革新思考》（吉林人民出版社2001年版）和《新世纪中国经济重大问题研究》（经济科学出版社2010年版），卫兴华、胡钧、程恩富先后为书作序并在《中国教育报》《人民日报》理论版和《经济学动态》杂志发表了书评

郭飞主笔的国家社会科学基金项目专著成果《苏联演变与经济改革研究》（吉林教育出版社1996年版），陆南泉、许征帆先后在《经济学动态》《高校理论战线》杂志发表了书评

郭飞主持的国家“211工程”重点学科建设项目专著成果《贸易自由化与投资自由化互动关系研究》（人民出版社2006年版），杨圣明、陈继勇等先后在《经济学动态》《世界经济》等杂志发表了书评

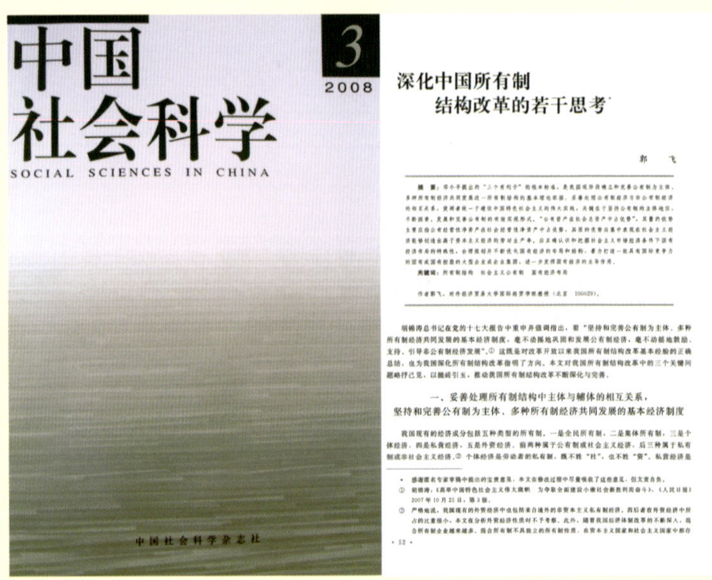

深化中国所有制
结构改革的若干思考*

郭 飞

摘 要：邓小平提出的“三个有利于”的根本标准，是我国现阶段确立和完善公有制为主体、多种所有制经济共同发展这一所有制结构的基本理论依据。妥善处理公有制经济与非公有制经济的相互关系，贯穿着统一于建设中国特色社会主义的伟大实践，关键在于坚持公有制的主体地位，不断探索、发展和完善公有制的有效实现形式。“公有资产在社会总资产中占优势”，量的优势主要应指公有经营性净资产在社会经营性净资产中占优势，质的优势应集中表现在社会主义经济能够创造出高于资本主义经济的劳动生产率。应正确认识和把握社会主义市场经济条件下国有经济布局的特殊性，合理规划并不断优化国有经济的布局和结构，着力打造一批具有国际竞争力的国有或国有控股的大型企业或企业集团，进一步发挥国有经济的主导作用。

关键词：所有制结构 社会主义公有制 国有经济布局

作者郭飞，对外经济贸易大学国际经贸学院教授（北京 100029）。

胡锦涛总书记在党的十七大报告中重申并强调指出，要“坚持和完善公有制为主体、多种所有制经济共同发展的基本经济制度，毫不动摇地巩固和发展公有制经济，毫不动摇地鼓励、支持、引导非公有制经济发展”。① 这既是对改革开放以来我国所有制结构改革基本经验的正确总结，也为我国深化所有制结构改革指明了方向。本文对我国所有制结构改革中的三个关键问题略抒己见，以抛砖引玉，推动我国所有制结构改革不断深化与完善。

一、妥善处理所有制结构中主体与辅体的相互关系，
坚持和完善公有制为主体、多种所有制经济共同发展的基本经济制度

我国现有的经济成分包括五种类型的所有制，一是全民所有制，二是集体所有制，三是个体经济，四是私营经济，五是外资经济。前两种属于公有制或社会主义经济，后三种属于私有制或非社会主义经济。② 个体经济是劳动者的私有制，既不姓“社”，也不姓“资”。私营经济是

* 感谢匿名专家审稿中提出的宝贵意见，本文在修改过程中尽量吸收了这些意见，但文责自负。

① 胡锦涛：《高举中国特色社会主义伟大旗帜 为夺取全面建设小康社会新胜利而奋斗》，《人民日报》2007年10月25日，第3版。

郭飞的论文《深化中国所有制结构改革的若干思考》在《中国社会科学》2008年第3期发表，并被《人民日报》《光明日报》《中国教育报》《新华文摘》《中国社会科学文摘》和中国人大复印报刊资料等权威或重要报刊部分或全文转载

郭飞的论文《我国高校教师工资纵横谈》在《中国教育报》1993年7月7日理论版发表，并被《新华文摘》和中国人大复印报刊资料部分或全文转载

中国改革报
每周三出刊/第73期
1999年6月9日/星期三
中国改革报社出版
理论周刊
ZHONG GUO GAI GE BAO

郭飞的论文《高校扩大招生将拉动内需》在《中国改革报》1999年6月9日理论版发表，并被《新华文摘》全文转载

中国低工资制度的阶段特征与中期对策*

郭 飞，王 飞
（对外经济贸易大学 国际经济贸易学院，北京 100029）

［关键词］ 中国；低工资制度；改革

［摘 要］ 长期以来，中国一直实行低工资制度。中国低工资制度在计划经济时期和体制转轨时期具有不同的主要特征，其根本原因则是劳动生产率低下及“高积累、低消费”的经济建设指导思想所致。“十二五”时期，我国应进一步改革与完善低工资制度，调整与优化国民收入分配格局，积极促进民生改善与社会和谐。从长期来看，我国低工资制度应逐步向中、高工资制度转变。

［中图分类号］F244.2　［文献标识码］A　［文章编号］0257-2826(2011)12-0027-10

新中国成立以来，我国一直实行低工资制度。低工资制度是一把双刃剑，它既提高了积累率，促进了我国经济长期较快发展；也严重挤压了居民消费，不利于转变传统的经济发展方式。本文对我国计划经济时期和体制转轨时期低工资制度的主要特征及其成因进行初步探讨，并提出“十二五”时期我国改革与完善低工资制度的对策建议。

一、中国计划经济时期低工资制度的主要特征与基本成因

（一） 中国计划经济时期低工资制度的主要特征

1. 低工资与平均主义并存。

在计划经济时期，我国国有单位和城镇集体经济中劳动者的工资水平相当低下。1956年，在六类地区工作的国家机关一级（最高级）干部每月工资为644元，三十级（最低级）干部每月工资仅为23元；高校一级（最高级）教授每月工资为345元，十二级（最低级）教师每月工资仅为62元。1977年，我国职工年均工资仅为602元。[1](P31—32)

与此同时，我国工资制度中与“论资排辈”相联系的平均主义现象相当严重。一方面，在国有企业中，职工吃企业的“大锅饭”，企业吃国家的“大锅饭”。另一方面，在国有单位中，尽管不同职工的劳动技能（或工作能力）和实际贡献大相径庭，但只要知道某个职工的学历、工龄和单位，就能大体猜测出其每月工资的数额。

* 本文系国家“十一五”“211工程”重点学科建设项目“开放型经济下中国个人收入分配问题研究”（项目编号：73100006）的主要成果之一。本文论及的中国低工资制度中的低，可从两个角度进行比较：一是从劳动报酬占收入法国内生产总值比重或计时工资角度，与同期发达国家进行比较；二是从劳动报酬占收入法国内生产总值比重或计时工资角度，与劳动生产率或经济发展阶段相似的其他国家进行比较。

［收稿日期］2011-10-07

［作者简介］郭飞，对外经济贸易大学教授，主要从事社会主义经济理论、中国经济与经济体制改革研究；王飞，对外经济贸易大学中国经济发展研究中心研究员，经济学博士，主要从事宏观经济理论研究。

济效益的不同情况，规定基准线为提高10.5%，上线（预警线）为提高15.5%，下线为提高5%；经营亏损企业经与工会或职工代表协商后，工资可以零增长或负增长，但支付给劳动者的工资不得低于北京市最低工资标准。笔者认为，北京市人社局设定工资指导线的具体做法值得借鉴。然而，如何能使工资指导线由“软约束”变为“硬约束”，其作用范围也能覆盖全部非国有企业，亟须采取有效措施予以解决。工资集体协商制度是市场经济条件下完善企业工资管理制度、理顺企业内部分配关系、保障劳资双方合法权益、解决劳资矛盾和冲突的有效手段。应明确企业工会维护职工权利的主要内容是维护职工合理合规的工资权利，企业工会是代表职工与用人单位代表进行工资集体协商制度的主要依托。应通过舆论宣传、提高职工维权意识和加强立法与政策保障，逐步建立起以劳资双方平等协商为基础、体现企业和职工利益共享的工资决定机制。

（3）进一步完善国家机关、事业单位职工工资正常增长机制。为此，笔者建议在国家机关、事业单位职工工资中增加由国家财政拨付的价格特殊津贴和经济发展津贴。价格特殊津贴即将职工的基本工资（如教师的岗位津贴和薪级工资）乘以上年度的消费品价格涨幅，经济发展津贴即将职工的基本工资乘以上年度国内生产总值增幅的1/2（在此主要考虑3个因素：第一，导致国内生产总值增量的因素中包括新增职工人数；第二，按照现行工资制度，国家机关职工一般每两年晋升一个工资档次，事业单位职工一般每年增加一级薪级工资；第三，国家有关部门将不定期地修订和提高国家机关、事业单位工资标准）。从而，不仅能够确保国家机关、事业单位职工的实际工资不会降低，还能确保其实际工资随国民经济发展而不断提高。

（4）抓紧制定并实施我国居民收入（在此指居民实际购买力或居民实际收入）十年倍增计划。目前，我国已进入中等收入国家行列。笔者建议，我国应制定居民收入十年倍增计划（2011—2020年）。实现我国居民收入十年翻一番，既是我国显著提高“两个比重”（即劳动报酬在国民收入初次分配中的比重和居民收入在国民收入中的比重）的迫切需要，也是我国实施扩大内需战略特别是大力提振居民消费能力的迫切需要，还是我国转变经济发展方式、促进社会和谐稳定、顺利跨越“中等收入陷阱”的迫切需要。笔者认为，实现我国居民收入十年倍增，既有必要性，也有可能性。我国“十二五”规划提出，“十二五”时期国内生产总值拟年均增长7%。我国今年上半年国内生产总值增长9.6%，全年国内生产总值增速将大大超过7%。考虑到我国“十三五”时期国内生产总值增速可能有所下降，假定我国“十二五”、“十三五”时期国内生产总值年均增速为7%，假定在此期间我国居民收入年均增速同为7%（在实施过程中，可假定“十二五”时期居民收入年均增速为8%，“十三五”时期居民收入年均增速为6%），即可基本达到居民收入十年翻一番的目标。当然，我国居民收入十年倍增计划若能实行，并不等于我国不同行业、不同群体的个人收入都是同步增加。应区分不同行业和不同群体，使广大农民和城镇农民工等低收入群体以及低收入行业职工的收入以更快的速度增长。

3. 严格规范国企高管的薪酬标准和职务消费。

2002年，我国开始推行国企高管年薪制，当时规定国企高管年薪不得超过该企业职工平均工资的12倍。近年来，在不少国有或国有控股企业中，这一上限已名存实亡。2009年9月，人力资源和社会保障部、财政部、国资委等六部委联合下发了《关于进一步规范中央企业负责人薪酬管理的指导意见》，规定了央企负责人薪酬管理的基本原则和薪酬结构。对此，笔者基本赞同，但也提出了一些改进意见。[8]笔者在此重申三点：（1）国企高管年薪不仅应与上年度该企业职工平均工资相联系，还应与上年度国企职工平均工资保持适当的比例关系。（2）应对国企高管（特别是央企高管）年薪的上限做出明确规定，近年内似以限定在80万—100万元之内为宜。不能“上不封顶”，高得“离谱”。（3）应将完善国企高管薪酬制度与规范补充保险、职务消费等制度协调配套。

4. 进一步完善国民收入再分配机制，大幅增加公共服务在财政支出中所占的比重，促进基本

郭飞等在《教学与研究》2011年第12期发表的论文《我国低工资制度的阶段特征与中期对策》中提出了从2011年到2020年“中国居民收入10年倍增”的对策建议（郭飞在《中国教育报》2012年3月2日理论版发表的《我国个人收入分配怎样改？》一文中重申了这一对策建议），并被中国人大复印报刊资料全文转载

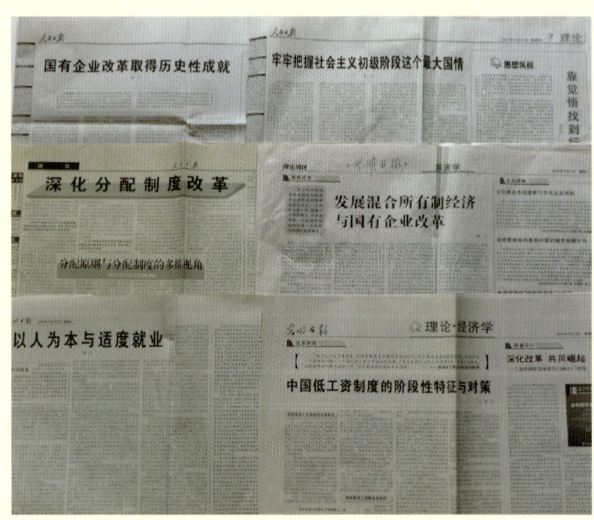
国有企业改革取得历史性成就

牢牢把握社会主义初级阶段这个最大国情

深化分配制度改革

分配原则与分配制度的多维视角

发展混合所有制经济与国有企业改革

以人为本与适度就业

理论·经济学

中国低工资制度的阶段性特征与对策

郭飞独撰并在《人民日报》《光明日报》理论版头条发表的6篇论文

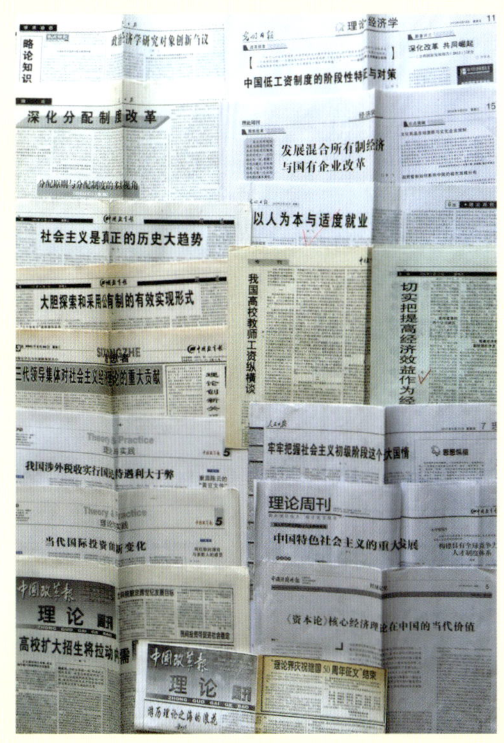

郭飞在《人民日报》《光明日报》《中国教育报》《中国改革报》《中国经济时报》等报发表的部分论文

郭飞在《中国社会科学》《经济研究》《马克思主义研究》等国内权威刊物上发表的部分论文

郭飞发表的40多篇论文被《新华文摘》《中国社会科学文摘》《红旗文摘》《马克思主义文摘》与中国人大复印报刊资料转载

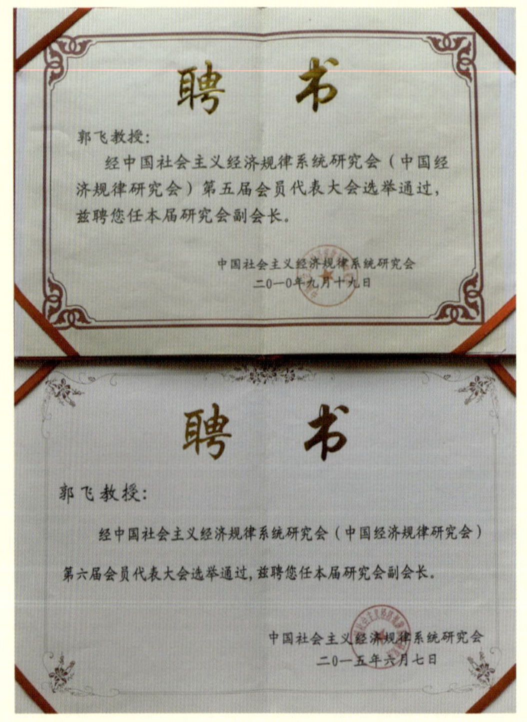

聘书

郭飞教授：

经中国社会主义经济规律系统研究会（中国经济规律研究会）第五届会员代表大会选举通过，兹聘您任本届研究会副会长。

中国社会主义经济规律系统研究会

二〇一〇年九月十九日

聘书

郭飞教授：

经中国社会主义经济规律系统研究会（中国经济规律研究会）第六届会员代表大会选举通过，兹聘您任本届研究会副会长。

中国社会主义经济规律系统研究会

二〇一五年六月七日

郭飞于2010年和2015年两次当选为中国经济规律研究会副会长

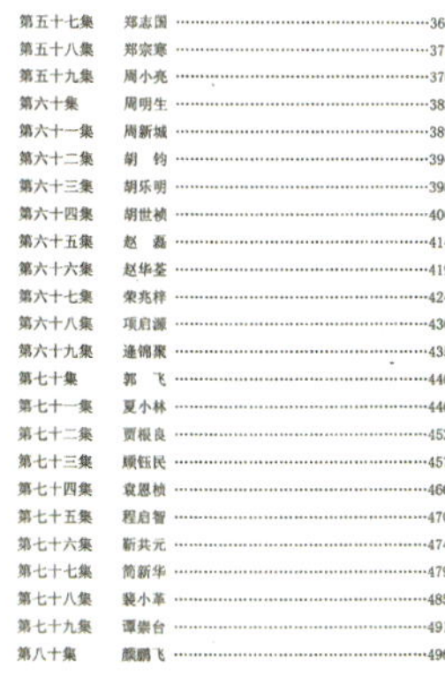

2012 年《当代中国马克思主义经济学家：批判与创新》一书由世界图书出版公司出版，书中介绍了刘国光、卫兴华等 80 名经济学家（郭飞也位列其中）

全国中文核心期刊
中国人文社会科学核心期刊
中文社会科学引文索引（CSSCI）来源期刊
全国优秀经济期刊

經濟縱橫
ECONOMIC REVIEW

白暴力 “五大发展理念”对马克思主义生产力理论的丰富和发展
顾钰民 中国特色社会主义初级阶段生产目的研究
沈坤荣 以深化供给侧结构性改革激发经济长期增长活力
张金杰 我国海外投资面临的经济风险及利益保护机制研究
课题组 促进我国企业参与互联互通建设的研究
封思贤 我国移动金融创新中的突出问题及应对策略

2017 07

经济学人

郭飞教授

郭飞，对外经济贸易大学中国经济发展研究中心主任，国际经济贸易学院教授、博士生导师，国务院特殊津贴专家，兼任中国经济规律研究会副会长。

郭飞教授独立或主持承担国家或部委科研课题多项，在《中国社会科学》《经济研究》《马克思主义研究》《人民日报》《光明日报》《经济日报》等权威或重要报刊发表论文 155 篇，其中有 40 篇被《新华文摘》、人大复印报刊资料全文转载，多次荣获省部级优秀科研或教学成果奖。其代表性著作为《郭飞文选——经济理论与经济改革重大问题研究》（上、下卷，经济科学出版社 2016 年版）和《贸易自由化与投资自由化互动关系研究》（人民出版社 2006 年版）等。

郭飞教授运用发展的马克思主义政治经济学，在理论创新与对策创新方面作出突出贡献。他提出并论证马克思主义政治经济学特别是社会主义政治经济学的研究对象是生产方式及其发展规律，应明确区分按比例分配社会劳动规律与按比例分配生产要素规律，“三个有利于”的根本标准是我国确立和完善社会主义初级阶段所有制结构的基本理论依据，社会主义商品经济中按劳分配的计量尺度在全民企业和集体企业中分别是社会平均劳动时间与企业平均劳动时间的统一和企业平均劳动时间，“要素财富论”是我国现阶段实行按生产要素分配的重要理论基础，中国国有企业改革理论与实践的六大创新等观点，对深化我国经济理论研究起到重要作用。他提出我国应构建以自主创新为基点、五位一体的技术进步基本路径格局和实施以人为本的“适度就业”等建议，在国内产生了较大影响。特别是他在《中国教育报》撰文提出的应较大幅度提高高校教师工资和在《中国改革报》撰文提出的高校“三年扩招两翻番”（即招生规模和在校生规模三年各翻一番）等政策建议，已在当年或当期完全成为现实。

全国高校社会主义经济理论与实践研讨会第十八次会议

2004 年在成都参加全国高校社会主义经济理论与实践研讨会

“中国特色社会主义政治经济学创新与民生导向型改革开放”研讨会暨中国经济规律研究会第27届年会

2017 年在南开大学参加中国经济规律研究会年会

中国经济学核心期刊《经济纵横》2017 年第 7 期封二的“经济学人”专栏介绍了郭飞的主要科研成就

中国社会科学引文索引（CSSCI）来源集刊
中国学术文献网络出版总库全文收录期刊

海派经济学

Journal of Economics of Shanghai School

第12卷 第3期，2014年 VOLUME 12·NUMBER 3·2014

周小亮 习近平经济思想研究

蔡华杰 基于程恩富关于资源与需要双约束假设下的节约分析

周 文 陈 跃 中国特色社会主义经济学研究的几个问题——访经济学家周文教授

霍艳斌 马 艳 虚拟经济对通货膨胀作用效应的理论与实证分析

王朝科 理论与政策创新——评程恩富教授新文集《经济理论与政策创新》

上海财经大学出版社

第12卷第3期，2014 Journal of Economics of Shanghai School No.12.3.2014

郭飞的学术贡献和经济思想

邰丽华

郭飞教授，祖籍浙江东阳，1952年7月5日生于吉林省长春市，中共党员。1969年2月参加工作，先后当过插队知青、八三工程指挥部宣传干事和国企工人。毕业于东北师范大学政治经济学专业，经济学硕士。长期在高校任教，破格晋升副教授、教授。现任对外经济贸易大学中国经济发展研究中心主任，国际经济贸易学院经济学教授，博士生导师，兼任中国经济规律研究会副会长。主要讲授政治经济学、社会主义经济理论、中国经济体制改革专题等本科生和研究生课程，主要研究方向为社会主义经济理论、中国经济与经济体制改革、国际直接投资。独立或主持承担国家、部委、高校科研课题多项，在《中国社会科学》、《经济研究》、《马克思主义研究》、《经济学动态》、《人民日报》、《光明日报》、《经济日报》等权威或重要报刊上公开发表科研论文148篇（几乎全为独撰，其中有40篇被《新华文摘》或中国人大复印报刊资料全文转载），独撰、主编、合撰公开出版的专著、教材等20余部。独立获得中共北京市委、北京市政府颁发的北京市第九、十、十一届哲学社会科学优秀论文二等奖、优秀著作二等奖（课题负责人、第一作者）、优秀论文二等奖等多项省部级科研与教学成果奖，9次独立获得北京高校政治经济学优秀论文一等奖。1992年8月，被评为北京高校首批（青年）学科带头人；1998年2月，被国务院批准为享受政府特殊津贴的有突出贡献的专家。

一、对马克思主义经济学基础理论问题的深入探索

（一）提出马克思主义政治经济学的研究对象是生产方式及其发展规律

流行的观点认为，马克思主义政治经济学的研究对象是生产关系及其发展规律。对此，国内外经济学界一直存有争议。郭飞提出，坚持解放思想、实事求是、与时俱进的思想路线，应将马克思主义政治经济学的研究对象界定为“生产方式及其发展规律”。他认为，将生产力纳入马克思主义政治经济学的

收稿日期：2014-06-06

作者简介：邰丽华（1967-），中国政法大学马克思主义学院教授、副院长，首都经济学家论坛秘书长，经济学博士后，主要研究方向为政治经济学、马克思主义经济学。

《海派经济学》2014年第3期发表了首都经济学家论坛秘书长邰丽华教授撰写的文章《郭飞的学术贡献和经济思想》（约14000字）

4 经济记忆 中国经济时报

郭飞：“以人民为中心”的马克思主义经济学研究

2017年2月22日《中国经济时报》发表了李成刚撰写的整版文章《郭飞：“以人民为中心”的马克思主义经济学研究》

2010 年 7 月 1 日，对外经济贸易大学中国经济发展研究中心（吴树青、卫兴华、顾海良、杨圣明、施建军任顾问；黄泰岩、隆国强、张平、王林生等任学术指导；郭飞、韩琪分别担任正副主任，杨国亮任秘书长）举行成立大会，校长施建军和郭飞（后排右 1）共同为研究中心揭牌

对外经济贸易大学中国经济发展研究中心参与承办的“经济全球化与中国经济科学发展高峰论坛”暨中国经济规律研究会第 21 届年会于 2011 年 9 月 17 ~ 18 日在对外经济贸易大学隆重举行（合影照片中第 1 排左 8 ~ 14 分别为文魁、程恩富、卫兴华、刘国光、吴树青、王玲、杨圣明，左 3 为郭飞）

中国教育报

CHINA EDUCATION DAILY

1997年7月 26 星期六 第3021号 代号 1—10

江泽民等为中

新时期建设

高举伟大旗帜　推进教育事业发展

国家教委召开学习江泽民重要讲话座谈会

朱开轩柳斌朱新均出席　部分高校领导和专家学者畅谈学习体会

财会模拟汽车教具实验室成套设备

1997年7月25日郭飞（面向主席台第1排右2）应邀参加国家教委举办的学习江泽民重要讲话座谈会并作了《正确认识与把握社会主义初级阶段》的大会发言

“关于劳动力商品问题”专题讨论会

参加会议人员名单

地点：国办第二会议室：

时间：4月13日（星期四），上午9—12，下午1：30—4：30

首长：李铁映同志

吴树青　教授　（北京大学，上午）

冯兰瑞　研究员　（社科院经济所，上午）

傅军胜　研究员　（中国社会科学杂志社研究员，上午）

宋　涛　教授　（中国人民大学，下午）

高鸿业　教授　（中国人民大学，下午）

卫兴华　教授　（中国人民大学，下午）

郭　飞　教授　（中国金融学院，下午）

蔡继明　教授　（清华大学，民进中委，全天）

岳福斌　教授　（中央财经大学，全天）

高书生　处长　（国务院体改办，全天）

倪小庭（特派员公署特派员，全天）

彭　森（国务院体改办副主任，全天）

刘迎秋（社科院科研局副局长，全天）

邓先宏（李铁映同志秘书，全天）

汪同三（社科院数技经济所所长，全天）

吕　政（社科院工经所所长，上午）

王振中（社科院经济所所长，全天）

李　扬（社科院工经所所长，上午）

林水源（社科院世界经济与政治所研究员，全天）

毛立言（社科院经济所，全天）

郑秉文（社科院研究生院副院长，全天）

邹东涛（社科院研究生院工经所副院长，全天）

工作人员：

范王榜博士（社科院研究生院）　马海霞博士（全天）

2000年4月13日郭飞应邀参加由中共中央政治局委员、中国社会科学院院长李铁映在中南海主持召开的“关于劳动力商品问题”研讨会并作了专题发言

全国“马克思主义政治经济学述评”学术研讨会发言提纲

繁荣和发展马克思主义政治经济学中的两个问题

对外经济贸易大学教授　郭　飞

改革开放以来，马克思主义政治经济学在我国有了显著的发展，涌现出一批创新性成果。然而必须看到，一个时期以来，马克思主义政治经济学在我国的地位已被严重削弱。这种状况或趋势若长期持续和发展下去，马克思主义在我国意识形态领域的指导地位很可能会名存实亡或根本丧失。

2004年，党中央启动了马克思主义理论研究与建设工程，中国社会科学院经济研究所等单位承担了马克思主义政治经济学教材的编写任务，这对我们恢复马克思主义政治经济学在社会主义中国的应有地位、繁荣和发展马克思主义政治经济学提供了一个重要契机。我此次应邀来到复旦大学参加[illegible]主持的全国“马克思主义政治经济学述评”的专题研讨会，感到很高兴。我主要谈两点看法，与各位专家共同探讨。

一、关于马克思主义政治经济学的创新问题

繁荣和发展马克思主义政治经济学，需要具备多方面的条件。就理论研究而言，根本途径在于创新。2004年7月，我在“首都经济学家论坛”成立大会上提出，马克思主义政治经济学应努力实现“三个创新”：

1. 研究对象创新

对此，我谈两小点：

(1) 马克思主义政治经济学的研究对象，似可拓宽为生产方式及其发展规律。

围绕马克思主义政治经济学的研究对象，国内主要有五种观点。第一种观点是生产关系及其发展规律。第二种观点是生产方式。第三种观点是资源优化配置或“社会财富的增进”。第四种观点是经济利益。第五种观点是人的全面发展和社会的全面进步。尽管各种观点均有所理据，但我比较倾向于第二种或第四种观点。考虑到还有与之相适应的客观经济规律的表述问题，我认为将马克思主义政治经济学的研究对象界定为“生产方式及

1

2005年4月郭飞在复旦大学参加中央马克思主义理论研究与建设工程主办的“马克思主义政治经济学述评”专题研讨会的发言提纲

全国高校第20次社会主义经济理论与实践研讨会送审论文

对“以市场换技术”方针与涉外税收超国民待遇的再思考*

郭　飞

【内容提要】改革开放以来，我国吸收和利用外商直接投资所取得的显著成就与存在的主要问题，都与我国长期实行的“以市场换技术”方针和涉外税收超国民待遇密切相关。“以市场换技术”方针虽然取得了某些成效，但其低估了外商直接投资对我国内资企业自主创新能力的抑制效应，忽视了自主创新在我国技术进步中的关键作用。涉外税收超国民待遇固然有利于吸收和扩大外商直接投资，加快我国经济发展和体制转轨的进程，但其妨碍了公平竞争，明显削弱了内资企业特别是国有企业的竞争力，并造成大量的税源流失。我国对外开放已进入新的发展阶段，大力实施以自主创新为基点的科技发展战略，在涉外税收中逐步对外商直接投资企业实行国民待遇，就成为历史的必然。

【关键词】外商直接投资；技术；市场；涉外税收；超国民待遇

改革开放以来，我国吸收和利用外商直接投资所取得的显著成就与存在的主要问题，都与我国长期实行的“以市场换技术”方针和涉外税收超国民待遇密切相关。国内对此早已存在不同观点的争论，近年来这种争论则更有扩大和强化的态势。在我国对外开放进入新阶段的历史条件下，重新审视与客观评价“以市场换技术”方针和涉外税收超国民待遇，对于我国进一步调整科技发展战略和外资政策，不断完善社会主义市场经济体制，促进国民经济持续快速协调健康发展，具有重大的现实意义。

一

20世纪80年代中后期，我国提出并开始实施“以市场换技术”吸引外商直接投资的方针。尽管我国理论界和实际部门对“以市场换技术”方针的涵义并没有统一的界定，但其实质则是通过吸收和利用外商直接投资，向外商直接投资企业生产的海外品牌的产品出让国内（确切表述应为境内）市场的一定份额，来获取海外先进技术水平以提高国内技术水平。我

*本文系国家“211工程”重大课题《WTO框架下的中国经济持续增长问题》的子课题《贸易自由化与投资自由化的互动关系》（项目编号：c12001）的研究成果之一。

1

2006年郭飞拟参加全国高校第20次社会主义经济理论与实践研讨会的送审论文

2002 年 12 月郭飞（第 2 排左 4）在上海财经大学参加“全国经济学体系与方法论创新研讨会”合影

2003 年 10 月郭飞（第 2 排右 9）在厦门大学参加“全国高校第 17 次社会主义经济理论与实践研讨会”合影

2004 年 10 月 26 日郭飞在四川大学参加“全国高校社会主义经济理论与实践研讨会第 18 次会议”并作了大会发言

2005 年 4 月郭飞（第 2 排左 9）在复旦大学参加“马克思主义政治经济学述评”研讨会合影

2008 年 11 月郭飞在复旦大学参加“纪念中国经济改革开放 30 年暨全国高校社会主义经济理论与实践研讨会第 22 次年会”留影

2012 年 4 月郭飞（第 1 排左 4）在武汉大学参加“财富的生产和分配：中外理论与政策”理论研讨会暨中国经济规律研究会第 22 届年会合影

2014 年 4 月郭飞（第 1 排左 6）在清华大学参加第 12 届首都经济学家论坛合影

2016 年 4 月 16 日郭飞在中国人民大学参加“当代中国马克思主义政治经济学发展与创新”学术研讨会并作了大会发言

1974年郭飞的全家照（前排右1为父亲郭学洁，左1为母亲郑海心，左2为小妹郭志英；后排右1为姐姐郭志坚，左2为郭飞，左1为大妹郭志红）

1992年郭飞父母在中国人民大学校门前合影

1995 年 10 月郭飞与亲属合影（左 1 为大妹郭志红，左 2 为郭飞，左 3 为父亲郭学洁，左 4 为母亲郑海心，左 5 为姐姐郭志坚，左 6 为小妹郭志英）

2003 年 10 月郭飞父亲 80 寿辰之际在北京望京花园留影

2016 年 11 月郭飞和夫人杨静合影

2017 年 9 月郭飞夫妇在天津周恩来邓颖超纪念馆前合影

1998 年 4 月郭飞与外甥女黄京菁合影

2015 年郭志红（郭飞妹妹）全家在大连老虎滩合影

1995年10月郭飞在莫斯科红场附近的纪念碑前留影

2000年4月郭飞在世界贸易大厦108层俯瞰纽约市容

2000 年 5 月郭飞在美国白宫前留影

2000 年 4 月郭飞在联合国安理会会议厅留影

2000 年 4 月郭飞在美国拉斯韦加斯留影

2001 年 10 月郭飞在昆明世界园艺博览园留影

2002 年 1 月郭飞在深圳留影

2003 年春郭飞在珠海望海楼留影

2003 年 9 月郭飞在天安门前留影

2003 年 10 月郭飞在厦门大学留影

2006 年 9 月郭飞在长江三峡纪念碑前留影

2013 年 7 月郭飞在海边搏击风浪

2013 年 9 月郭飞在北京奥林匹克广场留影

2015 年 9 月郭飞在法国凡尔赛宫留影

2015 年 11 月 郭飞在国家博物馆再次参观《复兴之路基本陈列》留影

2016 年 4 月 郭飞在中国科技馆参观探月工程留影

2018 年 5 月郭飞在国家博物馆参观《纪念马克思诞辰 200 周年主题展览》留影

2019 年 2 月郭飞在国家博物馆参观《伟大的变革——庆祝改革开放 40 周年大型展览》留影

2018 年 9 月对外经济贸易大学国际经济贸易学院教职工（第 1 排左 2 为郭飞）全家福

2008 年 1 月《奋斗者之歌——郭飞教授 65 岁回眸》（上、下册，分为“砥砺成长”“为民立言”“情深似海”“畅游天下”四部分，共 461 页）面世

自 序

2019年10月1日，中华人民共和国将迎来成立70周年的光辉庆典。我1952年出生，与共和国几乎同龄。共和国70年来的风风雨雨和沧桑巨变，我既是见证者，也是参与者。如果说，共和国的70年是曲折辉煌；那么，我的67年则是曲径成才。

马克思是对我影响最大的“千年第一思想家”，也是我投身中国社会主义事业的光辉楷模。早在“文化大革命”时期，我就刻苦学习马克思撰写的《资本论》这部“工人阶级的圣经”。“文化大革命”以后，我又投入不少精力认真研读《资本论》。《资本论》深刻揭示了资本主义生产方式的运动规律，科学阐明了资本主义制度被社会主义制度取代的历史必然性，为无产阶级和广大劳动群众提供了推翻旧世界、建设新世界的强大思想武器。《资本论》使我与马克思主义政治经济学（即马克思主义经济学）结缘，马克思主义政治经济学又与我50年来的主要工作融为一体。我既是马克思主义的学习者、信仰者和宣传者，也是马克思主义的践行者。我不仅在党旗下庄严宣誓，同时也以近45年的实践证明：我是言行一致、名副其实的中国共产党党员。

奋斗是我成长进步的巨大动力和实际行动。任何事业的成功，都离不开奋斗。社会主义和共产主义的伟大事业，需要许多代人不畏艰险、流血流汗、守正创新、百折不挠的接续奋斗。50年来，“我以我血荐轩辕”。我从一名“老三届”中的老初一学生，经由知识青年、工人、工农兵大学生和全日制硕士研究生，成长为在《中国社会科学》《经济研究》等杂志独立发表论文、北京高校首批（青年）学科带头人和改革开放以来中国高校文科首批最高级别教授，以及国家一级学会——中国政治经济学学会副会长，靠的就是在正确方向前提下殚精竭虑、脚踏实地的不懈奋斗。我在高校承担较为繁重的教学任务的条件下从ABC起步自学英语、“恶补”专业知识并以优异成绩考取政治经济学专业硕士研究生之后，曾于1985年7月写过一篇回忆性短文《斗室中的奋斗》。以往，我在给即将走上工作岗位的本科生或研究生写临别赠言时，经常落笔的几个字就是“唯奋斗有将来”。在建设中国特色社会主义伟大事业的漫漫征途上，劳动创造财富，奋斗开辟未来。

我从16岁参加工作至今，已有半个世纪。其中，我有40多年先后在三所高校担任政治经济学教师，并经历了三个转变：从思想政治理论课教师向经济学等专业基础课、核心课教师转变；从本科生教师向硕士、博士研究生导师转变；从教学型教师向教学科研型、科研为主型教师转变。我不仅是一名立德树人的高校政治经济学教师，也是一名经济理论工作者。在政治经济学史中，政治经济学的最初含义是研究国家或社会的经济问题，是经邦济民或经世济民之学。马克思主义政治经济学是马克思主义的重要组成部分，是马克思理论“最深刻、最全面、最详尽的证明和运用”①，是建设中国特色社会主义、实现中华民族伟大复兴的重要理论指南。马克思主义政治经济学必须随历史、实践和科学的变化而发展，必须与本国国情紧密结合。多年来，我潜心治学，心无旁骛，运用发展的马克思主义政治经济学的立场、观点和方法，深入研究中国所有制结构改革、国有企业改革与发展、培育发展劳动力市场与扩大就业、个人收入分配制度改革与合理缩小居民贫富差距、积极合理安全有效地利用外商直接投资与扩大对外直接投资、经济体制改革的基本性质与转轨方式等社会各界高度关注的重点、难点和热点问题。在进行科学研究的过程中，我力求做到以下五点：（1）以最广大人民的根本利益为依归；（2）以研究中国经济理论与经济改革重大问题为中心；（3）恪守学术道德，锐意攻坚创新；（4）质量为本，打造精品；（5）持之以恒，笃行不倦。②

本书在真实叙述个人重要经历的基础上，着力客观介绍我在深入研究中国经济理论与经济改革重大问题过程中所进行的理论创新和对策创新。

① 《列宁选集》第2卷，人民出版社1995年版，第428页。

② 《郭飞文选——经济理论与经济改革重大问题研究》（下卷），经济科学出版社2016年版，第747～748页。

本书分为六篇。第一篇概述与新中国同命运的个人不平凡的成长历程，为我治学创新提供了实践基础、理论基础和社会条件。第二、第三、第四篇客观阐述我提出的经得起实践和历史检验的主要创新性观点、见解和对策，是本书的核心和主要亮点。第五篇客观阐述我在《中国教育报》《中国高等教育》等重要报刊上撰文介绍的搞好社会主义政治经济学和中国经济体制改革专题两门课程教学改革的基本做法和成功经验。这属于教学创新的范畴，从而也是本书主体中的一部分。第六篇是我不同时期、不同方面科研成果中的主要代表作。本书阐述的具有创新性的观点、见解和对策等，均标明了论文出处，便于同行和读者查阅；同时简略介绍了这些创新点形成的历史背景与产生的社会影响。此外，本书还图文并茂，精选了一些我长期保存的珍贵的人物和实物照片，作为所述内容的印证或佐证。

实践无垠，学海无涯，创新无止境。限于历史条件和个人学识，本书不妥之处在所难免，恳请有关专家和广大读者批评指正。

郭 飞

2019 年 3 月 5 日于对外经济贸易大学逸夫科研楼

目 录

第一篇 砥砺成长

第二篇 理论探索

第三篇 实践研究

第一篇 砥砺成长

“宝剑锋从磨砺出，梅花香自苦寒来。”本篇扼要叙述笔者从“老三届”中的老初一学生，经由知识青年、宣传干事、国企工人、工农兵学员、大学教师、全日制硕士研究生、大学教授到国家一级学会副会长的成长历程和精彩片段，为笔者坚持以发展的马克思主义经济学的基本观点为指导不断进行经济理论与经济对策创新，奠定了坚实的基础。

朗朗书声童少年

1952年7月5日，一个男婴在风景秀丽的北国春城——吉林省长春市呱呱坠地。这个新降生的男婴就是我。据父母讲，我小时候长得很可爱，父母和亲友都非常喜欢。

我生长在革命干部和高级知识分子家庭。父亲郭学洁，1923年生于浙江省东阳县，1948年3月在复旦大学读书时加入中共闽浙赣区江西地下党，同年10月由党组织安排北上突破封锁线到达东北解放区。他毕业于复旦大学和东北师范大学（以下简称“东北师大”），曾任东北师大党委宣传部长、教授，吉林省社联常务理事兼副秘书长。母亲郑海心，中共党员，1920年生于浙江省宁波市，1948年在上海幼稚师范专科学校三年级读书时参加革命，同年10月与父亲等一起到达东北解放区。她毕业于东北师大，长期担任东北师大附属幼儿园园长，离休前为东北师大教育科学研究所副研究员。我有一个姐姐和两个妹妹。姐姐郭志坚，1950年生，中共党员，毕业于吉林工业大学机械一系，高级工程师，曾任长春市轻工业研究所副所长。大妹郭志红，1954年生，毕业于吉林大学外语系，日本早稻田大学访问学者，中国人民大学外语学院日语副教授。小妹郭志英，1961年生，本科毕业于清华大学精密仪器系，硕士研究生毕业于中国科学院长春光机所和加拿大卡尔顿大学，曾在中国人民大学任教，后移居加拿大。

伴随着响亮的《东方红》乐曲和朗朗的读书声，我的童年和少年时期总体上是在幸福之中度过的。

孩提时代，我先上了东北师大附属幼儿园。东北师大附属幼儿园是吉林省著名的幼儿园。在那里，我无忧无虑地玩游戏、唱歌、跳舞、读拼音、学汉字，结识了不少小朋友。其中，有的小朋友后来在事业上发展得相当不错，我们至今还保持着良好的关系。

在上小学之前，发生了一件对我终生都有意义的事情。我小时候一直用乳名。一次，全家人围坐在一起，商议为我起一个规范得体的名字。当时，父母和姐妹们左思右想，都起不出合适的名字。正在他们一筹莫展之际，我灵机一动，提议说："这样吧，就叫飞，也就是郭飞。"其他人听了，都说好。于是，我从上小学至今，一直使用这个名字。"文化大革命"期间，社会上有些人受形势影响纷纷改名，我姐姐和妹妹也都改名为"志坚""志红""志英"。我不为所动，没有改名。后来，我除使用郭飞这个姓名外，还加了个字——翔宇。其一，周恩来的字为翔宇，我的字也为翔宇，即向周总理学习，为中华民族崛起而读书和工作。其二，翔宇中的"翔"和我名字中的"飞"在含义上相同。

1959 年 8 月，我进入东北师大附小学习。东北师大附小是当时吉林省最好的小学，也是我成长进步的摇篮。在东北师大附小学习的六年中，给我印象最深的有四件事。

一是四年级下学期我写的一篇优秀作文。1963 年 6 月 20 日，周恩来总理陪同朝鲜劳动党中央委员会副委员长崔庸健一行到长春访问。崔庸健副委员长是为发展中朝友谊作出杰出贡献的中国人民的老朋友，受到了中共吉林省委、吉林省人民政府和长春市民隆重热烈的欢迎。我作为欢迎队伍中的一名小学生，目睹了世界伟人周恩来总理的风采和崔庸健副委员长沿途受到热烈欢迎的盛况。当时，长春的十里长街——斯大林大街两旁，列队站满了前来欢迎的群众和学生，鲜花起舞，彩旗飘扬，《金日成将军之歌》歌声嘹亮，汇成了一片欢乐的海洋。这是我第一次参加如此高规格大规模的欢迎活动，终生难忘。活动结束后，语文老师申建国要求我们以此次活动为主题，每人写一篇作文。我精心构思，认真修改，交上了一篇作文，并受到申老师的高度评价。申老师是我在小学前四年学习中遇到的最高水平的语文教师，他让我在课上高声朗读这篇作文。55 年后我们小学同学聚会时，有的同学还提起当时我写的这篇作文给他们留下的深刻印象。尽管此前我受到语文老师表扬的次数并不少，但申老师的这次表扬，对我日后更加刻苦地学习语文、不断提高写作水平确是一个重大的激励。

二是亲身经历三年经济困难时期。1960 ~ 1962 年，因"三分天灾、七分人祸”，中国出现了严重的经济困难。当时，我国每个农业劳动力每天的口粮（毛粮）平均只有3两。城市居民定量供应的粮食根本不够吃，一年到头很难吃上肉，许多人因营养不良患上了不同程度的浮肿和肝炎。除粮食外，我们还吃代食品（用玉米穗轴即“棒子骨”磨成的粉）、榆树叶和“小球藻”等。家里主食实行“干稀搭配”，副食一般吃菜粥。父亲平时不会做饭，那时却“大显身手”。他擅长熬“糊涂粥”（即较稀的玉米面粥），还经常在粥里放些蔬菜和可食的野菜。党和政府号召和组织广大人民多措并举，努力克服暂时的经济困难。为此，从小就干过农活的父亲带着我在家属楼前开垦了园田地，甚至还到东北师大附属幼儿园园外的空地上开垦了小片荒，种了一些玉米和黄豆。尽管那段时期生活困难，但人民的精神面貌却不错，面带坚毅，勒紧裤带，共渡难关。1963年以后，中国经济形势开始好转，人民生活不断改善。我们意气风发，斗志昂扬，放声高唱著名歌曲《我们走在大路上》。

三是我阅读了《元素的故事》《红岩》等图书。东北师大附小图书馆可以借给学生图书，每名学生同期限借1册。我从学校图书馆先后借了一些书，其中印象最深的是《元素的故事》。《元素的故事》由苏联科学文艺作家依·尼查叶夫所著，描写了一些杰出化学家如何发现化学元素的故事。其中，居里夫人经过几十年的艰辛研究发现了元素钋和镭并两次获得诺贝尔奖的故事对我触动很大，门捷列夫化学元素周期表的诞生过程也给我留下了极为深刻的印象。作为一名小学生，我对为人类社会作出杰出贡献的科学家由衷敬佩，并在笔记本上写下了要立志成为这个“家”那个“家”的誓言。我还购买并阅读了《红岩》等书籍。当时，罗广斌、杨益言合著的《红岩》在全国很火，我认真读了好几遍。许云峰、江竹筠等革命先烈那种为建立新中国和实现共产主义事业赴汤蹈火、宁死不屈的革命精神，使我深受感动和激励。阅读《可爱的中国》《革命烈士诗抄》《雷锋日记》等书籍，也对我产生了很大影响。这些课外读物，开拓了我的视野，促进了我的思考，连同当时学习的课本，对我世界观、人生观、价值观的形成，起到了最初的重要作用。

四是我发奋努力考取东北师大附中。1963年暑期，家里发生了一件“大事”：姐姐没能考取东北师大附中，只考取了长春二中。姐姐在小学与我同校，大我两年级，在班里是优等生。小升初考试中她若发挥正常，应能考取当时在吉林省甚至是东北地区最好的中学——东北师大附中。她报考中学的第一志愿也是东北师大附中。然而，她在小升初考试中发挥欠佳，以总成绩6分之差未能如愿。姐姐考试失利的事情对全家人震动和打击很大。父母都是非常上进的人。父亲出身于贫苦农民家庭，年少时曾几度外出当徒工。后来，国难家泪，他辗转苦学，并于1946年秋以高分考入复旦大学政治系学习（公费生）。1948年，他参加中共地下党后，接受组织安排到东北解放区插入东北大学（后更名为东北师大）社会科学系学习，并留校工作①。母亲出身于城市手工业者家庭，小时曾做刺绣工艺，十几岁才开始上学。她聪颖上进，半工半读，后来在上海高校读书。1948年，她参加革命并与我父亲到达东北解放区插入东北大学文学院学习。她服从组织决定创办东北师大附属幼儿园并担任园长。父母在学习和事业上取得的骄人业绩，全靠正确路径中的个人奋斗。平时在家里，父母对我们几个子女经常灌输诚实正直、顽强奋斗的理念。姐姐考试失利，一度在父母心头留下了难以抹掉的阴影。但是，他们还是耐心地帮助姐姐总结教训，希望她吃一堑长一智，争取中考时能考上东北师大附中的高中。我和大妹看到父母心情不好，也非常难受。于是，我暗下决心，一定要考取东北师大附中，不仅给自己确立新目标，同时也为父母争口气！

小学五六年级，我在学习上更加刻苦、认真和讲究效率。当时，在新华书店买不到教科书的参考资料，我就着力于课上认真听讲和思考，课下认真做作业并仔细检查。在学习中，我努力做到不仅知其然，也知其所以然，举一反三，融会贯通。父亲每周日都带我到他的办公室去“用功”。一方面，他检查我的作业，并指导我修改作文；另一方面，他在办公室里阅读与工作相关的报刊书籍。当然，我那时的学习还谈不上吃大苦，更谈

① 父亲于1989年秋写过一首诗：《六六抒怀》（载于《东北师大报》1992年4月25日），回顾了他几十年的奋斗历程：“身出寒微历磨难，黎芜投笔荐轩辕。十里洋场向北斗，松花江畔求真言。春城灯窗伴月影，北国青松傲雪寒。往事历历情犹在，桃李芬芳慰心田。”父亲于1979年3月还写过一首诗：《昂首怒放一枝花——祝贺爱人郑海心从事幼教工作三十年》（见《郭学洁诗选》，第13页），介绍了母亲几十年的奋斗历程：“青少离别市民家，渡海投身革命涯。矢志幼教三十载，昂首怒放一枝花。平时惟知工作乐，丹心岂顾名和家。银丝根根未虚度，幼苗棵棵育英华。”

不上悬梁刺股。我和其他同学一道，打乒乓球、跑步、跳大绳、踢毽子、踢足球，积极参加学校组织的文艺活动。萦绕耳畔的《我们是共产主义接班人》《五月的鲜花》《让我们荡起双桨》等优美旋律和动听歌声，更使我们激扬奋发。那真是十分幸福和美好的时光！小学六年级下学期，我担任中队长。1965 年夏季，我参加了长春市小升初的统一考试，以总分第二名的优异成绩被东北师大附中录取。

1965 年秋，沐浴着金色的阳光，我走进了东北师大附中的校门。我被分配在五年制实验班，即从初一到高中毕业只用五年时间，中间无须再参加高中升学考试。东北师大附中从初一到高三共有六个年级，每个年级有四个班，每个教学班约有 50 名学生。东北师大附中从 1965 届初中生开始，设有因材施教的五年制教学实验班，这在当时具有教学改革和学制改革的性质。初中一年级设有两个教学实验班，一个班由六年制小学毕业的学生组成，即我所在的初一（2）班，班主任是才华横溢的语文教师张翼健（后任吉林省教育学院副院长）；另一个班由五年制小学毕业的学生组成，即初一（4）班。初一（1）、初一（2）两班学习的外语语种为俄语；初一（3）、初一（4）两班学习的外语语种为英语。

东北师大附中首任校长是中国著名教育家陈元晖，学校汇集了不少高水平的中学教师，也荟萃了来自全市乃至全省（因高中各年级都设有一个“贫下中农子弟班”，其成员从长春市以外吉林省各县的尖子生中择优录取）的精英学子。进入东北师大附中之后，我强烈感受到相当浓厚的学习氛围和激烈竞争的客观环境。在东北师大附中实际学习的近一年期间，我印象尤深的有三件事。

一是政治课教师李炳庚的首次授课。李炳庚当时约 40 多岁，中等身材，微胖，带一副褐色镜架的眼镜，是个典型的文质彬彬的知识分子。他给我们上的第一堂政治课，内容生动，声音洪亮、抑扬顿挫，充满激情。其中，在讲到“九一八事变”时，他运用的例证、语言和阐述的观点极具吸引力、感染力与穿透力，使我们每个同学都禁不住流下了眼泪。这是我第一次听到的高水平的政治课，并对我后来在高校搞好马克思主义政治经济学教学提供了最初的借鉴。

二是初二学生纪宽荣的俄语演讲。我们班学的是俄语，俄语教师王玉珍为激发我们学好俄语的热情，专门请来初二学生纪宽荣作俄语演讲的示范。纪宽荣是一名男同学，他用20分钟作了非常精彩的完全脱稿的俄语演讲。虽然不能完全听懂，但其口语表达之准确与流利，真令我们惊叹并钦佩不已。由此，我们看到了学习俄语的榜样，增强了学好俄语的信心。1995年，我去俄罗斯考察，在莫斯科遇到一名当年参加过解放满洲里战斗的苏军老战士。他身体健康，精神矍铄，胸前挂满奖章。我没用导游当翻译，以30年前在东北师大附中学过的残剩的俄语单词和语法知识与他进行了短暂的交流，双方都很高兴。

三是我们班实行的分组教学实验。为体现因材施教的教学改革，东北师大附中率先在我们班和初一（4）班实行了对语文、数学和外语三门主课的分组教学实验。按照学习成绩高低，对本班学生实行三门主课的三组划分。成绩优秀的学生在一组，教学主要采取自学方式；成绩次之的学生在二组，教师讲授和学生自学时间各半；成绩再次之的学生在三组，以教师讲授和辅导为主，学生自学为辅。教学分组不是固定的，随学习成绩升降不断地进行调整。在这三门主课中，我都分在一组。在全班，我的学习成绩名列前茅。在教学实验中，三门主课的三组同学营垒分明，竞争激烈，你追我赶，互相促进。由于在五年制实验班，我们的教学进度比六年制普通班快得多。在不到一年的时间内，我所在的数学一组，已学完了三册代数（相当于中学普通班一年半的代数课程），有的同学甚至自学到代数课本第四册。当时，班风很正，不讲门第，不讲关系，唯学优是举。在班里不少学生的头脑中，考试成绩得100分是正常的，得99分或98分则是不正常的。大家都憋着一股劲，为祖国和人民而学习，力争考上清华和北大。

当然，东北师大附中也不是一座中学的象牙塔，我们还到农村去参加劳动，在校办工厂学习做木工活儿，到长春市南湖去学习游泳。然而，在东北师大附中学习的美好时光，却不幸被“文化大革命”的狂飙所改变。

1966年5月，我们的学习秩序基本正常。6月，在《人民日报》发表了北大聂元梓等写的大字报之后，许多学生也紧跟形势，在学校里张贴大字报，从而学校的教学秩序被完全打乱了。再后，就干脆“停课闹革命”了。由此直到1969年2月我下乡插队之前，印象深刻的主要有三个方面的事情。

一是父母被反复批斗和强制“劳改”。1966 年 8 月 20 日下午，邻居王德茂（东北师大体育系教师）告知我去参加当晚由东北师大革命造反大军组织的一次揭发批判大会（以下简称“揭批会”）。这次大会在东北师大“革命造反楼”前举行，是对校、系领导干部进行的第一次揭批会。在揭批会上，我亲眼目睹东北师大的部分校、系领导干部被一个个（其中也包括我父亲）地“揪”出来批判。这些领导干部站在露天会场的前面，面向参加揭批会的造反派和群众，挺胸昂首。当时，东北师大造反派对这些领导干部还没有戴高帽、挂黑牌，只是强制性按脑袋“低头”。然而，这些领导干部在脑袋被按下之后很快就昂起头来，面无愧疚和惧色。我父亲在“文化大革命”初期除担任党委宣传部副部长外，还担任东北师大“文化大革命”办公室副主任，从而在这次揭批会上未能幸免。看到父亲等被批判，我非常困惑，也很痛心。转瞬之间，我不幸成了“走资派”子弟。

后来，东北师大造反派组织对父母等的批斗逐步升级，还给父亲剃了光头，并给父母戴高帽、挂黑牌、戴黑名签，甚至押上卡车游街。当时，姐姐到学校去参加红卫兵活动，我才 14 岁，毅然承担起买菜做饭等家务活儿。我在那时初步学会了做饭和炒菜。由于父母成了“走资派”，造反派组织强制我们搬家，与党外知识分子丁明新先生两家合住一套较小的三居室。有一段时间，父亲被造反派组织拘留在“小白楼”（即东北师大专家公寓）写“交待”材料，并要求我按时送饭。一次，在给父亲送饭时，有一个造反派骨干分子问我：“你爸是不是走资派?”我当即厉声答道：“不是!”

1966 年 12 月 31 日晚，我们买了半斤肉，全家人在一起包饺子过年。可是，下锅的饺子还未煮熟，突然闯进来几名母亲单位的造反派女成员，要查找所谓“黑材料”，并强行抄家。最后，她们空手而归。除被批斗外，我父母和东北师大其他“走资派”还被强制“劳改”（扫厕所等）。东北师大中文系原总支书记戴星东（“文化大革命”后曾任东北师大副校长）曾讥讽地写过两句诗：“满腹经纶无用处，盖世才华挖地瓜。”我们四个子女都非常同情和心疼父母，父母则经常对我们说：20 年来，他们都是听党话、跟党走，清清水、白白米；他们相信群众相信党，最后总会被“解放”。有一次，父亲让我帮他抄写表态性的大字报，我至今记住的只有 8

个字："漫漫长夜，不能成眠。"

二是我去北京参加毛主席检阅红卫兵活动。1966 年 8 月 18 日和 8 月 31 日，毛主席曾两次在天安门城楼上检阅百万红卫兵，推动"文化大革命"掀起高潮。受大形势裹挟，我也参加了东北师大附中的红卫兵组织，并与几名附中学生同去北京，接受毛主席于 9 月 15 日对红卫兵的检阅。

临行前，我向父母谈了自己的想法。他们表示同意，并给了我 10 元钱（当时红卫兵在全国串联，吃、住、行都不花钱）。我到首都后，被安排住在北京航空学院（后更名为北京航空航天大学）的学生宿舍。9 月 15 日清晨，我们按要求在长安街旁列队等候。上午 10 点多钟，毛主席乘敞篷车徐徐驶过天安门广场，中央其他领导人也乘车紧随其后。我站在接受检阅队伍的前排，第一次亲眼见到伟大领袖毛主席。毛主席身材魁梧，神采奕奕，不停地向广大红卫兵和革命群众挥手致意。长安街两旁的红卫兵和革命群众不停地高呼："毛主席万岁！"尽管我对毛主席发动的"文化大革命"心情非常复杂，也从未跳过"忠字舞"，但基于所受的教育和已有的知识，我对毛主席仍很敬仰。接受毛主席的检阅后，我又在北京待了 20 多天，主要是去北大、清华等高校看大字报，并为父母收集和寄去一些中央领导人的讲话材料。随后，我辗转大连回到长春。此次北京之行，我最大的收获就是近距离地见到了伟大领袖毛主席。

三是我长期在家当"逍遥派"。从北京回来后，我先和附中初三的几名学生成立了"九一五"战斗队；继而又与本班 1 名同学成立了"满江红纵队"，参加了学校红卫兵组织的一些活动，但从未参加过对校内外领导干部的批斗会。1967 年夏，我在附中校门口碰到了学校造反派组织的一个头头。他对我说："郭飞，你能不能去红革会（当时吉林省最大的造反派组织）参谋部，到那里还可以带手枪"。我从未拿过枪，也坚决反对武斗，当即明确表示："我不去！"然后，我质问那个造反派头头："听说你们昨晚在学生宿舍血洗了附中红旗战斗队。都是同校学生，为什么把 ×× 打得满脸是血？"他非但没有回答我的问题，反而狠狠地踢了我一脚。他这一脚可真把我给踢"醒"了。我怒视了他一眼，拂袖而去。此后，我在较长时期中没有参加学校和社会上的任何红卫兵活动，在家当起了"逍遥派"。

其实，"逍遥派"也并不逍遥。我除帮助父母承担家务外，还阅读了

父亲书架上的一些书，主要是毛主席的一些著作以及《古文观止》《唐宋词一百首》《唐代散文选注》和借来的一些小说等。同时，我密切关注国内政治经济形势的变化，盼望“文化大革命”尽快结束，父母都被“解放”。后来，我父母终于被“解放”了，我们全家人都很高兴。

1968年秋，吉林省革委会安置办要求“文化大革命”前在城市中学读书的“老三届”学生上山下乡，我积极报名。起初，省安置办不同意，其依据是我作为中学五年制实验班的学生，从上初中到当时才只有三年，还没有到届。同年12月下旬，《人民日报》发表了毛主席关于“知识青年到农村去，接受贫下中农的再教育，很有必要”的重要指示，省安置办随即同意我们这些没到届的学生作为初中毕业生上山下乡。于是，我和东北师大附中等学校从初一到高三的另12名学生仓促组成了集体户，按照相关安排赴吉林省西部农村插队落户。在去农村插队之前，我曾在笔记本上写道：“我无限神往着那沐浴着灿烂阳光的广阔天地。我以为，在那里是可以大有作为的。为了人类的彻底解放和共产主义事业，贡献出自己的全部力量”。这段话，既表明了我准备在农村干一番事业的决心，也反映了我在当时的某种疑惑和无奈。

艰辛劳动与顽强学习的知青岁月

1969年2月6日上午，我们集体户共13人（除我之外，还有杨中清、王大元、杨玉中、罗柏林、杨中宇、齐少平、荀秉聪、张中敏、黄杭音、吴兰琪、邓如松、那力力），带着不少行李和箱子，乘坐学校安排的一辆长途客车，前往距长春市区300多里的插队地点——吉林省前郭尔罗斯蒙古族自治旗（以下简称“前郭旗”或“前郭县”）吉拉吐公社松花江大队八队。

“客车驶出市区。映入眼帘的，已不是那一排排整齐的楼房，林立的烟囱，各式各样的商店，熙熙攘攘的人群和喧闹街巷中的车水马龙，而是那闪着晶莹白光覆盖在已经沉睡的黑土地上的一望无际的雪野。挺立于凛冽寒风中的黑褐色树干，骄傲地舒展着她那倔强的腰肢，片片农宅坐落在浩瀚的‘银海’之中，蓝天上飘着朵朵白云，一条宽阔平坦的公路蜿蜒地向前伸去……这是我从未见过的蔚为奇观的壮丽景色，是大自然点缀广阔天地的美的写真。”①

我们集体户的成员从老初一到老高三，年龄也参差不齐，绝大多数是东北师大附中的学生，户长为杨中清。我们落户的生产队位于松花江畔的吉拉吐公社本屯，地图标名为锡伯屯（现为锡伯屯村）。与我们落户在同一生产大队的，还有在一队的由史宁中、蔡培国、关卓等10余名东北师大附中学生组成的集体户。当天中午，我们到达了目的地。生产队长和一些社员热情地欢迎我们，并给我们做好了香喷喷的大米饭和猪肉、白菜炖粉条。我们先被临时安顿在社员家、后被安置在公社原税务所的一座旧房子

① 郭飞：《笑洒热血不停步　誓做革命后来人》（思想汇报），1971年1月20日。

里，男女生各住一间，中间是厨房。从此，我们开始了在农村的知识青年生活。

我在农村当知识青年共经历了20个月。刚到农村的时候，也没想到能抽调上来，对在农村安家落户有一定的思想准备。在不到两年的时间中，下述四方面的事情对我具有重要意义。

一是由城市中学生向农民的身份转变。到农村后，有一段时期我在思想上有些迷茫：一个好端端的城市中学生，怎么一夜之间就变成了农民？在劳动中和生活上，我能适应吗？这种思想在行动中也有表现。后来，我通过参加劳动并与社员们交流，这个思想弯子逐渐转过来了。实际上，我若不是出身于城市的干部家庭，而是和许多农村青年一样出身于农民家庭，那原本也就是个农民。两者的区别在于出身的家庭和地点。要在农村真正干出一番事业，当一名建设社会主义农村的新型农民，就必须承认已经下乡插队的基本事实，从思想上、劳动中和生活上把自己当成农民。这个思想扣子解开之后，我的精神面貌发生了很大变化。

二是在艰苦的劳动中树立劳动人民的思想感情。插队初期，我才16岁半，尚未成年。过去基本上没干过农活儿，乍一参加农村劳动并与农村成年劳动力干同样的活儿，确实是又苦又累。春天，我和社员们用手镐刨玉米茬子，技术上要求手起镐落，将玉米茬子连根刨起。尽管我们戴了线手套，但毕竟由于干活儿少，手上没结厚茧，不仅在手上磨起了大泡，而且大泡也磨破了，满手是血。插秧时节，我和社员们一样赤脚弯腰，将一棵棵秧苗插到冰冷的水田地里。水田地里有蚂蟥，不时地钻进脚掌和小腿，我被咬得很痛，马上用硬东西将它拍出来。夏天铲地，早晨4点钟就出工，晚上7点才下工。炎炎烈日之下，我们头戴草帽，身穿帆布劳动服，也不知出了多少汗，深蓝色的劳动服上满是白圈和白道儿。隆冬时节，我和社员们冒着零下30多度的严寒到离村较远的地方去干活儿。我们用干牛粪当燃料烤玉米饼，喝凉水，就着盐和咸菜充饥。“积日辛劳少睡眠，青春年少欲摧残。巉岩险关学闯道，岂可长梦便苟安？”这是1969年我写的一首小诗。

“迎着呼啸的西北风，脚下是刷刷的挖土声；顶着炎炎的烈日，我们在碧绿的田野上耕耘；在沤臭的粪堆旁，我们扬起了铁锹；在绯红的高粱地里，我们挥舞着银镰……”① 还记得生产队马忠祥队长对我们的热情关照、问寒问暖；还记得续延友、张仁学、侯德金等青年社员指导或帮助我们干活并与我们进行思想交流；还记得1969年底在评工记分时生产队社员给我评定的9.3分（男性成年劳动力最高评为10分，折合当年我所在生产队年末分配的现金1.25元）；还记得冬闲时节社员们给我们集体户送来了一些黏豆包……在与贫下中农相结合的过程中特别是在艰苦繁重的劳动中，我的立场、思想和感情发生了很大变化。渐渐地，我与贫下中农的心紧紧地连在一起。“每逢我在碧绿的草地上息歇，观赏那盛开的灰紫色的野花，倾听溪边‘呱呱’的有节奏的蛙语声；每逢我独立于江边，凝眸远视那滚滚北去的江水和西边熔金的落日，合璧的彩云；每逢雨休风住后的夜晚，我从远处归来，看见皓月中天，辉映着庄稼地里片片墨绿的倩影；我就禁不住激动起来，油然产生一种心底之爱。我喜欢那恬静的原野，钟爱那排排屋脊烟囱上冒着缕缕炊烟的乡村，钦慕那贫下中农饱经风霜面孔上的笑貌音容。我将可爱的锡伯屯，看作我的第二个故乡；将帮助我成长、鞭策我前进的贫下中农，视为我生身的爹娘。”②这对我后来坚持“以人民为中心”的根本立场进行科学研究，起到了重要作用。

三是抓紧一切时间顽强学习。由于插队落户，学业中辍，但我并没有放弃或放松学习，而是更加珍惜时间，抓紧一切可以利用的时间进行学习。“知识就是力量”，这是我自小学以来始终坚守的基本理念。我曾写过一首小诗：“挥汗劳动日，赏景闲暇时。幽阳斜窗照，还忆学生时。”我在自己的书箱侧面贴上手抄的毛主席1937年10月23日给陕北公学的题词：要造就一大批人，这些人是革命的先锋队。这些人具有政治远见。这些人充满着斗争精神和牺牲精神。这些人是胸怀坦白的，忠诚的，积极的，正直的。这些人不谋私利，唯一的为着民族与社会的解放。这些人不怕困难，在困难面前总是坚定的，勇敢向前的。这些人不是狂妄分子，也不是风头主义者，而是脚踏实地富于实际精神的人们。中国要有一大群这样的先锋分子，中国革命的任务就能够顺利地解决。

在知青岁月，我的学习主要通过三种途径：（1）在劳动间歇时间学

①② 郭飞：《笑洒热血不停步　誓做革命后来人》（思想汇报），1971年1月20日。

习。劳动休息时，不少社员在抽烟、聊天或睡觉，我和集体户其他成员则经常从拎兜里取出书来学习。（2）利用晚饭后、睡觉前的时间学习。夏天，吃过晚饭简单洗漱之后，通常已经快9点了，我和集体户有些成员不顾劳累，经常坚持学习到11点左右。“偶尔读到深夜，由于白日整整一天的辛勤劳动，没能够及时得到休息和恢复，竟至熟睡过去却不自知。当我从睡梦中醒来的时候，还伏在书本上面。此时，我思潮起伏，像草原上脱缰的野马，在纵横驰骋，放达不羁；像江水在奔腾，像激流在澎湃；像巍峨高山上苍翠挺拔的劲松，在傲然屹立，与世斗雄……”① （3）每周利用3个半天进行学习。当时，既由于学习心切，也由于身体没有长成，我给自己规定了一条“铁律”：每周在白天中必须保证3个半天的时间进行学习。我从家里带来4个木箱，有2个木箱中装满了书籍。此外，我还向集体户其他成员借书来读。我觉得这种整块时间的学习最“解渴”，最有效率，也最具幸福感。高尔基说：书籍是人类进步的阶梯。我在读书时非常愉悦和专注，宛如畅饮天降的甘露。

此外，我还通过其他途径进行学习。1970年1月，我返回长春在吉林医大一院做扁桃体切除手术。在住院期间，给我做手术的年轻女医生阴东平在巡查病房时，见我正专心致志地阅读中国社会科学院文学研究所中国文学史编写组编著的《中国文学史》（第3册），床边还放着一部《新华字典》，非常惊讶，并投来赞许的目光。她没想到，在“知识越多越反动”的“文化荒漠”年代，竟有一名在农村插队的知识青年不甘沉沦，在病床上如饥似渴地学习大学教材。后来我听说，她父亲是吉林医科大学的著名教授，也曾挨过批斗。1970年7～8月，生产队长安排我看庄稼。我利用看玉米地的方便条件，认真学习了《毛泽东选集》（1～4卷），并写了一部分读书笔记。我们集体户学习氛围比较浓厚，绝大部分成员都是挤时间学习。特别是在冬闲时节，大家没有“猫冬”，相互之间传阅图书和交流学习心得，有些户员还拉起二胡或引吭高歌，仿佛重新过起了校园生活。著名的《小路》《莫斯科郊外的晚上》等俄罗斯歌曲，我就是在那时学会的。

① 郭飞撰写的短文《读书》，1970年1月7日。

学习的目的在于应用。我在农村插队后期，大队领导逐渐对我有所了解并比较器重。有时，大队总支书记张今夫、革委会主任马云龙等找我去帮他们写点文字材料，我都愉快地接受并完成了任务。1970 年 9 月 22 日晚，我协助大队领导查夜，完成任务时已是翌日凌晨，天将破晓。我触景生情，成诗《欲晓》："夜阑星散，东方微露光霞。神思沦涟，宏志自向天涯。"

四是首篇立志之作《志》。1970 年 7 月 5 日，是我 18 周岁生日。天不作美，时逢大雨，我们都没有出工。回顾过去，展望未来，思潮汹涌，我写下了一篇标题为《志》① 的短文。原文如下：

志

室内阴洞洞，帘外雨意浓。为负凌云志，独坐正堂中。

我在想，在写，无际的思想的浪花在翻滚，一颗赤诚的心在怦怦地跳动……

我生身至今，已经 18 年整。在这人类历史上短暂的刹那——我走过的一段较长的历程中，自己由一个呱呱坠地的婴儿，成长为一个体态健全、刚强坚毅的青年；从一个天真幼稚的孩童，成长为一个自食其力的劳动者。其间，以笃学奋进、桀骜不驯出现，未以卑陋无知、市侩小人自居；以磊落廉洁于世，未以藏污纳垢避人。忆往昔，生活多欢畅，气质多高昂！在斗转星移、阳光明媚的日子里，常与朋友们散步于室外，栖息于柳荫，击浪于碧水，泛舟于湖心。同叙中外奇闻，古今之事，无所不及，海阔天空。慕英雄砥砺之途，思诸国盛衰之变，化励己奋斗之源，长热血献国之心。多少个秋雨方尽的夜晚，多少个曙光初照的良辰，孤立于寥廓苍天之下，望繁星之闪烁，见旭日之升腾。我曾怎样的憧憬啊，遐想那伟大祖国的未来和壮丽的共产主义社会，如同梦境！

我们是中华民族精华的蓓蕾，我们是祖国的未来，我们是毛泽东思想哺育的新一代，我们是将世界革命进行到最后胜利的主力军。

① 收入本书时，仅对原文中的个别文字做了修改，其他均无变动。

浩志，是那样纯洁与高峻；青松，是那样挺劲耸拔，傲视苍穹；长河，是那样澎湃汹涌，浩荡不尽；宇宙啊，是那样际域广阔，联类无穷。

今天，我响应伟大领袖毛主席的号召，来到农村接受贫下中农的再教育，改造非无产阶级的世界观，走与工农兵相结合的光辉道路。在艰苦劳动和改造思想的过程中，我要活学活用毛主席著作，以毛泽东思想统帅自己的一言一行，虚心学习贫下中农的优良品质和革命精神，培养自己埋头苦干、脚踏实地的优良作风，争取早日得到贫下中农发给的合格的毕业证书，做一名优秀的无产阶级革命事业的接班人。

明天，倘若第三次世界大战爆发了，那我将和祖国亿万优秀儿女一道，拿出和敌人血战到底的气概，胸怀埋葬帝修反、解放全人类的决心，挥戈疆场，骁勇善战，不惮驱于前阵。如果我在战斗中英勇地牺牲了，或在建设社会主义祖国的过程中献出了生命，那我也毫无怨艾，可以自豪地宣称：我的全部精力和整个生命，都已经献给了世界上最壮丽的事业——为人类的解放而斗争！

为将红旗赤环宇，余愿未偿死不休。为达此目的，我必须从现在开始就进行我应从事的工作——学好马列主义毛泽东思想，为胜任未来赋予我们的伟大历史使命奠定基础。我要刻苦学习革命理论，勇于参加革命实践，如燕子啄泥砌巢，一点一滴地积累知识。以铮骨之坚不拔刚韧之志，以怀世之想不懈奋斗之心，苦撑竭蹶，拼命向前，闯出一条通往共产主义理想境界的人生道路。

顾此耿耿在，良辰讵可待；他年若遂平生志，呕心沥血写春秋。

我们对党无限忠诚，我们对毛主席无限热爱。

我们的胸襟是旷达的，我们的志趣是高超的，我们的前途是光明的，我们的能量是无限的。

实践，实践，再实践！学习，学习，再学习！努力，努力，再努力！

透过峰峦与迷雾，便可瞻见胜利的坦途。向前进！置身于广大工农群众之中，让我生命的每一秒钟，都迸发出璀璨的火花，放射出时代的光华！

这篇文章，近50年来我一直珍存并经常翻看。尽管它不可避免地存在历史烙印和欠妥之处[①]，但文中体现的身处逆境顽强进取的昂扬斗志，对我后来的成长发展却具有重要的激励作用。

1970 年秋，我在集体户中第一个被正式抽调上来，先到前郭县“八三工程”指挥部就职。10 月 7 日上午，“微风和煦，朗洁的天空上泛游着许多白云，像是横截耸峙的山峰。姝丽的太阳，时而从云端缝隙间露出圆圆的脸来。我纵身一跃上了汽车，去迎接新的工作任务。此时，我的心宛如那迭连扬起尘土的车轮，不停地向前飞奔……”[②]

① 经过不断学习和实践检验，我对 1968 年及以后若干年中知识青年上山下乡插队落户的背景、原因与作用有了新的全面而深刻的认识，对中国农民阶级在新民主主义革命和社会主义革命、建设、改革中的作用有了更为全面和深刻的认识，在此不赘。2018 年末 2019 年初，在“老三届”学生上山下乡插队落户 50 周年之际，我在发给中学同学的微信中写下了这样一段话：“悲哉‘老三届’，壮哉‘老三届’。百折不挠，淬火成钢‘老三届’！”

② 郭飞：《笑洒热血不停步　誓做革命后来人》（思想汇报），1971 年 1 月 20 日。

担任县“八三工程”指挥部宣传干事

“八三工程”[1] 是周恩来总理和中央有关领导决定修建的一条从大庆至抚顺的大型地下输油管道工程。该工程于1970年9月开工，投入解放军战士、建筑工人、专业技术人员和公社武装民兵等共20万人，修建直径为720毫米的地下输油管道558.6公里和若干座泵站，以解决中国当时因铁路运力不足造成的燃油严重短缺问题。“八三工程”修建的地下输油管道于1971年8月试运行，10月31日正式通油，在中国原油管道勘察设计和工程建设史上创造了前所未有的奇迹。

前郭县是“八三工程”的经由之地，沿途还要修建两座泵站，工程任务相当艰巨。前郭县革委会和武装部调集有关单位的领导干部和技术人员，并从6个公社抽调了24名知识青年，由县武装部长和县革委会副主任亲自挂帅，共同组建了前郭县“八三工程”指挥部。

我被抽调到县“八三工程”指挥部，先后担任押运员、发货员和5号泵站建设工地的保管员。在5号泵站建设工地当保管员期间，我目睹了“革命加拼命、拼命干革命”和“一天三班倒、24小时连轴转”的“八三工程”大会战的壮观场面，经常给建设工地播音室写一些战地诗歌和战地报道等稿件。有一次，建设工地的高音喇叭播出了我写的一篇报道，恰巧被前来检查工作的县革委会副主任、县“八三工程”指挥部副总指挥刘昇同志听到，他立即询问这篇报道是谁写的，并派人把我叫到他面前。他微笑着问我：“小郭，这篇报道是你写的吗？”我说：“是的，刘主任。”他接着又问：“你现在做什么工作？”我说：“当工地仓库的保管员。”他沉思片

① 本书中的“八三工程”，均指“八三工程”的一期工程。

刻，郑重地对我说：“从明天开始，派你到3号泵站政工组工作，当宣传干事”。我当即表示服从组织安排，并于翌日前往位于平凤公社黑岗子的3号泵站政工组赴任。

3号泵站政工组由我、李国文（来自部队的团政治干事）和李沛然（东北师大附中老高三学生，后任深圳大学副教授）3人组成，李国文任组长。当时，我的主要工作是写一些宣传稿件、给泵站指挥部领导同志起草讲话稿、撰写建设工地工作汇报和主持建设工地的誓师大会。

此外，我还负责主持3号泵站指挥部成员每天上午1个小时的政治学习。在3号泵站指挥部的工作人员中，有县革委会副主任、“文化大革命”前的副县长、白城地区建筑公司的工程师，还有解放军干部和县革委会的工作人员。我当时还不满19岁，主持好泵站指挥部成员的政治学习并非易事。我抓紧学习，精选内容，注意正确引导并做好学习总结。有一段时间，我们学习毛泽东的哲学思想。我对毛泽东的哲学著作《实践论》《矛盾论》比较熟悉，又认真自学过艾思奇主编的《辩证唯物主义历史唯物主义》教科书，具有一定的哲学基础。在学习中，我积极引导指挥部成员紧密联系工作实际，效果较好。

有一天半夜时分，我还在工地办公室中写材料。由于十分疲劳，我当时不得不抽了1支烟。恰巧，刘昇同志看见了，他关切地问我：“小郭，你怎么还抽烟?”我知道他从不抽烟，但我抽烟也实属无奈。于是，我笑着说：“刘主任，我如果不抽烟，早就睡着了，还能继续写材料吗?”他听后无语，悄悄地走了。实际上，我过去从不抽烟，只是在3号泵站指挥部工作那段时期中偶尔抽1支烟。离开“八三工程”以后的近50年中，无论工作多么劳累，我只是喝点茶水，没再抽过1支烟。

在参加“八三工程”大会战期间，我每天的休息时间很少，大约只有4~5个小时。除完成基本工作任务外，每天还要抽出2~3个甚至4~5个小时到建设工地与工人、解放军战士和公社武装民兵一起劳动。1971年6月，我曾写过一首小诗：“天上繁星亮晶晶，工地灯火比星明。挥镐舞锹建泵站，战天斗地乐无穷。浩歌正气动天地，革命豪志贯长虹。喜看神州红旗舞，我为人民立新功。”

在县“八三工程”指挥部工作期间，我经常与父亲通信。当时，我们

全家6口人分别工作或居住在四个地方。父亲在东北师大“留守”；母亲走“五七”道路在吉林省桦甸县八道河子公社新开河大队平岭生产队，她还带去了两个妹妹，大妹郭志红初中毕业后在当地插队落户；姐姐在吉林省农安县开安公社插队落户；我在吉林省前郭县“八三工程”指挥部工作。我没有时间给其他亲人写信，只能从父亲的信件中获悉她们的情况。一次，我在给父亲的信中写道：“北风吼，心潮涌，想亲人，望远方……”他见后流下了眼泪。此外，我仍与插队落户时所在的生产队团支部保持着联系，递交过入团申请书和思想汇报《笑洒热血不停步　誓做革命后来人》，并加入了中国共产主义青年团。同时，我数次返回集体户，看望仍在农村战天斗地的其他户员。1971年6月8日，我在《返户有感》一文中写道：“任其弱女之姣姣，任其强男之凶暴，任其雷电之相合，任其狂飙之呼号！矢志不移，中流击水，变大海之一怒涛，推社会主义之航船，迎共产主义朝暾之高照！”

1971年8月，“八三工程”基本结束，县“八三工程”指挥部工作人员各自回到原单位。我作为正式抽调上来的知识青年，被通知到县劳动局报到并分配工作。临行前，3号泵站“八三工程”指挥部的工作人员聚餐告别。回顾一年来在“一不怕苦、二不怕死”的大会战中取得的辉煌业绩以及彼此结下的深厚情谊，大家都喜泪盈眶，依依不舍，相互签名或题诗留念。我即兴赋诗一首：“临别豪言赠战友，思绪如泉涌心头。千言万语凝一句，永做工农一马牛”。

从工人、工农兵学员到大学教师

1971 年 8 月末，我被前郭县劳动局分配并来到县苇场工作。前郭县苇场是一个收购、管理和发运芦苇的国营企业，隶属于前郭县工业局。在前郭县工业局下属 20 多个工厂中，苇场是属于规模较小、工作比较艰苦的企业。前郭县苇场的正式职工只有几十人，除场部设在县城外，下设 3 ~ 4 个芦苇管理收购站（大多设在农村中的大芦苇塘附近）。在县“八三工程”指挥部工作过的其他知识青年，多数被分配到县无线电厂、电机厂、农机厂等较好的企业，只有我和当地知识青年宋思发被分配到苇场工作。我一度产生了思想波动，认为自己是没根没蔓，才被分配到条件较差的单位。然而，这种思想很快就有了根本转变。我决心继续以革命青年的昂扬姿态，干好苇场的本职工作，做一颗社会主义建设事业的“螺丝钉”。

从来到前郭县苇场工作至 1972 年 4 月末上大学，我共经历了近 8 个月的时间。其间，有四方面的事情给我的人生留下了深刻印记。

第一，我受场领导委派去长春采购地中衡（即大型地秤）。我到苇场工作后，先在场部参加了一个多月的修建场部办公新房的劳动。后来，场领导要我去完成一项重要任务——设法搞到 4 吨钢指标，并到长春市衡器厂去购买新建芦苇管理收购站使用的地中衡。当时，国家实行计划经济，我场需要购买的地中衡并没有纳入当年生产计划，也没有钢材指标。因此，完成场领导交给我的任务确实是个大难题。我当时感到肩上的担子很重，但还是表示要尽力而为。

我去白城市芦苇公司申请钢材指标，结果未成。随后，我又专程到长春，去吉林省轻化工业局找有关领导请求帮忙。我场收购的芦苇，主要是卖给吉林市造纸厂做原料，而吉林市造纸厂当时隶属吉林省轻化工业局。

我在“文化大革命”初期（即我 14 ~ 15 岁时）曾自告奋勇当过一段时间东北师大附中的“采买员”，为学校购买当时较为紧缺的大白纸、刻字钢板、蜡纸和铁笔等，业绩还不错。我找到吉林省轻化工业局主管钢材指标的处长，向他详细汇报了我场急需 4 吨钢材指标以购买地中衡的情况，恳请他设法利用机动的钢材指标予以解决。这位处长与我没有任何关系，我反复跑了几次，他终于给我解决了 4 吨钢材指标。我大喜过望。尽管苇场没给我任何“活动经费”，我就用自己的钱（约 10 元左右，占月工资的 1/2）买了两条蝴蝶牌香烟给他送去。这位处长委婉地拒绝了，并语重心长地对我说：“我是共产党的干部，烟我不能要。帮助你们单位解决一点困难，也是我的分内工作”。当时，我深受感动。这件事至今记忆犹新，并对我后来的思想和行为产生了深远影响。我用 4 吨钢材指标去长春市衡器厂联系并购买了地中衡，圆满完成了场领导交给我的重要任务。

第二，我被安排到旱龙坑芦苇管理收购站工作。我在县苇场工作两个月后，场领导将宋思发留在场部工作，将我派到距县城约 150 里且正在筹建中的地处深井子公社的旱龙坑芦苇管理收购站当以工代干的检斤员。我二话没说，表示服从安排。1971 年 10 月 21 日上午，我乘敞篷大卡车押运木料从县场部至旱龙坑芦苇管理收购站。为防木料丢失，我坐在木料上头。行驶途中，天色阴晦，风自东南方向骤起，寒烟缕缕，衰草摇曳，冷气袭人。环目四顾，回忆 3 年来自己在前郭旗的工作经历，情思涌溢，感触满怀。我想起毛泽东的著名诗词《七律 · 长征》，遂循其韵作诗一首：

异　乡

背井离乡来旗前，手擎宝书战荒原。
金禾婆娑舞银镰，麇师火线驰笔尖。
翘首远瞩阅春色，迢行千里指顾间。
业无高卑志当坚，血沥神州沃菜园。

我在旱龙坑芦苇管理收购站工作期间，条件相当艰苦。站长姓梁，是一名忠实憨厚、任劳任怨的党员老干部。除梁站长以外，只有我和另一个人是正式职工。此外，苇站雇了临时工负责做饭和打扫卫生。苇站的房子是新建的，冬天屋里很冷，脸盆里的水都带着冰碴儿。在苇站安装地中衡之前，我先做出纳员工作；安装地中衡之后，我做检斤员工作。做苇站地中衡的检斤员，就是要将装满苇捆的汽车和马车准确过秤，然后开出苇捆重量的票据，交给送来苇捆的农民，由他们凭票据去兑取现金。平时，我除了做好检斤员的工作之外，还要和梁站长等人经常到苇站周边地区巡查芦苇收割与保护情况，防止属于国有资源的苇塘芦苇被私人盗割或转卖。一天晚上，梁站长带着我们几人一起去巡查附近芦苇的保护情况。当时，天降大雪，我们冒着零下 30 多度的严寒，在没膝深的雪地里走了 60 多里，回来时已是第二天上午 7 点钟了，棉鞋、棉裤全都湿透并结满了冰碴儿。有时，我到附近生产队去看社员打苇捆，才知道他们打苇捆实行的是计件工资，社员劳动积极性较高。正当城市国营企业中大批所谓“物质刺激”的“修正主义路线”之际，地处偏远地区的农村生产队却全然不顾这一套，依然实行按劳分配的计件工资制度。

第三，我抓紧时间刻苦学习。1971 年秋，在我从前郭县乘火车去白城市办事的途中，列车的车厢里反复播放着《梁祝》的优美乐曲。我拿出父亲从东北师大图书馆借来的《世界文学》期刊合订本，一看就是几个小时。当时，我对面坐着一个年轻漂亮的姑娘，她见我读书非常专注，既惊讶，又羡慕。她豆蔻年华，情窦初开，似乎很想与我搭话，但我却旁若无人，没与她说过一句话。歌德有句名言：哪个少男不钟情，哪个少女不怀春？然而，我心里很清楚：此时此刻，读书比交朋友或谈情说爱更重要！

我在旱龙坑苇站有一间独立的工作室。尽管隔壁经常有几个人在一起打扑克、搓麻将，抽烟、喝酒，我则利用工作间隙和晚上休息时间，孜孜不倦地努力学习。那段时期，正值林彪叛逃的“九一三事件”发生之后，全国范围内开展了“批林”运动。毛泽东提倡高中级领导干部要“认真看书学习，弄通马克思主义”，并推荐了一些重要的马列经典著作供领导干部阅读。我去县新华书店购买了《共产党宣言》《法兰西内战》《哥达纲领批判》《反杜林论》《国家与革命》《唯物主义与经验批判主义》等经典著作，父亲给我寄来他参加省里举办的领导干部理论学习班印发的相关辅导材料。我一本一本地认真学习，尽管有些内容深涩难懂，但仍感收获很大。

与此同时，我学习了东北师大李星万等编写的《中国人民革命斗争史》教材。我结合社会、工作和思想实际，写了《一个极其沉痛深刻的教训》《请战书》《幸福》等几篇文章。

《一个极其沉痛深刻的教训》是“九一三事件”之后我写的一篇评论性文章，约4000字左右，曾在县苇场场部的政治学习中宣读。可惜，这篇文章没有保存下来。

《请战书》是我写给县革委会副主任刘昇同志的一封信，申请参加县里组织的农业学大寨工作队。《请战书》从三个角度提出请战，其中第三个角度及文章末尾如下：

“请战!!!

我们是社会主义建设事业的新愚公，也是共产主义幸福社会的奠基人。我们担负着解放全人类、将无产阶级革命进行到底的光荣历史使命。平时流汗，是革命青年义不容辞的职责；战时流血，是革命青年责无旁贷的重任。在百花吐艳年代因公忘我，在硝烟弥漫之际冲锋陷阵。浩然正气，为伟大的共产主义事业奋斗终生。

前郭旗，是我的第二个故乡。东有庶林富水，尚未充分受益；南有坦荡平川，尚未有效利用；西有葳蕤草原，尚未垦凿挖潜；北有膏腴之地，尚未合理安排。前郭旗自然资源丰富，劳动人口众多，发展前景远大。

能投身于广大工农兵群众和革命干部改变前郭旗面貌的斗争洪流中去，为革命事业兢兢业业，任劳任怨，发出自己微渺的光热，是我的旦夕志愿。能动地改造客观世界，和祖国七亿人民共同挥写声讨旧世界的檄文，向着共产主义的美好未来胜利进军，‘实现一百多年来无数革命先烈所怀抱的宏大志愿’!

东风鼓征帆，丹心铁手绘图蓝。求战心切，疾笔写成。敬请批准，闻召起行。”

《请战书》的落款是前郭旗国营苇场工人郭飞，时间为1971年10月23日。

《幸福》是我阐述个人幸福观的一篇文章，也是我第二篇立志之作，约4000字，于1972年2月10日定稿。在文章中，我初步论述了不同阶级的幸福观，并提出了个人的努力方向和奋斗目标。该文最后部分如下：

"胸怀祖国，放眼世界；竭忠尽智，笃行不倦。不依赖于外因条件的借助，苛求于脚踏实地、一丝不苟的努力。在革命的长河中学会游泳术，运用马克思列宁主义、毛泽东思想的锐利武器，有效地献身于艰巨的革命，做中国共产党的优秀党员，中国人民的忠诚战士。这是我坚定不移的奋斗方向和付诸今后的实际行动。

'满腔的热血已经沸腾，要为真理而斗争。'

当我们用不竭的智慧和勤劳的双手，用鲜红的融贯时代风云的血液，为人类进步作出了应有的贡献；当我们看到，努力并没有付之东流，可爱的祖国与世界各国一道由社会主义社会漫长的历史时期过渡到共产主义社会——这个极端崭新完美的代表人类崇高理想的伟大的社会；当她朝暾般地从东方地平线上喷薄升起，而以其辉煌陆离的光焰照耀整个世界，并使其迸发出宇宙中特有的绚丽色彩时，我们将感到无上的幸福！"

第四，我奋力争取考上大学。1970 年，我国有些高校遵照毛主席 1968 年 7 月 21 日关于"大学还是要办的"的重要指示，招收了第一批大学生（亦称"试办班"工农兵学员），这为我国高等教育事业的恢复与发展带来了福音。从 1972 年开始，我国高校从具有两年以上实践经验的工农兵青年中正式招收大学生。

1972 年初，我获悉高校可能招生，非常兴奋。为了能上大学读书，我利用回县苇场场部办事的机会，到县革委会副主任刘昇家里向他表达了我的愿望，恳请他在可能的情况下给予支持。他听完我的想法后，直截了当地对我说；"社会也是大学。"他是小学教师出身，靠个人努力当上了县领导，对是否必须上大学有他的独特想法，我能够理解。这也使我联想起高尔基的小说《我的大学》。然而，刘昇副主任的意见并没能改变我要上大学的愿望。不久后，从县里传来正式消息，国家将采取"个人报名、单位推荐、统一考试、择优录取"的方针招收 1972 级大学生。我闻讯后欢欣鼓舞，立即向苇场领导反映了个人的上学愿望。场革委会主任王昇对我的愿望非常支持，他亲切地对我说："小郭，你到苇场后工作很好。我过去当县粮食局局长时曾输送过两名大学生。你很有发展，我不压人，全力支持！"我听后热泪盈眶，对这位新中国成立前参加革命的 14 级党员干部更加敬重。我填写了入学申请表和入学申请报告。场领导就我的升学问题专

门召开了场部全体干部职工会议，我也参加了这个会议，与会同志一致同意我报考大学。当时，我所在的县工业局仅有3个高校录取名额，按1∶3的比例仅有9个参加考试的名额，可是县工业局下属企业有20多个，申请报考大学的青年挺多。无奈之下，县工业局规定下属每个企业最多推荐1名青年参加竞争。我所在的苇场在县工业局中是个小企业，若按企业规模和地位衡量，我竞争“出线”的可能性很小。然而，县工业局领导在认真审查了被推荐人的相关材料（特别是入学申请报告）以后，遴选出包括我在内的9名青年参加考试。苇场领导给了我一段时间在前郭县五七大学进行考前准备。我小学同学的姐姐、东北师大附中老高三学生刘宁恰在该校工作，我就请她对我备考的数理化3门课程进行辅导。

我在前郭县参加了由吉林省有关部门统一命题的入学考试，在文科考试中明显占优。记得当时的文科考试除笔试外，还有面试，即要求考生按照主考老师的要求当场口述一篇文章。我稍做准备，镇定自若，紧扣主题，表达精炼，声音洪亮，主考老师非常满意。最终，我被东北师大政治系正式录取。

在吉林省1972年高校招生工作中，存在一些无序和混乱的现象。例如，我在填写报考高校志愿时，根本不知道有哪些高校的哪些专业在我县招生；对入学考试规定的6门课程（语文、政治、历史、数学、物理、化学），有关部门并没有向考生公布考试复习大纲；对极个别“有门路”的考生甚至还存在漏题现象；所有考生的考试成绩（含单科成绩和总成绩），也没有正式公布，等等。后来有人透露，根据我的考试成绩，南京大学的招生老师本想将我录取到该校国际政治系（为新华通讯社培养），但因前郭县考生中高干子弟（前郭县是吉林省革委会安置办指定的东北师大附中、吉林省实验中学“老三届”学生插队落户的地区）较多，最后在与县招办协调时我被有的考生给“顶”了。

1972年4月下旬，我离开前郭县苇场，来到东北师大政治系报到。如果没有“文化大革命”，我会在东北师大附中高中顺利毕业，且极有可能考上国内顶级高校的好专业。然而，我既承认历史，也正视现实。从一名工人一跃成为著名大学的学生，这无疑是改变我人生命运的重要一步。

新环境，新集体，新学习，新生活，新收获。我在东北师大政治系的学习时间共计两年零八个月。当时正值“文化大革命”后期，我至今回忆起来内心仍五味杂陈。总体来看，我的主要收获在于：（1）进一步明确和坚定了人民立场。在大学期间，同学中最响亮的口号是“人民送我上大学，我上大学为人民”。同学们是来自工农兵的“各路英豪”，对党、国家和人民的感情都比较深，勤奋团结，艰苦朴素，互相帮助。其间，学校实行“文科以社会为工厂”的教学改革，强调理论联系实际。我们到长春市拖拉机厂、吉林市铁合金厂、吉林省永吉县农村进行调查研究，与工人农民结合在一起，进一步增强了对国情的了解和劳动人民的思想感情。1975年1月12日，我光荣加入了中国共产党。（2）受教于一些高水平的教师，学习了一些理论和历史知识。除了马克思主义的基本理论课程之外，我们还学习了中国古代史、中国近代史、中共党史、世界古代史、世界近代史、国际共产主义运动史、中国哲学史、逻辑学和中文等课程，学习了一些马克思、恩格斯、列宁、斯大林、毛泽东的经典著作。毋庸讳言，由于受历史条件的限制，当时东北师大政治系所开设课程的门数、内容、质量都与1977年中国恢复高考后著名大学的政治专业不能媲美，但毕竟为我们奠定了一定的理论和知识基础。即使是所用教材和讲授内容中存在一些“左”的观点，也可成为我们后来在工作中正确地观察、思考和解决问题的反面参考。在为我们授课的教师中，确有一些是优秀或比较优秀的。例如，当今被誉为“红色理论家”的郑德荣老师，就曾经给我们讲过中共党史专题课。中共党史教师孙玉葵，讲课时内容娴熟，语言生动，抑扬顿挫，充满激情，活灵活现，受到同学们的一致好评。戴星东老师给我们作美国经济危机的专题报告，分析精辟，举例精当，知识渊博，颇有文采，给我们留下十分深刻的印象。在校期间，同学们学习劲头很足，也很刻苦。有的同学午饭后根本不休息，直接去教室看书。我在寒暑假基本上不回家，在宿舍里认真阅读了《马克思传》《恩格斯传》《马克思和恩格斯是怎样学习和工作的》《欧洲哲学史简编》等书籍和《资本论》（第一卷）的部分章节。当然，我在东北师大政治系的学习也有不少缺憾。除了学制较短、课程较少（特别是受极“左”思潮影响，没有开设外语必修课和选修课）之外，学习内容明显带有“文化大革命”的烙印，教学安排也经常被“批林批孔”等政治运动和较长时间的劳动所打乱。

我既当过工农兵学员，又当过工农兵学员的老师，还读过硕士研究生并长期担任“文化大革命”后入学的本科生教师和研究生导师。如何看待中国“文化大革命”期间的高校招生及录取的工农兵学员？对此，我有五点基本认识：（1）1970 年某些高校招收的“试办班”学员，特别是 1972 年高校正式招收的工农兵学员，相对于“文化大革命”初期高校停课和停止招生而言，是一种历史的进步。从某种意义上，也可将其视为对“文化大革命”中相关错误进行拨乱反正的一个开端。（2）就总体而言，“试办班”学员和 1972 ~ 1976 级工农兵学员，属于当时中国优秀青年的一部分。其主要优势是具有一定的实践经验，政治素质较好。其在文化素质方面参差不齐，则是由特定历史条件造成的。（3）1973 ~ 1976 年的高校招生工作，由于受到“四人帮”吹捧“白卷英雄”等极“左”思潮的干扰破坏，文化考试形同虚设，导致生源的文化素质持续下滑。（4）1977 年开始恢复高考制度，这是对“文化大革命”中相关错误具有根本意义的拨乱反正，对中国经济社会较快发展起到了相当重要的作用。（5）从“文化大革命”初期高校停止招生到“文化大革命”后恢复高考制度，高校从有实践经验的工农兵中招收大学生具有历史必然性。

1975 年 1 月初，年级辅导员找我谈了一次话。他问我对毕业分配如何考虑，有什么具体想法？我说：完全服从分配，就是回到前郭县工作也可以。年级辅导员曾于 1972 年参加了吉林省白城地区（前郭县属于白城地区）的高校招生工作。然而，由于搞错了姓名，他对我被东北师大录取是否属于“走后门”产生了怀疑，并在 1974 年系里组织的“反后门”活动中派人进行过调查，最后弄清了真相。在大学期间，尽管我在各方面的表现都比较突出，却因所谓有“走后门”的嫌疑而在一段时期中被辅导员和一部分同学怀疑和误解，并由此推迟了入党时间。大学毕业前夕，长春市团市委的干部曾到东北师大政治系挑选毕业生，物色担任团市委副书记的“苗子”。他们查阅了我系同年级 60 多名学员的档案材料，最后选中了我。当时，系毕业分配领导小组负责人是一位工人师傅，他以我身上有“知识分子气”为由拒不同意。团市委的干部对这位工人师傅说：“我们要的人必须能说能写，就是要有知识分子气。”这位工人师傅还是不同意。团市委的干部一气之下，转到东北师大别的系录取了一名毕业生。由于我遭受过“走后门”的误解，当东北师大政治系有的领导干部主动征询我父亲对我毕业去向的具体意见时，我父亲则一笑了之，没有说话。

1975 年 1 月中旬，我被分配到长春地质学院（该校 1988 年被定为全国重点大学，后更名为长春科技大学，2000 年并入吉林大学）马列主义教研室任教。与我同时从东北师大数学、体育、化学等系分配到长春地质学院担任教师工作的还有杨永华、李一、何其庄和陈洁老师。由此，我开始了长达 40 多年的大学教师生涯。

来到长春地质学院工作的前 4 年中，我大体上做了四方面的事情。

第一，我讲授的课程较多，工作任务很重。刚到长春地质学院马列主义教研室工作，我就被室领导安排去吉林大学参加“无产阶级专政下继续革命理论”培训班。室领导获悉我在该培训班上学习和发言的情况都很好，就立即派我到水工系（即水文工程与地质工程系）任课，并讲授多门政治理论课课程。当时，教研室的教师几乎都安排到各系，其中派到水工系任课的教师共 3 名（除我以外，还有陈兴昌、孙却非两位教师），由陈兴昌任组长。我担任水工系一个年级 4 个班（每班约 50 名学生）的政治理论课课程，每周授课 4 ~ 8 学时，同时兼任年级党总支副书记。我住在学校的单身教师宿舍，与杨永华、李一老师同一个房间。为了在春季开学后把课讲好，我整个寒假很少休息。从正月初一至初五，我都在宿舍里认真备课。

1975 年 2 月下旬，在坐满 200 名学生的阶梯教室，我大步走上讲台，开始了我在长春地质学院的首次讲课。我授课的对象是 1974 级工农兵学员，他们中不少学员的年龄比我大，还有陈大忠、左炳合等来自海、陆、空三军的干部。我在前郭县“八三工程”指挥部当过宣传干事，在大学期间又有多次在工人、农民或学生中的宣讲经历，对给大学生授课并不打怵。我声音洪亮，条分缕析，举例生动，语言精练，充满激情，一下子就把学生吸引住了。在 1975 ~ 1978 年期间，我给学生讲授过马克思主义政治经济学（资本主义部分和社会主义部分）、中共党史、马列经典著作选读、毛泽东著作选读等课程。为了备好课，我除了积极购买和借阅相关书籍及杂志外，曾多次去东北师大听万欣老师（后任吉林省社会科学院院长）和曹序老师（后来成为我的硕士研究生导师）讲授的政治经济学课程，有时还把自己写的讲稿交给本教研室的老教师审阅，并认真听取他们提出的宝贵意见。

第二，我带学生“出队”（即到外地进行野外地质实习）。1975 年夏季，我与一些干部、专业课教师带领学生到辽宁省朝阳地区进行野外地质实习。当时，实习和生活的条件都很艰苦。在炎炎烈日之下，学生跟着老师像地质队员一样，越过一座座荒山秃岭进行水文和矿藏的地质调查，并带着饭盒和军用水壶在野外吃午饭。学生住在老乡家，干部和教师住在帐篷里。我组织学生办小报，搞宣传，在学生实习的休整时间（下雨或周日）给他们授课。野外实习队的领导同志对我的讲课很重视，水工系党总支副书记徐应葆、基建处处长张大基等同志和一部分专业教师都来听我的课。1976 年夏季，我随下一届学生又来到朝阳地区进行野外地质实习。此外，1975 年 10 月，我还与刘志山老师带领 200 名学生到吉林省磐石县二炮部队学军 3 周，经历了部队生活的锻炼。

第三，我给学生上党课，在部委大报上发表诗歌。我在系里担任政治理论课教师期间，学校和教研室明确要求教师兼做学生的思想政治工作。我除了在课堂教学中努力联系学生思想实际和有时亲自做学生思想政治工作以外，还专门给几十名学生党员和入党积极分子上了一次党课。当时，我翻阅了不少材料，紧密联系党的宗旨和历史与现实中许多模范人物的生动事例，认真写好了讲稿，并利用一个晚上声情并茂地讲了近两个小时。在讲台上，我发自肺腑，慷慨陈词；在讲台下，学生党员和入党积极分子则聚精会神，认真听讲，有些学生还感动地流下了眼泪。这是一次效果颇佳的党课。在我后来四十余年的高校教师生涯中，尽管我被学校评为优秀共产党员，在优秀党支部担任支部书记，在全校党员大会上作过专题报告，在全校中层以上干部会议上作过辅导报告，却没有再给高校学生上过党课。

粉碎“四人帮”以后，为庆祝中国共产党成立 56 周年，我写了一首 70 行字的诗歌《颂党旗》，于 1977 年 6 月末发表在国家地质总局（后更名为地质矿产部）主办的《地质战线》（后更名为《中国地质报》）上。该诗的开头两段如下：

“你像红霞般壮丽——

啊，我们庄严的党旗！
烈士的鲜血染成，
斗争的风雨洗礼……

南湖碧波，
仰望过你的英姿；
井岗烽火，
装扮你更加绚丽；
枣园春风，
深情地朝你招手；
北京秋雨，
大声地向你贺喜！”

第四，我撰写了第三篇立志之作——《阵痛》。1977 年，我们这些派到各系的政治理论课教师又重新回到马列主义教研室。不久，马列主义教研室更名为社会科学系，我在政治经济学教研室任教，并在一段时期中担任教研室党支部书记。1978 年 12 月，中国共产党召开了十一届三中全会，纠正了在较长时期内“以阶级斗争为纲”的“左”的错误，做出了将党的中心工作转向经济建设并实行改革开放的重大决策。这是中国共产党历史上具有深远意义的伟大转折。对此，我坚决拥护，激动不已。1979 年 1 月 15 日，我写下了短文《阵痛》，全文如下：

阵　痛

孕妇在分娩之前，通常要经过短时间的阵痛。学者在获得一定的成果之前，则往往要经过长时间的“阵痛”。目前，我正处在后者的“阵痛”中。

自清除“四害”、拨乱反正以来，我的思想大大解放。环视今日之世界，我深感国耻！放眼今日之中国，我尤觉己庸！10 多年来，奸佞肆虐，同室操戈，金玉不振，民怨沸腾，国家蒙受了一场大劫难。尽管自己苦撑竭蹶，努力向上，但仍有许多宝贵光阴付之东流，以致科学文化知识严重落伍，即使与踔厉风发的童秀相比，在某些方面都深愧不如。痛定思痛，义愤填膺。与其流泪祈天，莫如奋然前行！同时，我也决不悔恨投身政治论坛，因我有共产党人的胆识。实际上，无论涉足任何专业领域，真科学的道路都从不平坦，倘若怕刺，当然也就摘不到玫瑰花。

在某些人的轻蔑和嘲讽中，我要深深地埋下头，顽强地端起书。矢志不移，逆水行舟。好在如今我年富力强，牵挂甚少，又有一定的专业基础和较优越的工作环境，只要我勤学苦钻，有的放矢，实事求是，持之以恒，就可能在理论经济学上有所造诣，为人民尽菲微之力。

让躁动于我知识腹中的“婴儿”，早日降生吧！

这篇短文，是我继《志》《幸福》两文后的第三篇立志之作。在第一篇立志之作《志》中，我誓言要做“优秀的无产阶级革命事业的接班人”；在第二篇立志之作《幸福》中，我誓言要做“中国共产党的优秀党员，中国人民的忠诚战士”；在第三篇立志之作《阵痛》中，我誓言要做有较高造诣的马克思主义经济学者和优秀的高校教师。这三篇立志之作，是在为社会主义、共产主义事业奋斗这一根本目标的前提下，结合工作实际对个人奋斗目标的逐步具体化。《阵痛》一文，对我后40年的工作生涯具有重要意义。我经常翻阅此文以鞭策自己，并写诗直抒胸臆：“昔读《宝剑篇》，浩气贯霓虹。今书此《阵痛》，挥毫抖长风”。

两年啃读《资本论》

马克思耗时近40年撰写的鸿篇巨著《资本论》，是马克思毕生中最重要的理论著作，被誉为“工人阶级的圣经”。《资本论》是马克思主义的百科全书，但其主要是一部政治经济学著作。在《资本论》中，马克思在劳动价值论的基础上着重考察剩余价值的生产、流通和分配过程，揭示了资本主义必然被社会主义、共产主义所取代的客观规律，从而为无产阶级和广大劳动人民推翻旧世界、建设新世界提供了强大的思想武器。《资本论》的真理光芒和理论威力，连某些资产阶级经济学家都并不否认。1999年，剑桥大学和英国广播公司在全球范围内举行过一次“千年思想家”的网上评选，马克思位居第一，爱因斯坦、牛顿等名列其后。

《资本论》是我几十年中用心最深、研读时间最长的一部理论著作，也是几十年来对我影响最大的一部理论著作。多年来，我坚信共产主义事业必然胜利，坚持以发展的马克思主义经济学的立场、观点和方法进行科学研究和教学工作，主要的理论根基就是《资本论》。

我学习和研究《资本论》，主要经历了三个阶段。

第一阶段（1974～1981年）。在东北师大政治系学习期间，我们学习了政治经济学原理。当时提倡多学原著，我从图书馆借来了《资本论》第一卷。但是，我只读了其中的一部分。1975年到高校工作后，我先后购买了《马克思恩格斯全集》（第23～26卷），即《资本论》1～4卷（其中，第4卷是《剩余价值理论》）。1975年5～8月，我带学生到辽宁省朝阳地区进行野外实习。其间，我在荒山上和帐篷里认真读完了《资本论》第1卷。当时，《资本论》的辅导材料极其匮乏，我能看到的只有苏联卢森贝撰写的《〈资本论〉注释》（1～3卷）和中央党校编印的《资本论》辅导

材料。由于我政治经济学的功底不深，又缺乏政治经济学史方面的知识，啃读《资本论》相当费劲。在正常情况下，我 1 小时只能读 3 ~ 4 页，且有不少地方还看不懂。于是，我就经常向我系的一名老教师——1954 年毕业于复旦大学政治经济学研究生班的陈中杰老师请教。

1977 年恢复高考制度后，长春地质学院招收了四年制的政治理论课师资班，其中也设有政治经济学专业。从 1979 年起，我院师资班政治经济学专业连续开设了一年半的《资本论》课程，由刚从农村走“五七”道路回来不久、1952 年毕业于南开大学经济系的蔡象赞副教授授课，我给他当助教。蔡老师理论功底较好，边备课边讲课。我与师资班政治经济学专业的同学一起听课，同时又是他们的答疑教师。这种教学安排促使我认认真真、从头到尾地研读了《资本论》1 ~ 3 卷，同时阅读了北大经济系《资本论》教学组编写的《〈资本论〉释义》和复旦大学张薰华、洪远朋编写的《〈资本论〉提要》等参考资料。

第二阶段（1982 年春 ~ 1983 年初）。当时，我在教育部委托吉林大学举办的全国高校政治经济学教师进修班脱产进修一年，吉林大学著名教授蔡钤等讲授《资本论》（1 ~ 3 卷）课程。这样，我又与来自全国各地的高校进修教师一道，重新学习了一遍《资本论》，并对其中的若干重点问题进行了讨论。1982 年，经东北师大赵洪老师介绍，我加入了中国《资本论》研究会，成为该研究会的个人会员。

第三阶段（1985 年秋 ~ 1987 年春）。当时，我在东北师大攻读政治经济学硕士学位，由我的导师曹序教授等授课，第三遍学习《资本论》（1 ~ 3 卷）。曹序教授 1953 年毕业于中国人民大学政治经济学研究生班，在研究《资本论》方面很有造诣。他推荐我们在学习《资本论》的原著时，结合阅读福建师范大学陈征教授撰写的《〈资本论〉解说》（1 ~ 5 册）。此外，我还购买并参阅了国内研究《资本论》的一些专著和文集，学习收获较大。

总体来看，上述三个阶段集中啃读《资本论》，使我花费了两年左右的时间（每天按 8 小时计算，不算节假日）。我研读《资本论》时在著作中勾勾画画，写下了一些概要和个人理解，写了不少本阅读或听课笔记，还阅读了几套《资本论》辅导材料和一些报刊发表的相关论文。

在学习与研究《资本论》的过程中，我着重学习《资本论》中体现的立场、观点和方法。所谓《资本论》的立场，即作为先进生产力的代表者的无产阶级的立场，用当代中国的话来说就是人民的立场。所谓《资本论》的观点，就是贯穿《资本论》全书、后来被历史实践证明的马克思关于商品经济及其基本规律、关于资本主义基本经济规律、关于资本循环与资本周转和社会再生产的基本原理、关于资本主义积累的一般规律、关于剩余价值分割和资本主义经济危机的基本原理以及对未来社会的科学预见等正确观点。所谓《资本论》的方法，最根本的就是辩证唯物主义和历史唯物主义的方法，以及历史和逻辑相统一和科学的抽象等方法。

在学习与研究《资本论》的过程中，我注重实行“四个结合”：（1）将学习《资本论》与学习政治经济学史结合起来。在上述三个阶段，我恰巧都赶上学习政治经济学史特别是资产阶级政治经济学史的课程，这非常有利于学懂悟通《资本论》，正确认识《资本论》在经济学说史和马克思主义理论发展史中的重要地位和创新性贡献。（2）将学习《资本论》与学习国内最高水平的政治经济学教材结合起来。例如，在20世纪70年代，国内最高水平的政治经济学教材通常认为是徐禾等编写的《政治经济学概论》（人民出版社出版）；在80年代，国内最高水平的政治经济学教材通常认为是宋涛主编的《政治经济学》（人民出版社出版）。我结合学习这两种既较好体现《资本论》原意又联系当代资本主义实际的教材，从而对《资本论》中的某些观点理解得更加准确和深入。（3）将学习《资本论》与学习列宁的光辉著作《帝国主义是资本主义的最高阶段》和垄断资本主义政治经济学结合起来。从而，我对当代资本主义有了更为全面、现实和深刻的认识。（4）将学习《资本论》与研究社会主义经济问题结合起来。在东北师大攻读政治经济学硕士学位期间，《资本论》课程的考试题目就是“《资本论》与社会主义经济”。此外，马克思在《资本论》中体现的科学精神、理论联系实际的学风、渊博的学识、高尚的学术道德等，都使我终生受益无穷。“学海永不落征帆，书山觅宝靠钻勤”“背靠理论，面向现实”，这是我在学习和研究《资本论》过程中遵循的格言。

从零起步自学英语突破全国考研录取线

我的英语学习之路起步艰难，结果却超乎预料。

我在东北师大附中学习了一年俄语，大约掌握了 700 个单词。我在东北师大本科学习期间，系里没开外语课。因此，在实行改革开放之前，我基本上是个外语盲。实行改革开放以后，随着对外交流日益增多，国内迅速兴起了“外语热”（特别是“英语热”）。我敏锐地意识到：学习英语，势在必行。

最初，我学习英语的目的只是为了晋升职称。按照相关规定，高校教师晋升职称的条件之一是必须通过外语考试。当时，许多高校对教师进行外语考试的基本方式就是翻译外文，且不是“中译外”，而仅是“外译中”（即允许携带外语词典，在考场内限定时间将一定篇幅的外文翻译成中文）。实际上，这种外语考试就是考核教师阅读和理解外语的能力。为此，我以中央电视台播出的北京大学郑培蒂老师讲授的杜秉正等主编的英语教材和北京外国语学院（后更名为北京外国语大学）许国璋主编的英语教材为基本教材，以北京外国语学院薄冰编著的英语语法教材和张道真编著的《实用英语语法》为辅助教材，利用业余时间自学英语。

我经常到教师阅览室去学习英语，主要是掌握英语词汇量。同时，因当时家中没有电视，我就经常到学校英语教研室和英语教师一道，观看电视中播放的郑培蒂老师讲授的英语课程。经过 3～4 年的业余学习，我大约掌握了 4000 个英语单词，并顺利通过了拟晋升讲师的英语考试。

1983 年 12 月，我巧遇东北师大 1973 级工农兵学员、中共吉林省委党校政治经济学教师肖欣。他当时正在中央党校政治经济学研究生班学习。我们交谈了两个多小时，他明确提示我：在高校当老师，必须摘掉工农兵学员的帽子，否则日子很不好过，随时有可能被“淘汰”出局。

肖欣的话，促我猛醒。联想到某些高校已经出现的一些情况，我下决心要尽快考上研究生。我仔细掂量了一下，经过几年来特别是1979年以来的刻苦努力和在吉林大学为期一年的脱产进修，要攻克考研难关，专业课程已经不是障碍，主要障碍在于英语水平较低。我过去学习的英语，实际上是“哑巴”英语。在英语读说听写译五个环节中，我侧重于英译汉，其他环节都是弱项。在教育部组织的全国高校硕士研究生统一入学考试的英语考试中，英译汉占的比重很小，还包括英语词汇量、英语语法题、英语辨析题、汉译英等许多内容。我深知在英语水平方面差距较大，只有迎难而上，讲究效率，方能苦战过关。

当时，报考1984年教育部统招硕士研究生的时限已过，我就报考了中央党校单独招收的研究生班（学制为两年），考试时间定在1984年4月。在短短的3个多月中，我除了完成系里安排的教学任务之外，全力以赴地准备考试。报考中央党校政治经济学研究生班要求考试的科目较多，我把备考重点放到了英语上。我尽量收集中学英语教材，结合当时已有的大学英语教材，逐课认真学习并做好练习题。

1984年4月，我参加了中央党校在长春组织的研究生班入学考试。在专业课考试中，我基本上没有遇到大的困难。在《资本论》课程的考试中，我更是如鱼得水，监考老师见了非常惊讶。后来，她开玩笑地对我说：“你手不停挥地答题，就像事先知道了考题一样”。当时，我以为英语试卷考的还可以，有可能突破中央党校规定的外语成绩最低录取线（40分）。同年5月，我收到了中央党校寄来的研究生入学考试成绩单。打开一看，我的专业课、综合课成绩全部合格（有的课程成绩还比较高），但英语成绩仅有29.25分，进而使我当年报考中央党校研究生的希望彻底“泡汤”。尽管英语考试成绩低于预期，但我并不失望。实际上，我原本也只是把参加中央党校研究生考试作为1984年末参加教育部组织的全国高校1985年硕士研究生入学统一考试的“预演”。

距1984年12月的全国高校硕士研究生入学考试只有7个月了，时间相当紧迫。当时，社会科学系主任不仅在我报考教育部统招研究生的问题上百般阻挠（他打着“担心”我考上研究生后不回长春地质学院工作的幌

子，在我填写的硕士研究生申报表上不予签字，直到我从省教育厅找了一位相关处长和从东北师大找了一位著名教授当“保人”，他才被迫签字），而且继续要求我在考前承担较重的教学任务。我咬紧牙关，周密策划，主攻英语，兼顾其他。为能攻克英语难关，我买来复旦大学董亚芬主编的大学文科英语教材（共 4 册），收集了历年的硕士研究生英语试题和一部分托福试题，并到东北师大旁听刘金明副教授给本科生的英语授课与参加吉林大学组织的硕士研究生英语考试辅导班。我奋力苦战，大量做题，每天晚上都学习到深夜。大学文科英语教材第 3 ~ 4 册，本科生学习的标准时间是 1 周 1 课，而我在学习最紧张时则是 1 天 1 课；不仅要掌握并记住全部单词，还要做完全部习题。当时，妻子给了我多方面的支持和帮助。在参加考试前几天的晚上，我居住的教工宿舍临时停电。我就在桌上同时点燃 3 根蜡烛，继续坚持学习。经过半年多的鏖战，终于迎来了 1984 年 12 月末教育部组织的全国高校硕士研究生入学统一考试。

考试的第 1 天即考英语和政治理论课。当天早晨我 6 点醒来，自觉神清气爽，进一步增强了考试成功的信心。经过近 3 天的研究生考试，我带着愉快的心情走出考场。1985 年春季，东北师大研究生处公布了硕士研究生的考试成绩。我的研究生考试总成绩为 486 分（百分制，6 门课，单科平均成绩为 81 分），英语成绩为 67. 5 分（教育部当年规定报考硕士研究生英语成绩合格录取线为 50 分，而对在职人员报考硕士研究生且其他课程平均成绩达到 80 分以上者的英语成绩合格录取线则可降至 45 分）。我和小妹郭志英同年报考硕士研究生，用的是同样的英语试卷。她在东北师大附中和清华大学先后学习了 10 多年英语，而我的英语考试成绩仅比她低 4 分。从 1984 年 4 月参加中央党校研究生入学考试英语成绩的 29. 25 分，跃升至 1984 年 12 月参加教育部组织的全国高校硕士研究生入学统一考试英语成绩的 67. 5 分，在半年多的时间中我的英语成绩竟提高了 38 分，我喜极而泣。

斗室中的奋斗

我从1979年初写的短文《阵痛》，到1985年考取东北师大政治经济学硕士研究生，经历了近7年的时间。在这7年的奋斗中，除前述相关内容外，我还有三个方面的事情值得回顾。

一是夯实了马克思主义哲学的功底。马克思主义哲学是研究自然、社会和思维发展的最一般规律的科学，是社会科学皇冠上的明珠。马克思主义哲学包括辩证唯物主义和历史唯物主义。它既是马克思主义的三个组成部分之一，也是《资本论》和政治经济学的根本研究方法。在这7年中，我抽出一些时间进一步加强了对马克思主义哲学的学习和研究。

此前，我对马克思主义哲学是比较熟悉的。毛泽东撰写的《实践论》《矛盾论》《人的正确思想是从哪里来的?》等哲学名著，我曾反复学习过。马克思撰写的《关于费尔巴哈的提纲》、恩格斯撰写的《反杜林论》中的哲学部分、列宁撰写的《唯物主义和经验批判主义》等经典著作，我都认真地学习过。艾思奇主编的哲学教科书《辩证唯物主义历史唯物主义》，我也看过好多遍。在此基础上，我买来当时国内最高水平的哲学教材（即肖前、李秀林、汪永祥主编的《辩证唯物主义原理》和《历史唯物主义原理》教科书），买来苏联费·瓦·康斯坦丁诺夫主编的《马克思列宁主义哲学原理》中译本，结合教育部组织编写的马克思主义哲学教学大纲和报刊发表的有关文章，紧密联系历史和当代的重大实际问题，进行认真学习并深入思考，力求真正学懂悟通马克思主义哲学的基本原理。通过刻苦钻研，我觉得理论思维能力明显提升，观察事物的视野进一步开阔，对许多问题的看法更加透彻。一次，我就学习中经过思考没有搞清楚的20多个问题与20世纪50年代初从北京大学哲学系毕业的本系哲学教研室主任进行交流。他坦率地对我说："对你提出的这些问题，我一个都回答不了。"

学习并掌握马克思主义哲学，对我深入研究马克思主义政治经济学和中国经济与中国经济体制改革的重大问题，起到了非常重要的作用。后来，我在探讨经济理论和实际问题时，经常要从马克思主义哲学著作和哲学原理中汲取智慧，获得启迪。有人说：马克思主义哲学是"智慧学"。对此，我深有体会。我在给本科生、研究生授课的过程中，经常倡导他们要学好马克思主义哲学，从根本上树立正确的世界观和方法论。

二是在吉林大学脱产进修一年。1982 年 3 月至 1983 年 1 月，我在教育部委托吉林大学举办的全国高校政治经济学教师进修班学习一年，收获颇大。因受教育部委托举办，吉林大学派出了该校经济学教师的最强阵容，所授课程实际上就是该校经济学硕士生或博士生的专业课。我国著名经济学家、经济学院院长关梦觉教授披挂上阵，给我们讲授了中国社会主义经济理论的若干专题。他功底很深，专业术语和口头语言结合得很好，表达准确精练，给我们留下了深刻印象。著名经济学家张维达教授思维敏捷，口才很好，板书相当漂亮。著名经济学家池元吉教授讲授世界经济专题，知识渊博，提纲絜领，恰到好处。蔡铃教授讲授《资本论》驾轻就熟，游刃有余。常宝权教授讲授社会主义经济理论专题严谨深入，有独立见解。宛樵教授讲授资产阶级古典政治经济学通俗生动，挥洒自如。毕世杰副教授讲授《资本论》第 2 卷准确清晰，逻辑严密。吉林大学任课教师对我们（有的学员已是 50 岁左右的高校教师）的要求相当严格，课程考试经常采取写小论文的形式。在吉林大学脱产进修的一年中，我们听课、自学、讨论、考试环环紧扣，虽很辛苦，但苦中有乐。其中的一个重要收获在于，我有幸欣赏和领略了吉林大学优秀经济学教师的水平和风采。

三是尝试撰写科研论文。在长春地质学院社会科学系工作期间，我逐渐了解到全系 30 多名教师中大部分教师都是从中国人大研究生班或北京大学、南开大学本科毕业的。然而，由于 1957 年以后经历频繁的政治运动和在理工科院校从事政治理论课教学工作，能公开发表的科研成果很少，晋升副教授、教授难度较大。一次，在全系教师大会上，系资料室主任、中共党史专业杨裕泰副教授指着会议室周边杂志柜上陈列的近百种杂志，不无嘲讽和自责地对其他教师说："大家看看，在这么多种杂志中，有哪一篇文章是咱们系教师写的?”在座的几十位教师都沉默无语。这件事对我触动很大。我决心从长计议，逐步做到能够撰写并公开发表科研论文。

1981 年 3 月，我写了一篇论文《试论一些青年中的“信念危机”》，在系学术研讨会上宣读。1983 年 6 月，我写了另一篇论文《试论张海迪成长为青年典范的条件》，也在系学术研讨会上宣读。1983 年 7 月，中国《资本论》创作史学术研讨会在东北师大举办。蔡象赞副教授和我合写了一篇参会论文《马克思〈政治经济学批判〉(1857~1858 年手稿)中关于剩余价值转化为利润的理论——兼对两个流行提法的商榷》。以上 3 篇论文，均属“试笔初稿”，并没向报刊投稿。1983 年夏，针对蒋学模主编《政治经济学教材》(第 3 版)中表述的社会主义经济效益公式，我和陈中杰副教授合写了一篇商榷性文章，发表于著名学术期刊《教学与研究》1984 年第 2 期。

1985 年 7 月，我收到东北师大研究生处寄来的政治经济学专业硕士研究生录取通知书。我回顾近 7 年的奋斗历程，于 7 月 25 日写了一篇短文《斗室中的奋斗》，全文如下:

斗室中的奋斗

身居斗室，
立志报国，
不懈奋斗。

压在写字台玻璃板底下的这几行字，是近 7 年来我的处境和心声的真实写照。

奋斗，是历史前进的巨大动力。它作为一种性格特征，庶几是我前半生的重要特点。然而，我真正值得一提的奋斗，应从结婚之后算起。

由于奋斗，我在长达 7 年的时间里，几乎没有节假日，更很少看电影，脑袋“长”在桌子上，埋头学习和工作。由于奋斗，我虽无力购买一台最普通的黑白电视机，却能从每月菲薄的薪金中省出十几元钱用于购买报刊书籍。由于奋斗，我在执教十载、年过而立、即将成为讲师的情况下，毅然决定报考研究生，并步入东北师大研究生的行列……

诚然，我的奋斗还远不能与兰弟、蒋筑英等模范人物媲美，但它也的的确确是当代中国一个热血青年脚踏实地的奋斗。7年来，我像“知识囚徒”一般地生活。在几乎是整个社会都形而上学地看待工农兵学员、贬斥之声盈耳的日子里，我苦学深钻，孜孜不倦，誓以实践之镜映照奋斗之躯，以优异成绩洗刷延误之耻。黑斑渐多，心口疼痛，满身虚汗，丝毫不能动摇我拳拳赤子的奋斗之心。在这把人锻炼成钢铁的过程中，尽管我没有取得炫目的成果，但它毕竟为我今后的学习与工作奠定了较为稳固的基础，并给我留下了终生难忘的珍珠般的回忆……

在当今之世，有形形色色甚至是截然相反的奋斗。有的人为金钱奋斗，有的人为官职奋斗，也有的人为名誉奋斗，而我则是竭诚地为猎取、传授和探索知识而奋斗。有人说，这是一种“苦行僧”式的奋斗，没有什么油水和实惠。而我则毫不为之所动，依旧我行我素，因这是与社会上众多的有志之士一样，为中华民族新的腾飞和共产主义社会的早日实现而奋斗。如斯奋斗，死且不惧，况乎流汗?!

随着时光的流逝，一切都会成为过去。若云怀昔旧，而今更无前。在开创新局面的“弄潮儿”面前，不应该有终点站。唯愿往日斗室中的奋斗，能成为今后我在更广阔的舞台上继续奋斗的良好开端。

三年攻硕露头角

1985年8月下旬，我再次迈进东北师大的校门，开始了为期3年的丰富多彩的硕士研究生生活。我的导师是曹序教授，研究方向是中国社会主义经济。曹教授功底深厚，成果丰硕，待人谦和，参加过教育部统编高校教材的编写，在东北三省经济学界有较高声望。

三年的研究生生活，使我在学习和科学研究中跃上了一个大台阶。其中，有五件事情对我后来的奋斗生涯产生了重大影响。

一是再战英语苦过关。就英语水平而言，考取硕士研究生，仅相当于达到了大学英语四级水平；而硕士研究生毕业，则需要达到大学英语六级水平。加之我过去在英语口语、听力方面较差，要真正达到硕士研究生英语毕业的水平，仍有相当的难度。

入学后，我按规定每周上6节英语课，而后认真做题复习。可是，在第一学期的期中考试中，我的英语成绩仅为56分。这使我很没面子，同时也促使我思考如何才能实现英语过关（按照当时校方规定，获得硕士学位的英语终考成绩必须为良好及以上，即最低线为75分）。我连续几天都没睡好觉，思前想后，唯有多下功夫才是根本出路。

母亲陪我找到了东北师大负责研究生英语教学工作的文老师，我向文老师说明了自身情况，请求旁听她讲授的另一个班的研究生英语课。她非常善解人意，很痛快地答应了。从那时起，我每周上12节英语课，加之其他专业课等课程，每周要上20多节课。此外，还要看不少书，做许多题，在时间方面相当紧张。同宿舍的年轻研究生同学都在积极查阅资料，撰写并发表论文，而我却将大量时间花费在英语上。兼管研究生工作的郭永钧老师找到我父亲，要他转告并敦促我抓紧发表文章，我听后真是有苦难言。

经过大半年的艰苦努力，我终于在第二学期末的硕士研究生英语过关考试中取得了良好成绩。从1979年开始利用业余时间自学英语，到1986年夏季达到硕士研究生英语毕业水平，我在英语学习方面大约用了两整年的时间。尽管如此，这也明显少于许多人从中学到硕士研究生毕业在学习英语方面实际花费的时间。英语对我从事教学与科研工作仅是一种手段，但我在苦学英语的历程中却进一步增强了学习毅力和自学能力。

二是饶有兴味的“研讨式”专业课教学。读研期间，我们学习了多门专业课程。其中，韩明希教授开设的中国社会主义经济专题和曹序教授开设的《资本论》课程采用了“研讨式”教学法，对我们颇具吸引力。其基本做法是：教师提出教学的基本要求和重点问题—学生自学相关图书资料—学生讨论—教师总结。这种“研讨式”教学法，一改传统的“填鸭式”教学法，与发达国家在本科生高年级和研究生阶段采用的教学法相似，能够较好地调动学生深入学习的积极性，有利于提高学生分析问题和解决问题的能力。在这两门课程的讨论环节中，我和另外几名曾经当过高校教师或在职读研的高校教师显示出明显的优势。此外，这两门课程的考试方式也很灵活，均采取了撰写小论文的形式。这种“研讨式”教学法和小论文的考试方式，对我后来在高校切实搞好本科生和研究生的教学改革，具有重要的启示作用。

三是参加东北师大青年经济研究会，撰写科研论文和教材。1986年4月6日，东北师大青年经济研究会宣告成立，隶属于吉林省青年经济研究会。成立大会在东北师大校部楼四层阶梯教室隆重举行，东北师大的著名经济学教授于俊文、曹序、宋绍英、韩明希、赵玉林等应邀出席，吉林省青年经济研究会副会长、东北师大研究生会会长和不少研究生、本科生（特别是政治经济学专业的研究生、本科生）踊跃参加。我代表东北师大青年经济研究会在成立大会上发言，全文如下：

在东北师大青年经济研究会成立大会上的讲话

各位领导、老师们、同学们：

在全国人民为中华民族新的腾飞而奋力拼搏、经济体制改革方兴未艾之际，我们东北师大青年经济研究会宣告成立了。这是我校有志于从事经济理论和经济实际研究的青年的一件大喜事，我们政治经济学专业的全体研究生，无不为之欢欣鼓舞。

在我校成立青年经济研究会，这是我们希翼已久的事情。党的十一届三中全会以来，在党中央正确路线的指引下，我国经济学界出现了百花齐放、百家争鸣的可喜局面。各种学术团体如雨后春笋纷纷建立起来，有力地促进了我国经济科学的繁荣和社会主义现代化建设。然而，在较长时间内，我校却没有一个由青年经济学者组成的学术团体，这不能不是一个遗憾。现在，借吉林省青年经济研究会成立的东风，在校领导和有关老师的支持下，我们正式成立了东北师大青年经济研究会，这对于在我校青年中加强理论研究，促进学术交流，更好地为社会主义现代化建设出力，无疑是一个巨大的推动。

身为八十年代的研究生，东北师大青年经济研究会的会员，我们决心肩负起历史的重任。面对浩瀚的理论和实践的海洋，我们要锐意求索，开拓前进。我们要坚持马克思主义的基本原理，但决不躺在马克思主义经典著作上睡大觉；我们要学习和借鉴外国一切有益的经济理论和实际经验，但决不“食洋不化”、生搬硬套；我们既要研究社会主义经济的本质，也要研究社会主义经济的运行和发展；我们既要钻研理论，更要面向实际。一句话，我们要不断地用新的知识充实头脑，在坚持和发展马克思主义的经济理论、建设有中国特色社会主义的伟大事业中，尽赤子之心，效绵薄之力。

最后，我们衷心希望学校的各级领导和各位老师多多关怀，不吝指教；衷心希望全体会友苦学深思，勇于创新，把我校青年经济研究会真正办成学术思想纵横驰骋、理论新秀脱颖而出的园地。

研究生课程基本结束后，我迅即转入实战阶段——撰写科研论文。在此期间，还有一个小插曲。校研究生会要换届，研究生会徐炎章会长推荐我担任新一届研究生会会长，校党委也讨论并通过了这个提名。有一位教授闻讯后立即找到我，直截了当地问我：“你研究生毕业后是想从政还是想搞业务？”我脱口而出：“搞业务。”他听后谈了自己的看法：如果以后想从政，担任研究生会会长有一定的好处，可以从中得到某种锻炼；如果以后想搞业务，担任研究生会会长则纯属浪费时间。我经过慎重考虑，毅然放弃了担任校研究生会会长的机会。

我广泛阅读，开阔视野，深入思考，积极寻找进行科学研究的生长点。尽管我在科研方面尚属起步阶段，但撰写和发表论文则完全立足于个人的努力，从不借助导师的名义或关系。我在《经济纵横》《人才研究》《中国劳动科学》《争鸣》《吉林社会科学》《新长征》《外国问题研究》《长白学刊》《东北师范大学学报》（增刊）和《吉林日报》理论版上发表了10篇论文，参加撰写了公开出版的《马克思主义在中国的新发展》《世界政治经济与国际关系》《形势与政策基础教程》等专著和高校教材，取得了初步的科研成果，并获吉林省人才学会优秀论文一等奖。

四是漫漫访学求职路。1987年秋，按照东北师大研究生院的要求和导师的安排，我们有1~2个月的访学时间。由于我有异地求职的考虑，因此我将访学和求职“合二而一”。

我的研究生同窗有齐晓安、冯晓明和陈跃中。我走东线，经北京、南京、上海、杭州到广州；他们3人走中线，经北京、武汉等地到广州。我们约定在广州与导师曹序教授会合。我路过北京时，到国家图书馆、中国社会科学院图书馆、劳动部劳动科学研究所等单位收集并复印了不少资料，在中国经济书店、王府井新华书店等书店买了不少图书，为撰写硕士论文做了较为充分的资料准备。到广州后，我们随曹序教授访问了华南师大著名经济学教授李华杰。在深圳，我们参观了深圳大学，并与深大经济系副主任高德荣进行了交流。我们还从蛇口乘船去海口，在海南大学参观后便返回长春。

异地求职，是我访学中的一项重要任务。行前，我已有了比较成熟的考虑：在地域上，首选北京，次选杭州；在高校类型上，首选部（委）所属财经类高校，次选对政治经济学有需求的高等军事院校。

何以做出如此选择？首先，北京是我国首都和政治文化中心，能为高校教师进行科学研究提供最优的学术氛围和客观条件；父母是浙江人，我是独生子，杭州对我父母养老有利。其次，我国综合性名牌大学当时已有政治经济学博士点或博士生，对名牌师范大学毕业的政治经济学硕士未必有兴趣。最后，我的觅职单位不仅要接收我，还要接收我妻子，我是求职

“双肩挑”。1986 年暑期，曹序教授让我们 4 名研究生到中央党校参加理论培训班。我利用在京听课的机会，与某部委财经类高校人事处负责人商谈了拟进京工作事宜。当时，我没经任何人介绍，靠敲门“报名而入”。该负责人对我很看好，并表示我妻子的进京问题该校可以通过人事部的进京指标在我进京后两年内予以解决。这段往事，给我进京觅职打了强心剂。

1987 年秋，我先到了北京，又见到了那所财经类高校的人事处负责人。我递上手写的求职简历，该负责人看后很满意，当即承诺 1988 年 5 月将给我寄去该校的接收函。此外，我从中央电视台《新闻联播》节目中获悉了中国金融学院在京成立的消息。中国金融学院隶属中国人民银行，由中国人民银行、工商银行、建设银行、农业银行、中国银行等九大金融机构共同创办，邓小平题写了校名，陈云题词：“培养新一代银行家”。时任全国人大常委会副委员长、中国人民银行行长陈慕华兼任中国金融学院名誉院长，中国人民银行第一副行长、著名金融学家刘鸿儒兼任中国金融学院院长。于是，我通过大学的一位老同学介绍，来到中国金融学院联系工作。中国金融学院相关负责人表示，欢迎我和妻子到该院工作，妻子的进京问题将通过人事部的进京指标力争尽快解决。由于在京觅职很顺利，我的心就比较踏实了。后来，有些高校相继向我递出橄榄枝，有一所地处杭州的财经类高校甚至提出可给予我 3 室 1 厅的待遇。

觅职期间，还有一段小插曲。途经上海时，有位亲戚的朋友获悉我有找工作的意向，便介绍我给汪道涵当秘书。汪道涵曾任上海市委书记和上海市市长，时任国务院上海经济区规划办公室主任，主管上海市和周边四省的经济规划工作，重点工作之一是开发浦东。我最初表示回绝，后经劝说后认为这也等于多了一个选择机会，于是便同意接受面试。一天晚上，一辆黑色的红旗牌小轿车在复旦大学招待所门前戛然而止，4 名汪道涵主任身边的工作人员来到我下榻的房间对我进行面试。他们海阔天空地问了我许多问题，双方交流时间约一个半小时。最后，他们带走了我手写的求职简历，并询问我对就职汪道涵主任的秘书工作有无个人要求。我当时提出两个要求：（1）解决两室一厅的住房；（2）在我入沪工作的同时（或接近同时），解决妻子入沪户籍并安排专业对口的工作。一个多月后，我在长春得到了来自上海的反馈：汪道涵主任同意满足我提出的基本要求，并

希望我尽快赴任。韩明希教授（时任东北师大经济系主任，后任吉林省经济学会理事长）闻讯后，认为机会难得，劝我走仕途；东北师大党委书记牛林宗和我有些亲戚的意见也是如此。我经过反复权衡后认为：就政治品质、理论素养、文字与口头表达能力和组织能力而言，我适合走仕途；但我大学毕业后长期担任高校教师所形成的基本思维方式和行为方式，则不适合走仕途。从而，我做出了放弃的决断。

五是半年完成硕士学位论文。我从南方访学回来已是11月初，离学校要求的提交硕士学位论文的时间仅剩半年。我的硕士学位论文尚八字没有一撇儿，时间相当紧迫，内心压力不小。本着“决战决胜”的信念，我在时间上做出初步安排：先用两个月，研读相关资料、确定论文题目和基本框架；再用四个月，撰写并提交硕士学位论文。

在研读资料过程中，给我印象最深的是中国社会科学院经济研究所徐节文研究员撰写的《论按劳分配》一书。这本专著近30万字，我全都认真看过，并在书上勾勾画画。徐节文的研究深度、严谨态度和敢讲真话的精神，深深地打动了我，强烈地感染着我，促使我在研究中开拓奋进。另外，我在劳动部劳动科学研究所等单位收集的最新资料，对我进行深入研究也很有帮助。那段时间，我真是绞尽脑汁，全力以赴，日夜兼程。终于，我将硕士学位论文的研究范围确定在分配领域，将论文题目确定为《全民企业工资改革目标模式新探》，并将论文内容划分为“马克思主义经典作家的按劳分配理论和社会主义国家全民企业的工资制度实践”“确立全民企业工资改革目标模式的基本原则”“全民企业工资改革的目标模式”“实现全民企业工资改革目标模式的基本条件”四个部分。

最后四个月是攻坚期，我是一部分一部分地啃硬骨头。通常，我是先选择性地再看一遍高质量的文献资料，然后进行深入思考，咀嚼和探索出新意，在列出详细提纲后，以自己的表述方式写出来。每写完一部分，重新进行审阅、推敲、梳理和修改。四部分都写完后，我审阅全稿，强化创新，严密逻辑，更新数据，减少重复，润色文字。

经过半年苦战，我写出并提交了3万多字的硕士学位论文。1988年5月初，我将论文的主要内容改写成《试论全民企业工资改革的目标模式》一文（约1.3万字），投至著名综合性学术期刊《社会科学战线》杂志编辑部。《社会科学战线》杂志（季刊）于 1988 年第 4 期发表了我的论文，同期发表的另外两篇经济学论文的作者分别是大名鼎鼎的经济学家蒋学模和张维达。

1988 年 6 月，我顺利通过了由张大简教授（时任吉林省社联副主席、中共吉林省委党校副校长）任答辩委员会主席的硕士学位论文答辩。7 月初，我获得东北师大颁发的经济学硕士学位证书和硕士生毕业证书。

北京高校再扬帆

1988 年 7 月 6 日，我怀着十分喜悦的心情，到中国金融学院人事处报到。学院人事处等单位很快就为我办好了入职手续。我摇身一变，成为中国金融学院理论部政治经济学教研室的一名教师。

理论部有近 30 名教师，分别来自北京大学、中国人民大学、南开大学等著名高校。理论部下设政治经济学、哲学、中国革命史、法学、德育 5 个教研室。我所在的政治经济学教研室有 10 名教师，室主任为林拾华（国务院发展研究中心原主任孙尚清 1952 ~ 1954 年在中国人民大学政治经济学研究生班的同学）。

理论部负责人王树棣热情地接待了我，并将我介绍给其他教师。林拾华主任给我安排了当年秋天的教学任务。于是，我融入了新的集体，开始了新的工作和生活。1988 年 12 月，国家人事部签发调令，将我妻子调入中国金融学院任教。中国金融学院按照两室一厅的待遇，先将我安排在离学院较远、条件较差的丰台区看丹路附近居住，1991 年将我调整到离学院较近、条件较好的朝阳区长城饭店附近居住。

从 1988 年秋到 1992 年春，我有三方面的事情值得回顾。

第一，我承担社会主义政治经济学的教学任务。我院是财经类高校，政治经济学是经济和管理类专业的一门核心课或基础课。我校政治经济学的授课时数为 144 学时，每周 4 学时，共开设两学期一学年（第一学期讲授资本主义政治经济学，第二学期讲授社会主义政治经济学）。教研室安排我讲授社会主义政治经济学。讲授社会主义政治经济学，我院使用的是“北方本”教材，即谷书堂、宋则行主编的《政治经济学》（社会主义部分）。我结合国内某些高校编写的政治经济学教材和相关研究资料，认真备课，精心讲课，受到学生的好评。1992 年初，我被任命为政治经济学教研室主任。

令我难忘的是 1988 年下半年给我院函授学员的集中授课。当时，我院在全国金融系统招收了不少函授学员，教研室派我先后到洛阳、南宁、平果、百色、沈阳等面授点集中授课，每个面授点的授课时间为 32 学时。我用近 3 个月的时间，完成了上述面授点的授课任务。在此期间，我的主要收获有两点：（1）亲身感受到广大函授学员对知识和学历的渴求。在南宁授课时学员有 200 多人，中国人民银行广西分行教育处的副处长与学员一起听课。在中国工商银行百色分行授课时，该行的副行长是我的学员。在广西平果县授课时，有一名女学员已经怀孕 9 个多月了，还在丈夫的陪同下坚持听课。广大函授学员对我寄予很大期望，我则以优秀的讲课效果作为回报。（2）我在沿途或授课之余游览了一些著名景点，如龙门石窟、嵩山少林寺、白马寺、桂林七星岩、漓江、百色起义纪念碑、沈阳故宫等，从而增加了对祖国历史文化的了解。特别是金融系统的干部向我介绍当地贫苦农民生活的实际情况（有的农民全部家当不足 5 元钱），并带我参观高山地区的瑶族乡村（由于缺水等原因，有的瑶族人一辈子只洗 3 次澡），使我增加了对国情的了解，给我提供了一些讲授社会主义政治经济学的鲜活实例。

第二，我获得中国金融学院建院三周年优秀科研成果一等奖。1989 年，我在《经济研究》杂志独立发表一篇论文。这是我在国内经济学顶尖刊物发表的第一篇论文。我又在《中国高等教育（社会科学理论版）》《高校理论战线》《中国劳动科学》《经济工作者学习资料》《金融科学》等学术刊物上发表了若干篇论文，并参加中国人民银行岗位培训教材《社会主义初级阶段经济理论问题》的编写。1990 年夏，科研处组织了庆祝建院三周年优秀科研成果的评奖工作。经院外专家匿名评审和院内专家投票表决，包括我在《经济研究》发表的论文在内的 3 项科研成果获得优秀科研成果一等奖。

第三，我破格晋升副教授。我 1975 年初开始在高校执教，本应在 1982 年评为讲师。然而，长春地质学院社会科学系主任以我当年在吉大脱产进修为由，没为我作任何努力和争取。一些同事为我鸣不平，我也找到这位系主任询问，他说也就晚评 1 年，但脱产进修有后劲。不料 1983 年教育部规定高校暂停职称评定，直到 1985 年才“解冻”。而在 1985 年，教

育部又规定高校实行“评聘结合”的职称改革。我当时已经被东北师大录取为硕士研究生，系主任和院有关领导经过商量，又设计出一个“方案”：一方面，允许我推迟办理人事关系；另一方面，在院学科评议组对我评定讲师任职资格全票通过后，又不将我的相关材料提交院职称评审委员会投票。他们明确告诉我：如果我研究生毕业后回到长春地质学院工作，晋升讲师职称的时间就从 1985 年开始计算；如果我研究生毕业后不回长春地质学院工作，那么 1985 年院学科评议组的评审结果（我有复印件）在别的单位就视为无效，因为缺少院职称评审委员会的印章。为“挽留”我研究生毕业后回到学院工作，长春地质学院还在我读研期间为我“破例”颁发了兼职讲师聘书，并聘我讲了 1 门课。实际上，任何事物内部矛盾的两个方面都依一定的条件相互转化。如果我 1982 年晋升为讲师，或许就不一定非考研究生，也可能就不会离开长春地质学院；然而，长春地质学院社会科学系主任和院有关领导采取的上述做法，促使我走上了报考全日制硕士研究生、毕业后离开长春地质学院的个人发展之路。

我来到中国金融学院以后，学院有关领导同情并重视妥善解决我的讲师任职资格认定时间问题。院领导本想以 1985 年的时间认定我的讲师任职资格，但北京市高教局不同意，其依据是 1985 年中国金融学院尚未成立。于是，学院职称评审委员会就只能以我入职中国金融学院的时间来认定我的讲师任职资格。这样，我的讲师任职时间就比同期毕业的其他教师延迟了 3 ~6 年，并对晋升副教授的时间造成明显的不利影响。

1990 年暑期，我曾专程返回长春地质学院，力求彻底解决我 1985 年评定讲师任职资格的遗留问题。当时，长春地质学院社会科学系主任也表示支持，院党委书记韩淑芝（她曾是我原教研室的同事）则全力支持，但最终还是被长春地质学院院长给“卡”住了。实际上，这位院长也不是专门与我过不去，而是多年来采用类似办法“卡”过不少人，并不想为我网开一面。

为弥补我在晋升讲师职称方面不幸遭受的时间损失，也为以后的个人发展奠定有利基础，我决定背水一战，破格申报经济学副教授。我得到了理论部负责人和学院领导的大力支持，学院职称评审委员会也投票同意我破格晋升。经北京市高级专业技术职务评审委员会评审，我于 1990 年 12 月破格晋升为经济学副教授。

荣膺北京高校首批（青年）学科带头人

1992年3月，北京高校平静的湖面上荡起一片涟漪。

北京市高等教育局向北京市属高校和中央在京高校下发了《关于在北京市高等学校青年教师中选拔优秀骨干教师和（青年）学科带头人的意见》（以下简称《意见》）。《意见》指出，为加强高校师资队伍建设，培养跨世纪的骨干教师和学科带头人，顺利完成5～10年后教师队伍的新老交替，拟从1992～1996年在北京市高等学校选拔一批40周岁以下的优秀青年骨干教师和（青年）学科带头人。1992年拟选拔优秀青年骨干教师500名，（青年）学科带头人50名，并规定了选拔条件、选拔程序和相关措施，在京中央和部委高校在征得主管部门同意后也可参加选拔。

中国金融学院接到北京市高等教育局的这份文件后，迅速与中国人民银行教育司联系，并决定参加评选。学院经过基层推荐、专家评议和党政领导研究，确定我和另外两名青年教师参评。按照北京市高等教育局规定的选拔条件，对（青年）学科带头人的选拔条件要求较高，名额很少，学院确定另外两名青年教师参评优秀青年骨干教师。对我拟申报的荣誉称号，学院表示尊重我的意见。我认真看了北京市高等教育局的这份文件并进行了权衡，若申报优秀青年骨干教师，应是十拿九稳；若申报（青年）学科带头人，竞争将会相当激烈（北京高校林立，人才济济，且文、理、工科专业在一起首次评选），有可能落败。我当时已近40周岁，自知无路可退，只好放手一搏，决定申报（青年）学科带头人。

学院请中国人民大学卫兴华教授为我在《经济研究》发表的论文做了学术鉴定。该鉴定全文如下：

“郭飞同志的《全民企业工资改革目标模式新探》（载《经济研究》1989年第11期）一文，比较系统和深入地评价了国内当时有代表性的五种工资模式，在此基础上，首次提出和论证了‘上缴税利、自主分配、双紧挂钩型’工资模式这一全民企业工资改革目标模式的新思路，具有较高的学术水平。

论文所说的‘上缴税利’是指国家凭借作为社会管理者和资产所有者的二重身份，通过收缴税利对全民企业的工资水平进行必要和合理的宏观调控；‘自主分配’是指绝大多数全民企业在上缴税利和扣除积累基金之后，具有独立的工资分配自主权；‘双紧挂钩’是指企业职工工资既同各自企业的经济效益又同个人劳动贡献紧密挂钩。论文对这一工资改革的目标模式进行了较为全面和深入的论证，提出了一些较有价值的新见解和进一步改革的新建议。既有理论深度，又有实践意义，具有合理性和可行性。论文提出的上述工资改革目标，接近于1991年3月全国人大会议通过的十年规划和‘八五’计划纲要中提出的‘国家宏观调控、分级分类管理、企业自主分配’的全民企业工资改革的目标模式。”

1992年8月25日，我被北京市高等教育局评定为北京市高等学校首批（青年）学科带头人。当年参评的中央及部委在京高校和北京市属高校近40所，共评出（青年）学科带头人26人，其中政治经济学专业1人。学校派专车送我和另两名青年教师去参加北京市高等教育局举行的表彰大会。会议开得隆重热烈，中央电视台、中央人民广播电台等媒体的记者也来了，我和中央财政金融学院王广谦（他后来长期担任中央财经大学校长）并肩坐在（青年）学科带头人的位置上。在会中获悉，有些（青年）学科带头人早已是教授与博导，且成就斐然，从而使我倍感压力。评选高校（青年）学科带头人和优秀青年骨干教师，北京在全国是首开先例，继而其他省（自治区、直辖市）也纷纷效仿。这对强化我国高校教师的竞争与激励机制，切实稳定教师队伍、不断提高教师素质，具有重大的战略意义。

1992年9月19日，我代表教师在中国金融学院庆祝建院五周年大会上发言，全文如下：

在中国金融学院庆祝建院五周年大会上的讲话

各位领导、同志们、同学们：

首都的金秋，金风送爽；金院的金秋，金光灿烂。今天，在举国上下全面贯彻小平同志南方谈话精神、加快改革开放步伐的大好形势下，我院在此隆重庆祝建院五周年。作为全体获奖教师和全院教师，我们的心情格外高兴。

我院是在经济体制改革和金融体制改革的热潮中诞生的高等金融学府。五年来，我们从零起步，艰苦创业，走过了一段令人难忘的光辉历程。我们初步建立起一支专、兼职教师相结合的学科比较齐全的师资队伍，遵循党的教育方针和“厚基础、宽口径、重实际”的原则，在改革教学方法、提高教学质量方面取得了明显的成绩；我们编撰并出版了一批较有分量的教材、专著和工具书，发表了一些较有影响的学术论文，在科研工作中取得了可喜的成果；我们按照“团结、勤奋、求实、创新”的校训，在建立良好的校风方面初见成效，并且逐步拓宽了对外进行教学与学术交流的渠道。我院的党政管理和后勤工作在不断加强，教职工的居住条件显著改善，分配制度的改革也开始出台。这些成绩的取得，固然离不开中国人民银行和院党委的正确领导以及九大金融机构的大力支持，但其中也蕴含着我们全院教师的一份心血。尽管我院目前还存在许多困难和问题，但是，我们用汗水哺育的金融人才之花已经骄傲地开放，我们已经为建设一所现代化的社会主义金融大学奠定了初步的基础。在此基础上，我们可以更加满怀信心地大踏步奔向未来。

百年大计，教育为本。振兴中国的希望在教育，振兴教育的希望在教师。面对国际上激烈的经济竞争和尖锐的政治较量，面对祖国经济腾飞、金融事业蓬勃发展的大好形势，我们全院教师要进一步肩负起历史的重任。尽管社会分配不公在严重扭曲着知识的价值，尽管尊师重教的社会风尚还远未形成，尽管我院目前的办学条件还不尽如人意，但是，我们仍然要“咬定青山不放松”，继续忠于人民的教育事业，继续弘扬艰苦奋斗、无私奉献的精神。我们要像春蚕那样忘我吐丝，像蜡烛那样闪射光华，像园丁那样辛勤耕耘。我们要通过深化改革，进一步全面贯彻党的基本路线和教育方针，实行多渠道开放式办学，不断提高教学质量和科研水平，努力培养出更多更好的跨世纪的金融人才。同时，我们也衷心希望九大金融机构能够给予学院更多的支持，衷心希望中国人民银行和学院的各级领导能够更加关心和爱护教师，充分调动广大教师的积极性，为改善办学条件、提高教师待遇、稳定和扩大师资队伍，广开思路，多办实事。

我们相信，有中国人民银行和院党委的正确领导以及九大金融机构的鼎力支持，靠全院师生员工的团结奋斗和长期努力，中国金融学院的前景是光明的。中国金融学院不仅在中国未来的金融教育中将发挥更大的作用，而且必将在世界未来的金融教育中占有一席之地。

不久，我担任理论部党支部书记。1995 年 9 月 15 日，我被学院任命为理论部副主任（副处级）。

与日本教授在中国沿海地区进行调查研究

1992～1996年，中国金融学院与日本东北大学、山形大学等高校合作，进行中日市场经济比较的课题研究。我校的牵头人为经济研究所所长吕庄教授，日方高校的牵头人为东北大学的平野厚生教授。

作为课题组的一名成员，我参加了多次会议交流和调查研究等活动。日本教授对中国经济的浓厚兴趣和待人接物的彬彬有礼，给我留下了较深的印象。然而，对我来说收获较大的还是到烟台进行的调查研究。

毛泽东说过，没有调查就没有发言权。作为一名高校教师和经济理论工作者，我深知调查研究的重要性。1994年秋，吕庄教授和我与日本教授到烟台进行调研，重点是考察向社会主义市场经济体制转轨中的三资企业。

烟台经济开发区的负责同志向我们介绍了该开发区三资企业的基本情况，我们提出了一些问题并与他们进行交流。有一次，在参观一家从事海鲜和副食品精加工的外资企业时，看到流水线上一排排身穿白色工作服、带着胶皮手套埋头干活的女工，日本教授颇有感慨地说：这使他们联想起日本明治维新初期的情景。

我们进行调研的范围较广，不仅涉及生产经营、税收、工资、利润、劳动者地位等情况，还涉及党建和工会等方面。在调研中，我们发现有一个中外合资企业的党建工作搞得不错，并设有专门的展室，这使我们大开眼界。

还有一次，我们在参观一家国有中型企业后与该企业的负责人进行交流。他坦诚地告诉我们，该企业当时正处于生死存亡的紧要关头，一定要咬紧牙关挺过去。他还困惑不解地说：论管理能力和素质，他并不比许多三资企业的高管差；可是，为什么自己所在的企业却面临困境？为什么在

税收方面对国企挖的过多，对三资企业却实行“两免三减半”？

我们在调研中都认真做了记录。结合课题组成员当期的相关研究成果，最终整理成《日中市场经济比较研究》等调研报告，发表在日本山形大学社会科学辑刊等学术刊物上。

赴俄、美考察交流并与美国前总统卡特合影

在我40多年的高校生涯中，因公出国只有两次，均是以学校名义赴外国进行考察和交流。这两次考察交流，给我留下了终生难忘的美好回忆。

1995年10月19日，由丁家庆副院长带队，我和教务处副处长郝旭光一行3人，赴俄罗斯普列汉诺夫经济大学进行考察和交流。普列汉诺夫经济大学是俄罗斯国立重点大学，其前身是普列汉诺夫经济学院和莫斯科国立经济学院，我国杰出经济学家刘国光、著名经济学家董辅礽20世纪50年代曾在该校留学。我非常高兴赴俄考察，这不仅因为我从未去过俄罗斯，更重要的是我当时正在主持国家社会科学基金项目“苏联演变与经济改革”的课题研究。尽管对该课题的研究已近尾声，但我还要通过赴俄考察和交流，进一步检验和完善课题组的研究结论。

在普列汉诺夫经济大学考察，我们的收获较大。

首先，我们同俄罗斯前议长、俄罗斯科学院与通讯院院士哈斯布拉托夫等著名专家就经济体制改革问题进行了深入交流。哈斯布拉托夫院士曾帮助叶利钦入主白宫，后因政见不合分道扬镳，回到普列汉诺夫经济大学任教。他非常赞赏中国实行的“渐进式”改革，认为叶利钦搞的“休克疗法”彻底失败了。我赠给他1本个人撰写的论著《中国经济改革若干问题研究》，他很感兴趣，并回赠我他撰写的1部著作和1本世界经济教材。我们愉快地合影留念。我们还与在俄罗斯有较大影响的该校经济理论教研室主任茹拉夫廖娃·嘎列娜·别特洛夫娜教授进行了交流。她向我们详细介绍了俄罗斯经济体制改革前后的情况，其中有一个实例很有说服力。在戈尔巴乔夫推行的经济体制改革之前，俄罗斯高校一个教授每月的收入200多卢布，经济方面比较宽裕；而在叶利钦实行“休克疗法”之后，俄罗斯

高校一个教授每月的收入虽高达几十万甚至100多万卢布，但由于恶性通货膨胀，实际收入仅相当于过去的约1/5。她颇有感慨地说：要想恢复到原来的生活水平，1个教授就得干5份工作，这就意味着要延长劳动时间，提高劳动强度，也就是会缩短寿命。她告诉我们，叶利钦上台后，学校原来开设的政治经济学课程不开了，当时开设的经济学课程基本采纳了西方国家经济学课程的内容和结构，包括经济理论发展史、微观经济学、中观经济学、宏观经济学和国际经济学等内容。每涉及一个重点问题，都要分别介绍斯密、马克思和凯恩斯这三位经济学泰斗的观点。她还送给我1本该校当时使用的教科书。

其次，我们向普列汉诺夫经济大学有关人士询问了该校的机构设置和办学情况，他们都认真作了介绍。令我们感到新奇的是，该校是一所“没有围墙的大学”；校园内设有证券经营部；对有些理论课程一律采取口试方式，由学生抽签应试，每个题签有3~4道题，不同题签题目各异；对个别科研成果很少但教学效果非常突出的教师晋升教授提供“绿色通道”。丁家庆副院长还与该校领导共同签署了两校1996~1997年合作交流项目备忘录。

此外，我们还瞻仰了列宁墓，游览了红场、克里姆林宫、圣瓦西里大教堂和夏宫，观赏了莫斯科大学、圣彼得堡大学与阿芙乐尔号巡洋舰。在莫斯科反法西斯战争胜利纪念碑前，我们与俄罗斯新婚夫妇合影留念。在反法西斯战争胜利纪念馆中，我们在一顶有几十个枪眼的苏军战士的头盔前驻足良久。我们参观了俄罗斯一家正处于改制过程中的原国有企业。该企业负责人在向我们介绍企业改制情况时吞吞吐吐，但却允许我们参观该企业的厂史馆。在该企业的厂史馆中，我们看到了列宁的大幅画像和苏联国旗。尽管该企业负责人说这是“尊重历史”，但我们还是明显感受到俄罗斯人民对苏联社会主义时期的深深怀念。

在俄罗斯的考察交流时间较短，10月末我们返回北京。同年11月，经北京市高级专业技术职务评审委员会评审，我晋升为经济学教授。1998年2月18日，我被国务院批准为1997年度享受政府特殊津贴的有突出贡献的专家（当年中国人民银行系统获评9人，《金融时报》在1998年7月23日第二版上配发照片并介绍了获评者的主要事迹）。1999年3月25日，我被学院任命为理论部主任（正处级），同时继续兼任部党支部书记。

2000年4月18日，包括我在内的中国金融学院代表团一行10余人，赴美国进行为期两周的考察交流。

我们在美国肯尼索州立大学接受了3天的金融业务培训，考察了斯坦福大学、哥伦比亚大学、华盛顿大学、加利福尼亚大学洛杉矶分校等著名高校。在考察中，我们感受最深的是美国高校宁静的学习环境、浓厚的学术氛围和研讨式的教学方法，这或许是美国高等教育在国际上力拔头筹的重要因素。

我们参观了可口可乐公司总部。该公司总部大厅的彩色屏幕上映现的“热烈欢迎中国金融学院代表团”的大字格外醒目。该公司总部相关负责人向我们介绍情况并带领我们参观董事长办公室，还赠送我们每人1本厚厚的该公司的纪念画册。我们参观了联合国大厦、国际货币基金组织、世界银行、世界贸易中心和纽约证券交易所，观赏了白宫、五角大楼和国会大厦。我们还参观了英特尔公司和甲骨文公司，参观了亚特兰大联邦储备银行和货币纪念馆，并观看了印制美钞的全过程。

4月23日上午，春意盎然，风和日丽，我们从亚特兰大乘大巴驶往佐治亚州普伦斯市郊区，去拜见中国人民的老朋友、美国前总统卡特先生。经过近4个小时的行程，我们于中午11点半到达了卡特先生的家乡。卡特先生从政前曾是农场主，卸任后仍经常在家乡由国家出资建设的别墅中居住。卡特先生的家乡是一个现代化的小镇，碧草如茵，绿树掩映，停放着一些各种品牌的小汽车。卡特先生信奉基督教，平时除参加外事活动外，每逢周末常到教堂去诵读《圣经》。真巧！卡特先生及夫人刚从教堂出来，就碰见了在那里等候的我们。代表团给卡特先生送上带有邓小平手迹“中国金融学院”的纪念品，卡特先生非常高兴。他对邓小平印象深刻。1979年，卡特任美国总统期间曾与来访的邓小平会晤，并与中国建立了外交关系，开创了中美友好的新时期。我们代表团一行与卡特先生及夫人合影。然后，我们每人都抓紧时间，分别与卡特先生及夫人合影。卡特与夫人罗莎琳已过金婚，仍风雨同舟，相濡以沫，在世界政坛传为佳话。他们与我们照相时面带微笑，神态安详，和蔼可亲。

从美国返京后，不少人都认为我与美国前总统卡特及夫人的合影照片是我美国之行的最大收获。这种说法，就照片而言或许如此。其实，我此次美国之行收获很大，不仅使我粗线条地了解了这个世界超级大国的历史和现状，还使我对 1991 年以来美国经济持续繁荣的基本成因有了新的认识：（1）科技进步是美国经济持续繁荣的“发动机”；（2）经济全球化是美国经济持续繁荣的“助推器”；（3）宏观调控较为适当是美国经济持续繁荣的重要保障。[①]

① 郭飞等：《中国金融学院代表团赴美培训与考察报告》，载于《金融科学》2000 年第 4 期。

两校合并中的关键抉择

1999～2000年，在国务院副总理李岚清的主持下，全国高校掀起了合并浪潮。2000年6月21日，教育部下发文件，宣布原中国金融学院与原对外经济贸易大学（全国“211”高校）合并，成立新的对外经济贸易大学；任命原中国金融学院党委书记许其立为党委书记，原对外经济贸易大学校长陈准民为校长。原中国金融学院与原对外经济贸易大学的领导经研究后商定：2000年下半年为过渡期，人事关系冻结，各自独立运行；2001年春季，两校进行实质性合并。

两校合并，必然涉及人力资源的重新配置。我往哪里去？也同样面临新的双向选择。

两校的原中层干部共同开过几次会，新任命的校级干部在一起开的会就更多，重点研究和商讨如何合并的问题。按照学校领导商定的人员安排相关政策，我的去向有几种可能。其中，最有可能的去向是两个：一是去人文与行政学院当负责人，新任校党委第一副书记找我谈话时对此已有暗示；二是去国际经济贸易学院当院级干部（因该院已设政治经济学系），但有阻力。我1993年在张家界参加国家体改委经济体制与管理研究所举办的学术会议时结识的老朋友郑宝银（原对外经济贸易大学人文系主任、经济学教授）特意从韩国给我打来电话，希望我不要另起炉灶，组建经济学院，将原对外经济贸易大学的政治经济学教师从国际经济贸易学院拉出去。其实，郑宝银教授的担心是多余的，我从未那样想过，大概是他听到别人传去了校园里的某些猜测和议论。我稍做权衡，果断决策：放弃党政职务，以一名经济学教授的身份进入国际经济贸易学院政治经济学系，同时把原中国金融学院理论部的另外4名政治经济学教师一起带进去。

校党委第一副书记听了我的想法后，又向我提出一个要求：提供原中国金融学院理论部5名政治经济学教师的科研成果材料。我立即回复：请有关领导看我的科研成果材料，他表示同意。后来，他转告我：国际经济贸易学院同意我们5名原中国金融学院理论部的政治经济学教师进入政治经济学系。陈准民校长也征询过我对于工作去向的想法，我表达了同样的意见。在人员交接过程中，我与相关院（部）领导经过协商，将原中国金融学院理论部的教师和行政人员一分为三，一部分进入国际经济贸易学院，一部分进入法学院，还有一部分进入人文与行政学院，大家都比较满意。

2001年3月初，在两校进行实质性合并和宣布新任命的中层干部之前，校党委书记许其立专门找我谈了一次话。他是我在原中国金融学院的老领导，对我各方面都比较了解。他见到我开口就问："郭飞教授，我听有的校领导说，你不打算兼任行政工作啦?"我说："是的。"他很关切地对我说："你是一名优秀的'双肩挑'干部，为什么不想兼任行政职务?你如果现在改变想法还来得及，我们可以给你解决。"我向许书记表示，不想改变原来的想法，主要有四点理由：（1）我从大学毕业后就搞业务工作，尽管比较清苦，但它是我的最爱和体现个人价值的基本途径；（2）在原中国金融学院，由于党的培养和群众的信任，我当过一段时期的中层干部，为理论部和学院做了一些工作，也增强了党政工作能力；（3）两校合并后，对我在业务上的要求更高了，需要在业务上投入更多的精力；（4）由于实行了住房制度改革，我的住房条件明显改善，打算把年迈的父亲从长春接过来在北京养老，尽一份孝心。所以，我必须缩短战线，保证重点，切实把教授的本职工作做好。听完我的话，许书记说："我明白你的意思了，你认为兼任行政工作对你没有实质性意义"。我说："是。"最后，许书记对我在原中国金融学院期间对他的工作给予的支持和配合表示感谢，我也对他的关心和爱护表示感谢。

3月中旬，原中国金融学院5名政治经济学教师来到国际经济贸易学院。在全院教职工大会上，国际经济贸易学院院长林桂军教授把我们介绍给大家，我也代表原中国金融学院的几名老师作了简短的表态性发言。从此，我融入了新的集体，开始了新的工作。国际经济贸易学院为我在业务发展方面提供了更大的舞台，我也以自身的努力和业绩为国际经济贸易学院增光添彩。

2004 年，我被校学位委员会评定为博士生导师。

2008 年，我被学校评定并报教育部备案，成为“文化大革命”后我国高校首批文科二级教授（即 2006 年国家机关事业单位工资改革后我国高校文科最高级别教授）。

九次独立获得北京高校政治经济学优秀论文一等奖

来到北京高校工作以后，我除完成教学任务和必要的党政工作任务以外，一直把工作重心放在科研工作上。在丰台宿舍居住期间，交通很不方便，每次上班都是“披星戴月”。早晨6点20分排队等班车，6点40分发班车，7点45分到校；下午4点40分发班车，6点左右到家。中午在教研室没地方休息，我就在资料室里查阅资料。1989年6月，受“政治风波”影响，学校暂时停课，不少老师干脆在家休息，我仍然在研读资料，撰写科研论文。每逢寒暑假，我从不外出旅游，专心利用好高校科研的“黄金期”。我周末很少休息，有的除夕下午还在撰写或修改论文。特别是1992年我被评为北京高校首批（青年）学科带头人之后，在科研方面更是策马扬鞭。尽管经常是孤军奋战，但我有的年份1年就发表10多篇文章。1993年12月8日，《中国教育报》在理论版的同一版面上，发表了我的两篇文章（另一篇系合撰，署我的笔名）。2002年3月13日，我在《中国教育报》理论版发表了《高校文科教师科研之道探微》一文，认为高校文科教师搞好科研工作必须面向实际，求是创新，精益求精，重在效益，笃行不倦。

北京高校政治经济学中国社会主义建设研究会（原名为北京高校政治经济学研究会）是北京高校政治经济学教师的学术团体，北京师范大学经济系原主任程树礼教授等先后担任会长。1991年，中国金融学院收到了该学会发来的论文评奖通知，我便向该学会寄去了1篇在《中国劳动科学》杂志发表的论文。这篇论文于当年12月被该学会评为政治经济学优秀论文二等奖，我参加了该学会组织的颁奖仪式。从那时起，我就成为该学会活动的积极分子。该学会每隔 1 ~2 年组织一次大型年会，除颁发政治经济学优秀论文获奖证书和对学会工作进行总结之外，还聘请著名的经济学教授作专题报告。1993 ~2007 年，除个别年份外，我每次参加学会年会都获得政治经济学优秀论文一等奖（该学会每次评出的政治经济学优秀论文一等奖只有 2 ~3 项）。我不是该学会的理事，从未参与过该学会组织的匿名评审和评奖投票，也从未有过任何托人拉关系等活动。许多高校的政治经济学同仁对我都挺佩服，清华大学一名教授在做学会工作总结时直接称我为该学会的学科带头人。我先后 9 次作为论文的独立作者获得该学会颁发的政治经济学优秀论文一等奖，这 9 篇论文分别是：（1）《我国高校教师工资纵横谈》（载于《中国教育报》1993 年 7 月 7 日）；（2）《论经济体制改革的基本性质与转轨方式》（载于《东欧中亚研究》1996 年第 3 期）；（3）《我国当前个人收入差距与对策》（载于《高校理论战线》1998 年第 9 期）；（4）《正确认识和把握“三个有利于”的根本标准》（载于《中国教育报》1999 年 1 月 13 日）；（5）《按生产要素分配若干观点辨析》（载于《经济学动态》2001 年第 11 期）；（6）《社会主义公有制与股份制若干问题探讨》（载于《经济学动态》2004 年第 7 期）；（7）《生产要素按贡献参与分配原则新思考》（载于《马克思主义研究》2005 年第 2 期）；（8）《外商直接投资对中国经济的双重影响与对策》（载于《马克思主义研究》2006 年第 5 ~6 期）；（9）《马克思、列宁的资本输出理论与当代国际投资》（载于《马克思主义研究》2007 年第 6 期）。

在参加北京高校政治经济学中国社会主义建设研究会的学会活动期间，很重要的收获是信息传递和思想交流。高校同行们凑在一起，敞开心扉，无话不谈。从 20 世纪末到 21 世纪初的较长时期内，大家相互交流的内容主要围绕两个问题。

一是如何克服教学内容与社会实际的脱节（即“两张皮”）问题。有一位女教授直言不讳地说：“教育部统编教材的不少提法与实际情况不对号，学生不相信。”这种情况使她很苦闷，“精神磨损”相当严重。有一次，她在与该校宣传部长进行了近两个小时的电话交流后，负面情绪才有所缓解。我曾深入地思考过这个问题，认为其主要根源不在于教材的编写者，也不在于教师本身，而在于我国经济体制转轨时期存在的诸多负面因

素相当突出，加之新自由主义思潮和资产阶级自由化思潮在广大学生中不容小觑的恶劣影响。我在授课（特别是给在职研究生讲授社会主义经济理论）的过程中，尽量做到既要讲清理论，又要联系实际。我力求把政治经济学理论讲深讲透，以理论的科学性和逻辑性征服学生。同时，我对于社会上存在的较为严重的阴暗和腐败现象也毫不回避，义正辞严地予以揭露和抨击。我尖锐地指出：当今中国存在的较为明显的阴暗和腐败现象，决不是坚持马克思主义和社会主义的过错，而是根本违背或严重偏离马克思主义和社会主义的恶果。从而，我的授课得到了学生特别是在职研究生的一致好评。

二是政治经济学课时减少和政治经济学教师“转岗”问题。改革开放以来，我国高校公共马克思主义理论课的课程建设经历了三次重大调整。在20世纪末和21世纪初的两次重大调整中，尽管与时俱进地增加了邓小平理论、毛泽东思想和中国特色社会主义理论体系概论等课程，但原本作为高校公共马克思主义理论课之一的马克思主义政治经济学却被撤并了。这不仅改变了高校公共马克思主义理论课的课程设置，也影响到高等财经类院校和综合性大学经济与管理类专业政治经济学的课程设置。许多高等财经类院校和综合性大学纷纷大幅削减作为经济与管理类专业的核心课或基础课的政治经济学的教学课时，有的高校则将管理类专业的政治经济学课程一刀砍掉。我曾受系里委托向学校有关部门打了报告，请求加强政治经济学课程建设、调整政治经济学课时安排。那段时期，许多高校原有的政治经济学教师改授毛泽东思想和中国特色社会主义理论体系概论课程或其他课程。高校政治经济学教师人心不稳，流失严重（如在南方某著名大学中，从事政治经济学教学工作的只有1人），政治经济学专业本科和研究生的招生规模也大幅削减。这是导致近些年来我国政治经济学教学与科研人员青黄不接、严重匮乏的一个直接原因。目睹这种状况，我非常心痛。有一次，我在学院学术委员会会议上大声疾呼：只要我国还是社会主义国家，还以马克思主义为指导，那么，作为马克思主义三个重要组成部分之一的政治经济学，就必然存在它应有的地位。马克思主义是颠扑不破的真理，照亮了人类探索历史规律和寻求自身解放的道路。本着多年来对马克思主义的坚定信仰和对社会主义、共产主义的坚定信念，我以郑板桥的

《竹石》一诗来激励自己："咬定青山不放松，立根原在破岩中。千磨万击还坚劲，任尔东西南北风。"习近平担任党中央总书记之后，大力提倡学习马克思主义政治经济学，提出要创建中国特色社会主义政治经济学，以指导中国特色社会主义伟大事业健康发展，这使包括我在内的全国高校政治经济学教师倍感振奋，深受鼓舞。①

2008 年，北京高校政治经济学中国社会主义建设研究会并入新组建的北京高校中国化马克思主义教学研究会。至此，我在北京高校政治经济学中国社会主义建设研究会的活动彻底结束，没有参加北京高校中国化马克思主义教学研究会组织的任何活动。

---

① 2015 年 12 月，我在公开发表的一篇论文中建议：应将马克思主义政治经济学恢复为高校学生的公共必修课，使广大学生真正认识和掌握社会主义制度必然取代资本主义制度这一人类社会发展的客观规律，真正成为社会主义建设者和接班人，而不是成为"精致的个人主义者"，更不能成为社会主义制度的掘墓人（参见郭飞：《中国居民财产差距悬殊的基本成因与对策》，载于《马克思主义研究》2015 年第 12 期）。

在《中国社会科学》独立发表论文

在长期的科研实践中，通过向理论界前辈和经济学同行学习，我逐渐悟出了三点认识：(1) 发表科研论文关键靠质量。[①] 高质量的科研论文，首先要观点正确，其次要有所创新。(2) 同一篇论文发表的报刊级别越高，影响力就越大。(3) 作为一名高校教师和理论工作者，不仅要力争在国内外的学术刊物上发声，还要力争在中央大报上发声；不仅要影响学术圈，还要影响社会，以求在改造客观世界的实践中发挥更大的作用。

《中国社会科学》是中国社会科学院主办的综合性哲学社会科学杂志，是国内声望很高的文科学术刊物。我 1989 年、1993 年先后在《经济研究》独立发表两篇论文之后，就希望有生之年能在《中国社会科学》发表论文。

2007 年 9 月 15 ~ 16 日，我在中国人民大学参加由该校主办的第一届中国政治经济学年会，巧遇我在东北师大的研究生同学张忠任。张忠任于 20 世纪 90 年代初曾在《中国社会科学》发表过论文，后来从长春调到北京并赴日本深造获得经济学博士学位，时任日本岛根县国立大学经济学教授。张忠任教授虽在日本任职，却经常回中国讲学或进行学术交流，对我的情况也有所了解。他提醒我：《中国社会科学》新近发表了程恩富、何干强等马克思主义经济学教授的论文，你为什么不抓紧向《中国社会科学》投稿？当时，恰好《中国社会科学》杂志社经济编辑室主任许建康研究员也参加了会议。许主任是“海归”的马克思主义经济学者，对我在国内发表的某些文章有所了解。我利用会

① 较长时期以来，我国某些由国家财政拨款的事业单位主办的学术期刊公开或变相地向作者收取“版面费”；也有些作者为了发表论文，不仅要交“版面费”，还主动或被迫给上述学术期刊的相关人员送钱。我认为，这种情况是极不正常和违规的，应从根本上加以改变，以净化学术生态和社会风气。35 年来，我在权威或著名学术刊物上发表了多篇论文，从未通过金钱搭桥铺路。

议间隙与许主任进行了交谈，并提出拟就中国所有制结构改革问题撰写一篇论文并向该刊投稿。他对我的研究内容很感兴趣，表示欢迎投稿。他还介绍了该刊严格的审稿程序，并且特别强调了该刊发表论文的质量标准：不仅要求观点正确，还要求论文的各部分内容“都是新的”。

许主任强调的发稿标准使我倍感压力，但我完全可以理解。当时，《中国社会科学》是双月刊，每期只发两篇左右的经济学论文，平均每月发表1篇经济学论文；每年该刊经济学论文的发稿量仅相当于《经济研究》的十几分之一。而向该刊投稿的优秀经济学论文很多，发稿率大约相当于稿源量的2/100。

长期以来，我对中国所有制结构改革问题有所研究，当时手头还有一篇不到1万字的相关论文准备投稿。按照《中国社会科学》的质量标准和字数要求，我以发展的马克思主义经济学为指导，在进一步收集和研究相关文献的基础上，深入思考，提炼新意，反复修改，全力以赴，用了约3个月的时间，写出了论文的送审稿。论文的题目是《深化中国所有制结构改革的若干思考》。论文分为三个部分：第一部分，深入探讨了中国现阶段所有制结构的理论与实践依据（特别是提出并论证了邓小平提出的“三个有利于”的根本标准，是我国现阶段确立和完善公有制为主体多种所有制经济共同发展的所有制结构的基本理论依据），提出应妥善处理所有制结构中主体与辅体的相互关系，坚持和完善公有制为主体多种所有制经济共同发展的基本经济制度。第二部分，围绕公有制为主体特别是对我国一段时期以来公有资产在社会总资产中是否具有量的优势这一理论界与实际部门长期存在激烈争论的重大问题进行了深入探讨，明确提出我国当时公有经营性净资产在社会经营性净资产中仍具有一定的量的优势，强调公有经营性净资产在社会经营性净资产中不仅要有量的优势，也要有质的优势。第三部分，围绕国有经济为主导特别是对社会主义市场经济条件下国有经济布局的特点进行了深入探讨，并对优化我国国有经济布局、进一步发挥国有经济主导作用提出新的对策建议。

2007年12月中旬，我将约2.5万字的论文提交《中国社会科学》杂志社。该杂志社很重视这篇论文，迅速将该文转交匿名专家评审。匿名专家对我的论文给予了充分肯定，同时也提出了一些修改意见。我根据匿名专家和该杂志社的意见又作了两次修改。鉴于我的论文内容所具有的重要性和高度敏感性，该杂志社又将我的论文报送时任全国政协副主席、中国社会科学院院长、《中国

社会科学》杂志编委会主任的陈奎元审阅。经陈奎元院长审阅并同意，《中国社会科学》于2008年第3期发表了我的论文。

论文发表后，《中国社会科学（英文版、季刊）》（2008年第4期）、《中国社会科学文摘》（2008年第11期）、《新华文摘》（2008年第16期）、中国人大复印报刊资料《社会主义经济理论与实践》（2008年第7期）、《人民日报》（2008年7月8日理论版）、《光明日报》（2008年9月23日理论版）、《中国教育报》（2008年8月9日理论版）、《中国改革报》（2008年7月9日理论版）等重要报刊分别对其进行了全文或部分的转载，在社会上特别是在经济学界产生了很大影响。我校主管科研工作的副校长高兴地说：这是21世纪我校在《中国社会科学》发表的第二篇论文。

连续三届荣获北京市哲学社会科学优秀成果二等奖

北京市哲学社会科学优秀成果奖，自20世纪末以来是由中共北京市委、北京市人民政府每两年颁发一次的省部级科研成果奖励。迄今，我国文科科研成果奖的最高级别是省部级科研成果奖励。孙冶方经济科学奖、安子介国际贸易研究奖等科研奖励，被教育部视为等同于省部级科研成果奖励。由于北京市文科科研成果质量在全国居于领先地位（特别是北京市哲学社会科学优秀成果奖的评奖范围涵盖北京大学、中国人民大学等教育部和其他部委在京高校），使北京市哲学社会科学优秀成果奖的分量更重，也更难获得。尽管衡量文科科研成果水平高低的最终标准是社会实践，但在京各高校和高校文科教师都将获得北京市哲学社会科学优秀成果奖作为努力方向和重要目标。

2006年以前，我虽获得1997年度国务院颁发的政府特殊津贴证书（属于国家级奖励，但不属于纯粹的科研成果奖励），也获得过其他一些科研成果奖励，但从未参加过北京市哲学社会科学优秀成果奖的评选。2006年5月，我决定申报北京市第九届哲学社会科学优秀成果奖。该奖从申报到获奖，必须在限额条件下通过校内两关（学院学术委员会和学校学术委员会的投票表决）、校外四关（北京市哲学社会科学优秀成果奖评奖机构组织的专家遴选投票表决、学科评议组投票表决、大评委投票表决和拟定获奖科研成果的公示）。

我申报获奖的论文是《生产要素按贡献参与分配原则新思考》①。该文对按生产要素分配与按劳分配之间的联系与区别进行了深入论述，以生产要素所有制决定论、劳动价值论和"要素财富论"为理论依据，为中共十六大报告中提

① 郭飞：《生产要素按贡献参与分配原则新思考》，载于《马克思主义研究》2005年第2期。

出的生产要素按贡献参与分配原则提供了一个新的马克思主义的分析框架。按照当年的申报规定，我除了认真如实地填写申报材料之外，还提交了同一研究领域专家项启源研究员（中国社会科学院经济研究所）和陈德华教授（北京大学经济学院）分别撰写的两封推荐信。我的申报先是在学校获得通过，又经过几个月在北京市评奖机构也获得通过。直到北京市第九届哲学社会科学优秀成果获奖名单正式公布，我才获悉整个经济学科（含理论经济学和应用经济学）的获奖项目共有 32 项（其中，获奖的经济学论文仅有 5 篇，只有 1 篇论文获得一等奖，我的论文获得二等奖）。在北京参评单位两年发表的上万篇经济学论文中，我的论文能够获奖，既不容易，也很庆幸。同年 10 月，我独撰的论文《外商直接投资对中国经济的双重影响与对策》[①]，也获得了另一项省部级奖励——第十四届安子介国际贸易研究优秀论文三等奖（该届评奖中论文一等奖空缺）。

2008 年 5 月，我再次申报北京市哲学社会科学优秀成果奖。我申报获奖的专著是《贸易自由化与投资自由化互动关系研究》（人民出版社 2006 年版）。这本专著是我主持的国家“211 工程”重点学科建设项目子课题的研究成果，是研究团队集体智慧的结晶。作为课题负责人和专著的第一作者，我在全国范围内选择合作伙伴。在课题组成员中，除我院王飞、杨国亮之外，还有武汉大学经济与管理学院世界经济系李卓、南京大学商学院国际经济贸易系方勇和商务部政策研究室周岚。课题组全体成员团结协作，深入研究，奋战 3 年，终于撰写并出版了这部专著。该书分为上、中、下三篇，共九章。该书上篇“贸易自由化研究”，着重研究贸易自由化的理论与实践，贸易自由化对世界经济的影响及其在中国的实践与对策；中篇“投资自由化研究”，着重研究投资自由化的理论与实践，投资自由化对世界经济的影响及其在中国的实践与对策；下篇“贸易自由化与投资自由化互动关系的理论与实证研究”，通过梳理国际贸易与国际投资互动发展的理论脉络，进一步界定贸易自由化与投资自由化的互动关系，并通过计量经济模型加以分析与验证。该书首次以专著形式构筑了贸易自由化与投资自由化互动关系研究的基本理论框架；首次构建了一个发展中

---

① 郭飞：《外商直接投资对中国经济的双重影响与对策》，载于《马克思主义研究》2006 年第 5 ~ 6 期。

国家跨国公司最优国际化战略选择的内生性模型；首次应用先进的CGE模型深入分析了贸易自由化与投资自由化的互动关系；并就外商直接投资对中国经济的消极影响进行了全面、深刻、新颖的分析与概括，提出了一些具有全局性、创新性和可行性的对策。该书出版后，在学术界和社会上引起较大反响。杨圣明、陈继勇、卢进勇等著名专家与知名学者分别在《经济学动态》《世界经济》《国际贸易问题》等权威或著名学术期刊上发表书评，对该书给予较高评价。2008年12月，该专著获得北京市第十届哲学社会科学优秀成果二等奖。

2010年5月，我连续第三次申报北京市哲学社会科学优秀成果奖。我申报获奖的论文是《深化中国所有制结构改革的若干思考》①。本来，在同一奖项上连续三次申报成功的概率很小，我不应申报。然而，既由于那篇论文的质量和社会影响具有极大的获奖可能性，也由于学院和学校领导的积极鼓励和大力支持，我决定再披战袍。2010年10月，我获得北京市第十一届哲学社会科学优秀论文二等奖。后来，我听说经济学论文的获奖争夺非常激烈。在北京市评奖的第一个环节中，除《中国社会科学》和《经济研究》发表的经济学论文外，在其他刊物发表的经济学论文一律被淘汰；在第二个环节中，从4篇在《中国社会科学》发表的经济学论文（其中，中国人民大学就占了3篇）中评出1篇论文为一等奖，从两篇在《经济研究》发表的经济学论文中评出1篇论文为一等奖，我的经济学论文仅以1票之差与一等奖擦肩而过。对此，有的同行为我鸣不平，认为我的论文从质量上不亚于获得一等奖的另一篇论文。我笑着说：能够连续三届获得北京市哲学社会科学优秀成果二等奖，我已经很知足了。与获得一等奖的票数要求只差1票，已经证明学科评议组十几名专家对我的论文高度认可。在北京市进行的省部级优秀论文评奖，决不仅仅是论文与论文之间的水平竞争，同时也是单位与单位之间科研实力的竞争；中国人民大学、北京大学发表的经济学论文在我国经济研究中的贡献度大大超过对外经济贸易大学，如果我是评委，很可能也会那样投票。

以同一申报人的名义连续三届荣获北京市哲学社会科学优秀成果奖，这在此前北京市哲学社会科学优秀成果奖经济学学科的获奖者中，很可能是没有先例的。我在连中三奖之后，直接向校科研处的同志表示：以后不再申报北京市

① 郭飞：《深化中国所有制结构改革的若干思考》，载于《中国社会科学》2008年第3期。

哲学社会科学优秀成果奖，将申报名额和获奖机会留给其他教师（特别是中青年教师）。2010年以来，我又发表或出版了新的论文或著作。其中，有的论文或著作具有申报获得省部级科研成果奖的可能性，但我并未申报。古今论争，尤在于名实。我认为，作为一名高校教师和经济理论工作者，在社会上获得各种奖励和荣誉称号并非易事，也比较重要；然而，为实现中华民族伟大复兴在立德树人、理论创新和对策创新方面做出实实在在的较大贡献，才是最根本和最重要的。

担纲组建对外经济贸易大学中国经济发展研究中心

为进一步整合研究资源，加强对外经济贸易大学经济学科建设，更好地发挥在促进我国经济理论繁荣和经济改革与发展中的积极作用，在校、院领导的大力支持下，由我担纲组建对外经济贸易大学中国经济发展研究中心。

这无疑是一项艰巨的任务。在筹建过程中，我们得到了多方面的支持。首先，我们得到了国际经济贸易学院院长赵忠秀的大力支持。他从学校和学院整体利益出发，主持召开学院党政领导联席会议，从各方面给予坚决支持，并同意担任中国经济发展研究中心的学术指导。其次，我们得到了对外经济贸易大学校长施建军的热情支持，他欣然同意担任中国经济发展研究中心的顾问。再次，我们得到了林汉川、桑百川、郑宝银等教授的积极支持。特别值得一提的是，我们还得到了教育部社会科学委员会主任、北京大学原校长吴树青教授的宝贵支持。2005 年 4 月，我与吴树青主任在复旦大学参加中央马克思主义理论研究与建设工程主办的“马克思主义政治经济学述评”专题研讨会上结识。我在当天上午第一个发言，吴主任看了我的发言稿后，希望我将此后发表的每一篇有分量的经济学论文的电子版都发至他的电子邮箱，由他转给中央马克思主义理论研究与建设工程的经济学专家参考，我欣然照做了。尽管吴主任的地位很高，不轻易“出山”，但当我提出聘他为我校中国经济发展研究中心第一顾问时，他却欣然同意。我精心策划，多方联系，杨国亮副教授则大力协助，我校中国经济发展研究中心逐渐准备就绪。

对外经济贸易大学中国经济发展研究中心是以国际经济贸易学院为主要依托成立的开放型学术研究机构。研究中心顾问为吴树青、卫兴华、顾海良、杨圣明和施建军；学术指导为黄泰岩、张平、隆国强、赵振华、黄桂田、王林

生、邱兆祥等20名著名经济学家或知名学者；研究中心主任是我，副主任为韩琪，秘书长为杨国亮。研究中心实行校内外、专兼职相结合，共有研究人员26人。其中，教授与研究员15人，副教授8人、讲师3人（含博士生导师11人）。研究中心以发展的马克思主义经济学为指导，深入研究中国经济发展和经济体制改革中的重大理论与现实问题，为推动我国经济理论与对策研究的繁荣发展和促进我国经济又好又快地发展服务。

2010年7月1日上午，“后危机时代中国转变经济发展方式高峰论坛暨对外经济贸易大学中国经济发展研究中心成立大会”在我校行政楼二楼会议室隆重举行。

前半场是对外经济贸易大学中国经济发展研究中心成立大会，由我校主管科研工作的张新民副校长主持。施建军校长首先发表讲话，对我校中国经济发展研究中心的成立表示热烈祝贺。然后，由我宣读了研究中心第一顾问、教育部社会科学委员会主任吴树青发来的贺词。中国社会科学院经济研究所副所长兼《经济研究》第一副主编张平、中共中央党校经济学部主任赵振华和对外经济贸易大学校长助理兼国际经济贸易学院院长赵忠秀相继致辞。他们对我校中国经济发展研究中心的成立表示祝贺，希望我校中国经济发展研究中心在经济理论和经济对策研究方面取得丰硕成果。

施校长和我共同为研究中心揭牌。施校长还向与会的中国经济发展研究中心顾问、学术指导和专、兼职研究员颁发了聘书。我校科研处处长、国际经济贸易学院副院长、部分学院的负责人和中国经济发展研究中心成员等参加了大会，《人民日报》《光明日报》《经济日报》《中国教育报》《中国社会科学报》《经济研究》《经济学动态》及经济科学出版社的相关负责人也参加了大会。

后半场即“后危机时代中国转变经济发展方式高峰论坛”，由我主持。中国人民大学荣誉一级教授卫兴华认为，我国加快转变经济发展方式需要妥善处理三方面的关系，即经济发展与人的发展的关系、经济发展与经济安全的关系以及经济发展与社会主义发展的关系。中国社会科学院学部委员、中国经济规律研究会会长杨圣明认为，转变经济发展方式既是我国经济领域长期面临的深刻变革，也是极其艰难的系统工程。应提倡和树立科学的政绩观，改进与完善考核制度，大力推进科技进步，深化经济体制改革特别是生产要素价格改革。北京大学经济学院副院长黄桂田教授认为，我国三次产业在国内生产总值中所占的比重与劳动力在三次产业中的分布严重不相匹配。转变经济发展方式，促进产业结构升级，我国应大力发展第三产业，其基本途径是大幅度提高城乡普通居民的收入水平和我国人口的城市化率。中国工业经济学会副理事长、我校中小企业研究中心主任林汉川教授认为，国际金融危机使我国有些中小企业陷入困境。加快转变经济发展方式，需要重新认识后危机时代我国中小企业在国民经济中的战略地位，实现三个“战略性突破”，即中小企业融资难的战略性突破、政府对中小企业促进政策的战略性突破和中小企业“专精特新”的战略性突破。

“后危机时代中国转变经济发展方式高峰论坛暨对外经济贸易大学中国经济发展研究中心成立大会”取得了圆满成果。《人民日报》《光明日报》《中国教育报》《中国社会科学报》等主流媒体，都对我校中国经济发展研究中心成立大会和“后危机时代中国转变经济发展方式高峰论坛”作了专门报道。

我校中国经济发展研究中心成立后，除举办“后危机时代中国转变经济发展方式高峰论坛”以外，还参与承办了一个在国内有较大影响的学术年会——“经济全球化与中国经济科学发展高峰论坛”暨中国经济规律研究会第21 届年会。

2011 年 9 月 17 日是对外经济贸易大学 60 华诞。为凸显我校“学术为魂”的办学理念，扩大我校在国内理论界的影响，在征得中国经济规律研究会和我校国际经济贸易学院负责人的同意之后，我校中国经济发展研究中心向学校提出申请，拟由中国经济规律研究会和对外经济贸易大学主办、国际经济贸易学院和中国经济发展研究中心承办“经济全球化与中国经济科学发展高峰论坛”暨中国经济规律研究会第 21 届年会。

经过积极争取，校领导同意了我们的申请，并且给予了一定的资金支持。洪俊杰院长予以大力支持，并指派学院两名行政人员协助做了一些工作。然而，大量的会议筹备工作还得靠研究中心来做，主要是靠我和杨国亮来做。从在《马克思主义研究》《经济学动态》《当代经济研究》杂志上刊发会议通知和征文启事，到具体拟定为期两天的会议议程；从联系会议食宿到落实会议场所；从聘请著名专家演讲到联系印刷会议论文和制作与会代表的名牌等，加之我当时还在撰写 1 篇参会论文，那段时间我和杨国亮真是忙得不亦乐乎，我每天晚上 10 时才离开学校。大会开幕当天凌晨 3 时，我和杨国亮还没有休息。

早晨5时，杨国亮开车将会议资料拉到诚信楼前，我带着几名研究生往与会代表的材料袋中装会议资料。当时，我的身体似乎已经达到了可以承受的极限。

9月17日上午9时，由中国经济规律研究会与对外经济贸易大学主办、对外经济贸易大学国际经济贸易学院与中国经济发展研究中心承办的“经济全球化与中国经济科学发展高峰论坛”暨中国经济规律研究会第21届年会，在我校诚信楼国际会议厅隆重举行。来自中国社会科学院、国家发展和改革委员会、中央党校、北京大学、中国人民大学、复旦大学、武汉大学、吉林大学、上海财经大学等国内顶尖研究机构、相关部委、著名高校的140多位专家学者，《人民日报》《光明日报》《经济日报》《中国教育报》《中国社会科学报》《求是》《经济研究》《马克思主义研究》《经济学动态》《教学与研究》等国内主流媒体和权威学术期刊及经济科学出版社的相关负责人莅会。

中国经济规律研究会会长程恩富学部委员致开幕词。对外经济贸易大学党委书记王玲致欢迎辞。教育部社会科学委员会主任吴树青教授致贺辞。吴主任代表教育部社会科学委员会向大会表示热烈祝贺。他高度评价了中国经济规律研究会近30年来对推动我国经济理论研究和改革发展大业发挥的重要作用，充分肯定了深入研讨经济全球化条件下中国经济科学发展这一主题的重大理论意义与现实意义。他向与会专家学者提出三点希望：第一，坚持和发展马克思主义经济理论，坚持和发展中国特色社会主义理论体系；第二，紧扣中国经济科学发展这一主题，深入调研，建言献策，进一步发挥经济理论工作者的重大作用；第三，不断加强学会的学风和队伍建设，努力造就高素质的适应社会主义现代化建设需要的经济理论人才。中国社会科学院特邀顾问、杰出经济学家刘国光学部委员发表了重要演讲。他向“经济全球化与中国经济科学发展高峰论坛”暨中国经济规律研究会第21届年会表示热烈祝贺，并就当前中国经济与社会发展中的焦点问题特别是国富与民富、先富与共富以及如何从根本上扭转我国个人收入差距不断扩大的趋势、避免与消除贫富悬殊等问题发表了精辟深刻的观点。中国人民大学荣誉一级教授卫兴华、中国社会科学院财贸经济研究所原所长杨圣明学部委员，分别就经济全球化条件下我国巩固与发展社会主义初级阶段基本经济制度，消除两极分化、实现共同富裕及如何正确理解马克思的国际价值理论等重大问题作了精彩的专题报告。

当日下午，会议分五个分会场进行。9月18日上午，会议进行大会发言、分组汇报并举行闭幕式。与会代表一致认为，经济全球化是把“双刃剑”。它既给我国经济又好又快地向前发展提供了宝贵的机遇，也使我国经济在自主安全发展的征途上充满了挑战和风险。应站在经济全球化的新高度解决中国经济科学发展面临的新问题，立足中国经济科学发展的新视角应对经济全球化带来的新挑战，审时度势，趋利避害，使我国由经济大国变为经济强国，使中国特色社会主义伟大事业扬帆远航。与会专家学者围绕大会主题，重点就经济全球化与中国自主安全发展、经济全球化与中国转变经济发展方式、经济全球化与探索中国经济发展规律、经济全球化与中国深化收入分配体制改革、经济全球化与中国提高对外开放水平等问题，进行了认真、深入的讨论与交流，取得了丰硕成果。

学界喜盛会，校庆献厚礼。《人民日报》《光明日报》《经济日报》《中国教育报》《中国社会科学报》《马克思主义研究》《经济学动态》《教学与研究》等权威报刊，对“经济全球化与中国经济科学发展高峰论坛”暨中国经济规律研究会第21届年会进行了报道或发表了会议综述。

聚力拿下理论经济学一级学科博士学位授权点

对外经济贸易大学是一所多科性的财经类院校，在较长时期内学科建设相对滞后。最初，我校仅有国际贸易学和国际经济法两个二级学科博士学位授权点。2006 年 1 月，我校获得应用经济学一级学科博士学位授权点和世界经济、民商法学、企业管理二级学科博士学位授权点。应用经济学必须以理论经济学为支撑，国内著名高等财经院校通常都有理论经济学一级学科博士学位授权点。面对国内外高校激烈竞争、群雄逐鹿的态势，校领导强调以学科建设为龙头，进一步提升学校的教学与科研水平。因此，聚力拿下理论经济学一级学科博士学位授权点，就成为我校加强学科建设的一项重要任务。

理论经济学一级学科博士学位授权点涵盖政治经济学、经济思想史、经济史、西方经济学、世界经济、人口资源环境学等二级学科博士学位授权点。我校已有世界经济二级学科博士学位授权点，为争取获得理论经济学一级学科博士学位授权点提供了有利条件。学校支持由我挑头组建中国经济发展研究中心，重要考虑之一就是促进早日拿下理论经济学一级学科博士学位授权点。

按照理论经济学一级学科博士学位授权点申报所要求的硬件条件，我校和我院相关领导逐项对照，尽力填平补齐。关于申报理论经济学一级学科博士学位授权点的相关事宜，学院领导几乎是逢会必讲，相关老师都明显感受到肩上的沉重压力。作为理论经济学的一名学科带头人，我除了通过自身努力多出成果之外，经常针对学院汇总的相关材料提出一些意见和建议。

2010 年 4 月，国务院学位委员会启动了新一轮一级学科博士学位授权点的评审程序。这次评审区别于以往评审，将一级学科博士学位授权点限额下放到省（自治区、直辖市）学位委员会，由省（自治区、直辖市）学位委员会对新增一级学科博士学位授权点进行初审，初审通过后由国务院学位委员会学科评议组复审，复审通过后报国务院学位委员会审批。我校迅速整理并上报相关材料，参评理论经济学一级学科博士学位授权点。同年 9 月，我校接到通知，要求派 5 名教授去参加北京市学位委员会组织的理论经济学一级学科博士学位授权点的申报答辩。学校、学院的相关领导和我、张汉林教授参加了申报答辩会。北京市学位委员会组织的理论经济学一级学科博士学位授权点评审组，组长为中国人民大学副校长林岗教授，成员有北京大学、北京师范大学和中国社会科学院等单位的 4 名专家。在申报答辩会上，有一位评审专家代表评审组发言，对我校上报的相关材料比较满意，充分肯定了我校几年来在理论经济学学科建设方面取得的显著成绩，同时也明确指出了存在的某些问题。使我稍感意外的是，他以我为例，对我在政治经济学方面的成果和影响作了很好的评价，并且提及不久前他在参加北京市哲学社会科学优秀成果奖评奖中投票同意我获奖的缘由。我听后当即表示：此前我并不知道他参加北京市哲学社会科学优秀成果的评奖工作，并对他给予我校和我的支持表示感谢。由于时间限制，申报答辩会很快就结束了。会后不久，有关方面传出消息：此次北京市理论经济学一级学科博士学位授权点的竞争较为激烈，在初审中对外经济贸易大学、中央财经大学和国防大学的申报获得通过，中央党校等单位的申报未获通过。

2011 年 3 月 3 日，国务院学位委员会下发文件，批准我校增设理论经济学一级学科博士学位授权点。我校同时还增设了工商管理和法学一级学科博士学位授权点。4 月 24 日，我校召开大会，热烈庆贺新增一级博士、硕士学位授权点获得成功。近几年，我校持续加强学科建设，先后又增加了统计学、政治学和外国语言文学一级学科博士学位授权点。

2017 年 12 月，教育部学位中心公布了全国高校第四次学科评估的结果。根据该评估结果，对外经济贸易大学理论经济学的评估成绩为 b，与辽宁大学、中南财经政法大学同处一个方阵，位居参加评估的具有理论经济学一级学科博士学位授权点的 39 所高校的中线。与国内其他综合性大学

和著名财经类高校相比，我校从事理论经济学教学与研究的教师和专职研究人员较少，特别是从事政治经济学教学与研究的教师更少。我校理论经济学能在全国具有理论经济学一级学科博士学位授权点的高校学科评估中取得良好成绩，实属来之不易。

连任国家一级学会副会长

中国经济规律研究会（原名“中国社会主义经济规律系统研究会”，后改名为中国经济规律研究会，2018 年 12 月经民政部批准更名为中国政治经济学学会）是 1983 年成立的挂靠于中国社会科学院并在民政部注册的国家一级研究会（学会）。中国经济规律研究会在国内外学术界具有广泛而重要的影响，对推动我国改革开放与社会主义现代化建设发挥了显著作用。项启源、刘方棫、杨圣明等先后担任会长。从 2010 年 9 月起，程恩富（系中国社会科学院学部委员、马克思主义学院院长，兼任世界政治经济学学会会长和中华外国经济学说研究会会长等职）担任会长。中国政治经济学学会现任顾问为刘国光、卫兴华、刘方棫、张薰华、吴宣恭、逄锦聚等，名誉会长为杨圣明。

1994 年，我经项启源会长介绍加入中国经济规律研究会，先是担任学会理事。1995 年，我提交的参会论文是《社会主义劳动力非商品论》。此后，除有特殊情况外，几乎每次学会开会我都参加会议。在会上，我绝大多数情况下是作大会发言，有时则是受大会委托主持会议或作会议总结。1998 年 11 月，学会在中山大学举行年会并进行换届选举，北京大学经济学院刘方棫教授任会长，我当选为常务理事。2003 年 11 月，学会在同济大学举行年会并进行换届选举，中国社会科学院财贸经济研究所原所长杨圣明研究员任会长，我继续担任常务理事。2010 年 9 月，中国经济规律研究会第 20 届年会在河北经贸大学举行。在换届选举中，我当选为学会副会长。有些教授向我表示祝贺，说我是在没有官衔条件下当选的副会长，希望我将学会交付的工作做好。2015 年 6 月，中国经济规律研究会第 25 届年会在吉林财经大学举行。在换届选举中，我连任学会副会长。

25 年来，我与中国经济规律研究会同呼吸，共命运。学会的主要领导都是卓有建树的中国经济学界的领军人物和马克思主义经济学家。无论风云如何变幻，学会始终高扬马克思主义经济学的旗帜，为创新和发展马克思主义经济学、促进中国特色社会主义向前发展贡献力量。学会凝聚了国内一批马克思主义经济学者，即使在国际大形势和国内小形势并不有利的情况下仍然紧密地团结在一起，交流切磋，相互勉励，坚持“韧战”。在参加国内诸多的学术研讨会中，我始终把参加中国经济规律研究会的学术年会放在第一位，并从中获益良多。可以毫不夸张地说，没有中国经济规律研究会，就没有我的今天。

2017 年 6 月 10 ~ 11 日，“中国特色社会主义政治经济学创新与民生导向型改革开放”研讨会暨中国经济规律研究会第 27 届年会在南开大学举行。我受大会委托，在闭幕式上作了会议总结。我概括了会议的基本情况和主要特点，并以下面的一段话作为结束语：

“我们要继承和弘扬学会的优良传统，扎根中国大地，突出时代特色，开阔国际视野，潜心治学，深入钻研，在推进马克思主义政治经济学的理论创新、体系创新和方法创新等方面不断做出新的贡献。只要中国共产党的最高领导集体坚持和发展马克思主义，中国特色社会主义的伟大事业就大有希望；只要中国特色社会主义的航船在国际风云变幻中不断地破浪前进，世界社会主义运动的伟大事业就大有希望；只要中国的马克思主义政治经济学工作者进一步团结和发展起来，特别是更多年轻的马克思主义政治经济学的教学与研究人员能在更好的知识结构和历史条件下逐步地成长起来，立时代潮头，通古今之变，发思想先声，中国特色社会主义政治经济学的繁荣发展乃至鼎盛就大有希望！”

多次参加高层次理论研讨会并作大会发言

20世纪90年代初以来，我参加了多次高层次的理论研讨会。参加高层次的理论研讨会，收获往往是多方面的。它既是本专业领域最新科研成果的集中展示，又是经济、政治、教育等各种信息相互交流的重要平台，还是与同行结识、向同行学习的良好时机。除重点参加中国经济规律研究会的学术年会以外，我参加的某些高层次的理论研讨会给我留下了深刻的印象。

1993年10月，我在张家界参加由国家体改委经济体制与管理研究所主办的全国中青年学者、企业家改革开放15年理论与实践研讨会。我向会议提交了两篇论文：一篇是《社会主义市场经济中按劳分配特点新探》，另一篇是《略论社会主义劳动力市场》。会议议程中原本没安排我作大会发言。开会第二天早餐后，会议组织者突然找到我，要我在当天上午的大会上第一个发言。我在大会发言中没拿稿子，也没有介绍提交给大会的两篇论文的内容，而是阐发了不久前在《中国教育报》发表的应大幅提高我国高校教师工资的对策建议。我的发言刚结束，一位北京某重点高校的经济学副教授立即站起来提出质疑。他说："我认真听了你发言中的每一个字。但是，大幅提高我国高校教师工资，财政支出方面有可行性吗？如果财政支出有困难，超量发行货币，不会引起通货膨胀吗？"我从国家财政支出的可能性、近年来物价上涨较大的根本原因和大幅提高高校教师工资的经济与社会效应三个方面进行了阐释，他和与会的其他代表听后没有提出任何异议。在这次研讨会上，由国家体改委经济体制与管理研究所牵头，成立了中国中青年社会经济系统工程学会，我当选为学会理事。会议组织者还委托以我为主、由我和中国人民大学经济学院韩小明副教授撰写了会议综述，并且发表在《光明日报》《中国教育报》的理论版上。我与国家体改委经济体制与管理研究所副所长曹远征、中国人民大学经济学院杨瑞龙和对外经济贸易大学郑宝银等经济学同仁就是在这次研讨会上结识的。

1993 年前后，教育部社会科学发展研究中心在中国人民大学组织了多次理论研讨会（有时在会议室，有时在报告厅），针对当时国内一些重大的理论热点和难点问题进行深入研讨，我应邀参会。当时，应邀参会的年青经济学者较少，中国人民大学马列主义发展史研究所负责人顾海良和我经常在参会时相遇。教育部社会科学发展研究中心聘请国家有关部委、北京大学、中国人民大学等单位高水平的专家学者所作的专题报告及与会学者的相互交流，使我受益匪浅。在一次研讨会上，已是 90 多岁高龄的北京大学陈岱孙教授一针见血地指出：通货膨胀是向人民征税，“休克疗法”可以休克！他的这番话字字珠玑，给我留下了非常深刻的印象。在另一次研讨会上，中国人民大学吴易风教授就产权理论问题作了专题报告。他学贯中西，治学严谨，提出了不少新见解，使与会学者深受启发。还有一次研讨会是专门讨论劳动力市场与劳动力商品问题。卫兴华教授、项启源研究员先后阐述了他们各自的基本观点。随后，卫兴华教授对我说：郭飞同志，你对这个问题有研究，可以谈谈自己的想法。于是，我就补充谈了一些看法。过去，我对项启源研究员久闻大名，但从未谋面，在这次会议上我们才真正认识。会后，项启源研究员与我合撰了《劳动力市场与“劳动力商品论”》一文，发表于《中国劳动科学》1994 年第 11 期。我们合撰的这篇论文，还被选入李铁映主编的中国社会科学院优秀论文集，并报送中共中央政治局委员阅读。

1997 年 7 月 25 日，我应邀参加国家教委召开的学习江泽民重要讲话座谈会，迎接中共十五大胜利召开。座谈会由国家教委党组成员朱新均主持，国家教委主任朱开轩、副主任柳斌和来自北京大学、清华大学、中国人民大学等在京高校的领导和专家学者，以及国家教委机关相关领导 50 多人参加了座谈会。

会期原定一天，后改为半天。按照会议安排，国家教委副主任柳斌作了重要发言，卫兴华、刘方棫、钟哲明等教授和中国人大、清华大学等高校的党委书记作了发言，我也谈了自己的学习体会。非常有趣的是，与会的3位经济学教授——卫兴华、刘方棫和我，发言的内容都是围绕社会主义初级阶段这一重要的理论问题，但各自发言的侧重点有所不同。我主要谈了三点：(1) 社会主义初级阶段理论的创立，是对马克思列宁主义、毛泽东思想的重大发展；(2) 我国处于社会主义初级阶段的科学论断，是中国共产党正确制定路线、方针和政策的根本出发点；(3) 社会主义初级阶段，是理论工作者应深入研究并努力发挥积极作用的当代中国最大的实际。7月26日，《中国教育报》头版头条对该座谈会作了大篇幅的报道。8月1日，《中国教育报》理论版刊发了该座谈会的6篇发言摘要，我的发言摘要也在其中。

2000年4月13日，时任中共中央政治局委员的中国社会科学院李铁映院长在中南海国办第二会议室主持召开了“关于劳动力商品问题”的专题讨论会。那段时期，李铁映院长就社会主义市场经济基本理论问题研究中的一些理论难点问题经常向有关专家学者征求意见，劳动力商品问题即是其中的重要问题之一。专题讨论会召开当天，吴树青教授、冯兰瑞研究员、傅军胜研究员、蔡继明教授等参加了上午的讨论会；卫兴华教授、高鸿业教授和我参加了下午的讨论会；国务院体改办副主任彭森和中国社会科学院汪同三、吕政、王振中、李扬、刘迎秋、郑秉文、毛立言等所领导和研究员全天参会。在当天下午的讨论会上，卫兴华教授坚持以马克思主义政治经济学的基本观点先讲了1个小时，高鸿业教授介绍了西方经济学中对劳动力商品问题的观点，我作了40分钟的补充发言。我们三位教授的观点是一致的，即可以使用劳动力市场范畴，但社会主义公有制经济中的劳动力并不是商品。李铁映院长对我们的发言认真倾听，不时地做些记录，与会的有关领导和研究员也简单交流了看法。从他们的表情和话语中可以看出，我们的观点有较强的说服力。

“全国高校社会主义经济理论与实践研讨会”是受教育部社会科学司资助的国内高层次的理论研讨会，在高校和社会上影响较大。由于会议名额有限，对参会论文的遴选比较严格。我1996年寄去了一篇参会论文，并收到了参会通知。当时，我校面临教育部的本科教学评估，校领导不允许中层干部在此期间离开学校，因而我没能参加那次会议。2003年，我撰写了一篇《重塑社会主义社会个人收入分配理论》的论文，首次参加在厦门大学举行的全国高校社会主义经济理论与实践研讨会。在分组讨论中，我被分配在收入分配组。该组里有近40名代表，不少都是研究分配问题的名家。代表们畅所欲言，相互交流真知灼见。组里有两个大会发言名额，经推选由中国人民大学胡钧教授和我作大会发言。在第二天的大会上，我用了近半个小时的时间作了大会发言。2004 年、2006 年和 2008 年，我又分别在成都、西安和上海参加了三次全国高校社会主义经济理论与实践研讨会，均被推荐作大会发言。后来我才知道，该研讨会上的大会发言，基本上都被综合性大学的“大牌”教授“包圆儿”了，财经类高校的教授很难获得大会发言的机会。有的著名财经类高校一次就有 5 ~ 6 名教授参会，但也没能争取到一个在大会发言的机会。我参加的这四次研讨会，每次都获得了大会发言的宝贵机会。2006 年 10 月，我在西安参加全国高校社会主义经济理论与实践研讨会，提交会议的论文题目是《对“以市场换技术”方针与涉外税收超国民待遇的再思考》。在小组交流后，我再次被推荐在大会发言。当时，我有些不好意思，主动提议由某“985”高校的一位经济学院副院长作大会发言。时任小组负责人的南京大学长江学者特聘教授范从来对我说，你的论文写得好，就别推让了。我推荐的那位经济学院副院长也是小组的负责人之一，他说他将代表小组在大会上汇报讨论情况。我在大会发言之后，大会负责人南京大学党委书记洪银兴教授对我说：你的发言真好，你的观点我一定写入会议综述。洪教授与我年龄接近，不少经历相仿，我们在大会主席台前愉快地合影留念。

2005 年 10 月 26 日，中央马克思主义理论研究与建设工程举办的国际价值理论学术研讨会在厦门大学举行。会议前夕，我校林桂军副校长找我，说他接到了该会的邀请函。他由于工作太忙不能与会，但也不想失去我校参加这一高规格国际研讨会的机会。他考虑再三，决定派我参加这次会议，力争发出对外经济贸易大学的声音。我当时教学与科研任务较重，心率不够稳定，但考虑到学校利益，便临危受命。实际上，我过去对马克思国际价值理论的研究也很不够，于是便匆匆忙忙找了些书和资料来“临阵磨枪”。直到开会的前两天，我还没有形成一个发言思路，内心压力很大。为防身体发生意外，我行前留下一页纸的遗嘱，亲笔签字并按上手印，然后装入信封并密封，将其郑重地交给我父亲。我父亲深感不安，想打开看看。我说不必了，一旦出事儿你再打开。这份遗嘱的大体内容是：我无儿无女，终生奋斗。倘有意外，愿将家中的一套大房子和全部存款留归妻子所有，将另一套小房子变卖作为父亲养老和外甥女黄京菁上大学的一部分费用；将我的全部书籍捐给对外经济贸易大学图书馆；将我的骨灰撒在神州大地上……

当天傍晚，我乘机到达厦门并入住厦门大学宾馆。晚饭后，我在校园散步了1个小时，回到房间后便立即起草发言稿直至深夜。翌日上午大会开始，德国、日本等外国学者相继发言，我一边倾听他们的发言并阅读会议资料，一边修改我的发言稿。下午开会前，会议组织者突然通知我作为中国学者第一个发言，我只好披挂上阵了。我在发言中主要就国际价值量的决定因素和当代国际贸易中等价交换条件下是否存在剥削这两大问题阐述了个人观点。此外，我还向与会代表推荐了我校姚曾荫教授主编的《国际贸易概论》（该书曾于1992年荣获国家教委颁发的高校优秀教材特等奖）。我发言之后，厦门大学经济研究所所长在发言中质疑我在发言中采用的“剥削”一词，其他学者则在发言中赞成我采用的这一提法和对此问题的基本观点。后来，我对发言稿作了进一步修改并写成《关于国际价值理论的两个问题》一文，载入我撰写的《新世纪中国经济重大问题研究》一书。日本广岛大学片冈幸雄教授是知名的国际贸易专家，过去曾将我的另外一篇论文译成日文在日本的学术刊物上发表。他在看过我的这篇论文后，认为我的观点有较大新意。

2013年12月22日上午，由中国经济社会发展智库理事会、中国社会科学院经济社会发展研究中心等主办的中国经济社会发展智库第7届论坛在北京大学科学报告厅隆重举行。该论坛研讨的主题为“财富和收入分配的理论与政策”。我国杰出经济学家、中国社会科学院顾问刘国光学部委员，中国经济规律研究会顾问、中国人民大学荣誉一级教授卫兴华，世界政治经济学会会长、中国经济规律研究会会长、中国社会科学院学部委员程恩富，北京大学常务副校长刘伟教授等近百名国内科研机构和著名高校的专家学者莅会。刘国光学部委员、卫兴华教授在会上发表了精彩演讲。我也应邀发表了“关于我国收入分配改革的若干思考和建议”的主旨演讲。我演讲的内容分为三个部分：（1）关于改革开放以来我国个人收入分

配状况的总体评价；（2）关于我国城乡居民人均收入十年翻一番的结构特征；（3）关于尽快启动新一轮国家机关、事业单位工资改革的建议。在中国高等学府最高殿堂的科学报告厅发表演讲，我异常兴奋，声音洪亮，它实现了我的一个夙愿……

此外，近些年来我还参加了在中国社会科学院、清华大学、中国人民大学等科研机构和高校举办的一些高层次研讨会并作了大会发言，受到与会代表的普遍好评。

《郭飞文选——经济理论与经济改革重大问题研究》（上、下卷）出版

2016年7月，《郭飞文选——经济理论与经济改革重大问题研究（上、下卷）》（以下简称《文选》）由经济科学出版社出版。《文选》荟萃了我30多年来在国内权威或重要报刊上公开发表的有代表性的科研论文，是我以绵薄之力深入研究中国经济理论与经济改革重大问题的精心之作，也是我献给伟大祖国和人民的理论之花。

《文选》选取了截至2016年1月我公开发表的153篇论文中的近70篇论文（除个别论文为第一作者外，其他论文均为独撰）。《文选》分为六个部分：（1）中国所有制结构改革和国有企业改革与发展；（2）培育发展劳动力市场与扩大就业；（3）个人收入分配制度改革与合理缩小居民贫富差距；（4）积极合理安全有效利用外商直接投资与当代国际投资；（5）经济体制改革的基本性质与转轨方式及其他；（6）附录。我在《文选》的后记中写道，自己在多年的科研生涯中力求做到以下五点：

“一、以最广大人民的根本利益为依归。马克思有句名言：‘为人类而工作’。这无疑是科学研究根本宗旨的最高境界。习近平指出：‘以人民为中心’是马克思主义政治经济学的根本立场。作为马克思主义的学习者、信仰者和践行者，作为曾当过工人和农民的高校政治经济学教师，我与广大人民同呼吸共命运，力求以维护和增进最广大人民的根本利益作为进行经济理论与经济改革研究的根本出发点和落脚点。无论国内外经济政治形势如何风云变幻，无论意识形态领域的斗争如何尖锐复杂，我都心系人民，独立思考，追求真理，维护正义，力求做到不趋炎附势，不随波逐流，不僵化，不西化，敢讲真话，激浊扬清，建言献策，利国利民。

二、以研究中国经济理论与经济改革重大问题为中心。改革与发展是当代中国的主旋律，也是我国广大理论工作者研究的不二主题。长期以来，我重点研究了中国所有制结构改革、国企改革与发展、劳动就业制度改革、个人收入分配制度改革、积极合理安全有效地利用外资和经济体制转轨的基本性质与转轨方式等经济理论与经济实践的重大问题。中国经济实践包含的经济改革和经济发展是互相联系的，我研究的重点往往是经济改革。在长期研究的过程中，我力求以发展的马克思主义政治经济学为指导，以辩证唯物主义和历史唯物主义为根本方法，注重借鉴与吸收包括西方经济学合理成分在内的国内外经济理论研究的优秀成果，紧密联系国内外特别是国内的经济实践。

三、恪守学术道德，锐意攻坚创新。创新是民族与国家进步之魂，也是经济理论工作者责无旁贷的神圣使命。理论和对策创新并不是脱离客观实际的‘标新立异’，也不是坐井观天的自我标榜，更不是欺世盗名的抄袭剽窃。除极少数原始创新之外，理论和对策创新都是对原有优秀成果的继承和发展，并须经得起核查和社会实践的检验。改革开放以来，我国经济体制改革和经济发展遇到诸多重大问题和尖锐挑战，也取得了举世瞩目的巨大成就，这为我们进行经济理论和经济对策创新提供了肥沃土壤和良好契机。我在较差的科研条件下艰难起步，苦学深钻，循序渐进，殚精竭虑，不懈登攀，对我国某些重大经济理论与经济改革问题提出了个人的观点和建议。本人提出的某些新的理论观点或对策建议，倘能得到学术界同仁的首肯或被政府有关部门所采纳，并在理论发展和社会实践中产生积极作用，我则感到莫大的欣慰。

四、质量为本，打造精品。文不在多而在于精，论不在玄而在于真。我从与人合写在《教学与研究》杂志上发表第一篇论文，到后来独立在《中国社会科学》等权威杂志上发表论文，都是力求秉持对社会负责、对读者负责、对刊物负责的态度，博读泛览，有的放矢，深入探讨，持之有故，突出新意，精益求精，以期经得起理论争辩和实践检验。

五、持之以恒，笃行不倦。马克思曾经说过：如果我们选择了最能为人类福利而劳动的职业，那我们就不会被它的重负所压倒。投身于中国经济理论与经济改革研究，是我一生中的主要工作和最大幸福。为此，我与仕途和经商擦肩而过，不羡权贵，不慕骄奢，不图虚名，甘于寂寞，艰辛探索，久久为功，不改初衷。”①

在《文选》出版的过程中，也蕴含着中国社会科学院原副院长刘国光学部委员、经济科学出版社范莹副编审和我的夫人杨静等付出的心血与艰辛。

首先，我深切感谢刘国光学部委员为《文选》撰写了序言。在《文选》出版之前，我曾于1995年、2001年和2010年先后出版过个人撰写的3本论文集，分别汇集了我在不同时期公开发表的有代表性的科研论文，并请卫兴华、胡钧、程恩富教授撰写了序言。出版《文选》，究竟请谁来写序言？我一度拿不准主意，后来有人向我建议请刘国光学部委员。对于刘老我非常敬重，他对我也有所了解。但是，他已是92岁的高龄，能有时间和精力为我作序吗？抱着一线希望，我通过刘老的秘书进行了联系，刘老欣然同意。我打印了《文选》中的主要论文请他审阅。大约过了两个月，他约我到他家里，将他亲笔签字的序言交给我，并对我说了一些非常深刻和语重心长的话。刘老在其撰写的序言中认为，《文选》具有三个主要特点：（1）坚持“以人民为中心”的马克思主义政治经济学的根本立场；（2）贯彻理论与实际相结合的方针，深入研究我国改革发展中的重大经济理论与现实问题；（3）勇于理论创新，积极建言献策，奋力承担经济理论工作者的光荣使命。前已述及，刘老曾亲自审阅过我在《中国社会科学》发表的论文，这次又为《文选》撰写了序言，使我不胜感谢。

其次，我非常感谢范莹副编审。2010年，经济科学出版社出版了我的第三本论文集《新世纪中国经济重大问题研究》，范莹副编审是该书的责任编辑，我们已有成功合作的先例。此次出版《文选》，从图书策划到内容编排，从文稿审阅到文字校对，她都煞费苦心，绞尽脑汁。我对出书的质量要求较高，她都尽可能地予以满足。仅《文选》的封面设计，她就让设计师先后提供了7个选样。可以说，《文选》既是我的作品，也是她的作品。

---

① 《郭飞文选——经济理论与经济改革重大问题研究》（下卷），经济科学出版社2016年版，第747~748页。

再次，我衷心感谢我的夫人杨静。她深知我是一个视事业如生命的人，非常支持我出版《文选》。在《文选》筹划与出版的过程中，她都尽可能地给我提供最大的帮助。除承担绝大部分家务之外，她认真地帮我挑选论文，打印材料，反复校对，并且提出许多好的建议。在《文选》打印稿一校的过程中，我俩集中精力，每天高强度地工作 7 ~ 8 个小时，持续奋战 20 余天。而后，还有二校、三校……时值夏季，又热又累，但她面带笑容，默默工作。如果没有她的鼎力支持，《文选》不可能如期面世。

最后，我真诚感谢长期以来对我从事科研工作提供过宝贵帮助的人。这不仅包括一些学术界同仁和高校领导，还包括相关报刊和出版社的一些编辑与记者，以及我挚爱的父亲郭学洁、母亲郑海心和其他亲人。父母给了我生命。母亲看过我的第一本论文集，父亲看过我的三本论文集和其他著作，他们虽没看到但或许期待过《文选》的出版；好在我的岳父母看到了《文选》，并给予很高的评价。在《文选》出版过程中，大妹郭志红、大妹夫孙光强（曾任中国仪器进出口总公司总裁）和当年考取清华大学后去海外留学的“海归”外甥女孙威（新舸人工智能中国区联合创始人兼首席产品官）等，都相当关心并予以支持，这使我感到欣慰。

《文选》出版后，在理论界和社会上引起较大反响。刘国光学部委员撰写的书评在《人民日报》理论版（2016 年 9 月 2 日）和《经济学动态》2016 年第 7 期发表，杨圣明学部委员撰写的书评在《光明日报》经济学版（2016 年 9 月 14 日）发表，范莹副编审撰写的书评在《中国教育报》理论版（2016 年 10 月 25 日）发表。理论界前辈和经济学同仁的鼓励，是我继续前进的新动力。

2017 ~ 2018 年，我独撰并发表了 8 篇文章。为纪念马克思撰写的《资本论》第一卷德文版出版 150 周年，我撰写了论文《试论马克思剩余价值理论的当代价值——兼论剩余价值理论对建设中国特色社会主义的意义》（约 19000 字），载于《教学与研究》2017 年第 8 期。我在《人民日报》理论版头条发表了两篇文章，其中，《国有企业改革取得历史性成就》一文发表在 2018 年 11 月 19 日《人民日报》理论版“纪念改革开放 40 周年”的专栏上。我还应《中国教育报》之约，奋战 5 天，撰写了该报发表的深入学习贯彻中共十九大精神的第一篇理论文章《中国特色社会主义的重大发展》（约5500字）。此外，我精心整理并于2018年1月彩印了《奋斗者之歌——郭飞教授65岁回眸》（上、下册）。该书共460页，内有595张图片和2.9万字的文字说明，分为“砥砺成长”“为民立言”“情深似海”“畅游天下”四部分，这是我一生中前65年全方位的基本档案。

对我影响和帮助最大的老一辈马克思主义经济学家

——刘国光、卫兴华和项启源

人生一世，难得遇到贵人。在40多年的高校生涯中，对我影响和帮助最大的老一辈马克思主义经济学家是刘国光、卫兴华和项启源。我在《中国改革报》发表的理论界庆祝新中国成立50周年的征文中写道："孙冶方、薛暮桥、刘国光等国内著名经济学家的理论观点给我以深刻的启迪，卫兴华、项启源等名家大师也曾给予我宝贵的指导和热忱的帮助。"① 我在独撰的《新世纪中国经济重大问题研究》一书的后记中写道："我在从事经济理论与对策研究的漫漫征途中，不仅得益于发展的马克思主义经济理论的基本立场、观点和方法的导引，得益于包括西方经济学合理成分在内的国内外许多相关优秀成果的启发，还得益于一些良师挚友的帮助……特别需要提及的是杰出经济学家、中国社会科学院原副院长（现特邀顾问）刘国光学部委员，著名经济学家、中国人民大学经济学系原主任、荣誉一级教授卫兴华，著名经济学家、中国社会科学院经济研究所原副所长、中国经济规律研究会原会长项启源研究员，都曾通过多种方式给予我宝贵的指导与热情的帮助。"②

对于刘国光学部委员，我久闻大名，非常敬仰。他不仅是我国至今健在的最杰出的马克思主义经济学家，也是改革开放以来我国坚持以发展的马克思主义经济学为指导研究中国经济与经济体制改革的光辉楷模。他对

---

① 郭飞：《共和国乳汁哺育我成长》，载于《中国改革报》1999年7月21日。

② 郭飞：《新世纪中国经济重大问题研究》，经济科学出版社2010年版，第251页。

中国经济体制改革、经济发展和宏观经济管理等进行了深入系统的研究，提出了一系列精辟而深邃的理论观点和政策建议，对促进中国经济体制改革、确立和发展中国社会主义市场经济理论做出了巨大贡献，曾荣获首届"中国经济学杰出贡献奖"和首届"世界马克思经济学奖"。他著述颇丰，知识产权出版社2017年出版了《刘国光经济论著全集》(共17卷)。他影响了中国许多经济学人，也影响了中国经济体制改革的进程和走向。近些年来，他仍宝刀不老，不仅在高教界刮起了著名的"刘旋风"，还提出在分配领域中"效率优先、兼顾公平"的口号可以淡出，应强调更加注重社会公平的建议，并被中共中央所采纳。

在长期的教学与科研工作中，我经常阅读刘国光学部委员的论文和著作，从中吸取理论智慧。此外，我和刘国光学部委员还有几次奇妙的机缘。除前已述及他曾评审过我后来发表在《中国社会科学》杂志的论文并提出过宝贵的修改意见和为我的《文选》撰写序言之外，还有两次巧遇。

一次是1999年6月9日，我撰写的论文《高校扩大招生将拉动内需》在《中国改革报》理论版上头条发表。在同一版面上，《中国改革报》还发表了刘国光学部委员撰写的理论界庆祝新中国成立50周年的征文《为祖国作出自己的贡献》。刘老在文中简略回顾了自己70余年的成长历程，其最后一段话至今音犹在耳，令我震撼："不管什么人赞成还是反对，我都凭着自己一个学者的良知、立场和原则做事。学习孙冶方，从人民的立场出发，坚持真理！不唯上，不唯下，为祖国作出自己的贡献，为大多数人谋利益。"

另一次是2011年9月17日。时逢我校庆祝建校60周年，"经济全球化与中国经济科学发展高峰论坛"暨中国经济规律研究会第21届年会在我校隆重举行，刘国光学部委员应邀莅会并发表重要演讲。刘国光学部委员强调指出：我国当时收入分配领域最核心的问题是贫富差距急剧扩大，两极分化趋势明显。不是"国富"与"民富"的矛盾，而是一部分人先富、暴富与大部分国民不富甚至贫穷的矛盾。由于中国资本原始积累过程中财富来源的特殊性，中国富豪积累财富的时间超短。我国完成一部分人先富起来的任务所用的时间极短，而完成先富带后富、实现共同富裕的任务却遥遥无期。要扭转贫富差距过大和两极分化的趋势，并不需要什么"国富

优先”转向“民富优先”，而是需要明确宣布实行“一部分人先富起来”的政策已经胜利完成任务，及时转变为“实现共同富裕”的政策，即逐步实现由“先富”向“共富”的过渡。刘国光学部委员的话字字千钧，针刺时弊，建言献策，无所畏惧，令在场的我和其他许多专家学者顿开茅塞，印象深刻。当时，我校校长在教育部开会，校党委书记王玲没去参加正在我校召开的另一个有近10位部长级干部和百余位专家参加的“中国国际贸易学会成立30周年庆祝大会暨中国国际贸易论坛”，专门来参加我们举办的高峰论坛并致欢迎辞，并与我校科研处长、宣传部长等全程参加上午的大会。在会议休息间隙，王玲书记盛赞刘国光学部委员的精彩讲演，并邀请他日后来我校作学术报告。刘国光学部委员欣然允诺，并提出由我牵线搭桥。可惜，他因年迈事多，至今未能遂愿。

我与卫兴华教授结识并交往已近30年了。我第一次与他见面是在1990年秋季。当时我在中国金融学院任教，申报破格晋升副教授。我院人事处规定：申报晋升职称人员的代表作须请两位专家写出评语；其中，一位专家可以自选，另一位专家则由学院确定。我通过别人牵线，请中国人民大学经济学系卫兴华教授给我的代表作写评语。此前，他的名字对我是如雷贯耳，他的论文我也经常阅读，但我长期在京外高校工作，与卫兴华教授从未谋面。我按照约定时间到他家去送交相关材料。他衣着朴素，面带笑容，和蔼可亲。我向他简单介绍了自己的基本情况，便离开了。此后，我和卫兴华教授逐渐有了交往。我的有些科研成果的学术鉴定是他写的；我的第一本论文集的序言是他写的；我经常在学术研讨会上听他作专题报告；我担纲的对外经济贸易大学中国经济发展研究中心聘他做顾问；我撰写的学术著作请他指教，他撰写的有些著作也赠给我……

卫兴华教授对我的重大影响，主要体现在三个方面。

一是他对马克思主义经济学经典著作的理论功底非常深厚。特别是他对《资本论》的研究，达到了如数家珍和炉火纯青的程度。他经常引用《资本论》中的某些观点与有些学者的观点进行商榷。他对马克思主义经济学经典著作的观点理解得很透彻，又能与时俱进地进行新的阐释和发展。作为经济学同行和晚辈，我在深入探讨马克思主义经济学的基本观点时，往往先要了解卫兴华教授的观点。尽管在极个别问题上我们的观点未必完全一致，但卫兴华教授的观点相当权威，并使我受到很大启发。

二是他坚持真理、不当风派的学者风骨。从他撰写的著作和论文中，我深切地感受到他坚持实事求是、不趋炎附势的铮铮铁骨。他撰写的《中国特色社会主义经济理论的坚持、发展与创新问题》① 一文，就是他这一特点的明证。正如他自己所说："在经济理论研究方面，我主张'不唯上、不唯书、不唯风'。理论是真理的喉舌，而不是权势的奴仆。不做'风派理论家'。尊重权威，而不迷信权威。主张在学术讨论中应摆事实、讲道理，以理服人。少点儿装腔作势、营造政治声势之类的东西。我奉行的治学格言是四严原则：严肃的态度、严格的要求、严密的论证和严谨的学风。要通过独立思考，做到求真求实、服从真理。"② 卫兴华教授凸显的学者风骨，是我学习的光辉榜样，对我产生了较大影响。

三是他为坚持和发展马克思主义经济学终生奋斗的顽强斗志。卫兴华教授 1946 年参加革命工作，1952 年在中国人民大学政治经济学专业研究生毕业后就一直在该校任教，教学与科研成果卓著，荣获几十项国家和省部级奖励，特别是荣获世界政治经济学学会颁发的"世界马克思经济学奖"和吴玉章基金会颁发的"吴玉章人文社会科学终身成就奖"。虽已耄耋之年，但他仍笔耕不辍，每年发表多篇论文，令同行赞叹不已。他说"我不赞同让退休教授'发挥余热'的说法，我还正在燃烧呢!"这话使人联想起古诗"春蚕到死丝方尽"的引申含义，深感震撼，并肃然起敬。近几年，卫兴华教授的腰不好，但还经常伏案写作。2018 年 9 月 19 日，《人民日报》理论版"纪念改革开放 40 周年"专栏发表了卫兴华教授撰写的大块文章《我国基本经济制度的确立和完善》，我看后非常高兴，并向他发短信表示祝贺。卫兴华教授通过微信给我发来他近期撰写的其他文章和他今年春节即 94 岁的照片。多年来，我们一直保持着较为密切的联系，我习惯地称他"卫教授"，他习惯地叫我"郭飞同志"，我与他成了"忘年交"。卫兴华教授是我国经济学界的泰斗和马克思主义经济学的领军人物，

① 卫兴华：《中国特色社会主义经济理论的坚持、发展与创新问题》，载于《马克思主义研究》2015 年第 10 期。

② 《卫兴华经济文选》，中国时代经济出版社 2011 年版，第 1～2 页。

他为共产主义事业生命不息、奋斗不止的精神，激励我沿着马克思指引的光辉道路不断前进。

项启源学部委员是我国杰出的马克思主义经济学家，是中国经济规律研究会的创始人和老会长，曾荣获“世界马克思经济学奖”和首届孙冶方经济科学奖。他在长期的奋斗生涯中，为我国马克思主义经济学的传播、运用和发展做出了重大贡献。我在 20 世纪 80 年代就研读过他的论文，1994 年在教育部社会科学发展研究中心举办的一次研讨会上与他结识。20 多年来，项启源学部委员给了我不少具体的指导和帮助，使我终生难忘。

一是项启源学部委员与我合撰《劳动力市场与“劳动力商品论”》。前已述及，他与我在一次研讨会上结识后，共同商定合撰一篇论文。我们先是收集资料，确定思路，然后分头各自撰写一遍，两人在充分交流后最后由他定稿。我们撰写这篇论文用了较长时间，我到他家也去过两三次。在合作过程中，他特别强调要针对主要错误观点，要深入剖析，要突出新意。项启源学部委员不愧是搞科学研究出身的，在合作中我向他学到了不少东西。

二是项启源学部委员对我的理论影响和谆谆教诲。他虽是大家，但很谦逊。我们结识后，他把自己后来出版的每本学术著作都送给我一本，有时还写上“请指正”的字样。他撰写的学术著作《论我国社会主义初级阶段的历史定位》在正式出版之前，还曾将该书的打印稿寄给包括我在内的一些同志征求意见。遇到相关问题，我就会查阅他的著作，从他的观点中汲取理论滋养。他曾对我说：你是一名教师，要搞好科研，应多到一线去搞调研，这有利于了解实际情况，提出真知灼见。他将打印或复印的有些重要材料（如《当前中国工人阶级状况》、首钢调研报告等）送给我，对我搞好科研和教学提供了有利条件。他还希望我更多关注和研究社会主义初级阶段的生产关系，并送给我他撰写的中国社会科学院学部委员专题文集《论中国社会主义初级阶段的生产关系》。20 世纪末以来的一段时期内，我国马克思主义经济学研究被严重边缘化。对此，他一方面关心我们都写了什么文章，希望我们不断发出马克思主义经济学者的声音；另一方面则提示我们注意策略和方法，以吸引和说服更多的读者，从而增强马克思主义经济学的战斗力。

三是项启源学部委员活到老、学到老、写到老的精神对我的激励和鞭策。项启源学部委员对我说，由于历史条件等原因，他一生撰写的100多篇论文中，多数都是在离休后写的。其中，从64岁到85岁，他就出版专著1本，主编专著2本，自选论文集1本，发表文章87篇（包括公开和内部刊物，基本上都是独撰）。2017年（即项启源学部委员驾鹤西去的前一年），他还与人合撰并发表了1篇论文。2015年夏，我们几位同志为他祝贺90寿辰。他幽默地说，撰写科研论文和著作是他长寿的一个重要因素。其实，他在离休前就做过心脏手术，后来又做过肠癌手术，多年来患有房颤等疾病。他在科研方面能够取得突出成就，归根到底是源于他为共产主义事业奋斗终生的革命精神。正如他所言："学习、宣传、捍卫马克思主义经济理论是我毕生的追求！"①

① 周溯源、赵剑英主编：《中国社会科学院学部委员学术自传》（马克思主义研究学部卷、文哲学部卷·上），中国社会科学出版社2017年版，第51页。

第二篇 理论探索

理论来源于实践，也指导实践。本篇概述笔者在探索马克思主义政治经济学的研究对象、按比例分配生产要素规律、生产要素所有制是分配方式的主要决定因素、价值创造与价值分配的相互关系、国有企业改革理论、社会主义社会个人收入分配理论等方面的理论创新。

提出并论证马克思主义政治经济学的研究对象是生产方式及其发展规律

关于马克思主义政治经济学的研究对象，长期以来存在很大争议。然而，居于主导地位的观点则是政治经济学的研究对象是生产关系。这种观点，可以从马克思主义经典作家的著作中找到许多理论根据。

改革开放以来，国内理论界围绕这一问题的探讨进一步深入。除了占主导地位的正统观点之外，大体上还有四种观点：第一种观点是资源优化配置或“社会财富的增进”；第二种观点是生产方式；第三种观点是经济利益；第四种观点是人的全面发展和社会的全面进步。①

2005 年 4 月，我在复旦大学参加了中央马克思主义理论研究和建设工程主办的“马克思主义政治经济学述评”专题研讨会。在大会发言中，我明确提出坚持解放思想、实事求是、与时俱进的思想路线，应将马克思主义政治经济学的研究对象拓展和界定为“生产方式及其发展规律”，并进行了理论阐述，受到了与会代表的重视。会后，我将大会发言稿作进一步修改，撰写并发表了《政治经济学研究对象创新刍议》② 一文。

我在文中指出，这一观点最基本的理论依据就是恩格斯的一段话：“政治经济学，从最广的意义上说，是研究人类社会中支配物质生活资料的生产和交换的规律的科学。”③ 显然，恩格斯在这里所说的物质生活资料的生产，应该理解为物质生活资料生产所包含的两个方面，即生产力与生产关

① 逄锦聚主编：《政治经济学热点难点争鸣》，高等教育出版社 2004 年版，第 5 ~6 页。

② 郭飞：《政治经济学研究对象创新刍议》，载于《人民日报》2005 年 7 月 8 日。

③ 恩格斯：《反杜林论》，载于《马克思恩格斯选集》第 3 卷，人民出版社 1972 年版，第 186 页。

系的统一（或生产方式）。换言之，我是从广义上来理解政治经济学研究对象的内涵。

同时，我认为，将马克思主义政治经济学的研究对象拓展和界定为“生产方式及其发展规律”，有利于繁荣和发展马克思主义政治经济学，更好地发挥马克思主义政治经济学的战斗力。我在文中阐述了三点：

其一，有利于更为科学地探索和阐释社会主义制度取代资本主义制度的历史必然性和客观规律。马克思在《资本论》中揭示了“资本主义生产方式和它所产生的资产阶级社会的特殊的运动规律”①，对社会主义制度必然取代资本主义制度的客观规律进行了深刻和精辟的论证。马克思逝世已经120余年，整个世界发生了翻天覆地的巨大变化。一方面，发达资本主义国家的生产关系发生了深刻的变化。自由竞争资本主义转变为垄断资本主义，垄断资本主义则由私人垄断资本主义向国家垄断资本主义并进一步向国际垄断资本主义发展。与此同时，发达资本主义国家中的合作制经济等“新社会因素”有了明显的增长。另一方面，尽管发生了苏东剧变，但社会主义制度和社会主义运动仍在曲折中前进。只有坚持辩证唯物主义和历史唯物主义的基本立场、观点和方法，充分吸收人类社会特别是发达国家经济理论研究的优秀成果，结合新的历史实际深入研究生产方式及其发展规律，才能对当今世界社会主义的“两个试验场”及其未来走向做出进一步的科学阐释，才能丰富和发展马克思主义关于人类社会历史发展规律的理论，增强马克思主义政治经济学的科学性和说服力。

其二，有利于在生产力与生产关系的辩证统一中深入研究并积极促进我国现阶段所有制结构调整和经济体制改革。长期以来，社会主义国家在生产资料所有制改造和经济体制改革中普遍存在“左”的倾向，这与忽视对生产力状况的研究、忽视生产力对生产关系和经济体制的决定作用直接相关。我们在较长时间内甚至不能正视生产力水平低下的基本国情，没有找准我国所处历史阶段的正确方位。只有深入研究生产力的实际状况及其发展规律，深入研究生产关系的实际状况及其发展规律，深入研究生产力

① 恩格斯：《在马克思墓前的讲话》，载于《马克思恩格斯选集》第3卷，人民出版社1972年版，第574页。

与生产关系相互作用的客观规律，才能为我国所有制结构调整和经济体制改革提供坚实有力的经济理论支撑，从而避免犯“左”或右的错误。

其三，有利于发展社会主义社会的生产力。生产力既是生产关系发展变化的最终决定力量，也是决定人类社会物质生活状况并制约人类社会政治和精神生活的基础。我国正处于并将长期处于社会主义初级阶段。社会主义初级阶段最根本的任务是发展生产力。将生产力纳入马克思主义政治经济学的研究对象，有利于我们更好地向发达资本主义国家学习先进的科学技术，更好地吸收和借鉴发达资本主义国家一切反映社会化大生产和商品经济一般规律的先进经营方式和管理方法，更好地吸收和借鉴西方经济学中关于优化资源配置等有价值的研究成果；同时，也有利于我们紧密结合本国实际，不断探索发展生产力的具体路径。因此，适当拓宽马克思主义政治经济学的研究对象，并将其研究对象与社会主义初级阶段的根本任务直接挂钩，不仅会极大丰富和发展马克思主义政治经济学的理论内容，而且还将使马克思主义政治经济学的针对性和实用性显著增强。

此外，我在文中还论证了将生产力纳入马克思主义政治经济学的研究对象，与保持马克思主义政治经济学的特色并不矛盾。资产阶级政治经济学回避生产关系（特别是回避或掩盖生产关系中的矛盾和对立），片面地研究物与物的关系或人与物的关系，其根本目的在于维护和发展资本主义制度。而马克思主义政治经济学则公然申明研究生产关系及其发展规律，其根本目的在于为无产阶级和广大劳动人民推翻旧世界、建设新世界服务。因此，马克思主义政治经济学与资产阶级政治经济学在研究对象方面的区别是显而易见的。当然，将生产力纳入马克思主义政治经济学的研究对象，并不表明马克思主义政治经济学应研究生产的工艺，并不影响我们在研究和阐释生产力规律的过程中可以偏重于基本或主要规律，也并不妨碍我们在对资本主义政治经济学的研究和阐释中可以偏重于生产关系及其发展规律。

我提出：在马克思主义政治经济学的研究对象方面，资产阶级政治经济学研究对象中所包含的科学或合理的成分，我们要有；资产阶级政治经济学研究对象中所没有包含的科学或合理的成分，我们也要有。这样，马克思主义政治经济学才能超越资产阶级政治经济学的局限性。从而，马克思主义政治经济学的研究之路，才能越走越宽；马克思主义政治经济学的战斗力，才能越来越强。

近年来，特别是习近平于2015年11月23日在十八届中央政治局集体学习时所作的《不断开拓当代中国马克思主义政治经济学的新境界》的重要讲话发表之后，我国对政治经济学研究对象的认识有了非常显著的变化。将生产力纳入政治经济学的研究对象特别是纳入中国特色社会主义政治经济学的研究对象，已成为越来越多的马克思主义经济学者的共识。洪银兴指出："经济发展理论要成为中国特色社会主义政治经济学的重要组成部分，需要明确地将生产力纳入政治经济学的研究对象……实践证明，面对社会主义经济建设这一中心任务，只以生产关系为研究对象，不以生产力为研究对象，马克思主义政治经济学就难以科学地指导中国的经济发展，最终还会使自己边缘化。"① 杨新铭指出："中国特色社会主义政治经济学不仅要系统深入地研究中国特色社会主义生产关系，而且要研究怎样更好地发展社会生产力。"② 当然，对于马克思主义政治经济学的研究对象是"生产方式及其发展规律"的这一观点，尚需继续进行理论探讨并经受实践检验。

① 洪银兴：《发展当代中国的马克思主义政治经济学》，载于《中国社会科学》2016年第11期。

② 杨新铭：《中国特色社会主义政治经济学研究的新进展》，载于《人民日报》2018年11月19日。

提出按比例分配生产要素规律

在国内不少政治经济学教材、专著或论文中，往往都把按比例分配社会劳动规律与按比例分配生产要素规律混为一谈。例如，在一部影响颇大的政治经济学教材中有这样一段话：“在生产资料社会主义所有制的条件下，国民经济的有计划发展，是按一定比例把生产资料和劳动力分配到各个生产领域这一各社会共有的规律借以实现的社会形式。因此，有计划发展和按比例分配社会劳动是国民经济有计划按比例发展规律的两个不可分割的方面。有计划地发展是按比例分配社会劳动规律的社会形式，后者是前者的物质内容”。①

按比例分配社会劳动规律是马克思提出的。马克思在 1868 年 7 月 11 日给路德维希·库格曼的信中写道：“要想得到和各种不同的需要量相适应的产品量，就要付出各种不同的和一定数量的社会总劳动量。这种按一定比例分配社会劳动的必要性，决不可能被社会生产的一定形式所取消，而可能改变的只是它的表现形式，这是不言而喻的。自然规律是根本不能取消的。在不同的历史条件下能够发生变化的，只是这些规律借以实现的形式。”② 我认为，马克思在这里着重论述了按比例分配社会劳动规律的内容及其表现形式，并没有明确提出按比例分配生产要素规律，更没有把按比例分配社会劳动规律说成是按比例分配生产要素规律。

我先后发表了《必须区分按比例分配社会劳动规律与按比例分配生产

① 宋涛主编：《政治经济学》（下卷），人民出版社 1985 年版，第 66 页。

② 《马克思恩格斯选集》第 4 卷，人民出版社 1972 年版，第 368 页。

要素规律》和《两个生产力规律辨异》两篇论文,[①] 不仅明确提出了按比例分配生产要素规律，还阐明了按比例分配社会劳动规律与按比例分配生产要素规律之间的联系与区别。

我提出：按比例分配社会劳动规律与按比例分配生产要素规律同属生产力规律，并在一切以社会分工为基础的社会生产中发生作用，但两者仍有明显的区别。首先，它们的含义不同。按比例分配社会劳动规律的基本含义是按照符合消费需要的社会再生产比例分配活劳动（或劳动力）和物化劳动（或凝结着人类劳动的生产资料），而按比例分配生产要素规律的基本含义则是按照符合消费需要的社会再生产比例分配劳动力和全部生产资料。其次，它们的作用范围不同。按比例分配生产要素规律不仅对分配社会劳动发生作用，而且对分配未凝结人类劳动的生产资料（如原始森林、未开垦的土地和地下蕴藏的矿物资源等）也发生作用，可见按比例分配生产要素规律比按比例分配社会劳动规律的作用范围更大。最后，它们在生产力规律体系中所处的地位不同。按比例分配生产要素规律体现了社会生产力发展最基本的客观要求，它与按比例分配社会劳动规律是整体和局部的关系，因而它是更高层次的生产力规律，而按比例分配社会劳动规律则是在按比例分配生产要素规律的基础上派生出来的一个生产力规律。

我还提出，马克思在其经济学著作中并没有明确提出前述的就社会而言的按比例分配生产要素规律。与按比例分配社会劳动规律类似，马克思提出过按比例分配劳动时间规律。他指出：“正像单个人必须正确地分配自己的时间，才能以适当的比例获得知识或满足对他的活动所提出的各种要求，社会必须合理地分配自己的时间，才能实现符合社会全部需要的生产。”[②] 马克思也提出过有计划分配劳动时间规律。他在描述未来社会的经济特征时指出：“劳动时间的社会的有计划的分配，调节着各种劳动职能同各种需要的适当的比例。”[③]

在此基础上，我认为明确区分按比例分配社会劳动规律与按比例分配

① 郭飞：《必须区分按比例分配社会劳动规律与按比例分配生产要素规律》，载于《经济纵横》1987 年第 2 期；《两个生产力规律辨异》，载于《争鸣》1988 年第 2 期。

② 《马克思恩格斯全集》第 46 卷（上），人民出版社 1979 年版，第 120 页。

③ 《马克思恩格斯全集》第 23 卷，人民出版社 1972 年版，第 96 页。

生产要素规律，不仅有利于准确表述生产力规律，而且也有利于准确表述国民经济有计划按比例发展规律。国民经济有计划按比例发展规律中“按比例”的基本内容究竟是什么？经济学界的理解并不一致，大体有三种观点。第一种观点认为是按比例地分配社会劳动；[①] 第二种观点认为是按比例地分配生产资料和劳动力（即按比例地分配生产要素）；[②] 第三种观点则认为以上两种表述并无区别，都可以在同一意义上使用。[③] 我认为，尽管对此问题的第一种观点直接来源于马克思的论述，但是第二种观点似乎更为确切。因为，按比例分配生产要素是实现社会按比例生产的必要前提。社会生产过程是社会生产要素相互作用的过程，不仅包括劳动力这一要素（可用活劳动代表），也不仅包括机器、厂房、加工过的原材料等凝结着人类劳动的生产资料要素（可用物化劳动代表），而且还必然包括某些天然存在的充当劳动对象等的生产资料要素。正如同垦荒不能仅有劳动力和机器而没有荒地、采矿不能仅有劳动力和机器而没有矿山一样。因此，要有计划地发展国民经济，仅仅按比例地分配社会劳动是绝对不够的，还必须按比例地分配未凝结人类劳动的生产资料。

现在来看，我的上述观点仍然是正确的。然而，对于生产要素内涵的理解应进一步完善。生产要素不仅包括劳动力和生产资料这两项最基本的生产要素，还可以进一步细化地包括科学技术、管理、信息等生产要素。当然，科学技术、管理等生产要素都不是独立存在的生产要素，在生产实践中必然与劳动力或生产资料这两项最基本的生产要素中的一项或两项结合在一起。

---

① 雍文远主编：《社会必要产品论》，上海人民出版社 1985 年版，第 313 页。

② 许涤新：《关于社会主义国民经济有计划按比例的发展》，载于《红旗》1962 年第 11 期。

③ 宋涛主编：《政治经济学》（下卷），人民出版社 1985 年版，第 66 页。

深入论证生产要素所有制是分配方式的主要决定因素

在人类社会中，分配方式（或分配制度）光怪陆离，相继变化。按照马克思主义政治经济学教科书的基本观点，分配方式最终是由生产力决定的，主要是由生产资料所有制决定的。我在《试论分配方式的决定和制约因素》[①] 一文中，明确提出分配方式的主要决定因素是生产要素所有制。

我认为，分配方式主要是由生产资料所有制决定的观点并非没有理论依据。马克思指出："凡是社会上一部分人享有生产资料垄断权的地方，劳动者，无论是自由的或不自由的，都必须在维持自身生活所必需的劳动时间以外，追加超额的劳动时间来为生产资料的所有者生产生活资料，不论这些所有者是雅典的贵族，伊特剌斯坎的僧侣，罗马的市民，诺曼的男爵，美国的奴隶主，瓦拉几亚的领主，现代的地主，还是资本家。"[②] 马克思还指出："地租的占有是土地所有权借以实现的经济形式，而地租又是以土地所有权，以某些个人对某些地块的所有权为前提。"[③] 斯大林在对生产关系的内容进行理论表述时也指出："（一）生产资料的所有制形式；（二）由此产生的各种社会集团在生产中的地位以及他们的相互关系，或如马克思所说的，'互相交换其活动'；（三）完全以它们为转移的产品分配形式。"[④]

然而我认为，无论是就人们在生产中的地位及相互关系和分配方式的决定因素而言，还是就分配方式的主要决定因素而言，如果采用一个最抽

---

① 郭飞：《试论分配方式的决定和制约因素》，载于《当代经济研究》2002 年第 10 期。

② 《马克思恩格斯全集》第 23 卷，人民出版社 1972 年版，第 263 页。

③ 《马克思恩格斯全集》第 25 卷，人民出版社 1974 年版，第 714 页。

④ 《斯大林选集》（下卷），人民出版社 1979 年版，第 594 页。

象和最具综合性的经济学术语来概括，将生产资料所有制改为生产要素所有制则更为妥切。

一是采用生产要素所有制的提法，更符合马克思的原意。马克思在其著作中，经常使用“生产因素”“生产条件”等提法。马克思指出：“不论生产的社会形式如何，劳动者和生产资料始终是生产的因素。但是，二者在彼此分离的情况下只在可能性上是生产因素。凡要进行生产，就必须使它们结合起来。实行这种结合的特殊方式和方法，使社会结构区分为各个不同的经济时期”。① 马克思还指出：生产有两个条件，“一方面，物质的生产资料，即客观的生产条件；另一方面，活动着的劳动能力、合目的地表现出来的劳动力，即主观的生产条件”。② 不仅如此，马克思对于生产条件所有制决定分配方式曾有过非常明确的提法。马克思在《资本论》中指出：“一定的分配形式是以生产条件的一定的社会性质和生产当事人之间的一定的社会关系为前提的。因此，一定的分配关系只是历史规定的生产关系的表现。”③ 在这段话中，马克思从决定与被决定的角度，论述了生产条件所有制、生产当事人之间的社会关系和分配方式三者之间的关系。可以认为，斯大林对于生产关系的理论表述与马克思这段话的基本内容是非常吻合的。在《哥达纲领批判》一书中，马克思指出：“消费资料的任何一种分配，都不过是生产条件本身分配的结果。而生产条件的分配，则表现生产方式本身的性质。如资本主义生产方式的基础就在于：物质的生产条件以资本和地产的形式掌握在非劳动者的手中，而人民大众则只有人身的生产条件，即劳动力。既然生产的要素是这样分配的，那么自然而然地就要产生相对应的消费资料的分配。如果物质的生产条件是劳动者自己的集体财产，那么同样要产生一种和现在不同的消费资料的分配。”④ 在这段话中，马克思不仅明确提出了生产条件所有制决定分配方式的思想，而且还把“生产的要素”作为“生产条件”的同义语来使用。可见，采用生产要素所有制的提法更符合马克思的原意。

---

① 《马克思恩格斯全集》第24卷，人民出版社1972年版，第44页。

② 马克思：《直接生产过程的结果》，人民出版社1964年版，第41页。

③ 《马克思恩格斯全集》第25卷，人民出版社1974年版，第997页。

④ 《马克思恩格斯选集》第3卷，人民出版社1972年版，第13页。

二是采用生产要素所有制的提法，更符合经济生活的实际。生产资料固然属于生产要素，但生产要素决不仅仅包含生产资料。在马克思的著作中，生产要素通常是指劳动力和生产资料。在西方经济学中，生产要素是指生产商品所投入的资源（即自然资源、资本资源和人力资源），通常简称为土地、资本、劳动和企业家才能。① 在当代经济实践中，生产要素主要包括劳动力（劳动力的使用即劳动）、生产资料、科学技术、管理和信息等（在商品经济条件下，生产要素还表现为资金和资本等）。可见，生产要素涵盖的范围远比生产资料广泛，从而采用生产要素所有制的提法无疑比采用生产资料所有制的提法更为全面和准确。当然，在最抽象、最综合的含义上采用生产要素所有制的提法，决不排除在较为具体的条件下采用生产资料所有制提法的独立意义。

在此基础上，我还进一步阐明：生产要素所有制成为决定分配方式的主要因素，具有不以人们的主观意志为转移的客观必然性。在人类各个社会，最终满足人民物质文化需要的只能是使用价值的生产（包括物质产品的生产、精神产品的生产和劳务）。而在使用价值生产的过程中，尽管劳动力（或劳动者）是具有决定性的要素，但是，其他生产要素也发挥着不可或缺的重要作用。使用价值是多种生产要素相互结合共同作用的结果，这是任何人都无法否认的客观事实。即使在使用价值的生产表现为商品生产的社会中，尽管人类的抽象劳动是价值的唯一源泉，但由于使用价值是交换价值（或价值）的物质承担者，因而参与使用价值生产的生产资料等生产要素虽然并不创造价值，却成为价值创造不可或缺的客观条件。由于生产要素在使用价值生产和价值创造中的重要性以及它的普遍稀缺性，导致人们占有生产要素的必要性和必然性，从而形成生产要素所有制。生产要素所有制作为使用价值生产和价值创造的基本前提，不仅决定了人们在生产中的地位及其相互关系，而且也与之共同决定了分配方式。在资本主义社会，主要由于生产资料的资本主义私有制和劳动力的个人所有制，决定了资本主义分配方式是按资分配与按劳动力价值分配的统一。在社会主义社会，主要由于生产资料的社会主义公有制和劳动力的个人所有制，则决定了社会主义分配方式是按劳分配。

① 吴易风：《劳动是创造价值的唯一源泉》，载于《当代思潮》2001 年第 2 期。

深入探讨价值创造与价值分配的相互关系

2001年7月1日，江泽民在庆祝中国共产党成立八十周年大会上的讲话中指出："马克思主义经典作家关于资本主义社会的劳动和劳动价值的理论，揭示了当时资本主义生产方式的运行特点和基本矛盾。现在，我们发展社会主义市场经济，与马克思主义创始人当时所面对和研究的情况有很大不同。我们应该结合新的实际，深化对社会主义社会劳动和劳动价值理论的研究和认识。"① 江泽民的这段话，引发了国内经济学界关于劳动价值论的新一轮大讨论。在这场大讨论中，有些学者结合新的历史实际丰富和发展了马克思的劳动价值论，也有极少数学者背弃了马克思的劳动价值论，转向资产阶级庸俗经济学家萨伊鼓吹的"生产三要素论"。如何正确认识价值创造与价值分配的关系？也是这场大讨论中的热点问题之一。

围绕价值创造与价值分配的关系，经济学界出现了两种截然相反的观点。有的学者认为，价值创造与价值分配无关；有的学者则认为，价值创造与价值分配是统一的。我认为这两种观点都既有所依据，又有失偏颇；价值创造与价值分配之间既有联系也有区别。我在《价值创造与价值分配》② 一文中，对此问题提出了自己的观点。

针对价值创造与价值分配"无关论"，我认为这种观点正确地指出了价值创造与价值分配是不同的范畴，正确地阐明了生产资料所有制在价值分配中的主要决定作用，但却忽略了价值创造与价值分配之间的内在联系。

价值创造是价值分配的基础。在商品经济条件下，创造价值的主体

① 中共中央文献研究室编：《十五大以来重要文献选编》（下），人民出版社2003年版，第1917页。

② 郭飞：《价值创造与价值分配》，载于《当代经济研究》2003年第2期。

（或价值创造者）无论与何种生产资料所有制相联系，都必然要以某种方式参与价值分配。在资本主义经济中，雇佣劳动者丧失生产资料，具有个人劳动力的所有权，因而必然要以劳动力价值的方式参与价值分配。在社会主义经济中，劳动者在社会或集体的范围内拥有生产资料，同时具有个人劳动力的所有权，因而必然要以按劳分配的方式参与价值分配。如果价值创造与价值分配无关，那么价值创造的主体也就与价值分配脱钩了，这就意味着价值创造者在价值分配中什么也得不到，而非价值创造的生产资料所有者则吞噬了价值分配的全部成果。倘若如此，恐怕连价值创造者和价值创造本身也早已不存在了。

有的学者为了论证价值创造与价值分配“无关论”，提出无论在马克思的著作中，或是在社会主义经济实践中，实行按劳分配都不是以劳动价值论为依据，而是以生产资料社会主义公有制为依据。我认为，这种观点不够全面。固然，无论从马克思的有关论述来看，或从社会主义经济实践来考察，实行按劳分配的基本经济依据是生产资料的社会主义公有制和劳动者具有个人劳动力的所有权；但是，决不能认为实行按劳分配与劳动价值论毫无关联。无论从理论或实践的角度来考察，两者的联系都相当紧密。

从理论的角度来考察，马克思关于按劳分配的论述与他所创立的劳动价值论在理论逻辑上有明显的共同或相似之处：（1）两者都充分肯定劳动在创造社会财富中的决定性作用。马克思创立的劳动价值论科学地揭示了在商品经济条件下，具体劳动是创造使用价值（社会财富的物质内容和交换价值的物质承担者）的一个源泉，抽象劳动则是创造价值（社会财富的社会内容）的唯一源泉；而马克思所论述的按劳分配，则是明确在商品经济从而价值不复存在的条件下，劳动是创造使用价值或社会财富的一个源泉。（2）把劳动与分配紧密地联系起来，维护和实现劳动者的根本利益。马克思创立的劳动价值论，就其内容而言并不包含价值分配理论。但是，马克思创立的劳动价值论是其全部经济学说的基石。按照马克思创立的劳动价值论及其全部经济理论，建立在资本主义私有制基础上的剥削制度迟早要被建立在社会主义公有制基础上的按劳分配制度所代替，“一切归劳动者所有”是历史发展的必然趋势。这就是说，从历史发展趋势来看，马克思创立的劳动价值论的理论逻辑是社会财富的创造者（劳动者）最终应享有全部社会财富；换言之，社会财富应按照最有利于劳动者的方式进行分配。而马克思关于按劳分配的论述，则是设想在社会主义公有制和劳动者具有“不同等的工作能力是天然特权”的条件下，在对社会总产品作了六项必要的扣除之后，以劳动为尺度对劳动者进行消费资料的分配，实行将社会财富的生产与分配高度统一的有利于劳动者的分配方式。

从实践的角度来考察，社会主义商品经济条件下的按劳分配与马克思创立的劳动价值论之间的联系则更为紧密。社会主义经济是商品经济，商品经济的基本规律——价值规律必然在整个社会经济中发挥极为重要的作用。价值规律是马克思创立的劳动价值论的重要内容。在社会主义商品经济条件下，价值规律对按劳分配具有明显的制约作用，主要体现在三个方面：（1）社会主义公有制企业的联合劳动还带有局部劳动的性质，并不能直接等同于社会劳动。企业联合劳动能否转化以及转化为多少社会劳动还受到商品经济规律特别是价值规律的制约，从而企业销售商品所实现的社会劳动量还要以价值量即物化的社会必要劳动时间来衡量。（2）社会主义公有制企业在衡量劳动者提供的有效劳动量或劳动贡献时，要区分劳动的不同性质（即复杂劳动与简单劳动、熟练劳动与非熟练劳动、繁重劳动与非繁重劳动等）并进行折算。这种区分和折算与价值规律的某些内在规定（如就相同时间创造的价值而言，复杂劳动等于多倍的简单劳动）具有高度的一致性。（3）社会主义公有制企业根据按劳分配原则发给劳动者工资以后，劳动者凭借货币工资去购买作为商品的个人消费品。这一过程既是按劳分配的最终完成，同时也是商品交换过程，从而价值规律必然发挥作用。由上可见，尽管劳动价值论并不构成按劳分配的直接理论依据，但是，两者之间的紧密联系却是毋庸置疑的。

针对价值创造与价值分配“统一论”，我认为这种观点正确地指出了价值创造是价值分配的基础，强调“劳动人民创造的全部价值最终应该归属于劳动者全体”的历史必然性，但却忽略了价值创造与价值分配两者的区别。

首先，价值创造与价值分配是不同的范畴。马克思创立的劳动价值论主要包括价值实体（或价值的源泉）、价值量、价值规律、价值形式和价值实质等方面的内容，并不包括价值的分配。在我国高校使用的资本主义政治经济学教科书中，属于价值分配的内容主要体现在资本主义工资理论和剩余价值及其具体形式的理论之中，也并没有纳入劳动价值论的范围之内。

其次，在资本主义商品经济中，价值创造与价值分配并不是统一的。因为，在资本主义商品经济中，生产资料掌握在资本家和土地所有者手中，劳动者仅仅具有自身的劳动力；就所有制而言，劳动者与生产资料是分离的。在资本主义生产过程中，劳动者运用生产资料创造出新价值。然而，主要由于生产资料资本主义私有制，劳动者只能获得大体上相当于劳动力价值的那部分价值（即资本主义工资），而劳动者创造的新价值中的其余部分则被资产阶级和其他剥削阶级所瓜分。

最后，在社会主义商品经济或市场经济条件下，国有企业中劳动者的价值创造与价值分配也不是完全统一的。社会主义国有企业实质上是全民所有制企业，劳动者是生产资料的主人，实现了劳动者与生产资料的直接结合。在社会主义商品经济或市场经济条件下，国有企业的生产资料属于全民利益的代表者国家，企业则具有经营自主权（或法人财产权），是独立的法人实体和市场竞争主体。在实行所有权与经营权（或法人财产权）两权分离的条件下，社会主义国有企业的劳动者所创造的新价值除了上缴税金之外，还不能全部留给企业和劳动者个人。国有企业还须依据企业实际占有的国有资产的数量和质量，将劳动者创造的新价值中的一部分以利润等形式（以下简称利润）上缴给国家。在社会主义社会中，尽管国有企业上缴的利润归根结底是为全体社会成员的利益服务的，从而与资本主义经济中的剩余价值或利润有本质的不同，但是，如果从量的角度来衡量，各个国有企业的劳动者实际上缴的利润与其通过各种途径所得到的回报并不是完全一致的。

当然，在商品经济条件下也存在价值创造与价值分配高度统一的情形。如果排除税收这一国家为履行其职能而凭借其政治权力依法向经济单位和个人无偿征收实物或货币所形成的特殊的分配关系，那么，在以个体所有制为基础的商品经济中，价值创造与价值分配则是高度统一的。这种统一的前提条件则是劳动者既是生产资料的所有者，又是生产资料的经营者。

提出“三个有利于”的根本标准是我国确立和完善社会主义初级阶段所有制结构的基本理论依据

现行《中华人民共和国宪法》规定：在社会主义初级阶段，我国的基本经济制度或所有制结构是公有制为主体多种所有制经济共同发展。然而，我国为什么要确立和完善这种所有制结构？按照历史唯物主义关于生产力决定生产关系的原理，一般性的解释是：它是由生产力的性质和发展要求决定的。这种解释固然不错，但并没有解释清楚为什么有些资本主义国家生产力比我国发达，却没有实行我国这种所有制结构。这就意味着要解释清楚这个问题，既要遵循历史唯物主义关于生产力决定生产关系的基本原理，也要联系我国所走过的历史道路和上层建筑变化等因素。我在《深化中国所有制结构改革的若干思考》一文中提出：邓小平提出的“三个有利于”的根本标准，是我国确立和完善公有制为主体多种所有制经济共同发展的所有制结构的基本理论依据。①

对于邓小平提出的“三个有利于”的根本标准，理论界有不同的理解。我在1999年就曾提出：邓小平提出的“三个有利于”的根本标准，其核心是生产力标准，但决不囿于生产力标准。在“三个有利于”的根本标准中，生产力是指“社会主义社会”的生产力，综合国力是指“社会主义国家”的综合国力，“有利于提高人民的生活水平”作为社会主义社会发展生产力和增强综合国力的出发点和归宿，则既反映了社会主义生产目的的客观要求，也是社会主义经济制度优越性的集中体现。因此，坚持

---

① 郭飞：《深化中国所有制结构改革的若干思考》，载于《中国社会科学》2008年第3期。

“三个有利于”的根本标准，就必须坚持社会主义社会的基本制度。① 我提出，我国现阶段为什么要确立和完善公有制为主体多种所有制经济共同发展的所有制结构？从根本上来说，这是我国现阶段迅速发展生产力的客观需要，也是我国社会主义社会基本性质的必然要求。邓小平提出的“三个有利于”的根本标准，不仅是我国改革开放总的指导方针，也是我国确立和完善公有制为主体多种所有制经济共同发展的所有制结构的基本理论依据。

用“三个有利于”的根本标准来衡量，我国现阶段的多种所有制经济既有与之一致的方面，也有与之矛盾的方面。在我国现阶段，如何在所有制结构总体上兴利抑弊，最大限度地体现“三个有利于”的根本标准？如何妥善处理公有制经济与非公有制经济的相互关系，使两者相互促进，统一于建设中国特色社会主义的伟大实践？我认为，关键是要坚持社会主义公有制的主体地位，不断探索、发展和完善公有制的有效实现形式。这是因为：(1) 根据马克思主义的基本观点，社会的基本性质是由占统治地位的生产关系决定的。社会主义公有制是社会主义生产关系的基础和核心。只有坚持社会主义公有制的主体地位，才能为坚持和完善社会主义生产关系奠定基础，进而保证我国社会主义社会的基本性质。(2) 坚持社会主义公有制的主体地位，不仅是实现最广大人民根本利益和共同富裕的制度基础，也是支配和影响其他所有制经济为社会主义服务的决定性条件。(3) 坚持社会主义公有制的主体地位，发挥国有经济的主导作用，必须不断探索、发展和完善公有制的有效实现形式。在社会主义市场经济条件下，就是要探索、发展和完善既能体现社会主义公有制的本质、又能与市场经济实行对接的充满活力、富有效率的多样化的实现形式，从而促进生产力的迅速发展。这需要在国内外激烈的经济竞争中，通过社会主义的改革开放来逐步实现。实践证明，坚持走基于公有制为主体多种所有制经济共同发展的中国特色社会主义道路，是我国现阶段实现国家富强、民族振兴、人民幸福的唯一正确的道路。坚持和完善社会主义初级阶段的所有制结构，

---

① 郭飞：《正确认识和把握“三个有利于”的根本标准》，载于《中国教育报》1999 年 1 月 13 日。

既不能忽视或排斥多种所有制，否则会犯极“左”的错误，也不能放弃或颠倒主体，否则会犯右的错误。苏东剧变后一些国家在生产力、综合国力、人民生活水平等方面出现的历史大倒退，其根本的经济制度原因就在于放弃或改变了社会主义公有制的主体地位，实行以资本主义私有制为主体的所有制结构。

我明确提出，在世界格局长期处于“西强东弱”和我国全面参与经济全球化的大背景下，在我国非公有制经济已有迅速发展并在国民经济中占有相当比重的格局下，在国内外某些人打着“改革”的旗号以形形色色的私有化观点误导我国所有制结构改革并造成负面影响的情况下，真正实现公有制经济特别是国有经济与市场经济的有效结合，坚持和加强社会主义公有制的主体地位，这是我们面临的重大历史课题和艰巨任务。从经济层面分析，这是我国经济体制改革成败的关键，是我国能否实现社会和谐和全面建成小康社会的关键，也是我们能否在国际风云变幻中坚持和发展中国特色社会主义伟大事业的关键。

全面论述中国国有企业改革理论与实践的六大创新

国有企业是中国特色社会主义的重要支柱，是中国人民根本利益和综合国力的基石。对于改革开放以来国有企业改革的理论与实践如何评价？国内外存有各种观点，褒贬不一。即使在马克思主义经济学者内部，看法也不尽相同。2014 年春季，我在清华大学参加一个关于国企改革的研讨会。一位来自北京大学的教授侃侃而谈，最后归结为一句话："我国国企改革没有什么新意。"较长时期以来，国有企业的改革与发展一直是我研究的重点问题之一。我在《中国国有企业改革：理论创新与实践创新》[①]一文中，全面论述了我国国有企业改革理论与实践的六大创新。我认为，改革开放 35 年来，作为中国经济体制改革重头戏的国有企业改革，经历了气势磅礴、跌宕起伏、不断创新的光辉历程。中国国有企业改革的理论创新与实践创新，不仅为继续深化国有企业改革和推进中国特色社会主义伟大事业奠定了坚实基础，也为世界社会主义事业的伟大复兴提供了重要动力与宝贵经验。

我提出，我国国有企业改革理论与实践具有六大创新。

一、性质创新

我国的国有企业"是社会主义全民所有制经济"。无论是在传统计划

---

① 郭飞：《中国国有企业改革：理论创新与实践创新》，载于《马克思主义研究》2014 年第 4 期。

经济体制时期，还是在改革开放以来直至社会主义市场经济体制条件下，《中华人民共和国宪法》规定的我国国有企业（或国有企业资本）的这一性质都没有任何改变。然而，从生产关系（或经济关系）角度考察，改革开放以来我国国有企业的性质确实发生了相当显著的变化，即从传统计划经济体制时期国家行政机构的附属物，转变为社会主义市场经济中独立的法人实体和市场主体。

二、功能创新

在传统计划经济体制时期，我国国有经济不仅是国民经济的主导，而且逐渐成为城市经济和国民经济的主体。国有企业不仅从事生产和流通，还承担了许多“企业办社会”的职能（可称为“企社不分”）。改革开放以来，我国国有经济状况和所有制结构都发生了相当显著的变化。与此相适应，我国国有经济由“主体”向“主导”转变，国有企业由“企社不分”向“企社分离”转变，国有企业初步实现了功能创新。

三、形式创新

改革开放以来，我国国有企业的性质创新和功能创新，促进了国有企业的形式创新。其不仅体现在从“国营企业”到“国有企业”这一称谓上的变化，也体现在一部分原国有事业单位转变为国有或国有资本控股企业，更体现在我国国有企业由传统计划经济体制时期的国营企业，转变为初步建立现代企业制度的国有独资或国有资本控股公司。

四、体制创新

从横纵的角度看，国有企业改革既涉及企业与企业之间横向经济体制的变化，也涉及国家与企业、企业与职工纵向经济体制的变化；从内外的角度看，国有企业改革既涉及企业内部经济体制（或企业管理体制）的变化，也涉及企业外部经济体制（指国家与企业的经济体制即国有资产管理体制）的变化。改革开放以来，我国国有企业由政企不分、排斥竞争、缺乏激励、行政隶属的国营企业旧体制向建立与完善现代企业制度和建立健全政企分开、政资分开、授权经营的国有资产管理新体制转变，国有企业改革初步实现了体制创新。

五、布局创新

在传统计划经济体制时期和改革开放以后的较长时期中，我国国有企业分布过宽，力量分散，整体素质不高。为更好地发挥国有经济的主导作用，积极推进产业结构优化升级和所有制结构改革，我国国有企业在改革中更多地向关系国家安全和国民经济命脉的重要行业和关键领域集中，逐步实行了“有进有退、合理流动”的布局创新。

六、结构创新

在传统计划经济体制时期和改革开放以后的较长时期中，我国国有企业数量过多，企业平均规模偏小。为优化国有企业组织结构，增强国有经济活力、控制力和影响力，我国国有企业改革逐步实行了“抓大放小”的结构创新。尽管国有企业的数量显著减少，但企业平均拥有的净资产（所有者权益）和国有大型企业从业人员占国有企业从业人员的比重大幅上升。

此外，我在文中也提出了国有企业改革中存在的一些重要问题：（1）一部分国有大型企业公司制股份制改革进展缓慢，国有企业中的小、微企业数量偏多；（2）国有资产管理体制和公司法人治理结构尚未完善；（3）国有企业有中国特色的市场化的职业经理人制度尚未真正形成；（4）不少国有企业（特别是国有金融企业和部分央企）高管薪酬和职务消费过高或偏高；（5）一些国有企业中职工的主人翁地位有所削弱；（6）不少国有企业仍有大量的历史包袱，“企社分离”的任务较重；（7）在国有经济必须占支配地位（或需要控制）的行业和领域中，有的行业和领域非公有制经济进入的门槛过高，有的行业和领域国有经济则未占支配地位。

提出并论证社会主义劳动力市场范畴

中共十四届三中全会1993年11月14日通过的《中共中央关于建立社会主义市场经济体制若干问题的决定》（以下简称《决定》）提出："改革劳动制度，逐步形成劳动力市场。"① 这是在党和国家的重要文件中首次使用"劳动力市场"范畴，冲破了长期以来将劳动力市场仅仅与资本主义经济相联系的理论束缚，促进了我国劳动力市场的形成和发展。

在中共十四届三中全会通过《决定》之前，我于1993年11月1日发表了《略论社会主义劳动力市场》② 一文，不仅明确提出了应以劳动力市场范畴取代"劳务市场"等不妥切的提法，而且还将劳动力市场与社会主义经济挂钩，进而提出社会主义劳动力市场新范畴。

我提出，社会主义劳动力市场是指与社会主义公有制经济相联系的劳动力的市场运行方式及其形成的社会关系。社会主义劳动力市场本质上不同于资本主义劳动力市场，其根本特点在于劳动力不是商品，劳动力的供需双方不是商品买卖关系。我不同意国内有些人提出的所谓社会主义公有制经济中的劳动力也是商品的观点。首先，认为社会主义公有制经济中的劳动力是商品，在理论和实践上都难以自圆其说。一方面，按照马克思主义经典作家的观点，劳动力成为商品的基本条件之一是劳动者丧失生产资料，而社会主义公有制经济中的劳动者则在或大或小的范围内都是生产资料的主人。生产资料共同所有固然不同于单个人所有，但对劳动者来说也并不是"一无所有"。否则，社会主义公有制岂不变成了"虚空所有制"

① 中共中央文献研究室编：《十四大以来重要文献选编》（上），人民出版社1996年版，第528页。

② 郭飞：《略论社会主义劳动力市场》，载于《中国劳动科学》1993年第11期。

或非劳动者所有制？另一方面，如果承认社会主义公有制经济中的劳动力是商品，那么，根据商品交换的基本原则即等价交换原则，劳动者的工资就只能是劳动力价值或价格的转化形式。按劳动力价值分配是资本主义分配的一个原则，它与社会主义的按劳分配原则在前提、性质、数量和作用等方面都存在根本的区别。两者既不能等同，也不能并存于社会主义公有制经济中。其次，劳动力是不是商品，也并不是能否实现劳动力资源市场化配置的先决条件。在资本主义经济中，劳动力是商品，固然可以通过市场来配置劳动力资源；在社会主义经济中，劳动力不是商品，然而，只要劳动者具有择业自主权，企业具有用人自主权，也同样可以实现劳动力资源的市场化配置。

我提出，社会主义劳动力市场与资本主义劳动力市场既存在着本质区别，也有某些相同之处：（1）都存在简单劳动力市场与复杂劳动力市场、有形的劳动力市场与无形的劳动力市场、地方的劳动力市场与全国的劳动力市场；（2）供求、工资、竞争等市场机制在配置劳动力资源中都发挥着基础性作用；（3）劳动力市场对于微观经济运行中的劳动力具有联系功能、刺激功能、信息传导功能、价值分配功能和优化选择功能，对于宏观经济运行中的劳动力则具有调剂功能。我国现阶段存在多种经济成分，从而也就存在多元化的劳动力市场。在经济实践中，社会主义劳动力市场往往与其他性质的劳动力市场交织并存。然而，这并不影响我们在理论分析中将它与后者剥离开来。

我认为，明确提出并建立社会主义劳动力市场，具有重要的理论和实践意义。

第一，“社会主义劳动力市场”这一范畴更为准确和规范。较长时期以来，我们普遍采用“劳务市场”的提法。近些年来，国内有的学者提出并初步论证了“劳动市场”和“劳动资源市场”这两个极为近似的范畴。采用这三个范畴固然可以回避社会主义公有制经济中劳动力是不是商品问题的争论，但都不够妥切。一是它们都把市场上并不存在的事物作为市场调节的对象。“劳务市场”范畴中的“劳务”，无论是在马克思主义经济学或是在西方经济学中，都是指向消费者或其他需求者直接提供活劳动服务；“劳动市场”或“劳动资源市场”范畴中的劳动，也都是指活劳动，而不

是指物化劳动。劳动者提供的活劳动服务和活劳动不同于劳动力。前者是现实的生产要素，后者则是潜在的生产要素。在调节劳动力资源供求关系的市场上，并不存在通常所指的活劳动服务或活劳动，而只存在劳动力。二是“劳务”发挥作用的主要领域是第三产业，从而“劳务市场”范畴无法包容调节第一产业和第二产业劳动力供求的市场关系。三是采用“劳务市场”范畴难以与国际通用的相关范畴实行对接。国际上通用的相关范畴用英文表示是 labour market，其中的 labour 一词有劳动、劳动力、劳动者等多种含义。国内有的专家认为，将 labour market 译成“劳动力市场”较为准确。而“劳务市场”译成英文则是 labour service market，无论从内容到文字都与 labour market 有明显的区别。因此，如能采用“社会主义劳动力市场”这一范畴，则既可以避免社会主义公有制经济中劳动力商品论之嫌，又能与国际上通用的相关范畴接轨，并且名副其实。当然，“社会主义劳动力市场”范畴只能涵盖社会主义社会中劳动力市场的主体，而决不等于后者的全部。

第二，社会主义劳动力市场是社会主义社会市场体系中极为重要的组成部分。社会主义社会的市场体系，应是全方位和统一开放的市场体系。既不能只有商品市场而无要素市场，也不能仅有客观生产要素市场而没有劳动力市场。在市场配置对社会其他经济资源都发挥基础性作用的条件下，作为社会最重要和最宝贵资源的劳动力，当然也不能游离于市场配置的范围之外。建立社会主义劳动力市场，不仅可以健全社会主义社会的市场体系，更好地发挥市场配置资源的基础性作用，同时也从一个侧面鲜明地体现出社会主义市场体系的特点。

第三，建立社会主义劳动力市场，是我国劳动管理体制改革的基本方向。长期以来，我国实行以对城镇劳动力“统包统配”为主要特点的传统的劳动管理体制。这种高度集权的劳动管理体制虽然对保证就业和经济建设发挥过积极作用，但它脱离我国社会主义初级阶段的国情，以行政配置取代市场配置，不仅铸造了职工的“铁饭碗”，而且往往导致企事业单位需要的人“进不来”，不需要的人又“出不去”等弊端，从而不利于劳动力资源的优化配置。我国传统的劳动管理体制，是以事实上否认劳动者具有劳动力的个人所有权和否认全民所有制企业具有经营自主权为前提的，这是传统的经济理论和计划经济体制的必然产物。而建立社会主义劳动力市场，则是以承认劳动者具有劳动力的个人所有权从而具有择业自主权，全民所有制企业具有经营自主权从而具有用人自主权为前提的。因此，社会主义劳动力市场是与社会主义市场经济理论以及建立社会主义市场经济体制的要求相适应的。我国劳动管理体制改革的目标，应该是建立和完善以社会主义劳动力市场为主体的多元化的劳动力市场，既充分发挥市场在配置劳动力资源中的基础性作用，又积极发挥计划的优点以弥补市场手段的不足，实现整个社会劳动力资源的优化配置，促进我国经济体制改革的不断深入和国民经济又快又好地发展。

在我的这篇文章发表之后，项启源研究员和我对社会主义公有制经济中的劳动力是不是商品和劳动力市场问题又作了进一步的研究。我们除了从深层次的经济关系与浅层次的经济关系、所有制、劳动者在生产中的地位和分配方式角度进行考察之外，还区分了劳动力市场一般与劳动力市场特殊，从而进一步论证了我国存在多元化的劳动力市场，社会主义劳动力市场不同于资本主义劳动力市场的根本特征在于劳动力不是商品。①

① 项启源、郭飞：《劳动力市场与“劳动力商品论”》，载于《中国劳动科学》1994年第11期。

对我国正确界定市场和政府在资源配置中的作用提出新见解

中共十八届三中全会通过的《中共中央关于全面深化改革若干重大问题的决定》（以下简称《决定》）提出："处理好政府和市场的关系，使市场在资源配置中起决定性作用和更好发挥政府作用"；[①] "紧紧围绕使市场在资源配置中起决定性作用深化经济体制改革"。[②] 在这里，将社会主义市场经济中市场在资源配置中的作用，由中共十四大报告中提出的基础性作用提升到决定性作用。对此，理论界有各种解读和观点。其争论的核心在于，在社会主义市场经济条件下怎样理解市场在资源配置中的决定性作用？市场和政府在资源配置中的作用边界和作用程度是什么？我在《使市场之手和政府之手优势互补》[③] 一文中，对这两个问题阐明了自己的初步认识。

我认为，资源配置是指各种生产资源（人力、物力、财力等）如何用于各种商品、物品的生产和服务的提供（或生产什么，生产多少，怎样生产）。市场是商品交换的场所、渠道和纽带，是商品生产者之间全部交换关系的总和。市场规律包括价值规律、供求规律、竞争规律、货币流通规律等。市场在资源配置中起决定性作用，实质上就是市场规律在资源配置中起决定性作用，这是市场经济的一般规律。

我还认为，在资源配置中，既发挥市场的决定性作用，也发挥政府的

---

① 中共中央文献研究室编：《十八大以来重要文献选编》（上），中央文献出版社 2014 年版，第 513 页。

② 中共中央文献研究室编：《十八大以来重要文献选编》（上），中央文献出版社 2014 年版，第 512 页。

③ 郭飞：《使市场之手和政府之手优势互补》，载于《人民日报》2014 年 5 月 13 日。

宏观调控（宏观经济管理）和市场监管（微观经济规制）作用，是第二次世界大战以后发达市场经济国家的通常做法，也是现代市场经济的一般规律。《决定》强调“使市场在资源配置中起决定性作用和更好发挥政府作用”，这与现代市场经济是一致的。然而，我国实行的是社会主义市场经济体制，这是与现阶段公有制为主体多种所有制经济共同发展的基本经济制度和按劳分配为主体多种分配方式并存的分配制度联系在一起的，从而在宏观调控和市场监管上，能够把人民的当前利益与长远利益、局部利益与整体利益结合起来，更好地发挥政府和市场各自的优势，促进国民经济更好更快地向前发展。

我提出，在社会主义市场经济条件下，要正确界定市场和政府在资源配置中发挥作用的边界和程度。凡属市场能有效发挥作用的，政府要简政放权、松绑支持，既不越位也不错位；凡属市场不能有效发挥作用的，政府则不能缺位，该管的要坚决管住管好，避免出现大的波动和问题。在社会主义市场经济条件下，使市场在资源配置中起决定性作用，并不是指市场在全部资源配置中都起决定性作用，在市场失灵的领域必须由政府发挥宏观调控和市场监管作用。《决定》提出：“科学的宏观调控，有效的政府治理，是发挥社会主义市场经济体制优势的内在要求。”在社会主义市场经济条件下，政府的职责和作用主要是保持宏观经济稳定，加强和优化公共服务，保障公平竞争，加强市场监管，维护市场秩序，推动可持续发展，促进共同富裕，弥补市场失灵。因此，可将我国的资源配置区分为公共产品和服务的资源配置与非公共产品和服务的资源配置两部分。在非公共产品和服务的资源配置中，由市场起决定性作用；在公共产品和服务的资源配置中，由政府起决定性作用。换言之，以充分发挥市场在非公共产品和服务的资源配置中的决定性作用来弥补政府失灵，以充分发挥政府在公共产品和服务的资源配置中的决定性作用来弥补市场失灵，实现“看不见的手”和“看得见的手”的优势互补，促进社会主义市场经济持续健康发展。

我的这篇论文，是遵循市场经济一般规律—现代市场经济的特点—社会主义市场经济的特点这一逻辑主线，主张在社会主义市场经济条件下应“使市场在资源配置中起决定性作用和更好发挥政府作用”统一起来，不同意将《决定》提出的“使市场在资源配置中起决定性作用”，误读为社会主义市场经济条件下的全部资源配置仅仅由市场规律决定一切。我认为，这种观点是经得起历史检验的。这篇论文在当时的最大新意，是明确提出了“可将我国的资源配置区分为公共产品和服务的资源配置与非公共产品和服务的资源配置两部分。在非公共产品和服务的资源配置中，由市场起决定性作用；在公共产品和服务的资源配置中，由政府起决定性作用”。我认为，这一观点虽较笼统并应进一步深入和细化研究，但也是经得起历史检验的。

我的这篇文章发表后，有些重要媒体的记者给我打来电话，表示赞同我的观点，并希望就市场和政府在资源配置中的作用问题对我进行采访。我因工作繁忙没有接受采访。《红旗文摘》2014 年第 5 期在我不知晓的情况下全文转载了此文，该杂志编辑部还给我寄来了杂志和转载费。

全面概括并论述社会主义市场经济中按劳分配的特点

从20世纪80年代中期至90年代中期，社会主义商品经济（后改为社会主义市场经济）中按劳分配的特点成为我国经济学界研讨的一个热点问题。这实际上是从理论和实际的结合上探索按劳分配在社会主义市场经济中的有效实现形式。我撰写了《社会主义市场经济中按劳分配特点新探》[①]一文，提出社会主义市场经济中按劳分配具有六个特点。我在《关于社会主义社会个人收入分配基本理论的若干思考》[②]一文中，在论述社会主义市场经济中按劳分配的特点时又将其扩展为七个特点。我认为，在社会主义市场经济条件下的公有制经济中，对马克思揭示的按劳分配的实质（既否定剥削，又否定平均主义）必须加以坚持，否则就根本谈不上坚持按劳分配，也谈不上坚持社会主义基本经济制度（即社会主义公有制）。然而必须看到，社会主义市场经济与马克思设想的社会主义产品经济有显著的差别，从而社会主义市场经济中的按劳分配主要具有七个特点。

一、实行按劳分配的主体是企业

马克思原来设想，在社会主义产品经济中，由于实行单一的全民所有制，劳动者的联合劳动是全社会范围内的联合劳动，全社会是一个生产单

① 国家体改委经济体制与管理研究所编：《中国经济改革理论与实践——改革开放十五年研讨会优秀论文集》，北京科学技术出版社1993年版。

② 郭飞：《关于社会主义社会个人收入分配基本理论的若干思考》，载于《经济评论》2004年第2期。

位和分配单位，因而实行按劳分配的主体是社会（或国家）。然而，在社会主义市场经济中，社会主义公有制采取全民所有制和集体所有制两种基本类型，社会主义联合劳动主要表现为企业范围内的联合劳动，各个公有制企业都是独立的法人实体和市场竞争主体。因此，企业便成为实行按劳分配的主体。当然，国家仍要对公有制（特别是全民所有制）企业的个人收入分配进行以间接手段为主的必要和合理的宏观调控。

二、按劳分配体现的利益多元性

马克思原来设想，社会主义经济利益结构是二元利益结构，即只存在社会（国家）利益和劳动者个人利益。然而，在社会主义市场经济中，由于社会主义企业具有独立的经济利益，从而社会主义经济利益结构至少是包括国家利益、企业利益和劳动者个人利益的三元利益结构。不仅如此，在社会主义市场经济中，国家利益又可以相对地区分为中央利益和地方利益；劳动者个人利益又可以相对地区分为经营者利益、科技人员利益、一般管理者利益和直接生产者利益等，其复杂程度远远超出马克思当年的预见。

三、按劳分配计量尺度的非单一性

马克思原来设想，在社会主义产品经济中，按劳分配的计量标准在全社会范围内都是统一的。按照马克思的有关论述和理论逻辑，马克思设想按劳分配的计量尺度是社会平均劳动时间。然而，在社会主义市场经济中，就全民所有制企业而言，按劳分配的计量尺度是社会平均劳动时间（指整个社会全民所有制企业范围内以有效劳动为基础的社会平均劳动时间）和企业平均劳动时间（指以有效劳动为基础的企业平均劳动时间）二者的有机统一。这是由全民所有制企业的根本性质和社会主义市场经济中全民所有制企业在按劳分配中的作用以及按劳分配的实现方式决定的。而在集体所有制企业中，按劳分配的计量尺度则仅仅是企业平均劳动时间，这是由集体所有制企业的根本性质决定的。[①] 当然，在社会主义市场经济中，把全民所有制企业按劳分配的计量尺度和集体所有制企业中按劳分配的计量尺度作这样的概括，不过是理论上的一种抽象，在实践中它具有多样化的渐趋完善的表现形式。

四、按劳分配的非纯性

马克思原来设想，按劳分配完全排除了非劳因素对劳动者分配个人消费品的影响。然而，在社会主义市场经济中，人均客观生产条件的差异和供求不平衡等非劳因素都会对企业经济效益从而对劳动者的收入分配产生不同的影响。所以，在社会主义市场经济中，只能在各公有制企业内部大体或近似地实行“同工同酬”；在不同的公有制企业之间，甚至在同一公有企业内部的不同的经济核算单位之间，“同工不同酬”的现象则必然存在。尽管劳动力自由流动有利于缩小这种报酬上的差别，但却不能使其归于消失。

五、按劳分配的媒介货币化

马克思原来设想，在社会主义产品经济中，实现按劳分配的媒介是劳动“证书”。然而，在社会主义市场经济中，由于劳动者得到的货币工资是纸币，也由于劳动者购买消费品的过程是商品交换过程，因而价值规律、供求规律、纸币流通规律等必然共同制约消费品价格水平的高低，并对劳动者实际购买的消费品的数量产生影响。换言之，在社会主义市场经济中，即使劳动者得到的货币工资相同，但在不同的时间或地点所购买的消费品则完全可能是不等量的，甚至是差别较大的。这种因货币“插手其间”而使按劳分配链条拉长的情况，增加了按劳分配实现过程的复杂性和实现程度的差异性。

---

① 郭飞：《刍议按劳分配中的“劳”》，载于《经济研究》1993年第2期。

六、按劳分配对象的物质内容并不限于个人消费品

马克思原来设想，在社会主义产品经济中，按劳分配对象的物质内容仅限于个人消费品。然而，在社会主义市场经济中，劳动者既可以将货币工资用于购买生活资料（或个人消费品），也可以用于储蓄、购买生产资料或进行其他投资。因此，社会主义市场经济中的按劳分配，已明显超出个人消费品分配制度的范畴，而是属于个人收入分配制度的范畴。

七、按劳分配在个人收入分配制度中居主体地位

马克思原来设想，按劳分配是社会主义产品经济中对劳动者分配个人消费品的唯一方式。然而，在社会主义市场经济中，个人收入分配制度的基本特征是按劳分配为主体多种分配方式并存。对此，可以从社会、公有制企业以及公有制企业职工的个人收入构成三个层面上加以考察和阐释。当然，在第三个层面上，按劳分配占主体地位是就公有制企业职工收入总体而言的；就公有制企业各个职工的收入构成而言，随着金融、房地产等市场的发展和劳动者第二职业的拓展，按劳分配收入是否占主体地位则因人而异，不能一概而论。与此同时，按劳分配方式与其他分配方式也不仅表现为主辅关系，而且表现为并存发展和相互作用关系。

我认为，在我论述的社会主义市场经济中的按劳分配所具有的七个特点中，最有新意的是第三条；其他六条，我都不同程度地吸收了国内经济学界的相关研究成果，并加以深化研究和做出新的表述。

提出“要素财富论”是我国现阶段实行按生产要素分配的重要理论基础

中共十五大报告明确提出：在社会主义初级阶段，要坚持按劳分配为主体、多种分配方式并存的制度，把按劳分配和按生产要素分配结合起来。在一段时期中，我国经济学界围绕社会主义初级阶段按生产要素分配的讨论较为活跃。我发表的《按生产要素分配若干观点辨析——兼谈“要素财富论”》① 一文中，在与某些学者关于按生产要素分配的不同观点的商榷中，明确提出“要素财富论”是我国现阶段实行按生产要素分配的重要理论基础。

我认为，我国现阶段在一定范围实行的按生产要素分配，其理论基础除了生产要素所有制这一决定性因素和“三个有利于”的根本标准之外，还包括生产要素在使用价值（或社会财富）创造中的客观作用（从理论上概括，可简称为“要素财富论”）。

我提出，使用价值（或社会财富）是指社会存在、发展与进步所需要的物质产品、精神产品和劳务。所谓“要素财富论”，是相对于劳动价值论而言的，它至少可以包括四个要点：（1）生产要素的构成。生产要素是指在使用价值（或社会财富）的创造过程中所投入的要素。一般说来，生产要素主要包括劳动力（劳动力的使用即劳动）、生产资料、科学技术、管理和信息等；在商品经济条件下，生产要素还表现为资金或资本等。在人类各个社会，生产要素都是使用价值（或社会财富）的源泉。英国资产阶级古典经济学家威廉·配第有一句名言：“劳动是财富之父，土地是财

① 郭飞：《按生产要素分配若干观点辨析——兼谈“要素财富论”》，载于《经济学动态》2001年第11期。

富之母。”对此，马克思给予充分肯定并在《资本论》中加以引用。[①]（2）生产要素的配置。使用价值（或社会财富）的质量不仅取决于生产要素的质量，而且取决于生产要素的配置。生产要素的配置可以从空间和时间两个角度来加以考察和研究。在生产要素质量相同或大体相同的条件下，资源配置的优劣可以导致所创造的使用价值（或社会财富）在质量上的显著差别。一般说来，生产要素越充足、素质越高、配置越合理，创造出来的使用价值（或社会财富）就越多越好；反之，生产要素越匮乏、素质越低、配置越失当，创造出来的使用价值（或社会财富）就越少越差。（3）生产要素的替代。在创造使用价值（或社会财富）的过程中，生产要素之间客观上存在着多方面的替代关系。例如，生产一定数量的某种产品，既可以通过较多的资本和较少的劳动来实现，也可以通过较少的资本和较多的劳动来实现；换言之，既可以通过资本密集型的方式来实现，也可以通过劳动密集型的方式来实现。然而，某些生产要素之间的替代关系并不是没有限度的。只要是创造使用价值（或社会财富），资本（或生产工具等）就无论如何也不能替代全部劳动。（4）生产诸要素的作用。在创造使用价值（或社会财富）的过程中，劳动力（或劳动者）是具有决定性的要素。在生产诸要素中，绝大多数生产要素都或者是劳动者劳动的某种特殊形式（如管理），或者是劳动者科技劳动的结晶（如科学技术），或者是劳动者过去劳动的物质载体（如机器、厂房等劳动资料和经过劳动加工过的作为劳动对象的原材料），等等。20世纪中叶以来，随着经济的迅速发展和社会的不断进步，科学技术和管理在创造使用价值（或社会财富）中的作用日益突出。

我认为，提出“要素财富论”与坚持和发展马克思的劳动价值论并不矛盾。两者都是力求以科学的态度和方法研究不同领域的问题，因而从基本观点到适用范围可以并行不悖。首先，“要素财富论”研究的是生产要素与使用价值（或社会财富）之间的关系，其实质主要是揭示在创造使用价值（或社会财富）的过程中人与物之间的关系和物与物之间的关系；而劳动价值论研究的则是抽象劳动与商品价值之间的关系，其实质是揭示在创造使用价值（或社会财富）的过程中人与人之间的关系。其次，“要素

① 《马克思恩格斯全集》第23卷，人民出版社1972年版，第57页。

财富论”的基本内容适用于人类各个社会，而劳动价值论的基本原理则仅适用于存在商品经济的社会。从而，使用价值（或社会财富）决定的多元论与商品价值决定的一元论之间并不构成矛盾。

我还认为，提出“要素财富论”与法国资产阶级庸俗经济学家萨伊鼓吹的“生产三要素论”根本不同。其一，两者的基本内容不同。萨伊鼓吹的“生产三要素论”实质上是一种多元价值论，而“要素财富论”则属于使用价值论。其二，两者与劳动价值论的关系不同。萨伊鼓吹的“生产三要素论”，混淆了使用价值和价值、具体劳动和抽象劳动，把商品的价值看成是由效用决定的，并进而得出在资本主义社会中劳动、资本和土地共同创造商品价值的结论。这种混淆创造使用价值的要素与创造价值的要素的错误观点，是一种庸俗的效用价值论，它与劳动价值论是根本对立的。而“要素财富论”与劳动价值论则是各有其道，并行不悖。不仅如此，它们在一定意义上还可以互相促进。例如，劳动价值论中关于复杂劳动在相同时间内创造的价值等于多倍的简单劳动的观点，对于“要素财富论”中比较和衡量不同劳动力在创造使用价值（或社会财富）中的作用，无疑具有启迪和借鉴作用。其三，两者的根本目的不同。萨伊鼓吹“生产三要素论”，是为其提出的工人得到工资（即劳动力价值或价格的转化形式）、资本家得到利息、土地所有者得到地租的所谓“三位一体”的分配公式服务的，根本目的在于否认资本主义剥削，维护资本主义制度。而提出“要素财富论”，根本目的则在于探索创造使用价值（或社会财富）的客观规律，以尽快地发展社会主义社会的生产力，不断满足人民日益增长的物质文化生活需要。同时，“要素财富论”既然与劳动价值论并不矛盾，它就既不掩盖或否认资本主义社会实行按生产要素分配中存在的剥削关系，也并不掩盖或否认我国现阶段实行按生产要素分配中在一定范围内存在的剥削关系，而只是从总体上有利于发展生产力的角度，为我国现阶段实行居于辅体地位的按生产要素分配方式，提供重要的理论基础。

我的这篇论文发表之后，立即引起了经济学界的重视。中国社会科学院经济研究所课题组在《经济研究》2001 年第 12 期发表的《关于深入研究社会主义劳动和劳动价值论的几个问题》一文中，采用了“要素财富论”的提法并予以肯定。

对生产要素按贡献参与分配原则提出马克思主义的分析框架

中共十六大报告明确提出：在我国现阶段，要“确立劳动、资本、技术和管理等生产要素按贡献参与分配的原则，完善按劳分配为主体、多种分配方式并存的分配制度”。① 这是在党和国家的重要文献中首次完整地提出生产要素按贡献参与分配的原则。如何理解生产要素按贡献参与分配原则，我国经济学界存在激烈争论和严重分歧。争论和分歧实质上可以归结为两大问题：（1）按生产要素分配与按劳分配究竟是什么关系？在社会主义市场经济中，按生产要素分配能否包容按劳分配？（2）生产要素按贡献参与分配原则与按生产要素分配和按劳分配究竟是什么关系？它是仅能涵盖按生产要素分配，还是同时也能涵盖按劳分配？我在《生产要素按贡献参与分配原则新思考》② 一文中，对生产要素按贡献参与分配原则提出了一个新的马克思主义的分析框架。

第一，我根据经济学界的相关研究成果，界定了按生产要素分配的内涵。我认为，我国现阶段的按生产要素分配（或我们通常使用的按生产要素分配范畴），应理解为一种综合性的个人收入分配方式。其基本内涵似可表述为：市场经济中与非公有制经济相适应的个人收入分配方式，其实质是生产要素私有权在经济上的实现形式。

第二，我论证了按劳分配与按生产要素分配是根本不同的分配制度：（1）两种分配方式的所有制基础不同。前者以生产资料公有制为基础，后

① 中共中央文献研究室编：《十六大以来重要文献选编》（上），中央文献出版社2005年版，第21页。

② 郭飞：《生产要素按贡献参与分配原则新思考》，载于《马克思主义研究》2005年第2期。

者以生产要素私有制为基础。（2）两种分配方式与剥削的关系有所不同。前者完全排除了剥削；后者则存在着剥削和非剥削两种情况。（3）两种分配方式与共同富裕目标的关系有所不同。（4）两种分配方式在社会主义初级阶段个人收入分配制度中所处的地位不同。前者处于主体地位，后者则处于辅体地位。

第三，我提出生产要素按贡献参与分配原则应能覆盖按劳分配和按生产要素分配。从中共十六大报告的相关提法来看，生产要素按贡献参与分配原则是介于“效率优先、兼顾公平”原则和“完善按劳分配为主体、多种分配方式并存的分配制度”之间的一项原则，它比前者具体，又比后者抽象。也就是说，生产要素按贡献参与分配原则，既是“效率优先、兼顾公平”原则在个人收入分配领域的基本体现，又是贯穿于按劳分配为主体、多种分配方式并存的分配制度的基本原则。因此，这一原则应能覆盖按劳分配和按生产要素分配，而不是仅仅覆盖其中的一部分。

第四，我提出发展的马克思主义是我们党的根本指导思想，对于生产要素按贡献参与分配原则必须给予马克思主义的阐释。“要素价值论”与不断发展的马克思主义的劳动价值论是根本对立的，决不能用来阐释生产要素按贡献参与分配原则。

在此基础上，我提出应紧密联系社会主义初级阶段市场经济的客观实际，区分不同经济领域，准确把握生产要素按贡献参与分配原则中“贡献”的内涵。

在社会主义公有制经济中，生产要素按贡献参与分配原则中的“贡献”，是指劳动者在创造价值中做出的贡献。换言之，在社会主义公有制经济中，是运用劳动价值论来阐释“贡献”，依据劳动价值论和生产要素所有制决定论来阐释生产要素按贡献参与分配原则。这种观点，能够阐释社会主义公有制经济中的按劳分配。当然，在社会主义公有制条件下按照劳动者在创造价值中做出的贡献进行分配（即实行按劳分配）之前，还必须在劳动者创造的新价值中扣除必要的企业基金和社会基金，同时剔除在社会或企业范围内由于人均占有或使用的客观生产条件的差异对价值量形成的影响。①

在非公有制经济中，生产要素按贡献参与分配原则中的“贡献”，则是指各种生产要素在社会财富（或使用价值）创造中的作用（或贡献）。换言之，在非公有制经济中，是运用“要素财富论”（或“财富共创论”）来阐释“贡献”，依据“要素财富论”和生产要素所有制决定论来阐释生产要素按贡献参与分配原则。这种观点，能够大致阐释我国现阶段的按生产要素分配。当然，如何正确或相对正确地衡量各种生产要素在创造社会财富（或使用价值）中的实际贡献，仍需我们在充分吸收相关优秀成果的基础上继续进行深入探索。

我提出，按照上述对生产要素按贡献参与分配原则的新的阐释，这一原则不仅覆盖了按劳分配，也覆盖了按生产要素分配，从而成为贯穿于我国社会主义初级阶段市场经济中除福利收入以外的个人收入分配制度的基本原则。这一原则的基本理论依据是劳动价值论、“要素财富论”和生产要素所有制决定论。其中，生产要素所有制决定论是按劳分配和按生产要素分配共同的最基本的理论依据，而劳动价值论和“要素财富论”则分别是按劳分配和按生产要素分配各自重要的理论依据。据此，就不仅能够阐释我国现阶段个人收入分配制度的历史必然性，也能够阐释我国现阶段个人收入分配制度的历史过渡性，从而表明我国现阶段的个人收入分配制度与我国现阶段的基本经济制度（社会主义公有制为主体多种所有制经济共同发展）一样，是历史必然性和历史过渡性的辩证统一。

我的这篇论文发表后，在社会上引起了较大反响。中共中央政策研究室主办的《学习与研究》杂志向我约稿，希望再写一篇内容类似的文章在该刊发表。我认为，对此问题的基本观点已表达清楚并在权威学术期刊公开发表，没必要再发表一篇类似的文章。2006 年 12 月，这篇论文荣获中共北京市委和北京市人民政府颁发的北京市第九届哲学社会科学优秀论文二等奖。

---

① 郭飞：《刍议按劳分配中的“劳”》，载于《经济研究》1993 年第 2 期。

第三篇 实践研究

正确认识客观实际，是采取正确对策、更好地改造客观世界的必要前提。本篇概述笔者在我国公有资产在社会总资产中是否占优势、社会主义市场经济条件下国有经济布局的特殊性、我国失业现状的基本特征、我国低工资制度的阶段特征与双重作用、我国个人收入分配领域的主要问题、我国居民财产差距较大的基本成因与外商直接投资对中国经济的双重影响等方面提出的新颖见解。

对我国公有资产在社会总资产中是否占优势提出新观点

根据马克思主义的基本原理，社会的基本性质归根结底是由在该社会中占统治地位的生产资料所有制决定的。因此，在社会主义社会中，社会主义公有制应成为所有制结构的主体。现行《中华人民共和国宪法》（以下简称《宪法》）规定：在社会主义初级阶段，社会主义公有制为主体多种所有制经济共同发展，是我国的基本经济制度或所有制结构。中共十五大报告指出："公有制的主体地位主要体现在：公有资产在社会总资产中占优势；国有经济控制国民经济命脉，对经济发展起主导作用……公有资产占优势，要有量的优势，更要注重质的提高。"① 21世纪初以来，在我国所有制结构不断调整和多种所有制经济之间激烈竞争的条件下，经济学界和社会上一个颇有争议的重大问题是：我国公有资产在社会总资产中是否还具有量的优势？对此，大体存在两种不同的观点。一种观点认为，尽管非公有制经济发展较快，但我国公有资产在社会总资产中仍占优势地位。另一种观点则认为，我国非公有制资产在社会总资产中所占的比重已超过公有制。

针对这一重大问题，我在《深化中国所有制结构改革的若干思考》②一文中，提出了富有新意的重要观点。

首先，我认为必须搞清楚中共十五大报告中提出的资产概念的含义。对此，我国政府有关部门并无明确的解释，经济学界也无统一的口径。在

① 中共中央文献研究室编：《十五大以来重要文献选编》（上），人民出版社2000年版，第21页。

② 郭飞：《深化中国所有制结构改革的若干思考》，载于《中国社会科学》2008年第3期。

经济实践和理论研究中，与此相关的资产概念可以有不同的理解。我认为，中共十五大报告中采用的资产概念有两个基本维度：一是从宏观经济角度；二是从生产资料所有制角度。也就是说，其采用的资产概念是在宏观经济的范围内，将资产作为生产资料所有制的主要表现形式之一，用以衡量社会主义公有制在我国所有制结构中的比重和地位，以明确我国社会的基本经济性质。按照这种理解，第一，其资产应包括不含负债的经营性净资产。第二，其资产也包括资源性资产。资源性资产是能给人类带来收益与财富的自然资源。《宪法》第九、第十条规定："矿藏、水流、森林、山岭、草原、荒地、滩涂等自然资源，都属于国家所有，即全民所有；由法律规定属于集体所有的森林和山岭、草地、荒地、滩涂除外。""城市的土地属于国家所有。农村和城市郊区的土地，除由法律规定属于国家所有的以外，属于集体所有；宅基地和自留地、自留山，也属于集体所有。"①《宪法》规定的上述自然资源分别属于社会主义全民所有制和集体所有制，对其开发利用可以形成的资源性资产当然应属于资产范畴。第三，其资产可以不包括行政事业性资产。尽管行政事业性资产也有所有制问题，但一般说来，它不属于我们通常所说的生产资料所有制范畴。当今世界，各国都有数量不等且日益增多的国有或公有的行政事业性资产，这并不能成为区分不同社会经济制度的重要依据。

我认为，中共十五大报告采用的用以比较的资产概念，从广义考察包括经营性净资产和资源性资产，从狭义考察仅指经营性净资产。采用这两种口径进行资产的量化比较虽各有理据，但其核心应指经营性净资产。第一，经营性净资产是直接进入生产和流通过程、在创造和实现社会财富的过程中发挥重大作用且在通常情况下盈利的资产，是广义资产中最重要、最活跃的部分；资源性资产则作为尚未使用（或消费）的生产资料没有进入现实的生产和流通过程。第二，经营性净资产在物质表现上包括生产工具。按照马克思主义的观点，生产工具在生产资料中起着最重要的作用，它既是社会生产力发展水平最主要的标志，也是区分经济发展不同时代的

① 《中华人民共和国宪法》，见中共中央文献研究室编：《十二大以来重要文献选编》（上），人民出版社1986年版，第221页。

主要标志。第三，在中共十五大报告面世之前，我国官方或经济界比较不同所有制成分在国民经济中所占的比重，一般都是采用产出率比重（如在工业总产值、农业总产值、国内生产总值中所占比重）和销售率比重（即在社会商品零售总额中所占比重）方面的数据。这些数据的统计口径与经营性净资产的统计口径在统计对象上虽有不同，但也有统计范围和内在逻辑的相似性。

其次，我认为必须全面衡量我国公有资产在社会总资产中是否占优势？由于受到诸多限制，国家统计局截至当时从未完整公布过我国上述两种口径的资产数据。在我国既有的制度性安排下，资源性资产全部归全民或集体所有。因此，从广义角度来看，我国公有资产在社会总资产中具有毋庸置疑的量的绝对优势。而从狭义角度来看，当时我国公有经营性净资产在社会经营性净资产中是否还具有量的优势？

我在文中提供了所能收集到的五组权威或有代表性的数据，并且指出：统计不同经济类型的经营性净资产，应正确把握实收资本、注册资本、外商直接投资与现有经营性净资产的联系与区别；统计国有经营性净资产，应在国务院国资委通常公布的国有企业（实际上是国有工商企业）经营性净资产数据的基础上，既加入国有金融类企业经营性净资产的数据，也加入国有行政事业单位占有、使用并通过各种形式转化为经营性净资产的数据；统计公有经营性净资产，不仅应包括国有经营性净资产的全面数据，还应包括集体所有制（含城镇集体所有制和农村集体所有制）经营性净资产的全面数据。基于上述认识和已有的不完整的数据，我认为，当时我国公有经营性净资产在社会经营性净资产中，仍具有一定的量的优势。

我在文中深入分析了我国公有经营性净资产在绝对数量明显增长的同时相对比重却明显下降的主要经济原因：（1）公有企业特别是国有企业为经济体制转轨付出了双重成本；（2）公有企业特别是国有企业中主要由以权谋私、权钱交易和管理漏洞引起的资产流失；（3）体制、机制等缺陷对公有制经济特别是国有经济发展的负面影响；（4）外商直接投资持续大量增加；（5）许多非公有制企业具有“低成本优势”。我指出，在上述经济原因中，既有合理因素，也有不合理因素；既有合法因素，也有非法因素；既有境内因素，也有境外因素。其中的不合理或非法因素所反映的问题，有的已经解决，有的正在解决，有的则尚未引起有关方面的重视或没有采取切实可行的解决方案。我国政府有关部门应对此问题予以高度重视和认真研究，并采取切实有效的对策，以巩固和完善我国公有制为主体、多种所有制经济共同发展的基本经济制度。同时，我在文中吁请国家统计局等有关部门积极采取有力措施“摸清家底”，定期向社会公布我国不同经济类型在经营性净资产方面的相关数据，为党和政府科学决策以及有关人员进行科学研究提供全面可靠的数据。

我提出，从长远来看，公有资产在社会总资产中还应具有质的优势，这实际上是更为重要的方面。公有资产在社会总资产中具有质的优势，主要表现为公有经营性净资产在社会经营性净资产中具有质的优势。这可以从与经营性净资产密切相关的生产力和生产关系两个方面来加以分析和考察。从生产力的角度看，公有经营性净资产不仅应有布局结构的优势，还应具有素质、效益和竞争力的优势。从生产关系的角度看，公有经营性净资产质的优势不仅体现在公有制或公有资本控股的企业中劳动者应在或大或小的范围内拥有对生产资料的平等所有权，而且也体现在劳动者在生产经营活动中应具有当家作主的权利，并凭借（或主要凭借）其所提供的有效劳动成果的数量和质量获得合理的报酬，充分发挥其积极性、主动性和创造性。综合生产力和生产关系两个方面，公有经营性净资产质的优势，应集中表现在与公有经营性净资产相联系的社会主义经济能够创造出高于资本主义经济的劳动生产率。我认为，我国公有经营性净资产从总体上真正体现出质的优势，就国内而言尚有某些明显的差距，就国际而言则任重道远。

我在文中阐发的上述观点，引起了国内经济学界和社会上的重视和好评，多家著名报刊纷纷转载。2010 年 10 月，我的这篇论文荣获中共北京市委、北京市人民政府颁发的北京市第十一届哲学社会科学优秀论文二等奖。

对社会主义市场经济条件下国有经济布局的特殊性做出新概括

在我国国有企业改革的过程中，国有经济布局调整是其中的一项重要内容。围绕国有经济的布局调整，经济学界和社会上有些人提出了国有经济在竞争性领域“退出论”（或所谓“国退民进”）。这种观点主张国有经济应退出竞争性领域，把竞争性领域让给非国有经济（实质上是让给国内外的资本主义经济）；国有经济只应在非竞争性领域经营基础设施和公益性项目。对此，我在20世纪90年代曾撰文予以批驳。我在《深化中国所有制结构改革的若干思考》[①]一文中，对社会主义市场经济条件下国有经济布局的特殊性做出新的概括，并进一步驳斥了国有经济在竞争性领域的“退出论”。

我提出，在市场经济条件下，资本主义国家与社会主义国家在国有经济布局方面存在显著区别，其根本原因在于两者的国有经济具有不同的性质、比重和功能。资本主义国家的国有经济是国家垄断资本主义或国家资本主义的经济形式，在国民经济中所占的比重较低，其基本功能是维持社会化大生产和市场经济的正常运行，为私人垄断资本攫取高额利润服务，以巩固和发展资本主义制度。因此，资本主义国家的国有经济布局相对较窄，一般局限于非竞争性领域，即所谓“市场失效”的领域。根据童计莒提供的20世纪90年代部分资本主义国家国有经济占部门比重的相关数据[②]，我认为资本主义国家的国有经济布局可以概括为明显小于、大体等

① 郭飞：《深化中国所有制结构改革的若干思考》，载于《中国社会科学》2008年第3期。

② 童计莒：《国有经济——经济发展的控制性力量》，载于《经济日报》2000年11月20日。

于、略大于非竞争性领域三种情况。其中，美国的国有经济大体分布在邮政业，属于第一种情况；澳大利亚的国有经济大体分布在铁路、民航、电力、邮政、通信等非竞争性领域，属于第二种情况；法国、芬兰、西班牙等国的国有经济则不仅分布在非竞争性领域，也分布在钢铁、汽车等竞争性领域，属于第三种情况。即使属于第三种情况，其国有经济在竞争性领域的分布也相当有限。而在社会主义市场经济条件下，国有经济是社会主义全民所有制的经济形式，在国民经济中占有较大或重要比重，不仅具有基础服务、支柱构筑、流通调节、技术示范、社会创利等功能，[①] 还有巩固和发展社会主义经济和政治制度、消除两极分化、实现共同富裕等功能。[②] 因此，我认为，社会主义国家的国有经济布局相对较宽，不仅包括非竞争性领域，而且包括相当广泛的竞争性领域。

我认为，中国是发展中的社会主义国家，在市场经济条件下国有经济的合理布局分为两部分：一部分是国有经济需占控制地位的领域；另一部分是国有经济不需占控制地位的领域。从广大人民根本利益和国民经济全局出发，从经济文化比较落后的国家实现工业化和现代化的特殊要求出发，从经济上赶超资本主义发达国家的艰巨任务出发，我国国有经济需要控制（含完全控制、绝对控制、相对控制三种基本形式）关系国家安全和国民经济命脉的重要行业和关键领域。中共十五届四中全会通过的《关于国有企业改革和发展若干重大问题的决定》中提出："国有经济需要控制的行业和领域主要包括：涉及国家安全的行业，自然垄断的行业，提供重要公共产品和服务的行业，以及支柱产业和高新技术产业中的重要骨干企业。"[③] 2006 年 12 月，在国务院转发的国资委《关于推进国有资本调整和国有企业重组的指导意见》中，将"自然垄断的行业"调整为"重大基础

---

① 程恩富：《资本主义和社会主义怎样利用股份制——兼论国有经济的六项基本功能》，载于《经济学动态》2004 年第 10 期。

② 马建堂、黄达、林岗等著：《世纪之交的国有经济改革研究》，经济科学出版社 2000 年版，第 89～90 页。

③ 中共中央文献研究室编：《十五大以来重要文献选编》（中），人民出版社 2001 年版，第 1008 页。

设施和重要矿产资源”。[1] 可见，我国国有经济需占控制地位的领域，既包括非竞争性领域，也包括经济安全性产业（如国防工业、银行业、重要能源资源供应产业、支柱产业）、战略性新兴产业（如高新技术产业）等相当一部分竞争性领域，后者是关系国家安全和国民经济命脉的竞争性领域。我认为，国有经济在关系国家安全和国民经济命脉的相当一部分竞争性领域中占控制地位，是我国与资本主义国家在国有经济布局方面的主要区别。当然，我国关系国家安全和国民经济命脉的竞争性领域的范围，可以根据国民经济的实际状况和发展需要适时进行调整。中共十五大报告指出，在国有经济不需占控制地位的领域（也可称为一般竞争性领域），国有经济“可以通过资产重组和结构调整，以加强重点，提高国有资产的整体质量。”[2] 我国国有经济的合理布局，本质上不同于某些人关于在竞争性领域实行“国退民进”的主张。后者实质上是套用一些发达资本主义国家国有经济的布局模式，企图误导我国国有经济布局和结构调整，使我国经济最终坠入“私有化”陷阱。

---

① 李予阳、冯其予：《进一步推动国有经济布局和结构战略性调整——国资委负责人就〈关于推进国有资本调整和国有企业重组的指导意见〉答记者问》，载于《经济日报》2006 年 12 月 19 日。

② 中共中央文献研究室编：《十五大以来重要文献选编》（上），人民出版社 2001 年版，第 21 页。

对科技人员最佳流向和合理流向提出新见解

改革开放初期，我国原有的与社会主义计划经济体制相适应的人才管理体制虽有所松动，但并未根本改变。单位没有用人自主权、科技人员没有择业自主权的情况相当普遍。这种状况，不利于我国科技人员的优化配置，严重束缚了生产力的发展。1983 年 7 月 13 日，国务院颁发的《国务院关于科技人员合理流动的若干规定》（以下简称《规定》）中提出科技人员的合理流向，就是“从城市到农村；从大城市到中小城市；从内地到边远地区；从科技人员富余的部门和单位，到科技力量薄弱而又急需加强的部门和单位”。这种提法具有一定的合理性，但在实践中又存在不少矛盾和弊端。我主撰并发表了《关于科技人员最佳流向及其机制的探讨》[①] 和《科技人员流动若干问题新探》[②] 两篇论文，对科技人员的最佳流向和合理流向提出了新见解。

我们提出：所谓科技人员的流动，从广义来说，既可以包括科技人员在不同地区或不同部门的工作单位变动，也可以包括科技人员在单位内部工作岗位的变动；我们论述的科技人员流动，仅指科技人员在国内不同地区或不同部门的工作单位变动，因为这种流动是科技人员流动的实质和核心。

我们论证了科技人员流动的客观必然性：（1）按比例分配智力劳动规律要求科技人员流动；（2）全面发展的原则也要求科技人员流动；（3）对

---

① 郭飞、王景田、李守衡、鞠万洲：《关于科技人员最佳流向及其机制的探讨》，载于《人才研究》1987 年第 4 期。

② 郭飞、王景田、李守衡、鞠万洲：《科技人员流动若干问题新探》，载于《长白学刊》1987 年第 6 期。

理想的工作和生活条件的追求，促使科技人员流动；（4）具有劳动力的个人所有权，使科技人员可以流动。

在此基础上，我们提出：实现科技人员和生产资料在国内的最佳配置，就是科技人员的最佳流向。在现实生活中，所谓最佳流向往往是相对的。一方面，由于我国地域辽阔，地区、城乡之间经济文化的发展很不平衡，信息不够灵敏，人才管理机构重叠，历史遗留问题不少，因而要实现绝对意义上的最佳配置难度很大，只能力求实现条件允许范围内的最佳配置。另一方面，如果出现了条件相同的科技人员多于某合适单位需求的情况，供求机制就会把多余的科技人员引向其他单位。这样，虽就微观而言没有全部实现最佳配置，但从宏观来看还是实现了最佳配置。

对科技人员的最佳流向做出这样的界定，根本着眼点在于遵循效益最大化原则。科技人员只有与生产资料相结合，才能形成现实的生产力。但是，科技人员与生产资料可以有多种配置方式，从而可以产生极不相同的经济效益。假定在科技人员与生产资料有 A、B、C、D、E 五种不同的配置方式，再假定这五种配置方式所产生的经济效益分别是 1、2、3、4、5，那么，产生经济效益 5 的 E 配置方式是最佳配置方式，实现最佳配置方式的流向就是最佳流向。实际上，科技人员的最佳流向不过是按比例分配智力劳动规律的一种最佳表现方式。

我们还提出：《规定》中关于合理流向的提法有一定的片面性。第一，从城市到农村，从大城市到中小城市，从内地到边远地区，都是从区域流向角度提出规定，并没有明确地从更好地发挥科技人员作用的角度提出要求。而区域流向最终应该服从于更好地发挥科技人员作用这个根本目的。据此，我们并不否认某些科技人员应该按照上述的地域流向流动，这有利于充分发挥他们的作用，逐步改变我国科技人员的地域分布极不合理的状况。但是，如果另一些科技人员由于种种原因按照上述的地域流向流动，到新单位以后发挥的作用反而不如过去，那就不能认为这种流向是合理的。同样，从更好地发挥作用的角度看问题，我们也并不否认某些科技人员应该从农村流向城市，从中小城市流向大城市，从边远地区流向内地。例如，“文化大革命”期间，有些工科大学毕业生因解决两地生活或所谓“政治问题”被分配到县属企业。在那里，他们的作用长期得不到充分发挥。可是，如果把他们调整到专业对口而又急需人才的国家重点建设项目或城市大工厂去，则会出现龙腾虎跃的另一番景象。因此，笼统和绝对地反对“孔雀东南飞”和“一江春水向东流”，笼统和绝对地否定所谓“逆向流动”，都是不妥当的。第二，所谓“从科技人员富余的部门和单位，到科技力量薄弱而又急需加强的部门和单位”，虽然就部门和单位流向而论，原则上是正确的，但落实到具体的科技人员，则又不一定正确。因为按照这种流向流动的科技人员，其作用并不一定都能得到更好地发挥。

我们提出：所谓科技人员的合理流向，对于第一次参加工作的科技人员来说，应该是能够发挥其专长或主要专长的流向；对于已经工作了一段时间、要求调动工作单位的科技人员来说，则不仅要求专业对口，而且还能更好地发挥作用。这种提法与《国务院关于促进科技人员合理流动的通知》中所强调的“鼓励科技人员向急需人才的行业和单位流动，向更能发挥作用的岗位流动”的基本精神是一致的，所不同的只是前者比后者更为准确和具体。

我们认为，科技人员的合理流向包括最佳流向，但不等于最佳流向。假定某科技人员在原单位发挥作用为2，到新单位发挥作用为3，那么，他的流向就属于合理流向。可是，如果在此期间还有最好的可以发挥作用为5的单位需要他，那么他只有调到后一个单位才属于最佳流向。因此，我们认为，在有关科技人员合理流动的理论探讨中，不仅应该提出“合理流向”范畴并进一步科学界定其内涵，而且还应提出“最佳流向”这一新范畴。在实际工作中，我们不仅应该积极创造条件，支持和鼓励科技人员按照合理流向流动，而且应该更进一步，支持和鼓励他们按照最佳流向流动。只有这样，才能使广大科技人员人尽其才，才尽其用，缓解我国科技人员严重供不应求的矛盾，加速我国社会主义现代化建设的进程。当然，由于人才资源是当今世界上一切资源中最宝贵的资源，因而在科技人员流向问题上，国家、集体和科技人员三者之间，不同的地区、部门和企业之间，仍存在着在基本利益一致前提下的种种矛盾，这需要我们按照“全国一盘棋”和“统筹兼顾”的方针来妥善地加以解决。对此，我们从计划机制、市场机制、合同机制、法律机制、思想政治工作机制五个角度，提出和论述了促进科技人员实现最佳流向或合理流向的机制。

我们对科技人员的最佳流向和合理流向提出的上述观点，被认为是对我国人才管理相关理论的重大突破，也被后来我国科技人员流动的基本实践所证实。我们的论文荣获吉林省人才研究会1987年优秀论文一等奖。

提出并论述我国失业现状六大特征

20世纪末至21世纪初，随着我国经济体制改革的不断深入和经济增长方式的逐步转变，我国失业问题日益凸显并引起整个社会的高度关注，已构成对我国经济发展和社会稳定的尖锐挑战。我先后发表过几篇论文，[①]探讨中国失业的现状、特征与对策。其中，新意最大的是我在中国失业特征方面的探讨。当时，官方的基本提法是："当前和今后一个较长时期内，我国就业形势仍十分严峻。我国就业方面的主要矛盾，是劳动者充分就业的需求与劳动力总量过大、素质不相适应之间的矛盾。当前，主要表现在劳动力供求总量矛盾和就业结构性矛盾同时并存，城镇就业压力加大和农村富余劳动力向非农领域转移速度加快同时出现，新成长劳动力就业和失业人员再就业问题相互交织"。[②]

我在论文中明确提出，中国失业现状具有六大特征。

一、城镇失业人员达到较大规模

我国失业集中表现为城镇失业。根据国家统计局公布的数字，我国城镇登记失业率最高的是1952年的13.2%，但当时城镇登记的失业人口仅有376.6万人。我国城镇登记失业率1985年为1.8%，2003年和2004年均达到4.3%。如果城镇登记失业率与城镇失业率相等，则我国城镇的失

---

① 郭飞：《我国失业的五大特征与对策》，载于《经济学动态》2003年第11期；《实施经济发展和扩大就业并举新战略》，载于《中国教育报》2003年9月8日；《我国当前失业六大特征》，载于《中国改革报》2005年1月31日。

② 《中共中央、国务院关于进一步做好下岗失业人员再就业工作的通知》（2002年9月30日）。

业问题并不突出。问题在于，我国公布的城镇登记失业率明显低于城镇失业率。我国城镇登记失业人员的统计口径比国际流行的失业人员的统计口径要窄。就城镇而言，它既没包括持农村户口的城镇失业人员，也没包括尚未与原单位解除劳动关系的城镇下岗人员，还没包括城镇居民中尚未登记的失业人员，同时对失业人员的劳动年龄也有上限规定。2004 年 9 月底，我国城镇登记失业人员为 821 万人，其规模已经达到了新中国成立以来的最高峰；如果再加上各类企业下岗人员，加上受年龄限制和由于其他原因尚未登记的城镇失业人员，扣减城镇下岗失业人员中的隐性就业人员，我国城镇的实际失业人员已达到较大规模，城镇失业率也达到较高水平。

二、总量矛盾、结构矛盾与素质矛盾并存

我国劳动力供求的总量矛盾相当突出。就农业而言，我国每个农业劳动力平均耕种 6 亩多地。而美国、加拿大、法国、德国、澳大利亚等国家每个农业劳动力平均耕地面积则高达 160 ~ 1700 亩。假定我国农业劳动力总量不再增长，从近期来看，如果按每个农业劳动力平均耕种 10 亩地的标准，那将有 1.2 亿以上的农业剩余劳动力需要向农村中的非农产业和城镇转移；从中期来看，如果按每个农业劳动力平均耕种 22.5 亩地的标准（即日本 1999 年达到的水平），那将有 2.3 亿以上的农业剩余劳动力需要转移；从长期来看，如果按每个农业劳动力平均耕种 50 亩地的标准（即南美洲国家 1999 年达到的水平），那将有 2.8 亿以上的农业剩余劳动力需要转移。根据一般的提法，我国城镇每年需要安排就业的劳动力约有 2400 万（包括 1000 万新增劳动力、800 万失业人员和 600 万各类企业下岗人员），而年度所能提供的就业岗位仅为 1000 万左右，从而存在 1400 万的就业缺口。实际上，这种估算口径尚未包括农村剩余劳动力转移这一巨大变数。我国《国民经济和社会发展第十个五年计划纲要》规定，2001 ~ 2005 年每年拟转移农业劳动力约 800 万。如果考虑到每年转移的农村剩余劳动力，我国在较长时期内城镇就业缺口将会更大。与此同时，我国劳动力供求的结构矛盾和素质矛盾也相当明显。就结构矛盾而言，我国的职业匹配矛盾较为突出。就素质矛盾而言，最为典型的是我国技术工人的层次结构很不

合理。在技术工人中，我国初级技工占61.5%，中级技工占35%，高级技工占3.5%；在发达国家，高级技工占30%～40%。

三、需求“瓶颈”与体制“瓶颈”并存

我国劳动者就业不仅受到需求“瓶颈”的制约，而且也往往受到体制“瓶颈”的困扰。体制“瓶颈”是指不利于劳动者就业和再就业的制度、机制、政策和规定等。从社会层面来看，我国绝大多数地区仍实行城乡分割的户籍制度以及与城镇户籍制度相联系的最低生活保障制度和子女入学等制度，这对进城打工的农民来说无疑是一种明显的限制。即使是某些大学毕业生异地求职，户籍也往往成为重要关卡。从企业（或单位）层面来看，劳动合同制度的缺失和不规范，薪酬制度的严重扭曲，农民工的基本养老、医疗、失业、工伤等社会保险制度的缺位等，成为劳动者特别是农民进城就业的巨大障碍。尽管世界其他国家都不同程度地存在束缚劳动者就业的体制“瓶颈”，但我国束缚劳动者就业特别是束缚农村剩余劳动力进城就业的体制“瓶颈”尤为严重和顽固。

四、非自愿失业与选择性失业并存

我国失业人员大多属于非自愿失业。这些人具有劳动能力，愿意接受现行工资水平，但无业可就。在某些资源枯竭型城市和年龄较大、学历偏低的失业人员中，这种情况相当普遍。然而，也确有一部分失业人员属于选择性失业。所谓选择性失业，是指某些具有劳动能力的人并非不愿就业，也不是无业可就，而是挑肥拣瘦并在一定时期内处于失业状态。作为一种特殊的失业类型，选择性失业在我国毕业的某些大学生中表现得尤为突出。2002～2004年，我国高校毕业生的就业率均为70%左右，有上百万名大学毕业生未能及时就业。某些大学毕业生尚未就业，其主要症结在于择业观念相对滞后，择业标准明显偏高，从而造成“就业难”与“招聘难”并存的尴尬局面。

五、隐性失业与隐性就业并存

隐性失业并非计划经济的专利。在我国经济体制转轨的过程中，国家机关和企事业单位的隐性失业人员已“蒸发”了相当一部分，但仍有一部分没有“蒸发”。在相当长的时期内，我国隐性失业主要表现在农村。我国农民就业很不充分，通常使用的农村剩余劳动力概念不过是农业隐性失业者的另一种表达方式。在我国加入世贸组织后，经济体制改革继续向纵深发展，经济增长方式转变加速进行。在此情况下，将有数亿劳动者从隐性失业逐渐转化为显性失业，并积极寻找新的工作岗位。与此同时，我国还存在一定数量的隐性就业，即劳动者与生产资料表面上呈现分离状态，但实际上劳动者通过市场调节或多或少地参与社会劳动并取得收入。我国隐性就业人员主要是一部分“下岗”“失业”人员和提前退休人员。隐性失业掩盖了劳动力供过于求的程度，降低了失业率；而隐性就业则模糊了失业与就业的界限，“膨胀”了失业率。

六、经济高增长与城镇高失业并存

按照传统的经济理论，经济增长率高低与失业率高低存在替代关系，即高增长往往与低失业相伴，低增长常常与高失业为邻。在我国，尽管自20世纪80年代中期以来保持了年均9%以上的经济增长速度，但城镇登记失业率则从1985年的1.8%升至2003年的4.3%。由于城镇失业率明显高于城镇登记失业率，从而我国出现了经济高增长与城镇高失业并存的局面。与同期的发达国家、发展中国家和体制转轨国家相比，我国经济高增长与城镇高失业并存的现象在世界上是颇为少见的。不仅如此，我国城镇高失业还伴有来势猛、覆盖面广、后劲大和持续时间长等特征。

全面探讨我国个人收入分配领域六大问题

20世纪90年代中期以来，我国个人收入分配状况发生了巨大而深刻的变化。一方面，传统经济体制下的平均主义分配被逐步破除，广大居民的收入水平和生活状况得到显著改善；另一方面，权力寻租、部分垄断性行业不合理的高收入、利润侵蚀工资、贫富悬殊等问题日益突出，引起广大群众的强烈不满和整个社会的高度关注。我主撰了《中国个人收入分配改革：成就、问题与对策》[①] 一文，将我国收入分配领域存在的问题概括为六大问题，并进行了富有新意的探讨。

一、权力寻租较为猖獗，非法收入屡打不绝

寻租的经济学本义是指为维护既得经济利益，设法取得或维持垄断经济利益，或是对既得经济利益进行再分配的非生产性活动。我们在文中将权力寻租定义为握有行政、经济等权力的官员或工作人员通过非法或不正当途径获取经济利益的行为。我们认为，我国权力寻租行为愈演愈烈，并呈现出四个特点：(1) 权力寻租者的范围越来越广。权力寻租者不仅包括某些握有行政、经济权力的政府官员和企事业单位负责人，甚至连某些握有非行政、经济权力的记者、教师和医生等也深陷其中。后者利用其特殊权力向需求方公开或变相索要非法收入。(2) 权力寻租者中官员的行政级别越来越高。(3) 权力寻租的租金规模越来越大。(4) 权力寻租的方式越来越隐蔽。其重要方式之一是间接寻租，主要表现形式有三：一是权力寻

① 郭飞、王飞：《中国收入分配改革：成就、问题与对策》，载于《马克思主义研究》2010年第3期。

租者作为甲方满足或实现了乙方提出的某种要求，乙方则通过丙方对甲方给予某种方式的“回报”；二是寻租者并非掌权者本人，而是掌权者的亲属或其身边工作人员，后者利用与掌权人的特殊关系获得了大量“租金”，有些人甚至变成了“超级富豪”；三是权力寻租者获得的非法收入由于规避查处等原因，大多落到了其亲属的名下。

二、部分垄断性行业不合理的高收入问题相当突出

我们认为，我国部分垄断性行业的高收入在较大程度上不是取决于其自身的贡献或绩效，而是取决于其对资源、市场的垄断与国家的政策保护。这些垄断性行业不合理的高收入，既是导致我国行业之间收入差距不断扩大的主要因素，也是我国收入分配不公的重要方面。其主要表现有二：（1）部分垄断性行业平均收入明显偏高，这些行业的企业之间及企业内部的收入差距也明显扩大。（2）部分垄断性行业中企业高管收入畸高。而企业高管薪酬通常只是其实际收入的一部分；企业高管掌控的金额较大的职务消费，通常也有相当数量通过各种形式转化为其实际收入。

三、利润侵蚀工资，劳动报酬在国民收入初次分配中占比过低

我们认为，利润侵蚀工资主要有两种表现：（1）压低职工（特别是农民工）工资，克扣和拖欠工资。压低职工工资在非国有企业特别是在非公有企业中较为常见，而工资被压得最低的乃是农民工工资。农民工工资普遍偏低的主要表现是：工资标准较低；“同工不同酬”的现象比较普遍；工资增长缓慢；不少企业不给农民工缴纳“三险一金”（即基本养老、医疗、失业保险金和住房公基金）；农民工劳动时间普遍明显超过《中华人民共和国劳动法》（以下简称《劳动法》）的相关规定，并且得不到相应补偿。（2）最低工资标准偏低。我国实行最低工资制度已有十几年的历史，但存在的最大问题仍是标准偏低。首先，我国制定的最低工资标准没有涵盖“三险一金”。其次，我国最低工资标准与社会平均工资的比例明显低于世界平均水平。最后，最低工资标准在实践中往往成为不少企业特别是

某些私营企业对一般员工工资的执行标准，防止利润侵蚀工资的工具被扭曲利用为利润侵蚀工资的工具。此外，有些私营企业以实行计件工资为由拒绝执行最低工资标准，将职工工资水平压低到最低工资标准之下。

利润侵蚀工资的直接后果就是劳动报酬在国民收入初次分配中的占比偏低。2000～2007 年，我国劳动者报酬在国民收入初次分配中的比重从 51.4% 降至 39.7%。从全局和长远来看，劳动报酬在国民收入初次分配中占比偏低或过低对我国经济与社会发展极为不利。一是劳动者的经济地位相对下降，从而弱化了按劳分配方式的主体地位，这与我国社会主义制度的基本性质是相悖的；二是必然引起居民消费占 GDP 比重的下降，从而导致消费与投资的比例失调，不利于扩大国内消费需求和优化产业结构；三是不利于国民经济持续平稳较快发展与构建社会主义和谐社会。

四、城镇住房制度改革中低价出售公有住房助推城镇居民财产和收入分配差距急剧扩大

我们认为，我国 20 世纪 90 年代末至 21 世纪初的城镇住房制度改革虽有明显的积极作用，但其在实施过程中也存在不少弊端。就与城镇居民经济利益相关的角度而言，其主要问题是：（1）出售公有住房的受益面较窄。经济效益差或过去没有自建公有住房的国有企业、一般的集体所有制企业和非公有制企业的职工根本就没份。（2）公有住房售价严重偏低，普遍忽略了地理位置优劣这一房价形成的重要因素，基本忽略了住宅质量高低这一房价形成的另一重要因素。（3）违规提高购房面积标准，重复购房、骗购房等乱象屡见不鲜。不少单位出售公有住房实际上变成了按权力购房、按效益购房和按骗术购房。我国城镇住房制度改革中向部分职工出售公有住房，使其以较少价值量的金融资产转化为较大价值量的房产。房产已成为我国城镇居民财产构成中的最主要部分，城镇房产特别是大中城市房产的增值速度惊人。房产与个人收入是存量与流量的关系。房产可以转化为个人收入，个人收入也可以转化为房产。向部分城镇职工低价出售公有住房，不仅导致了国有资产的惊人流失，也显著扩大了城镇居民内部与城乡居民之间的财产差距与收入差距。

五、国家机关事业单位新工资制度和退休人员基本养老金待遇存在某些明显缺陷

我们认为，2006 年出台的国家机关事业单位新的工资制度存在一些明显的缺陷。就事业单位的非基本工资——绩效工资、津贴、补贴而言，主要存在三个问题：（1）绩效工资的依据难以准确量化；（2）绩效工资的主要来源即事业单位的创收项目和创收渠道尚欠规范；（3）不同事业单位（转企改制的事业单位除外）的津贴、补贴名目繁多，差距越来越大。此外，国家机关与事业单位之间、事业单位与企业之间退休人员的基本养老金差别较大。一方面，国家机关和事业单位退休人员之间的基本养老金差别明显；另一方面，事业单位退休人员的基本养老金又明显高于企业退休人员的基本养老金。我国企业和国家机关事业单位实行不同的养老保险制度，相同级别（或职务）退休人员的基本养老金，国家机关事业单位又明显高于企业。

六、个人收入差距持续显著扩大，全国的基尼系数逼近（或进入）危险区，部分社会成员贫富悬殊

我们认为，20 世纪 90 年代中期以来，我国个人收入差距总体上呈现显著扩大的态势。一是不同所有制单位职工工资差距明显扩大；二是不同行业职工工资差距显著扩大；三是不同地区个人收入差距持续扩大；四是不同群体个人收入差距急剧扩大。从微观来看，非公有制经济中私营企业和三资企业中的雇主和雇工的收入差距悬殊，某些公有制企业中的高管薪酬与普通职工工资也相差几十倍甚至上百倍。从宏观来看，畸高收入群体与贫困群体的收入差距非常悬殊。倘要深入考察我国个人收入差距的实际状况，仅仅根据国家统计局公布的有关数据是远远不够的，必须进一步考察统计外收入，即考察统计外的货币收入、实物收入（含显性实物收入和

隐性实物收入）与福利收入。[①]

国际上通常采用基尼系数作为衡量个人收入分配差距是否适当的基本指标。采用基尼系数来衡量我国个人收入差距，国内外学者普遍认为我国一些年来基尼系数不断攀升，明显偏高。赵人伟指出：对于全国的基尼系数，概括起来可以分为三种不同的估计，即低估为0.4左右，中估为0.45左右，高估为0.5左右。如果撇开计算方法的差异，三种不同估计的差别是：第一种估计主要考虑货币收入，而较少考虑实物收入特别是补贴收入；第二种估计则是较多地考虑了货币收入和实物收入；第三种估计则不仅考虑了货币收入和实物收入，也考虑了非法收入和非正常收入。[②] 我们认为，尽管我国在建立农村居民低保制度、提高低收入者工资和健全社会公共福利等方面采取了一些新举措，使我国最低收入群体的收入水平有所提高，但我国最高收入群体的收入则主要由于财产性收入和经营性收入的双重叠加而增速更快。因此，赵人伟的上述观点仍较符合我国个人收入分配差距的实际状况。换言之，我国的基尼系数，若不考虑非法非正常收入，则是逼近了危险区（0.5）；若考虑非法非正常收入，则已经进入了危险区。

我们进一步指出：第一，我国在经济体制转轨过程中个人收入差距持续显著扩大，既有合法和合理的因素在发生作用，也有非法和不合理的因素在发生作用。第二，我国十余年来个人收入差距扩大的速度特别是部分社会成员之间贫富悬殊的程度是超乎寻常的。其主要源于权钱交易、侵吞公有资产、非法经营、偷漏骗税等违法行为和经济体制转轨中的缝隙、漏洞与摩擦。第三，我国个人收入分配差距过大，在世界上已高居前列。第四，如果不从根本上理顺个人收入分配关系，扭转或遏制个人收入差距显著扩大的势头，则必然会对我国经济与社会的全面、协调和可持续发展与现阶段第三步宏伟战略目标的实现构成巨大威胁。

针对我国个人收入分配领域存在的上述六大问题，我们在文中提出了四项基本对策：（1）以科学发展观为指导，又好又快地发展中国经济；（2）深化与完善个人收入分配及相关领域的经济体制改革；（3）加强法制

---

① 郭飞：《我国当前个人收入差距实证考察》，载于《经济学动态》1998年第5期。

② 赵人伟：《对我国收入分配改革的若干思考》，载于《经济学动态》2002年第9期。

和党风廉政建设，强化管理与监督，坚决取缔非法收入；（4）不断巩固和发展社会主义公有制经济，大力弘扬社会主义意识形态。

我们撰写的这篇论文，在社会上引起了较大反响。《人民日报》理论版摘发了论文的部分要点。有朋友建议我将此文送交国家有关部委的相关人员参阅，以发挥更大的作用。于是，我将此文寄给国家发展和改革委员会就业和收入分配司司长。该司长阅后高度重视并立即做出批示，要求我国收入分配改革方案起草组成员认真研究参考。该司长此前与我并不认识，他主动打电话约我见面还与我交了朋友。他对我说，你是对外经济贸易大学的教授，真没想到你对我国个人收入分配问题研究得如此深入。他还希望我将日后撰写的关于收入分配方面的文章能及时给他寄去。我提出聘请他兼任由我担纲的我校中国经济发展研究中心的一名学术指导，他欣然同意。他拨冗出席了 2010 年 7 月 1 日我校中国经济发展研究中心的成立大会，并接受了由施建军校长颁发的聘书。

深入剖析我国事业单位工作人员基本养老金改革试点方案的主要缺陷

2008年2月，国务院常务会议讨论并原则通过了《事业单位工作人员养老保险制度改革试点方案》。从2009年起，人力资源和社会保障部在山西、浙江、广东、上海、重庆5省市先行试点。其重要内容是拟对事业单位新退休人员基本养老金显著下调，向企业同类同级人员退休人员基本养老金的水平靠拢。此事直接或间接地影响我国3000多万事业单位职工的切身利益，在社会上引起了许多人的不满与恐慌情绪。一部分人认为，国家机关、事业单位退休人员基本养老金与企业退休人员基本养老金确实存在不合理的明显差距，但调整事业单位新退休人员基本养老金应与调整国家机关新退休人员基本养老金同步进行，而不应只调整事业单位而不调整国家机关新退休人员的基本养老金。也有一部分人认为，应通过"渐进式"改革方法，增大企业退休人员基本养老金的上升幅度，逐步缩小企业退休人员基本养老金与国家机关事业单位退休人员基本养老金的不合理差距。这两种意见的实质，都是对政府有关部门制定的事业单位工作人员养老保险制度改革试点方案中关于新退休人员基本养老金待遇的规定持不同意见。我主撰了《中国收入分配改革：成就、问题与对策》① 一文，对我国事业单位工作人员养老保险制度改革试点方案的主要缺陷进行了深入剖析。

我们提出，我国事业单位工作人员养老保险制度改革试点方案中关于新退休人员基本养老金待遇的规定存在严重缺陷。其一，根据物质利益规

---

① 郭飞、王飞：《中国收入分配改革：成就、问题与对策》，载于《马克思主义研究》2010年第3期。

律和一般情况，基本养老金上调，当事人皆大欢喜；基本养老金下调，当事人谁都不愿意。其二，事业单位已退休职工的基本养老金不下降，新退休和将退休的职工基本养老金下调，势必导致事业单位新老退休人员的矛盾和事业单位部分职工对政府有关部门制定的相关政策产生不满情绪。其三，与国家机关退休人员相比，事业单位退休人员的基本养老金偏低，本应上调；而国家机关退休人员的基本养老金又不在下调的“改革”之列，则必然导致已退休、新退休和未退休的事业单位人员心态失衡。其四，我国数年来财政收入高速增长（2009 年我国财政收入已高达近 7 万亿元），又拿出上万亿美元的外汇储备购买西方国家国债，为何每年不能拿出上百亿元来填补事业单位退休人员基本养老金的“缺口”？总体来看，无论通过何种方式，我国事业单位退休人员的基本养老金有上调的必要，无下调的依据。我国企业退休人员的养老金明显偏低，但成因较为复杂。从 2005 年起，我国已连续 6 年提高企业退休人员的基本养老金标准。应持续采取有力措施，使企业退休人员与国家机关、事业单位退休人员基本养老金的不合理差距逐步缩小。

由于存在诸多问题，我国事业单位工作人员养老保险制度改革试点工作阻力很大，几无进展。2015 年 1 月 14 日，在进行充分调研和认真总结经验的基础上，国务院发布了《关于机关事业单位工作人员养老保险制度改革的决定》。该文件不仅规定国家机关和事业单位工作人员的养老保险制度改革联系起来同步进行，还明确规定实行“改革前与改革后待遇水平相衔接。立足增量改革，实现平稳过渡。对改革前已退休人员，保持现有待遇并参加今后的待遇调整；对改革后参加工作的人员，通过建立新机制，实现待遇的合理衔接；对改革前参加工作、改革后退休的人员，通过实行过渡性措施，保持待遇水平不降低”。

深入探讨我国低工资制度的阶段特征与双重作用

新中国成立以来，我国一直实行低工资制度。我国低工资制度中的低，可从两个角度进行比较：一是从劳动报酬占国内生产总值比重或计时工资角度，与同期发达国家进行比较；二是从劳动报酬占国内生产总值比重或计时工资角度，与劳动生产率或经济发展阶段相似的其他国家进行比较。我主撰了《中国低工资制度的阶段特征与中期对策》① 一文，对我国低工资制度的阶段特征与双重作用提出了新见解。

我们提出，我国计划经济时期低工资制度的主要特征是：(1) 低工资与平均主义并存；(2) 高度统一，缺乏弹性；(3) 低工资与高补贴、泛福利并存。我国体制转轨时期低工资制度的主要特征是：(1) 总体的低工资与局部的不合理的高工资并存；(2) 合法收入、"灰色" 收入与非法收入并存；(3) 广大职工的低工资与教育、医疗特别是住房制度改革引发的高支出并存；(4) 高低悬殊。

我们提出，我国实行的低工资制度具有二重作用。首先，我国低工资制度具有一定的积极作用。(1) 明显提高了积累率，促进了我国经济长期较快发展。(2) 有利于吸引外商直接投资和民间投资，加快我国社会主义现代化建设。其次，我国低工资制度也有不容忽视的消极作用。(1) 严重挤压了或抑制了居民消费，不利于实现社会主义生产目的。(2) 在较长时间内助长了粗放型经济增长方式，不利于我国经济发展方式的根本性转变。

---

① 郭飞、王飞：《中国低工资制度的阶段特征与中期对策》，载于《教学与研究》2011 年第 12 期。

我们认为，基于我国国情和现阶段的奋斗目标，低工资制度还不能迅速退出我国历史舞台。然而，必须采取有力措施，对我国现行低工资制度进行改革与完善。从长远来看，为充分体现社会主义经济制度的优越性，推动我国经济发展方式实现根本性转变，顺应广大人民过上更好生活的新期待，我国应在经济发展和劳动生产率提高的基础上，最终甩掉低工资制度的帽子，逐步向可与国际上其他劳动生产率或经济发展阶段相似国家进行横向比较的中、高工资制度过渡。

提出并论述我国实现城乡居民人均收入十年翻一番的六大特征

中共十八大报告明确提出，到2020年要实现我国城乡居民人均收入比2010年翻一番。这是改革开放以来中国共产党首次对我国中长期提高人民收入水平提出的重大量化目标，充分体现了民生优先、惠民富民的政策取向。我主撰了《城乡居民人均收入十年翻一番：基本指标、结构特征与实现路径》[①] 一文，提出并论述了我国城乡居民人均收入十年翻一番在增长速度方面的结构特征。

我们认为，我国城乡居民人均收入十年翻一番，并不等于我国居民收入同步增长。基于我国现阶段的国情，遵循中共十八大报告中提出的必须坚持解放和发展社会生产力、维护社会公平正义、走共同富裕道路、促进社会和谐的基本要求和共同信念，在实现城乡居民人均收入十年翻一番重大目标的过程中，我国不同群体、不同行业、不同地区、不同岗位居民（或劳动者）的收入增长速度，应具有以下六个特征：（1）低收入群体人均收入增速明显超过中等收入群体，中等收入群体人均收入增速明显超过高收入群体。（2）低收入行业人均收入增速显著超过高收入行业。（3）农村居民人均纯收入增速明显超过城镇居民。（4）西、中部地区人均收入增速超过东部地区。（5）企业一线苦、脏、累、险岗位职工收入增速明显超过企业其他人员。（6）企业退休人员基本养老金增速明显超过国家机关、事业单位退休人员。对此，我们运用相关的权威数据进行了较为充分的论证。

---

① 郭飞、王飞：《城乡居民人均收入十年翻一番：基本指标、结构特征与实现路径》，载于《马克思主义研究》2013年第3期。

深入剖析我国居民财产差距较大的基本成因

改革开放以来，我国取得了举世瞩目的伟大成就。然而毋庸讳言，我国仍存在某些不容忽视的深层次重大问题，其中之一就是居民财产差距相当悬殊。《中国民生发展报告2014》披露的最新调查数据表明：2012年，我国排名在25%以下的家庭财产总量仅占全国家庭财产总量的1.2%；排名在50%以下的家庭财产总量仅占全国家庭财产总量的7.3%；排名在顶端25%的家庭拥有全国家庭财产总量的79%；排名在顶端10%的家庭拥有全国家庭财产总量的61.9%；排名在顶端1%的家庭拥有全国家庭财产总量的34.6%。[①] 就1%的家庭财产占本国家庭财产总量的1/3以上而言，我国已与美国旗鼓相当。我国家庭财产差距的基尼系数，1995年为0.45，2002年为0.55，2012年为0.73。[②]

20世纪90年代中期以来，我国居民财产差距的变化速度如此之快，变化幅度如此之大，这在世界各国中都是极为罕见的。我在已有研究成果的基础上，撰写了《中国居民财产差距悬殊的基本成因与对策》[③] 一文，深入剖析了我国居民财产差距悬殊的基本成因。

一、新自由主义的严重侵蚀特别是私有化思潮的兴风作浪

新自由主义在20世纪80年代中后期通过多种途径较大规模地传入我

---

① 谢宇等著：《中国民生发展报告2014》，北京大学出版社2014年版，第30、42页。

② 谢宇等著：《中国民生发展报告2014》，北京大学出版社2014年版，第42页。

③ 郭飞：《中国居民财产差距悬殊的基本成因与对策》，载于《马克思主义研究》2015年第12期。

国，逐渐滋长蔓延并造成严重危害。尤其是新自由主义的核心——私有化及其政策主张，对马克思主义政治经济学（或马克思主义经济学）和中国特色社会主义经济理论与中国特色社会主义经济，形成了强烈冲击和尖锐挑战：（1）混淆社会主义经济与非社会主义经济、公有制经济与非公有制经济的界限，妄图将中国经济引向私有化的歧途；（2）给公有制特别是国有经济罗织莫须有的罪名，妄图颠覆公有制的主体地位与改变国有经济的主导作用；（3）以反“左”为名或打着“改革”的旗号，试图将公有制特别是国企改革引向邪路；（4）从基本经济理论方面进行渗透和猖狂进攻，与发展的马克思主义政治经济学争夺在经济意识形态领域的主导权和话语权。

二、民族资产阶级的迅速崛起与极少数党政官员疯狂的权力寻租

民族资产阶级在我国民主革命时期并不强大，经过新中国成立后的社会主义改造，已经基本上退出了历史舞台。1966 年 9 月，我国对原资本主义工商业者停止支付定息，民族资产阶级的残余经济成分在我国已经绝迹。

改革开放以来，私营经济在我国从无到有，由小变大，民族资产阶级（即私营企业主）迅速崛起。我国的私营企业，就其财富积累方式或资本形成过程来说，大体可以概括为实业发展、科技进步、公有企业蜕变、投机致富和权力致富五种类型。[①] 我国私营经济不仅达到了相当的规模，而且其顶尖人物的净资产数量也早已跨入世界级富豪的行列。在《福布斯 2015 华人富豪榜》中，万达董事长王健林以 242 亿美元的净资产居第 3 位（在《福布斯 2015 全球富豪榜》中居第 29 位）。如果进行纵向对比，我国民族资产阶级顶尖人物的个人净资产，可能已超过或接近新中国成立前我国民族资本数量的总和。与此形成强烈反差的是，2014 年末，我国城市居民有 1880.2 万人纳入政府最低生活保障，农村贫困人口有 7017 万人（按农民年人均纯收入 2014 年 2800 元脱贫标准计算），总计有 8897.2 万人生

① 宗寒：《两只眼看中国资产层》，红旗出版社 2012 年版，第 67～92 页。

活在贫困线之下，约占全国人口的6.5%。

改革开放以前，我国广大党政干部是较为清廉的。经过党组织的长期培养教育和新中国成立初期的“三反”运动，特别是由于以毛泽东为代表的中国共产党人的率先垂范，涌现出一批焦裕禄式的艰苦奋斗、勤政为民的好干部。改革开放以来，我国极少数党政干部在资本主义腐朽意识形态和生活方式的侵蚀面前败下阵来，信念丧失，世界观、人生观、价值观发生蜕变，逐步成为社会主义共和国大厦的蛀虫和贪得无厌的腐败分子。他们将党和人民赋予的权力视为资本，大搞官商勾结、权钱交易，行贿受贿、买官卖官、疯狂掠夺和聚敛国家与人民的财富并窃为己有。已被揪出的周永康等“副国级”大老虎，其违法行径令人发指。与某些位高权重的巨贪相比，我国“小官巨贪”现象亦不少见。

三、中国体制改革进程中的某些严重问题和明显缺陷

在我国进行体制改革的过程中，由于多种原因存在某些严重问题和明显缺陷。其主要表现是：（1）较长时期内对国有企业的重税负和对非公有制企业的轻税负；（2）低价出售乃至“零价赠送”国有企业问题较为突出；（3）财产税很不健全，遗产税和赠与税并未出台；（4）城镇住房制度改革中的主要弊端明显扩大了居民财产差距；（5）党风廉政建设形势严峻，官员财产申报和公示制度尚未出台。

四、中国狭义所有制结构的巨大变化

所有制结构亦称生产资料所有制结构，一般是指某一社会中各种生产资料所有制所占的比重、地位及其相互关系。我认为，所有制结构有广狭之分。在商品经济条件下，广义所有制结构中的生产资料的资产表现形式包括通常所说的资源性资产和经营性净资产；狭义所有制结构中的生产资料的资产表现形式则仅包括经营性净资产。

改革开放以来，我国所有制结构改变了传统计划经济体制时期公有制经济“一统天下”的格局，非公有制经济从个体经济扩展到私营经济和外

资经济，其地位和作用从“必要补充”上升到“重要组成部分”。随着非公有制经济在我国的迅速发展，公有制经济在我国所有制结构中是否还占主体地位，学术界大体存在四种有代表性的观点，社会上则是众说纷纭。我认为，就广义所有制结构而言，我国公有制经济占有毋庸置疑的绝对优势和主体地位，这是我国仍是社会主义国家最基本的经济依据；就狭义所有制结构而言，我国公有制经济则可能大体接近（即略高于或略低于）占优势（或主体地位）的临界值（即占社会经营性净资产的51%）。

生产资料所有制既是生产关系的基础，也直接决定分配方式。近些年来我国狭义所有制结构发生的巨大变化，直接导致分配方式也发生了相应的变化。我认为，市场经济中公有制基础上的按劳分配，可以形成不同劳动者的收入差别与财产差别，但不会导致居民收入或居民财产的两极分化。而市场经济中资本主义私有制基础上的分配方式（按资分配和按劳动力价值分配）以及个体经济基础上的分配方式（自劳自得），则必然导致居民收入或居民财产的两极分化。税收、社会保障、转移支付等再分配手段，只能调节市场经济中由非公有制经济导致的居民收入或居民财产两极分化的速度和规模，并不能改变其两极分化的趋势。因此，我国近些年来狭义所有制结构的巨大变化，是导致我国居民财产差距悬殊的基础性原因。

针对我国居民财产差距悬殊的基本成因，我提出了合理缩小中国居民财产差距的四项基本对策：（1）切实加强马克思主义在意识形态领域中的指导地位，深入批判新自由主义特别是私有化思潮；（2）巩固和发展公有制经济，坚持社会主义公有制的主体地位；（3）深化财税、收入、社会保障制度改革，逐步缩小居民财产差距；（4）科学有效地惩治和预防腐败，坚决取缔非法收入。

我的论文发表后，中国人大复印报刊资料全文转载。令我没有想到的是，我在学校还收到了来自云南西双版纳的一封信。打开信一看，是几张褶皱的信纸和每页信纸上写满的密密麻麻的小字。寄信人自述是一名参加工作多年的老共产党员。他说自己的家乡仍很贫困，问题很多。他看到我的论文后，对我文中的观点非常赞同，并希望我能帮他将其所在地区的有些情况向党和政府的有关领导反映……

深刻揭示“以市场换技术”方针的内在缺陷

20世纪80年代中后期，我国提出并实施“以市场换技术”吸引外商直接投资的方针。尽管我国理论界和实际部门对“以市场换技术”方针的含义并没有统一的界定，但其实质则是通过吸收和利用外商直接投资，向外商直接投资企业生产的海外品牌的产品出让国内市场的一定份额，来获取海外先进技术以提高国内技术水平。我在《对“以市场换技术”方针与涉外税收超国民待遇的再思考——兼与赵中杰商榷》[①] 一文中，深刻剖析了“以市场换技术”方针的内在缺陷。

我提出，经过20年来的实践，我国实行“以市场换技术”方针确实取得了某些成效，但也付出了相当沉重的代价。仅就市场和技术而言，我国丧失了大量的民族品牌和市场份额，某些重要行业实际上被海外跨国公司所垄断；在我国体制、机制和战略缺陷的综合作用下，内资企业的自主创新能力明显削弱，许多企业和部分行业的关键技术受制于人。由此，不能不引发我们对“以市场换技术”方针内在缺陷的深入思考。

其一，市场与技术并不是同一层次的范畴，技术重于市场。技术是根据生产实践经验和自然科学原理发展而成的各种工艺操作方法与技能。从广义来看，技术还包括与操作技能相应的生产工具和其他物资设备，以及生产的工艺过程或作业程序与方法。技术是生产要素，属于生产的范畴。而市场则是商品交换的场所、渠道和纽带，是商品生产者之间全部交换关系的总和。市场属于流通的范畴。尽管流通对生产有巨大的反作用，但从根本上说来则是生产决定流通。在当今世界，科学技术是第一生产力。跨

① 郭飞：《对“以市场换技术”方针与涉外税收超国民待遇的再思考——兼与赵中杰商榷》，载于《经济学动态》2006年第9期。

国公司拓展市场并在竞争中取胜的关键因素就是凭借其拥有的先进技术。因此，以出让部分市场份额来换取跨国公司先进技术的善良愿望在很大程度上难以实现。改革开放以来，海外大型跨国公司在中国直接投资，通常只是向中国转移而非转让了某些先进技术和成熟技术，而对于其拥有的关键或核心技术则是既不转让，也不转移，牢牢控制在其母公司手中。

其二，西方经济学者关于国际直接投资的相关理论和国际直接投资的基本实践，与我国实行“以市场换技术”方针的初衷大相径庭。根据日本教授小岛清（K. Kojima）的边际产业扩张理论，发达国家对外直接投资应从本国已经处于或即将处于劣势地位的边际产业依次进行。这实际是主张发达国家仅仅应该输出比较落后或即将淘汰的技术。而根据美国教授维农（R. Vernon）的产品生命周期理论，处于产品创新阶段的技术是不会转移的，处于产品成熟阶段的技术一般会转移到其他发达国家或新兴工业化国家和地区，而处于产品标准化阶段的技术则可能在发展中国家寻找机会。从国际直接投资实践来看，发达国家的技术转移主要采取内部化方式，其基本路径是：发达国家母公司—在发达国家的子公司—在发展中国家的全资子公司—在发展中国家的控股子公司—在发展中国家的其他合资或合作子公司。有的学者在研究中发现：跨国公司对外部技术转让实行严格管理。为了保障自身的利益，跨国公司对关键领域的核心技术严格控制，使买方不能获得该技术的核心内容。在买方并不构成竞争威胁的情况下，跨国公司一般只会出售成熟的技术和自己不能控制的技术。从而，通过外部市场获得先进新技术越来越困难，成本也越来越高。①

其三，“以市场换技术”方针低估了外商直接投资对我国内资企业自主创新能力的抑制效应。外商直接投资与我国内资企业增强自主创新能力具有利益上的矛盾。外商直接投资的根本目的是获取长期稳定的高额利润。为此，外商要最大限度地垄断技术和市场，打败竞争对手；而决不是要培植竞争对手，增强东道国内资企业的自主创新能力。从实际情况来看，外商直接投资主要通过三条途径削弱我国内资企业的自主创新能力。一是在技术、质量、规模相差悬殊的情况下，绕过关税壁垒，在我国就地生产，

① 杨先明等：《国际直接投资、技术转移与中国技术发展》，科学出版社2004年版，第159页。

低价竞销，打垮内资企业。二是遏制合资企业开发新产品或新技术。三是外商直接投资企业特别是外商独资或外商控股企业，以较为优厚的薪水和待遇“挖走”我国许多优秀人才，直接为外商直接投资企业特别是为大型跨国公司服务。

其四，“以市场换技术”方针实际上是将外商直接投资带来的技术引进作为我国技术进步的主要途径，忽视了自主创新在我国技术进步中的关键作用。改革开放以前，我国在遭受国外技术封锁的极端困难的条件下依靠自主创新，取得了“两弹一星”等重大成就。改革开放以来，我国同样依靠自主创新在航天、纳米和生物技术等领域取得了举世瞩目的光辉成就。实践证明，引进技术和自主创新是一个国家技术进步的两大途径；从长远和全局的观点来看，我国应把自主创新作为技术进步的基本立足点和主要途径。然而，我国长期实行的“以市场换技术”方针在很大程度上忽略或轻视自主创新，不仅造成我国许多行业对国外技术的持续依赖，还使我国在国际产业分工和收益分配中处于不利地位，并对提升企业与国家的竞争力以及国家经济安全产生显著的负面影响。因此，我国必须对“以市场换技术”方针进行重大调整。

全面论述外商直接投资对中国经济的双重影响

吸收和利用外商直接投资，是我国实行对外开放的重大举措和重要标志。改革开放以来特别是加入世贸组织以来，我国吸收和利用外商直接投资已达到较大规模。2003 年，我国实际利用外商直接投资额曾一度超过美国，跃居世界首位。如何看待外商直接投资对中国经济的影响？国内众说纷纭，学术界也莫衷一是。有的学者过分夸大其积极作用，忽视或否认其消极影响；也有的学者不适当地夸大其消极影响而忽视其积极作用。我在《外商直接投资对中国经济的双重影响与对策》① 一文中，较为全面地论述了外商直接投资对我国经济的双重影响。

我提出，外商直接投资对中国经济产生了重大的积极作用，其主要表现在五个方面：（1）促进中国经济持续快速增长和增加财政收入；（2）有利于优化中国产业结构和出口贸易结构；（3）提升中国技术水平（即提升中国产品技术水平、产业结构技术含量、中国科技人员和劳动者的技术素质）；（4）改善中国就业状况（即增加中国就业总量、提高中国就业质量与改善中国就业结构）；（5）推动中国经济体制改革（即促进了我国所有制结构和收入分配制度的深刻变化，推动了我国现代产权制度和现代企业制度的建立和完善，推动了我国的市场体系建设，促进了我国宏观调控方式的转变）。

我提出，外商直接投资对中国经济也存在不容忽视的消极影响，其主要表现在三个方面：（1）明显削弱中国内资企业的自主创新能力；（2）对中国民族经济形成强烈冲击（即控制了我国某些行业和市场，大量民族品

① 郭飞：《外商直接投资对中国经济的双重影响与对策》，载于《马克思主义研究》2006 年第 5 ~ 6 期。

牌产品相继被挤出市场，导致国有资产大量流失，加剧资源短缺、恶化生态环境，加剧我国地区经济发展的不平衡）；（3）对中国经济安全和基本经济制度构成较大威胁。

针对外商直接投资对中国经济的双重影响，我提出中国应主要做好三项工作：（1）实施以自主创新为基点的科技发展战略；（2）积极合理安全有效地利用外商直接投资；（3）大力培育和发展有国际竞争力的中国跨国公司，加快实施“走出去”战略。

我在文中对外商直接投资对我国经济的双重影响的论述，其新意不仅在于较为系统和全面地引用了国家统计局、商务部公布的最新数据，更在于对外商直接投资对中国经济的消极影响（特别是将外商直接投资对中国现阶段基本经济制度等的负面影响纳入研究视野）进行了全面、深刻的概括，并进行了深入的分析和论证。此文不仅被中国人大复印报刊资料全文转载，还荣获第十四届安子介国际贸易研究优秀论文三等奖（当届优秀论文一等奖空缺）。

深刻论述我国统一内外资企业所得税的必要性和有利条件

改革开放以来的较长时期中，我国对国有企业实行重税政策，而对私营企业和“三资企业”却实行轻税政策。据原国家经贸委统计，1980～1993年，国有企业平均税负为86%，大大高于国外企业30%～40%的税负水平。[①] 1994年我国税制改革前，国有大中型企业的所得税税率为55%，私营企业的所得税税率为35%，“三资企业”的所得税税率只有15%，且享受3～5年的减免企业所得税待遇（即“两免三减半”）。1994年，我国将内资企业所得税税率统一为33%，但对“三资企业”的所得税则仍实行原有“超国民待遇”的低税率。对此，国内学术界和社会上都存在不少争论。在已有研究成果基础上，我撰写了《对“以市场换技术”方针与涉外税收超国民待遇的再思考——兼与赵中杰商榷》[②] 一文，深刻论述了我国统一内外资企业所得税的必要性和有利条件。

首先，我在文中深入论述了我国统一内外资企业所得税的必要性。

改革开放以来，我国对外商直接投资企业实行的政策待遇是以超国民待遇为主、以国民待遇和次国民待遇为补充的混合待遇制度。我国涉外税收优惠是外商直接投资企业享受超国民待遇的主要方面，其核心是所得税优惠。我国涉外税收实行的超国民待遇，对于我国吸引和扩大外商直接投资确实起到了重大的积极作用。然而，围绕我国涉外税收超国民待遇问题进行争论的实质，并不在于其能否促进或扩大外商在华直接投资，而在于

---

① 舒志军：《国有企业改革若干问题简述》，载于《经济学动态》1996年第3期。

② 郭飞：《对“以市场换技术”方针与涉外税收超国民待遇的再思考——兼与赵中杰商榷》，载于《经济学动态》2006年第9期。

其所引致的社会收益和社会成本的比较。

我认为，我国涉外税收超国民待遇在吸引和扩大外商直接投资并带来显著的社会收益的同时，也使我国付出了巨大的社会成本，其主要表现在四个方面。

一是外商直接投资企业获得了超额利润，显著增强了自身的竞争力。根据我国相关法规，外商直接投资企业的所得税标准税率为30%，地方所得税税率为3%，两者相加为33%，明显低于1994年我国税制改革前国有大中型企业55%的所得税税率。对于设在经济特区、经济技术开发区和沿海经济开放区的外商直接投资企业，所得税税率还可以降至15%～24%，明显低于1994年我国税制改革以来内资企业33%的所得税税率。对于符合国家有关规定的外商直接投资企业，在所得税方面还可以享受“两免三减半”的政策优惠。此外，地方政府还可以酌情减免外商直接投资企业的地方所得税。如果进一步考察，我国现行税法中内外资企业所得税的税基并不完全一致。我国现行税法允许外商直接投资企业的成本费用在税前全部扣除，而内资企业的成本费用在税前则不能全部扣除，从而导致内资企业普遍存在成本费用补偿不足的问题。[①] 外商直接投资企业获得的涉外税收超国民待遇，可以大大降低企业的生产经营费用，从而获得超额利润。这种超额利润对于企业来说与垄断市场获得垄断利润没有本质的差别。[②] 许多外商独资企业本来就具有资金、技术、管理、规模等优势，再加上我国给予的税收优惠政策，其竞争优势更加明显。按照我国政府的有关规定，在中外合资或中外合作经营企业中，只要有25%以上的外商投资就可以享受外商直接投资企业的税收优惠政策。在这种政策的诱导和社会上某些思潮的影响下，不少饶有实力的国有大中型骨干企业和民营企业都争相与外资“联姻”，摇身一变成为外商直接投资企业，从而壮大了外商直接投资企业的阵容，提升了外商直接投资企业特别是外资经济的竞争力。

二是妨碍了公平竞争，明显削弱了内资企业特别是国有企业的竞争力。内资企业与外资企业在税收待遇的显著差别，加之名目繁多的乱摊派，必

---

① 安体富、王海勇：《论内外两套企业所得税制的合并》，载于《税务研究》2005年第3期。

② 朱延福：《外资国民待遇导论》，中国财政经济出版社2003年版，第137页。

然导致经济利益的转移，使内资企业特别是国有企业的竞争力明显下降。一段时期以来，我国某些重要行业和市场事实上已被外商直接投资企业所控制，“内企不如外企”等片面观点和崇洋媚外的思想意识也在滋长蔓延。这种状况，已对我国现阶段坚持和发展以公有制为主体的基本经济制度构成较大威胁。

三是造成我国税源的大量流失。由于外商直接投资企业在税收方面享受超国民待遇，也由于不少外商直接投资企业程度不同地存在偷、漏、逃、骗税等问题，还由于某些地方政府越权对外商直接投资企业减税免税，从而导致我国税源的严重流失。2001 年以来，财政部采用分层抽样调查方法，选取全国 35 个具有代表性的企业对企业所得税的税负总水平和结构差异进行模拟测算。根据调查结果计算，我国 2000～2002 年涉外税收优惠成本的估计值分别为 687.61 亿元、993.48 亿元和 925.04 亿元。[①] 如果我国涉外税制及税收征管状况保持不变，外商直接投资企业享受税收优惠的成本将随着外商直接投资的增加而不断上升。

四是在一定程度上影响了外商直接投资的“技术外溢”。我国吸收和利用外商直接投资的目的之一是引进海外的先进技术。然而，从理论上分析，我国涉外税收的超国民待遇却使外商直接投资企业不必采用先进技术就具有对内资企业的竞争优势，从而降低了外商直接投资企业采用先进技术的积极性。[②] 从实际情况来看，不少外商直接投资企业并没给我国带来先进技术，而是利用我国税收优惠政策和廉价的劳动力、土地等生产要素，获取了较为丰厚的利润。[③]

基于上述情况，我提出：全面建设小康社会和社会主义现代化强国的宏伟目标，要求我国在涉外税收方面对外商直接投资企业实行国民待遇，统一内外资企业所得税。

---

① 万莹：《税制公平视野的中国涉外税收优惠政策绩效》，载于《改革》2006 年第 2 期。

② 左大培：《外资企业税收优惠的非效率性》，载于《经济研究》2000 年第 5 期。

③ 根据有关部门统计，1990～2004 年，在我国的外商直接投资者共汇出约 2700 亿美元的利润（参见国务院研究室编写组：《十届全国人大四次会议〈政府工作报告〉辅导读本》，人民出版社、中国言实出版社 2006 年版，第 312 页）。这一数据，尚不包括外商直接投资者通过转移定价获得的利润，也不包括外商直接投资者从企业获得的利润中直接用于该企业追加投资和在中国境内进行再投资的那部分利润。

其次，我在文中全面论述了我国统一内外资企业所得税的有利条件。

我认为，与对外开放初期相比，我国至少有四个方面的条件都发生了显著和深刻的变化：（1）我国已成为世贸组织成员。世界贸易组织固然不排斥对外国直接投资企业实行超国民待遇，但实行对所有企业一视同仁的国民待遇终究是其基本原则。当今世界，国民待遇原则已被越来越多的国家所接受，正逐渐成为国际经济活动和国际经济立法的一项基本原则。不少重要的多边投资协定如世界贸易组织的《与贸易有关的投资措施协议》（1994 年）等均含有国民待遇原则的条款。我国在加入世贸组织并失去关税保护的条件下，本来在所得税上就处于不利地位的内资企业更是雪上加霜。因此，加快在涉外税收中实行国民待遇的步伐，积极稳妥地实行内外资企业所得税“两税合一”，乃是题中应有之义。（2）我国的经济实力显著增强，发展前景良好。改革开放以来，我国 GDP 以年均 9.6% 以上的速度持续增长。2005 年，我国人均 GDP 已超过 1700 美元，经济总量跃居世界第四位，对外贸易额位居世界第三位，且已连续 13 年成为世界上吸引外商直接投资最多的发展中国家。随着外商直接投资企业构成及其经营战略的变化，我国经济持续高速增长和庞大的国内市场，以及在较长时期内劳动力等生产要素的低成本优势对于吸引外商直接投资的作用逐渐增大，涉外税收优惠等政策性因素的作用相对降低。（3）我国既不存在储蓄缺口，也不存在外汇缺口。截至 2005 年底，我国金融机构各项存款余额高达 30.02 万亿元，各项贷款余额为 20.68 万亿元，存贷差额高达近 10 万亿元；我国外汇储备则高达 8189 亿美元，已成为世界上第二外汇储备大国，形成了国内储蓄超过国内投资需要和外汇储备超过国内消化能力的内外资“双溢出”的局面。这并不意味着我国今后无须继续吸收和利用外商直接投资，而是表明我国充分利用国内资本加快社会主义现代化建设具有更为重要的意义。（4）我国税收连续几年高速增长，特别是我国政府拟将增值税改革和企业所得税合并改革“捆绑上市”，为实行内外资企业所得税“两税合一”提供了宝贵的机遇。因此，我提出：我国涉外税收逐步实行国民待遇，乃是大势所趋；我国实行内外资企业所得税“两税合一”的条件已经成熟，不宜再拖。

此外，我还提出：为了最大限度地化解阻力，趋利避害，我国政府在积极推进内外资企业所得税“两税合一”的同时，可以给外商直接投资企业设置一个3~5年的过渡期，实行“老企业老办法，新企业新办法”。从较长时期来看，我国涉外税收逐步实行国民待遇，也并不排除实行一定的优惠政策，即我国应将涉外税收优惠政策由沿袭多年的全面优惠制逐步转变为特定优惠制。对于国家鼓励发展和重点发展的产业、地区和项目，继续对外商直接投资企业实行一定的税收优惠政策；而对于外商直接投资的一般项目，则逐步取消税收优惠政策。

我于2006年9月提出的上述观点和对策建议，在社会上引起了较大反响。一些媒体记者纷纷向我约稿或希望对我进行采访。2007年3月16日，中华人民共和国第十届全国人民代表大会第五次会议通过了《中华人民共和国企业所得税法》，将内外资企业所得税税率统一定为25%，并于2008年1月1日起施行。此外，新通过的《中华人民共和国企业所得税法》中还对税收优惠等事项作了相关规定。

对两种经济体制转轨方式的绩效及适用范围提出新见解

经济体制改革是当代世界不可阻挡的历史潮流。20 世纪 80 年代以来，苏联、东欧国家和中国的经济体制改革尤为引人注目。无论是原来或现今的社会主义国家，在经济体制改革过程中都存在改革的基本性质和体制的转轨方式这两大问题。尽管经济体制的转轨方式在不同国家各具特色，但大体上仍可归结为“激进式”改革与“渐进式”改革两种方式。我在《论经济体制改革的基本性质与转轨方式》① 一文中，对两种经济体制转轨方式的绩效及适用范围提出了新的见解。

我提出，以社会主义为基本方向的经济体制转轨，实行“渐进式”改革有较为成功的例证（如中国、越南），而实行“激进式”改革则鲜有成功的先例（如20 世纪 50 年代初的南斯拉夫）；以资本主义为基本方向的经济体制转轨，实行“渐进式”改革和“激进式”改革都有较为成功的例证（如匈牙利、波兰），而实行“激进式”改革也不乏失败的教训（如俄罗斯）。基于对两种经济体制转轨方式绩效的初步考察，我认为至少可以得出以下三点结论：

第一，选择何种经济体制转轨方式，如同选择何种经济体制改革的目标模式一样，从根本上来说取决于各国的国情，取决于转轨成本与转轨收益的比较，没有统一的固定不变的模式。

第二，“激进式”改革并不是包医百病的“灵丹妙药”。“激进式”改革在东欧和苏联向市场经济过渡的初期曾风靡一时，但俄罗斯等国家推行

① 郭飞：《论经济体制改革的基本性质与转轨方式》，载于《东欧中亚研究》1996 年第 3 期。

“休克疗法”的失败则打破了“激进式”改革是经济体制转轨最佳方式的“神话”。实行“激进式”改革或“休克疗法”，至少在两个方面难以达到目的：一是所有制改革无法在短期内完成；二是结构调整的最优状态也不可能在短期内实现。此外，实行“激进式”改革通常还导致在一定时期内生产和生活水平明显下降、失业率激增和社会动荡。然而，“激进式”改革也并非一无可取。一般说来，实行“激进式”改革可以缩短经济体制转轨和经济结构调整的时间，为国民经济的长远发展奠定某种有利的基础。在某些经济体制转轨条件较好的国家，实行“激进式”改革可能是一种明智的选择。

第三，对于以建立社会主义市场经济体制为目标的国家来说，“渐进式”改革很可能是较为适宜的转轨方式。当代社会主义国家的经济体制转轨，是在国内外极为复杂的历史条件下进行的。从国际环境来看，资本主义国家在经济、政治和军事方面还占有明显的优势；东欧剧变和苏联解体之后，世界范围内的社会主义运动处于低潮。从国内条件来看，人们的思想转变需要有一个较长的过程，利益格局变化显著，各种矛盾比较突出。在这种情况下，探索并建立前所未有的社会主义市场经济体制，必然会有极大的风险。为顺利地达到预定的目标，社会主义国家在转轨方式的选择上必须立足于本国实际，妥善处理改革、发展与稳定三者之间的关系，似应选择“摸着石头过河”的“渐进式”改革道路。我国17年来在改革、发展和稳定方面取得的巨大成就，不仅初步证明了我国经济体制改革基本方向的正确，同时也初步证明了我国实行的“渐进式”转轨方式的成功。当然，社会主义国家实行“渐进式”改革也有其负面效应。因此，实行“渐进式”改革并不意味着要把过渡期拉得很长，而是应既讲求改革的循序渐进，协调配套，又不失时机地在重要环节上取得突破，以推动改革全局，缩短转轨过程。简言之，应实行积极的“渐进式”改革。

对当代国际贸易等价交换条件下是否存在剥削提出独到见解

在当代国际贸易中，以垄断价格为主要形态的不等价交换严重存在。例如，芭比娃娃在美国的零售价为9.99美元，从中国进口的价格则仅为2美元。而在这区区2美元中，1美元是运输与管理费，65美分用于进口原材料，中国只得35美分的劳务费。以垄断低价收购中国商品，而后以垄断高价在美国市场销售，这是典型的不等价交换，其体现的剥削性质是毫无疑问的。然而，在当代国际贸易中，倘若是等价交换，是否还存在剥削？对此，我于2005年10月26日在厦门大学召开的中央马克思主义理论研究与建设工程主办的国际价值理论学术研讨会上阐明了个人的观点。①

我提出，这至少包括三种情况，需要进行具体分析。

第一种情况是发达资本主义国家与欠发达资本主义国家之间的国际贸易关系。我认为，这其中必然体现或存在资本主义的剥削关系。一方面，流通或交换领域中的关系是由生产领域中的关系决定的。资本主义企业中雇佣工人创造的剩余价值要通过流通或交换领域（也包括国际贸易）来实现。另一方面，流通或交换领域中的资本家也要攫取或瓜分商业职工创造或实现的剩余价值。资本主义剥削的基本特征之一是实行等价交换。马克思正是基于对可变资本与劳动力商品相交换符合等价交换规律的科学分析，揭示了商品生产所有权规律转变为资本主义占有规律。与一国内部资产阶级对无产阶级的剥削不同，发达资本主义国家对欠发达资本主义国家在实

① 郭飞：《关于国际价值理论的两个问题》，见郭飞：《新世纪中国经济重大问题研究》，经济科学出版社2010年版，第104~106页。

行等价交换的国际贸易中的剥削，从一个方面体现了国际资产阶级对国际无产阶级的剥削。有人认为，发达资本主义国家剥削欠发达资本主义国家。实际上，这种提法有些笼统和肤浅。欠发达资本主义国家中的资本家和达官显贵，谈不上受剥削的问题，而只是各自瓜分剩余价值多与少的问题；真正受剥削的则是这些国家的无产阶级和劳苦大众，且往往是遭受国际国内资产阶级的双重剥削。发达资本主义国家的无产阶级，尽管在名义工资和实际工资方面明显高于欠发达资本主义国家的无产阶级，但他们依然受着至少是本国资产阶级的剥削和压迫。如果否认发达资本主义国家对欠发达资本主义国家在实行等价交换的国际贸易中存在剥削，实质上就是否认这些国家的资本主义生产关系，否认当代资本主义世界的基本经济体系和基本剥削关系。

第二种情况是不同国度社会主义生产方式条件下提供的商品和服务之间的国际贸易关系。如果双方实行了等价交换，就不存在剥削关系。

第三种情况是社会主义生产方式条件下提供的商品和服务与资本主义生产方式条件下提供的商品和服务之间的国际贸易关系。对此，应作具体分析，不能一概而论。

我认为，在当代国际贸易中既存在大量的触目惊心的不等价交换，也存在等价交换；无论是否等价交换，则既有交换双方都能获得利益的一面，也存在国际资产阶级剥削各国无产阶级和劳苦大众的一面。

现在来看，在对当代国际贸易等价交换条件下是否存在剥削的探讨中，还应包括一种情况：发达资本主义国家相互之间的国际贸易关系（如果把前述三种情况包括在内，它应列为第二种情况）。我认为，在发达资本主义国家相互之间的国际贸易实行等价交换的条件下，仍然存在着剥削，其基本道理与前述第一种情况相同。简言之，只要是资本主义性质的国际贸易，无论是否等价交换，本质上都必然与剥削紧密地联系在一起。

全面揭示当代国际投资的实质

马克思和列宁先后在自由竞争资本主义阶段、垄断资本主义阶段初期创立的资本输出理论，具有重大的理论和现实意义。马克思和列宁揭示了资本输出的根本动机是追求高额利润，主要体现了经济发达国家（或帝国主义国家）对经济落后国家（或殖民地、附属国）的剥削与被剥削、控制与被控制的关系。这一观点完全符合当时的历史实际，对于第二次世界大战以后的国际投资仍具有相当的适用性。然而，第二次世界大战以后，国际投资或国际资本流动的实际状况与马克思和列宁当年考察和分析的资本输出有显著的不同。我撰写了《马克思、列宁的资本输出理论与当代国际投资》[①] 一文，其中的亮点之一就是对当代国际投资的实质进行了较为全面的分析。

我提出，对国际投资中的私人资本（或私人资本控股的企业与企业集团，下同）输出与公有资本（或公有资本控股的企业与企业集团，下同）输出、政府贷款和国际金融组织贷款的动机要有所区分。私人资本输出在当代国际投资中扮演主要角色，其根本动机仍然是追求高额利润。无论经济学家将其具体动机作何种概括（“自然资源导向型”“要素导向型”“市场导向型”“交易成本节约型”“研究开发型”，或“市场追求型动机”“要素追求型动机”“发挥潜在优势型动机”“全球发展战略型动机”等），都是万变不离其宗。然而，对于公有资本输出、政府贷款和国际金融组织贷款的动机则要具体分析，不能一概而论。例如，对于我国大型国有石油公司的跨国直接投资，就不能将其动机完全归结为追求高额利润，其中必

---

① 郭飞：《马克思、列宁的资本输出理论与当代国际投资》，载于《马克思主义研究》2007年第6期。

有我国开发、利用国际石油资源和石油市场的战略考虑。政府贷款是一国政府向别国政府提供的低息贷款。无论是资本主义国家或是社会主义国家，向别国提供的政府贷款侧重考虑的是政治和双边经济援助等因素，而不是逐利因素。当然，资本主义国家对外提供政府贷款的根本目的与社会主义国家并不等同。国际金融组织向某些国家提供的低息贷款，不能称之为公有资本输出，但其基本宗旨是协调国际经济关系和经济发展，也不能简单归结为逐利。

我还提出，第二次世界大战以后，既由于帝国主义殖民体系的瓦解和国际投资主体与流向的重大变化，也由于国际投资的双边、区域和多边协调机制的逐步建立，资本输出国与资本输入国、资本输出方与资本输入方的经济关系不能仅仅归结为剥削与被剥削、控制与被控制的关系。就世界资本主义经济内部而言，国际投资至少存在两个方面的关系：一方面，在资本输出方与资本输入方之间，确实存在不同程度的剥削与被剥削、控制与被控制的关系；另一方面，在资本输出国与资本输入国之间，也存在主权平等国家之间不同程度的互利关系。

第四篇 建言献策

坚持与发展马克思主义经济学，深入研究中国经济改革与经济发展的重大问题，根本目的在于推进中国特色社会主义伟大事业。本篇概述笔者提出的我国应大幅提高高校教师工资、我国高校“三年扩招两翻番”“中国居民收入十年倍增”、我国应构建以自主创新为基点五位一体的技术进步基本路径格局、我国应实施以人为本的“适度就业”等对策创新。

提出我国应大幅提高高校教师工资的对策建议

20 世纪 90 年代初，我国经济体制改革方兴未艾，体制内人员“下海”经商成为新潮，高校教师工资仍在低位徘徊。1993 年 2 月 13 日，中共中央、国务院发布了《中国教育改革和发展纲要》（以下简称《纲要》）。《纲要》提出：“要下决心，采取重大政策和措施，提高教师的社会地位，大力改善教师的工作、学习和生活条件，努力使教师成为最受人尊重的职业。”[①]《纲要》还提出：逐步提高国家财政性教育经费支出占国民生产总值的比例，到 20 世纪末达到 4%。1993 年 6 月中旬，《中国教育报》理论部负责人向我约稿，希望我写一篇关于中国高校教师工资方面的文章，以推动《纲要》精神的贯彻落实。当时正值盛夏，教研室和家中又没有空调，我在繁忙工作之余连续奋战，额头流着汗水，眼里噙着泪水，撰写了《我国高校教师工资的困境与出路》一文，并于 6 月下旬送至《中国教育报》理论部。7 月 7 日，《中国教育报》理论版头条发表了我的文章（标题改为《我国高校教师工资纵横谈》），[②] 提出了我国应大幅提高高校教师工资等对策建议。

我在文中开宗明义地提出：我国高校教师工资严重偏低，极大地影响了高等教育事业的健康发展。对此问题若不予以充分重视和妥善解决，我国将难以立足于世界强国之林。

第一，我在文中分析了我国高校教师工资严重偏低的现状。

从横向比较来看，我国高校教师工资的偏低状况世所罕见。（1）在全

---

① 中共中央文献研究室编：《十四大以来重要文献选编》（上），人民出版社 1996 年版，第 81 页。

② 郭飞：《我国高校教师工资纵横谈》，载于《中国教育报》1993 年 7 月 7 日。

民所有制单位12个分行业中，教育、文化艺术和广播电视事业单位的人均工资居于后列。根据《中国统计年鉴（1992）》提供的相关数据，1991年，脑力劳动者相对集中的教育、文化艺术和广播电视行业，人均工资为2257元，排在12个分行业的倒数第3位；而体力劳动者相对集中的交通邮电和建筑业，人均工资却分别排在12个分行业的第2位和第3位。同年，高校人均工资为2479元（因从有关部门无法找到高校教师人均工资的精确数据，故只能用相近数据代替），低于全民所有制企业人均工资2563元的水平。（2）我国高校教师与全民所有制企业工人的工资比例大大低于外国高校教师与企业工人的工资比例。根据有关的调查和统计数据估算，从总体状况来看，我国高校教师目前的工资水平与全民所有制企业工人的工资水平基本持平。如果考虑到实物发放等工资外收入，全民所有制企业工人的工资水平可能还略高于高校教师的工资水平。这种总体工资“均等”或“倒挂”的比例关系，在外国大概很难找到。我引用相关的经济数据表明：在发达国家中，高校教师与普通工人仍存在相当的工资差距；在发展中国家，高校教师与普通工人的工资差距则更为显著。

从纵向比较来看，我国高校教师工资的相对水平也严重偏低。（1）高校教师与全民所有制企业工人的工资比例大大低于1956年两者之间的工资比例。根据1956年国家颁布的工资改革方案，教授月最高工资为全民所有制企业工人月最高工资的3.2～3.3倍。可是，我国目前高校教师的工资水平却与全民所有制企业工人的工资水平旗鼓相当。就局部领域而言，教授工资低于全民所有制企业工人工资的例子比比皆是。尤其应该指出的是，我国1985年出台的工资改革方案中，高校教师的工资标准有所降低。在工资改革前，高校教师的工资标准分为13个级别。以北京（六类地区）为例，高校教师月工资最低为56元，最高为345元。而工资改革后，高校教师工资标准增为18个级别，月工资最低为70元，最高为255元（把工龄津贴计算在内，最高为275元）。最低工资比原来提高14元，最高工资却比原来减少90元，其中，副教授的起点工资竟由原来的149.5元降至122元。如果考虑到职工生活费用价格指数，1956年的345元则大体相当于1991年的945元。难怪许多老教授抱怨实际收入下降。（2）高校教师实际工资的增长速度明显低于国民收入和社会劳动生产率的增长速度。1957～

1978 年，我国国民收入和社会劳动生产率都有了相当程度的增长，然而高校教师的实际工资却基本上处于停滞状态。党的十一届三中全会以来，随着我国经济的迅速发展，高校教师的货币工资有了明显的提高，可是实际工资的增长水平仍然偏低。1979 ~ 1991 年，我国国民收入年均增长 8.4%，社会劳动生产率年均增长 5.6%，而教育文化艺术和广播电视事业单位人均实际工资年均增长仅为 4.2%。

我国高校教师工资不仅严重偏低，而且还陷入了平均主义的怪圈。据有关部门进行的典型调查，1985 年工资改革前后，教授与助教的工资比例已由 4.1∶1 下降为 2.1∶1。如果考虑到各高校基本上是平均发放的各种补贴与实物，两者的实际收入差距还要更小。平均主义与严重偏低相比，严重偏低才是高校教师工资现状的主要弊端。只有在着力解决严重偏低这一“大不合理”问题的同时，妥善解决教师工资内部存在的平均主义问题，才能使高校教师的工资状况逐步摆脱困境。

第二，我在文中阐述了我国高校教师工资严重偏低正在并已经导致的日趋严重的后果。

一是教师队伍流失严重。在工资收入与劳动贡献严重不对称和承认知识分子具有择业自主权的情况下，高校教师大量流失就不可避免。时下，高校教师流失具有三个特点：（1）中青年教师流失多；（2）热门专业的教师流失多；（3）男教师流失多。面对青年教师很难留下、中年教师安心不下、老年教师纷纷退下的窘境，许多有识之士充满忧虑。

二是教学质量明显滑坡。由于中青年骨干教师大量“跳槽”和老教师自然“退役”，不少高校出现了急需的课程无人教、该砍掉的课程却照常开的反常情况。在社会分配不公和澎湃而来的“高消费”面前，晋升职称的“诱力”已明显减少，不少中青年教师“身在曹营心在汉”，教学上马马虎虎，科研上无所作为，而把主要精力放在公开或秘密的“经商”和“兼职”上。由于教学质量下降等诸多因素的影响，不少大学生的学习积极性今非昔比，无故缺课等违纪现象逐渐增多，校园中“经商”“恋爱”乃至“厌学”之风日盛。

三是高等教育的“瓶颈”作用日益明显。实现我国社会主义现代化的宏伟目标，需要造就越来越多的高层次人才。可是，高校教师的低待遇，最终必然导致高校教师的低素质。而从总体来看低素质的高校教师队伍，能够培养出越来越多的高素质的大学生吗？而如果没有更多更好的大学生，实现中华民族的经济腾飞和我国的社会主义现代化，岂不有落空之虞?！在中国人民大学舆论研究所和《三月风》杂志进行的大规模民意测验中，教师在“最可爱的人”中“独占鳌头”。然而，在某些中学对学生的职业意向调查中，教师却不幸排在榜尾。过去，各高校的留校教师一般都是尖子学生；而今，许多高校却连中等生都难以留下。社会成员对教师职业的尊敬与对教师职业的追求形成如此巨大的反差，已经预示了某种令人不安的前景。

我强调指出：如同人们已经普遍意识到交通、电力发展严重滞后对国民经济发展形成的“瓶颈”作用一样，许多人也逐步意识到高等教育发展相对滞后对社会主义现代化建设日益明显的“瓶颈”作用。20 世纪五六十年代，我国曾在人口数量问题上犯过历史性错误，并为之付出了沉重的代价。而今，如果我国不尽快扭转高校教师工资严重偏低的局面，不尽快解决知识分子待遇普遍偏低的问题，则可能在中华民族的人口素质问题上犯战略性错误。

第三，我在文中提出了解决我国高校教师工资严重偏低问题的根本途径是转变观念，深化改革，增加投入。

在深化改革部分，我提出要通过深化改革，逐步建立起适合社会主义市场经济发展要求的高等教育投资体制和高等院校教师工资制度，大幅度地增加高教投入和高校教师工资。我国教育经费严重不足，极大地制约着高校的办学规模和教师的工资水平。1991 年，我国教育经费总额约占国民生产总值的 3%，不仅低于发展中国家的平均水平（1988 年发展中国家公共教育经费占国民生产总值的 4.1%），更低于发达国家的平均水平（1988 年发达国家公共教育经费占国民生产总值的 5.8%）。为了大幅度地增加高等教育经费，必须逐步建立以国家财政拨款为主、辅之以征收用于高等教育的税费、适当收取学费、校办产业收入、社会捐资集资和设立高等教育基金等多渠道筹资的高等教育投资新体制。与此同时，必须深化高校教师工资制度改革，从根本上解决高校教师工资严重偏低和平均主义的问题。为此，应主要采取以下四项措施：（1）本着政事分开的原则，将高等院校教师工资制度与国家机关工资制度彻底“脱钩”。(2) 大幅度地提高高校教师的工资标准，合理确定不同职务教师的工资差距，使高校教师的工资水平与全民所有制企业同类同级人员的工资水平大体相当。对于有突出贡献的著名教授，其工资待遇应不亚于副总理的工资标准。有一种观点认为，不宜较大幅度地提高高校教师工资，否则会加剧国家的财政困难和物价上涨，这种看法失之偏颇。其一，较大幅度地增加高校教师工资，国家财政拿的钱并不多。我国现有高校教师约 40 万人，即使每人每月增加工资 200 元，国家财政每年才多支出 9.6 亿元，尚不及上调银行存款利率一个百分点国家多付利息的 1/10，也不及近几年来私营企业和个体经济每年偷漏税总额（约 200 亿元）的 1/20。其二，我国近年来物价涨幅较大，根本原因是宏观调控不力，社会供求差率过大。其三，高校教师提高工资属于理顺高校教师的个人收入分配关系，其对经济建设和社会发展的全局和长远效应不可低估。(3) 建立和健全高校教师工资的正常增长机制。应通过立法途径，合理规定高校教师工资标准增长速度与国民收入、社会劳动生产率和职工生活费用价格指数增长速度的挂钩系数，以确保高校教师的工资增长与国家经济增长和物价上涨水平相适应。此外，要通过全面与严格的考核，定期晋升教师的工资级别。考核成绩优秀者可以越级晋升，考核成绩不合格者不予晋升。(4) 建立高校教师工资的双轨运行机制。可以考虑将国家财政拨付的高校教师基本工资“三七开”，其中的 70% 相对固定地发给教师本人，作为“死工资”；另外的 30% 与各高校通过创收等途径获得的一部分资金捆在一起作为教师的“活工资”，由各高校根据教师的工作业绩进行再分配，切实拉开工资档次，体现按劳分配原则。当然，高校教师工资制度改革应与高校其他管理体制改革和提高办学效益协调配套。

我的这篇文章，中国教育报社原打算在该报 1993 年 7 月 1 日头版发表，但在征求我的意见时我没有同意。7 月 1 日是中国共产党的生日，作为一名中共党员，我认为在当天报纸头版不宜发表这类尖锐剖析国内问题的文章。7 月 7 日，《中国教育报》在第三版（即理论版）以显著篇幅发表了我的文章。当天正值《中国教育报》创刊 10 周年纪念日，该报在第一版上还发表了江泽民总书记和李鹏总理亲笔题写的贺词。

我的文章发表后，在社会上特别是在高教界引起了很大反响，也受到了国家有关部委领导的重视。中国教育报社对此文进行了跟踪调查。国家人事部也要去了这篇文章。1993 年 8 月 18 日，《中国教育报》理论版发表了山西省晋城市教育学院林夕撰写的1000 余字的文章《“忧患意识”赞——赠郭飞》，称我的文章“言之凿凿”“有理有据，切中时弊”“犹如一石激起浪千层……一文出而能产生如此之轰动效应，实为近年所少见”。此外，我收到了河北城乡建设学校教育改革研究室王全 7 月 9 日的一封来信，称我的文章“像一面镜子，照出了高校教师工资待遇的历史和现状”“说出了广大教师想说而说不出的话，想说而说不清的话，想说而不敢说的话”。他在信中还写道：“全国教师都会深深地感谢您的。”

1993 年 11 月 15 日，国务院下发了《关于机关和事业单位工作人员工资制度改革问题的通知》，决定从 1993 年 10 月 1 日起对机关和事业单位工作人员原工资制度进行改革。1993 年 12 月 4 日，国务院办公厅印发了《机关事业单位工资制度改革三个实施办法的通知》。根据新颁布的事业单位工资制度改革方案及实施办法，我在文章中提出的关于大幅提高我国高校教师工资等对策建议，已经全部变成现实。例如，我提出应大幅提高我国高校教师工资的对策建议，在新的事业单位工资制度改革方案中规定：高校副教授的起点工资，由原来的 122 元（六类地区）增至 393 元；教授的最高工资增至 957 元。又如，我提出对“有突出贡献的著名教授，其工资待遇应不亚于副总理的工资标准”的对策建议，在新的事业单位工资制度改革方案中规定：教授的最高工资与副总理工资的第二档大体相当。再如，我提出对国家财政拨付的高校教师工资实行“三七开”的对策建议，在新的事业单位工资制度改革方案中规定：对国家全额拨款的事业单位（含高等院校）专业技术人员（含教师）的工资结构，实行“三七开”（70% 是职务工资，即固定部分；30% 是津贴，即活的部分）。①

---

① 人事部工资保险福利司编：《一九九三年机关、事业单位工资制度改革工作手册》相关部分，人民出版社 1994 年版。

提出我国高校“三年扩招两翻番”的对策建议

20 世纪 90 年代前中期，我国高等教育发展较为缓慢。一方面，高考生“千军万马过独木桥”的状况没有根本改观；另一方面，高等教育资源仍有较大潜力。1998 年秋季，我应邀参加国家经贸委组织的一次关于如何扩大内需的专家研讨会。在会上，我提出了关于高校扩招的建议，得到与会多数专家特别是财政部财政研究所副所长项镜泉研究员的首肯。后来，我进一步研究了这个问题，撰写了《关于我国高校扩大招生规模的思考》一文，于 1999 年 3 月投寄《中国教育报》理论部。《中国教育报》理论部同意发表，但该报总编辑却因没有“上面的相关精神”不敢发表。4 月，我将该文转投《中国改革报》理论部。不久，该报第一版开辟了“积极扩大国内需求，教育怎样有所作为”的讨论专栏，陆续发表了一些大学校长和专家学者对于高校是否应该扩招以及扩招规模问题的看法和建议，每篇文章 1000 字左右。

中国改革报社给我打来电话，说我的文章很好，但若在该报第一版上发表则须将文字压缩到 1500 字以内。我不同意明显压缩文字，怕影响对内容的表述。于是，该报社采取了变通的做法，将我的文章全文发表在《中国改革报》1999 年 6 月 9 日理论版头条，① 作为该报关于高校扩招问题讨论的压轴之作。为突出我的文章的重要性，该报还特意加了“编者按”。该“编者按”全文如下：“为配合本报一版‘积极扩大国内需求，教育怎样有所作为’的大讨论，从理论的深度阐述这一问题，理论周刊特发表中

① 郭飞：《高校扩大招生将拉动内需》，载于《中国改革报》1999 年 6 月 9 日。

国金融学院理论部主任郭飞教授的文章。”我在这篇文章中的最大新意和亮点是提出了我国高校“三年扩招两翻番”的对策建议。

首先，我在文中论述了高校大幅扩招的必要性。(1) 实行高校大幅扩招，是我国实施科教兴国战略的迫切需要。每百名居民中具有大学文化程度的人数，美国为46.5人，加拿大为21.4人，日本为20.7人，菲律宾为18.7人，韩国为13.4人，泰国为5.1人，我国则仅为2.7人。振兴教育是我国实现社会主义现代化的基础，也是我国增强综合国力并在日趋激烈的国际竞争中立于不败之地的基础。高等教育是国民教育的最高层次，关乎国运兴衰。因此，必须大力发展高等教育，显著扩大高校招生规模。(2) 实行高校大幅扩招，适当推迟一部分劳动者的就业时间，并将其培育成为高素质的专门人才，是我国有效缓解严峻就业形势的有效途径之一。(3) 实行高校大幅扩招，还可以直接和间接地明显扩大社会的有效需求。

其次，我在文中分析了高校大幅扩招的可能性。一是我国政府认真实施科教兴国战略，有可能较大幅度地增加高教投入。长期以来，我国的教育投入严重不足，不仅远远低于同期高收入国家的平均水平（5.5%），也远远低于同期低收入国家的平均水平（5.5%）和世界各国的平均水平（5.2%）。《中国教育改革和发展纲要》规定：到20世纪末，国家财政性教育经费支出占国民生产总值的比例应达到4%。1997年，我国财政性教育经费支出占国民生产总值的比例仅为2.49%。随着各级政府对教育事业的更加重视和各级财政支出中教育经费的明显增加，高校大幅扩招所需追加的财政拨款应该是不难解决的。二是我国高校扩招有较大潜力。从办学规模来看，我国普通高校有1032所，生均规模约为3300人；成人高校有962所，生均规模约为2900人。除少数高校外，多数高校的学生数量远未达到规模办学的低限要求。从师生比例来看，我国普通高校教师与学生的比例（包括将研究生、留学生、进修生和夜大、函授生等按国家规定的系数折合为本专科）虽已达到1∶10左右，但仍有余勇可贾。与许多国家相比，我国目前高校的师生比例也并不算高。1996年，经合组织成员国高校师生比例平均为1∶16.7。因此，我国高校大幅扩招非但不会导致高校人力和物力资源“超负荷”，而且还有利于扩大办学规模、提高办学效益和改善教职工的物质待遇。三是我国广大居民愿意为子女上大学或本人接受高等教育而进行智力投资。许多高中毕业生都是独生子女，高等教育已成为广大国民热衷投资的一大领域。我国城乡居民储蓄存款已高达6万多亿元。根据国家统计局的相关调查，“为子女上大学作准备”的储蓄动机所占的比重已升至44%。尽管低收入居民对教育支出的承受能力有限，但中、高收入居民在银行存款中的相当一个份额则完全可以转化为对高等教育的投资。

在此基础上，我在文中提出了高校实现“三年扩招两翻番”的量化目标与对策建议。我提出，如同一个企业在拥有充足的生产要素和广阔市场的条件下理应开足马力进行生产一样，我国高校大幅扩招也势在必行。当然，高校扩招并非没有限度，应该量力而为。综合考虑各种因素，高校实现“三年扩招两翻番”是完全可能的。具体来说，1999～2001年，我国高校（含成人高校）的招生人数每年比上年增长约25%；到2001年，我国高校的招生规模将达到410余万人，在校生规模将达到1100万人左右，分别比1998年我国高校的招生和在校生规模增长近1倍。2002年及以后我国高校的招生规模，则可根据实际情况再作调整。

此外，针对高校大幅扩招后可能引起的对于人才培养质量下降的担忧，我提出：在高校大幅扩招的情况下，要保证和提高人才的培养质量，关键是要抓好两个环节：（1）要进一步健全和强化高校教育质量的宏观监控体系。近年来，中央和地方的教育行政部门组织有关专家对一些新办的本科院校进行教学工作合格评价，对办学时间较长和基础好的高校进行优秀教学工作评价，对介于二者之间的高校进行随机评价，对于促进高校教学质量的提高起到了巨大的推动和保证作用，应长期坚持并不断完善。（2）应由有关的教育行政部门对除国家重点大学以外的其他高校开设的核心课程尽可能地组织全国或省、自治区、直辖市范围内的统一考试，成绩不合格者不发毕业证书。此外，要大力推进高校的“共建、调整、合作、合并”和校内的管理体制改革，促进教学质量的不断提高。

针对高校大幅扩招后可能会增加大学毕业生就业难度的担忧，我提出：（1）中国是世界最大的发展中国家，相对于国民经济和社会发展需要而言，中国的高等教育从总体上看是严重滞后而不是发展过头，高层次专门人才从总体上看是相当匮乏而不是明显过剩。（2）近年来中国确实存在极少数大学毕业生不能及时就业的现象，其基本原因或者是所学专业与社会需求脱节；或者是好高骛远，“宁要城市一张床，不要乡镇一套房”。对于前者，高校应根据国民经济和社会发展需要不断地调整办学方向、专业设置和课程内容，特别是要积极发展高等职业教育和研究生教育，以利于供需衔接和学用结合；对于后者，高校和社会各界要帮助大学毕业生树立正确的择业观，乐于到祖国需要和能够发挥个人才干的地方和单位去建功立业。（3）国家机关、事业单位和企业应加大劳动、人事和分配制度改革的力度，实行公开招聘方式和“公平竞争、能上能下、能进能出、能多能少”的原则，把存量调整和增量选择结合起来，更多地吸纳大学毕业生，以利于人力资源的优化配置。

我的文章发表以后，在社会上引起较大反响并受到国家有关部门的重视。《新华文摘》全文转载了我的文章。1999 年 6 月 15 ~ 18 日，第三次全国教育工作会议在北京召开，江泽民总书记和朱镕基总理在会上发表了重要讲话。《中共中央、国务院关于深化教育改革全面推进素质教育的决定》（以下简称《决定》）也同时颁布。《决定》提出：“通过多种形式积极发展高等教育，到二〇一〇年，我国同龄人口的高等教育入学率要从现在的百分之九提高到百分至十五左右。”① 2002 年，教育部长陈至立撰文指出：“1999 ~ 2001 年高校三年扩招后，普通高校招生数和在校生数均翻了一番。”②

现在看来，1999 年我在《中国改革报》提出的“高校三年扩招两翻番”的对策建议，不仅完全变成了现实，而且也是符合我国国情的；我提出的避免出现高校人才培养质量下降和大学毕业生就业难的对策建议，是具有预见性、可操作性的和正确的；《决定》中提出的到 2010 年我国同龄人口的高等教育入学率要从当时的 9% 提高到 15% 左右的量化指标，很可能是比较符合国情的。我国高校 2002 年以来较长时期中持续大幅扩招，对此我持不尽相同的看法。近年来，教育部要求我国高校发展重在质量建设，对此我深表赞同。

---

① 中共中央文献研究室编：《十五大以来重要文献选编》（中），人民出版社 2001 年版，第 863 页。

② 陈至立：《切实落实教育优先发展战略地位》，见本书编写组编著：《十六大报告辅导读本》，人民出版社 2002 年版，第 323 页。

提出“中国居民收入十年倍增”的对策建议

21世纪头10年，我国经济增长速度较快，人均收入水平也有明显增长。为使我国人均收入水平与经济增长速度进一步相适应，我主撰了《中国低工资制度的阶段特征与中期对策》① 一文，提出了“中国居民收入十年倍增”的对策建议，原文如下：

“抓紧制定并实施我国居民收入（在此指居民实际购买力或居民实际收入）十年倍增计划。目前，我国已进入中等收入国家行列。笔者建议，我国应制定居民收入十年倍增计划（2011～2020年）。实现我国居民收入十年翻一番，既是我国显著提高‘两个比重’（即劳动报酬在国民收入初次分配中的比重和居民收入在国民收入中的比重）的迫切需要，也是我国实施扩大内需战略特别是大力提振居民消费能力的迫切需要，还是我国转变经济发展方式、促进社会和谐稳定、顺利跨越‘中等收入陷阱’的迫切需要。笔者认为，实现我国居民收入十年倍增，既有必要性，也有可能性。我国‘十二五’规划提出，‘十二五’时期国内生产总值拟年均增长7%。我国今年上半年国内生产总值增长9.6%，全年国内生产总值增速将大大超过7%。考虑到我国‘十三五’时期国内生产总值增速可能有所下降，假定我国‘十二五’‘十三五’时期国内生产总值年均增速为7%，假定在此期间我国居民收入年均增速同为7%（在实施过程中，可假定‘十二五’时期居民收入年均增速为8%，‘十三五’时期居民收入年均增速为6%），即可基本达到居民收入十年翻一番的目标。当然，我国居民收入十

① 郭飞、王飞：《中国低工资制度的阶段特征与中期对策》，载于《教学与研究》2011年第12期。

年倍增计划若能实行，并不等于我国不同行业、不同群体的个人收入都是同步增加。应区分不同行业和不同群体，使广大农民和城镇农民工等低收入群体以及低收入行业职工的收入以更快的速度增长。”

在此，我们明确提出了制定并实施我国居民收入十年倍增计划的对策建议。我们不仅初步论证了制定这一计划的必要性，也初步论证了实施这一计划的可能性，还提出了实施这一计划的若干结构性特征。

在撰写该文之前直至该文发表，我和王飞教授在公开发行的报纸杂志和内部研究资料中从未见过有人（或单位）提出过相同或类似的对策建议。该文发表后，我迅速将刊发该文的杂志快递给国家发展和改革委员会就业和收入分配司司长，供他们在制定我国个人收入分配改革方案的过程中研究参考。2012 年 3 月 2 日，我在《中国教育报》理论版上发表的《我国个人收入分配怎样改?》一文中，重申了这一对策建议。中共十八大召开后，我国许多网络与媒体热议我国城乡居民人均收入十年翻一番这一话题，但未见有文章披露这一重大量化目标的形成过程，更未见有学者或单位声称他们是该量化目标的首倡者。

我和王飞教授 2011 年 12 月在《教学与研究》撰文提出的制定并实施中国居民收入十年倍增计划的对策建议，与 2012 年 11 月中共十八大报告中提出的到 2020 年实现我国城乡居民人均收入比 2010 年翻一番这一重大量化目标高度契合。两者的相同之处在于：（1）遵循“居民收入增长和经济发展同步”的基本原则相同；（2）我国居民收入十年（2011 ~ 2020 年）翻一番的基本提法相同；（3）在量化计算中剔除消费价格上涨因素也相同。我们发表的论文中明确提出居民收入是指居民实际收入，这表明必须剔除消费价格上涨因素；中共十八大报告中虽未明确提出居民收入是指居民实际收入，但在《十八大报告辅导读本》所载的国家发展和改革委员会主任张平对此问题的权威解读文章中，可以看出中共十八大报告的相关提法剔除了消费价格上涨因素。[①] 两者的区别之处在于：（1）中共十八大报告中使用了“城乡”和“人均”的概念，这种表述更为细腻，并且引入了

---

① 本书编写组编著：《十八大报告辅导读本》，人民出版社 2012 年版，第 97 ~ 98 页。

2011～2020 年这十年中的人口增量因素，从而对 2020 年我国城乡居民实际收入应达到的总量指标要求更高；（2）按照中共十八大报告中的相关提法测算，2011～2020 年，我国经济年均增速和城乡居民人均实际收入年均增速是 7.17%（或 7.2%），而不是我们文中预计的 7%。

中共十八大召开以后，我曾给国家发展和改革委员会就业和收入分配司司长打过电话，询问在我和王飞教授于 2011 年 12 月撰文提出“中国居民收入十年倍增”的对策建议之前，他和他所在单位的同事是否已在公开或内部刊物中看到过相同或类似的提法？他没有提供当时“已看到”的任何线索，只是希望我们在这方面的研究中“更上一层楼”。后来，我曾在纪念《教学与研究》杂志创刊 60 周年和接受就个人收入分配问题采访的两篇文章中，较为详细地介绍了我和王飞教授 2011 年 12 月撰文提出“中国居民收入十年倍增”对策建议的相关情况，① 也未见有人提出任何异议。《中国共产党第十八次全国代表大会关于十七届中央委员会报告的决议》指出：中共十八大报告“是全党全国各族人民智慧的结晶”。②

此外，我和王飞在《中国低工资制度的阶段特征与中期对策》一文中，还提出了 2012～2015 年应对企业退休人员的基本养老金年均提高 10% 的对策建议，该建议已完全变为现实。据测算，2005～2015 年，除 2006 年增幅为 23.7% 以外，我国企业退休人员基本养老金以年均 10% 左右的幅度递增，明显缩小了与国家机关事业单位退休人员基本养老金的不合理差距。

---

① 郭飞：《良师益友绽新蕾——我与〈教学与研究〉的 30 年》，载于《教学与研究》2013 年第 3 期；郭飞、朱奎：《构建中国橄榄型个人收入分配新格局》，载于《海派经济学》2013 年第 3 期。

② 本书编写组编著：《十八大报告辅导读本》，人民出版社 2012 年版，第 60 页。

提出我国应对国企高管薪酬标准的上限做出规定的对策建议

20世纪末以来，由于我国政府有关部门“不作为”或“少作为”，某些国有企业特别是金融类和垄断性行业国有企业负责人滥用企业自主权，自定高额年薪动辄上百万元或几百万元之多，已为社会各界所诟病。2009年9月，人力资源和社会保障部、财政部、国务院国资委等部委联合下发了《关于进一步规范中央企业负责人薪酬管理的指导意见》，明确规定了中央企业负责人薪酬管理的基本原则和薪酬结构，但并没有对中央企业负责人薪酬的上限做出明确规定。我在主撰的《中国收入分配改革：成就、问题与对策》[①] 一文中，提出了我国应对国企高管薪酬标准的上限做出明确规定的对策建议。

我们提出，第一，央企高管本质上仍是国有企业的员工，与一般员工不同的是其受托担任央企高级管理者的角色。第二，央企高管薪酬可以显著高于本企业职工平均工资水平和国企职工平均工资水平，但也不能高得“离谱”。2008年，我国国有企业职工平均工资为30780元。若央企高管年最高薪酬定为100万元，则相当于2008年国有企业职工年均工资的32.5倍，收入差距已相当之大。第三，不能将我国央企高管薪酬标准与发达资本主义国家著名大企业高管薪酬标准做简单比较。按照马克思的经济理论，不同国家的工资差异，除制度、历史、道德等因素之外，劳动生产率差异也是极为重要的因素。我国某些国有大型企业虽已跻身世界500强，但职

---

① 郭飞、王飞：《中国收入分配改革：成就、问题与对策》，载于《马克思主义研究》2010年第3期。

工人均劳动生产率与创利水平则仅为发达资本主义国家著名大企业的几分之一或几十分之一。以人均创利水平为例。2006 年，新日本制铁和宝钢集团人均税后年利润额分别为 6.35 万美元和 1.78 万美元，相差 2.57 倍；丰田汽车公司与中国一汽集团人均税后年利润额分别为 4.69 万美元和 0.05 万美元，相差约 93 倍。因此，央企高管薪酬中的基本年薪不仅应与上年度央企在岗职工平均工资相联系，还应与上年度国企职工年均工资保持适当的比例关系；其绩效年薪则应与实际经营业绩紧密挂钩。在此基础上，我们提出应对国企高管薪酬标准的上限做出明确规定。从我国国情出发，兼顾效率与公平的原则，央企高管薪酬上限在近期内以每年不超过 80 万～100 万元为宜。此外，我们还提出应从严控制所有国企高管的职务消费，并按国家有关规定规范国企高管的补充养老保险。

中共中央政治局 2014 年 8 月 29 日召开会议，审议通过了《中央管理企业负责人薪酬制度改革方案》，并于 2015 年 1 月 1 日起正式执行。该方案将央企负责人薪酬由过去的基本年薪和绩效年薪两部分调整为基本年薪、绩效年薪、任期激励收入三部分，并明确规定央企、国有金融企业主要负责人的薪酬将减至当时薪酬的 30% 左右，削减后的年薪不能超过 60 万元。

提出我国应构建以自主创新为基点五位一体的技术进步基本路径格局的对策建议

当今世界，科学技术是第一生产力，科学技术在国内生产总值增量中所占的比重越来越大。20世纪80年代中后期，我国提出并实施了“以市场换技术”吸引外商直接投资的方针，既取得了一定的成效，也付出了沉痛的代价。胡锦涛在2006年1月召开的全国科学技术大会上强调指出：“一个国家只有拥有强大的自主创新能力，才能在激烈的国际竞争中把握先机，赢得主动。特别是在关系国民经济命脉和国家安全的关键领域，真正的核心技术、关键技术是买不来的，必须依靠自主创新。”① 我撰写了《对“以市场换技术”方针与涉外税收超国民待遇的再思考——兼与赵中杰商榷》② 一文，明确提出我国应构建以自主创新为基点五为一体的技术进步基本路径格局的对策建议。

我认为，《国家中长期科学和技术发展规划纲要（2006～2020年）》中明确提出的“自主创新、重点跨越、支撑发展、引领未来”，既是我国新时期科技发展的指导方针，也是我国新时期的科技发展战略。在这一新的科技发展战略中，自主创新置于首位。自主创新，并不是闭关自守搞创新。在世界科技革命飞速发展的时代，完全依靠本国的知识、经验和技术而不借鉴和吸收国外的知识、经验和技术，自主创新只能事倍功半。同时，引进先进技术和吸引外商直接投资与自主创新也并不是对立的，处理得好

① 中共中央文献研究室编：《十六大以来重要文献选编》（下），中央文献出版社2008年版，第189页。

② 郭飞：《对“以市场换技术”方针与涉外税收超国民待遇的再思考——兼与赵中杰商榷》，载于《经济学动态》2006年第9期。

则可以促进本国的自主创新。因此，我们所说的自主创新是开放型的自主创新。然而，在我国新时期的科技事业发展中，对于自主创新这一基石或战略主线决不能有丝毫动摇。一方面，自主创新能力是国家和企业竞争力的核心；另一方面，在关系国民经济命脉和国家安全的关键领域，真正的核心技术与关键技术是买不来的，必须依靠自主创新。缺乏自主创新能力，缺乏具有自主知识产权的核心技术与关键技术，我国在国际产业分工中就会永远被锁定在低技术、低附加值的层次，经济和国家安全就会受到极大威胁，甚至会成为发达国家的技术殖民地和经济附属国。因此，实施以自主创新为基点的科技发展战略，不仅是我国积极应对当代国际竞争的客观要求，也是我国追求自立自强的民族意识的必然体现。

我提出，与我国新时期科技发展战略相适应，我国必须把技术进步的主要立足点由一段时期以来依赖海外技术逐步转移到自主创新上来。换言之，我国技术进步要逐步实现由外源性技术进步为主向内源性技术进步为主转变。我国技术进步的基本路径，应该是自主创新与引进先进技术、吸收和利用外商直接投资相结合。具体来说，大体上应通过五种途径：（1）以创新获技术。通过逐步确立企业在技术创新中的主体地位和加强国家创新体系建设，实现自主创新即原始创新、集成创新和引进消化吸收再创新，获得我国经济和社会发展所需要的关键技术、核心技术、共性技术和前沿技术，为全面建设小康社会提供强有力的技术支撑。到2020年，我国对外技术依存度应从超过50%降至30%以下，本国人发明专利年度授权量应达到世界前5位。（2）以竞争获技术。在与海外跨国公司的竞争中，通过制度创新、管理创新和增加科技投入，大力提升内资企业特别是大中型内资企业的技术水平，迫使海外跨国公司在华直接投资更多地采用先进技术，进一步发挥其技术外溢效应。（3）以引进获技术。在较长时期内，引进海外的先进和适用技术，仍是我国技术进步的重要途径。（4）以市场换技术。积极吸收和利用能够带来先进或适用技术的外商直接投资，并逐步提高其市场准入的技术门槛。（5）以优惠换技术。以一定的优惠政策吸引外商投资于我国急需发展的某些产业，提升我国产业技术水平。在上述五种途径中，自主创新从近中期来看应逐步处于主导地位，从长期来看则应逐步处于主体地位，而其他途径则处于重要地位。这种以自主创新为基点五位一体的技术进步基本路径格局，坚持了内外因关系的辩证统一，对于调整我国产业结构与转变经济增长方式具有关键意义，是实现我国由制造大国向创造大国、经济大国向经济强国转变的必然选择。

提出我国应实施以人为本的“适度就业”的对策建议

就业是民生之本，安国之策。坚持以人为本的科学发展观，构建社会主义和谐社会，需要处理好方方面面的关系，其中包括处理好劳动就业关系。然而，一些年来在我国城镇中经常可以看到两种极端或畸形的现象。有一部分职工属于“过累族”。他们起早贪黑，加班加点，严重超负荷，个别人甚至过度劳累而死。另有一部分失业、“早退”和“内退”人员则属于“过闲族”。他们苦于有劳动能力却无用武之地，失意烦躁，有些人抑郁生病，有些人则以打扑克和搓麻将来消磨时光。“过累族”与“过闲族”的人数在我国城镇劳动力总数中占有不容忽视的比重，且有持续上升的势头。过度使用劳动力与过度闲置劳动力不仅对劳动者无益，而且还对构建社会主义和谐社会形成重大威胁。对此，我撰写了《以人为本与适度就业》[①] 一文，提出了我国应实施以人为本的“适度就业”的对策建议。

我先界定了以人为本的“适度就业”的概念。适度就业包括但不等同于充分就业。充分就业的最初含义是社会上不存在“非自愿失业”（即劳动者愿意按现行工资受雇于雇主而找不到工作）。人们通常使用的充分就业，一般是指在存在失业的市场经济条件下就业的理想状态，它往往与较高的就业率或较低的失业率相联系。有些经济学家提出，失业率不超过3%～4%即可视为充分就业。我国政府也将“实现社会就业比较充分，将失业率控制在社会能够承受的范围内”确定为我国解决就业问题的总体目标。我提出的适度就业，不仅包含适度的就业率（或就业率意义上的充分

① 郭飞：《以人为本与适度就业》，载于《光明日报》2005年8月23日。

就业），同时也包含适度的劳动年龄和劳动时间等。它是一个全方位衡量或反映劳动者就业状况的概念。

我提出，应从三个角度来进一步理解以人为本的“适度就业”。

一是从理念角度理解适度就业。适度就业作为理念，其基点是以人为本，尊重劳动，共建和谐。具体来说，就是既要较为充分合理地利用劳动力资源，又要考虑劳动者的收入状况和承受能力，还要兼顾劳动者的休息、学习、娱乐和健康状况，也要维护社会的安定与和谐，从而体现出人民群众局部利益与整体利益、当前利益与长远利益在市场经济条件下的正确结合以及效率与公平的辩证统一。

二是从原则角度理解适度就业。将适度就业的理念用于指导宏观、微观经济管理和经济体制改革的实践，适度就业即成为一项原则。它不仅要求将失业率控制在较低水平，同时也对劳动年龄、劳动时间、家庭就业人员数量等设有相应的限制（有的方面设有上限和下限，有的方面则只设下限）。其上限不得突破国家或部门（行业）的相关规定（如根据当时施行的《中华人民共和国劳动法》和国务院的相关规定，我国在业职工每周工作时间应控制在40小时之内，经协商同意后延长劳动时间每月不得超过36小时），其下限除国家有法律法规相关规定（如我国劳动年龄最低不得小于16周岁）以外，应不低于劳动者及其赡养的家庭成员的经济承受能力（如在一个由两人或两人以上组成的家庭中，应至少确保一个有劳动能力的家庭成员就业）。当然，适度就业原则的内容不是一成不变的。就劳动时间来说，随着生产力的迅速发展和人类本身以及劳动制度的不断进步，劳动者每周工作时间有逐渐缩短的趋势。同时，适度就业原则的适用范围也具有相对性。就我国而言，它主要适用于国家机关、社会团体、企事业单位中的广大劳动者，而这些单位中的个别人员在某些方面（如劳动年龄的上限）则可以例外。

三是从结果角度来理解适度就业。它可视为多侧面体现劳动者良好就业的一种状态。

在此基础上，我提出在今后较长时期内，我国应从政府、企业（单位）、劳动者个人三个层面实施以人为本的“适度就业”。

就政府而言，主要应做好两方面的工作。一方面，应正确实施经济发展和扩大就业并举的新战略，实行更为积极的就业政策，千方百计地降低失业率。其中，除了要大力发展第三产业、积极发展非公有制经济和中小企业、努力保持较高的经济增长速度和大力发展教育事业之外，重要途径之一就是大力发展灵活就业。灵活就业包括非全日制就业、临时就业和派遣就业三种基本类型，在我国有广阔的发展空间。我提出，适应某些求职者的实际情况和客观需要，在我国某些制造业和服务业的企业中，可以在一定范围内实行半天工作制；在我国高校和某些科研机构中，对于某些未到或已到退休年龄、体力欠佳但仍有余勇可贾且单位需要的高层次专业技术人员，也可以试行类似的工作制度。此外，政府应通过购买公益性就业岗位等方式，帮助夫妻双失业且难以自谋职业的家庭至少解决一个就业岗位。另一方面，政府应在立法机关抓紧修订《劳动法》和尽快出台《促进就业法》等法律法规的基础上，加大执法力度，切实维护劳动者的劳动权、休息权等合法权益。

就企业（单位）而言，应挖掘潜力，遵纪守法，多管齐下。（1）除濒临或已关闭破产的国有企业之外，国有单位应尽可能通过转岗分流或企业实行主辅分离、辅业改制等途径安排富余人员。应规范并尽量减少“早退”或“内退”人员，尽量少用买断工龄的方式裁减员工，尽量避免将失业人员推向社会。（2）应切实杜绝某些企业违规延长职工劳动时间和非法使用童工的现象。可将某些企业的“两班制”调整为“三班制”，从而不仅遵守了国家关于职工劳动时间的规定，还有利于吸纳更多劳动者就业。例如，我国在私营企业、外资企业和乡镇企业工作的职工人数约有1.9亿人。在这些企业中，如能通过严格执行国家关于职工劳动时间的规定，则可至少净增10%的就业机会，即至少可以增加1900万个就业岗位，大体相当于我国城镇两年中新增就业岗位（每年900万个左右）之和。某些生师比超标的高等院校应按国家有关规定调整人员结构，增加教师数量，切实提高教育质量和维护教师身体健康。（3）某些企业可酌情采用在加拿大较为流行的“四一”工作计划。“四一”工作计划即职工工作满四年后，可以休假一年，而后仍回原单位工作。在职工工作的四年中，每月只领取工资的80%，另外20%的薪金加复利成为第五年的收入来源。由于四年工资五年付清，个人所得税也相应减少。职工在一年休假中可以进行学习、旅游或从事其他活动。从而，既可以增加25%的就业机会，也可以消除或缓解“职业倦怠症”，使职工保持创新的活力。

就劳动者个人而言，应根据不同情况区别对待。如果排除体制和管理因素，属于“过累族”的劳动者大体有两种情况。一种情况是事业心极强、克己奉公的“工作狂”。对于这些先进人物，单位和社会应在褒扬其高尚精神的同时，吁请他们珍视生命，劳逸结合，以防未老先衰，英年早逝。另一种情况是为追求个人目标或为维持家庭基本生计而透支生命的“拼命三郎”。对于这些劳动者，社会应吁请他们克服短视行为，爱惜和保重身体，并对其中的生活特殊困难者提供必要的救助。而对于“过闲族”来说，社会则应创造条件，通过多种途径帮助他们转变观念，增长技能，找准在市场经济中实现个人价值的正确方位，努力实现再就业、自谋职业或自主创业。

现在看来，我于14年前提出的实施以人为本的“适度就业”的对策建议，具有长远的重大意义。以劳动者的工作时间为例。现行《中华人民共和国劳动法》规定：国家实行劳动者每日工作时间不超过8小时，平均每周工作时间不超过44小时的工时制度；用人单位因生产经营需要和特殊需要，经与工会和劳动者协商后，在保障劳动者身心健康的条件下可以延长工作时间，每月不得超过36小时（即劳动者每周工作时间最长不得超过49小时）。习近平指出：“人民对美好生活的向往，就是我们的奋斗目标。”① 中国特色社会主义的根本目标，就是要使全体人民过上幸福美好的生活。幸福美好的生活是奋斗出来的。在社会主义社会中，奋斗者的劳动应该是有尊严的体面的合规的劳动。10多年来，我国许多非公有制企业中劳动者被迫违规超时劳动的现象并未明显减少，而有的国有企业和高等院校、三甲医院等国有事业单位中的一部分劳动者也存在被迫违规超时工作的情况。一段时期以来，更有某些“知名企业家”热炒所谓“996工作制”（即劳动者每天上午9点上班，晚上9点下班，每周需要工作6天，共计72小时），并打着要过好一点的生活就要“拼搏”和“奋斗”的旗号。我认为，上述说法和做法是严重违反我国现行《劳动法》的压榨和摧残劳

① 《习近平谈治国理政》第一卷，外文出版社2018年第2版，第4页。

动者的行为，与人类社会中劳动者工作时间逐渐缩短的大趋势相悖，与中国特色社会主义的根本目标背道而驰。对此，相关单位应遵纪守法，多在科技进步、强化管理、提高劳动生产率方面挖潜力；国家有关部门则应严格监督、违法必究，以切实维护劳动者的合法权益和身心健康。2019 年 4 月 15 日，新华社发表了署名辛识平的评论《奋斗应提倡，996 当退场》。该评论指出：“如果不能切实保障员工利益，如果无视员工意愿和身心健康，甚至让员工辛辛苦苦连个加班费都拿不到，一些企业强制推行的‘996 工作制’就是在透支健康、透支未来，这恰恰是对奋斗者的伤害，也是对奋斗精神的误读。善待劳动者，让劳动者更有获得感、幸福感、安全感，才是对奋斗者的最好致敬，对奋斗精神的最好弘扬。”

提出我国应在高校、科研机构中设置文科专业技术人员一级岗位的对策建议

2006年，我国国家机关事业单位进行了继1985年、1993年工资制度改革后重大的工资制度改革，事业单位工作人员实行岗位绩效工资制度。岗位绩效工资包括岗位工资、薪级工资、绩效工资、津贴补贴四部分，岗位工资和薪级工资为基本工资。在事业单位工作人员的岗位工资标准中，教授、研究员等正高级专业技术人员分为一至四级（其中，一级为最高级，四级为最低级）。人事部在《事业单位工作人员收入分配制度改革实施办法》（以下简称《办法》）中规定："专业技术人员执行一级岗位工资标准的人员，需经人事部批准""中国科学院院士、中国工程院院士以及为国家做出重大贡献的一流人才，经批准，执行专业技术一级岗位工资标准。"《办法》中对"为国家做出重大贡献"的标准，并没有具体界定。在实际执行中，变成了只有中国科学院、中国工程院两院院士才能进入专业技术人员一级岗位，执行专业技术一级岗位工资标准；所有高校和科研机构文科专业中非常优秀的专家学者，都不能进入专业技术人员一级岗位，执行专业技术一级岗位工资标准。2006年，中国社会科学院按照两院院士的规格评选了学部委员，但也只能进入专业技术人员二级岗位。2009年上半年，教育部、人力资源和社会保障部在中国人民大学文科专业进行了评聘一级岗位教授的试点，但此举并未在其他高校和科研单位推开。我在主撰的《中国收入分配改革：成就、问题与对策》[①] 一文中，明确提出我国

① 郭飞、王飞：《中国收入分配改革：成就、问题与对策》，载于《马克思主义研究》2010年第3期。

应在高校和科研机构中设置文科专业技术人员一级岗位的对策建议。

我们提出：按照我国现行的政策规定和实际做法，高校和科研机构文科专业中非常优秀的专家学者不能进入一级教授（或研究员）岗位，这是一个重大缺陷。新中国成立后，文科专业尚有一级教授（或研究员）；而今在事业单位专业技术人员岗位定级中，文科专业一级教授（或研究员）实际上已化为乌有。这决不仅是900元工资差距的小问题，而是如何看待文科乃至整个社会科学的地位与作用、如何体现社会科学与自然科学、工程科学同等重要的治国理念以及如何贯彻人才强国战略的大问题。我们建议，应在全国高校、科研机构中设置文科专业技术人员一级岗位，条件从严掌握，并报经教育部、中国社会科学院及人力资源和社会保障部审批。

我们的这一建议在社会上引起了一些反响，但国家有关部门至今没有作出正面回应。近些年来，中国社会科学院、某些顶尖高校等单位相继以评选学部委员、荣誉教授、文科资深教授等方式来弥补国家现行相关政策的缺陷，并在本单位对上述人员实行专业技术人员一级岗位工资待遇。随着我国科教兴国战略和人才强国战略的进一步贯彻，这一问题应能得到妥善解决。

第五篇 教学改革

立德树人是社会主义大学的根本任务，深化教学改革、提高教学质量是办好社会主义大学的基本途径。本篇概述笔者在40多年高校教学生涯中紧密结合个人的教学实践，探索并提出搞好社会主义政治经济学教学的基本路径、搞好社会主义政治经济学教学的八种教学方法、在中国经济体制改革专题课程中实行研讨型教学模式等教学创新。

探索并提出搞好社会主义政治经济学教学的基本路径

马克思主义政治经济学分为两部分，即资本主义政治经济学和社会主义政治经济学。社会主义政治经济学课程与其他许多课程相比，确实不好讲。然而，不好讲并非讲不好。我紧密结合教学实践，撰写了《社会主义政治经济学教海探珠》和《搞好社会主义政治经济学教学的几点思考与尝试》[①] 两篇论文，探索并提出了搞好社会主义政治经济学教学的基本路径。

一、“底气”要足

要讲好社会主义政治经济学，必须有足够的“底气”，在大庭广众面前挺直腰杆，决不能“带着迷茫和沉重的压力走上讲台，又带着失落走下讲台”。

“底气”首先来源于坚定的社会主义和共产主义信念。我长期从事马克思主义政治经济学的教学工作，深入钻研过《资本论》等著作。马克思主义博大精深和逻辑缜密的理论体系与当代中国和世界的现实使我坚信马克思主义是在实践中不断丰富和发展的科学，是工人阶级推翻旧世界、建设新世界的“圣经”，社会主义制度必将在全世界范围内取代资本主义制度。因此，我在讲课中觉得职责光荣，理直气壮。

“底气”也来源于深厚宽广的理论功底和对于实际情况较好的了解。

① 郭飞：《社会主义政治经济学教海探珠》，载于《金融科学》1993 年第 4 期；《搞好社会主义政治经济学教学的几点思考与尝试》，载于《中国高等教育》1993 年第 6 期。

就讲好社会主义政治经济学而言，不仅需要谙熟政治经济学基本原理，而且还要熟悉马克思主义经济思想史、资产阶级政治经济学史、西方经济学、社会主义政治经济学史、社会主义国家经济史和改革史。此外，还应对中外近现代史、外国经济史、当代世界政治经济与国际关系，以及其他应用经济学和科学技术基础知识等有必要的了解。只有具备深厚的理论积淀和广博的实际知识，讲授社会主义政治经济学才可能融会贯通，持之有故，厚积薄发，振振有词。

“底气”还来源于对教学内容比较熟悉。同样一份讲稿，是照本宣科、结结巴巴地讲，还是倒背如流、滔滔不绝地讲，其教学效果大相径庭。有的经济学教师并非缺乏口才，也并非不能把课程讲得“活灵活现”，但就是不愿在更好地熟悉教学内容上多下功夫。其实，熟能生智，也能生巧。为了增强教学效果，教师在备课方面多用一些时间是完全必要的。

二、教材要好

讲好社会主义政治经济学，选好教材是至关重要的前提条件。选用教材得当，则事半功倍；选用教材不当，则事倍功半。

我国高校使用的社会主义政治经济学教材大体上分为三类：一类是国家教委推荐使用的教材；另一类是由某省（部委）组织编写或几所院校合编的教材；还有一类是某高校的自编教材。尽管后两类教材中也不乏“凤毛麟角”，但是，一般来说国家教委推荐的教材质量较高。我在教学中采用了国家教委推荐的“北方本”和“人大本”等社会主义政治经济学教材，对提高教学质量起到了良好的作用。

国家教委推荐的社会主义政治经济学教材各具特色。从备课需要出发，教师最好具备几本新版的教材，以便博采众长，改进和充实教学内容。例如，围绕产业结构合理化问题，“北方本”仅仅阐述了产业结构合理化的基本标志，内容较为单薄；而“南方本”则阐述了经济成长阶段与产业结构的关系以及产业结构模型，内容较为新颖和丰富。我在讲课中把这两本教材的有关内容融为一体，就显得珠联璧合，光彩夺目。

教师在课堂上讲授的内容应与学生使用的教材既有联系，也有区别。

教材规定了教师讲授内容的基本框架，如何增删取舍则应从教学目的和学生的实际情况出发。我认为，教师在讲课中应对教材起到“加深”和“加宽”的作用。所谓“加深”，即突出重点，阐明各章节之间的内在联系，增强理论深度和教学力度，尽可能地释疑解惑。所谓“加宽”，即添枝加叶，也就是要根据实践和理论的发展，补充教材在内容和例证方面的不足。例如，我在讲授“人大本”中“按劳分配和社会主义消费”这一章时，除了讲清教材规定的教学内容之外，还增加讲授了社会主义市场经济中按劳分配的特点，当前社会分配不公的状况、原因与对策，在社会主义初级阶段的个人收入分配制度中坚持以按劳分配为主体的必要性等内容，受到了学生们的好评。

三、观点要准

社会主义政治经济学的根本力量在于它的科学性，在于它被人民群众掌握之后所焕发出来的巨大的物质力量。在实践中我深深地体会到，讲授社会主义政治经济学只要观点准确，论证透彻，逻辑严密，就能以理服人。广大青年学生具有极大的可塑性。他们并没有戴着“有色眼镜”来看待马克思主义。电影《大浪淘沙》中有一句话说得好：青年学生自发地崇仰真理。

要在讲授中充分体现社会主义政治经济学的科学性，关键是教师要切实加强理论研究，不断提高理论水平。尽管许多高校在理论研究方面的客观条件远不如科研机构，但是，我在实践中认识到，作为一名高校马克思主义政治经济学教师，必须坚持教学与科研“两条腿走路”的方针，以教学推动科研，以科研促进教学。我越来越多地尝到了加强理论研究对于搞好教学工作的甜头。例如，我曾撰写并发表了《必须坚持社会主义公有制的主体地位》一文，从理论和实践的结合上驳斥鼓吹在中国实行“私有化”的谬论。在阐述社会主义公有制与我国现阶段生产力的相互关系时，我除了列举新中国成立40多年来在经济建设和改善人民生活等方面取得的重大成就来说明社会主义公有制适合我国现阶段生产力的基本性质以外，还提出必须做以下三点区分：（1）把我们在工作中的失误造成的经济建设的重大挫折与社会主义公有制严格区分开来；（2）把社会主义公有制的主体地位与需要调整的部分严格区分开来；（3）把我国传统经济体制中存在的弊端与社会主义公有制严格区分开来。我把这种观点融入课堂教学，学生反映“论证透彻，说服力强”。

在教学实践中有时会遇到这种情况：教材中阐述的某个观点虽然是社会的正统观点，但却与现实生活存在明显的差距。对此，我在基本讲清楚教材观点的基础上，适当地介绍一些国内外在这一问题上较有说服力的新的学术观点。这不仅有利于开阔学生的思路，还能使学生认识到社会主义政治经济学决不是一成不变的教条，而是源于实践川流不息的真理的长河。

四、例证要新

真实、典型、生动、新颖是讲课举例的基本要求。社会主义政治经济学植根于社会主义现实经济的肥田沃土。因此，教师举例不仅要力争做到真实、典型与生动，而且还要尽量做到新颖。

讲授社会主义政治经济学举例的范围很广，包括经济统计数据、经济实例、经济政策、经济发展和经济体制改革中的成就与问题，等等。在实行改革开放以前的较长时期中，我国信息渠道狭窄，许多经济情况不透明或半透明，教师苦于“上不着天，下不着地”，讲授社会主义政治经济学难以较好地做到理论联系实际。而今，经济生活日益信息化，教师可以多渠道地及时获得比较准确的经济信息，这就为在教学中真正贯彻理论联系实际的方针提供了十分有利的条件。平时，我除了积极购买理论书籍和坚持订阅经济理论刊物以外，还认真研究经济政策和广泛收集经济资料。对于党和国家的重要文献汇编、《中国统计年鉴》《中国经济体制改革十年》《奋进的四十年》和世界银行发表的年度《世界发展报告》等比较昂贵的重要资料，我都力争自费买来。对于报刊登载的党和政府领导人重要的讲话和报告、国家统计局发表的国民经济与社会发展统计公报以及经济界有关人士撰写的重要专题资料，我都设法通过自费复印等途径搞到手。而对于中央电视台、中央人民广播电台播发的重要经济新闻，我经常是耳听笔录。这样，我在教学中运用例证就感到得心应手。不是捕风捉影，而是真凭实据；不是“昨日黄花”，而是“今朝之事”；不是牵强附会，而是较为恰当；不是“坐井观天”，而是俯瞰中国与世界。例如，为了证明坚持社会主义改革开放的必要性，我在1991年上半年的讲课中列举了下述经济数据：“1981～1990年，我国国民生产总值年均增长9%，而发展中国家年均增长3.1%，发达国家年均增长2.8%。也就是说，这10年中，中国经济走三步，发展中国家走一步多，发达国家还没走完一步。从纵向来看，这10年我国国民生产总值的增长速度大大超过了1953～1978年国民生产总值年均6.1%的增长速度”。为了说明我国现阶段生产力从总体来看仍然是水平低的状况，我在1993年春季的讲课中引用了世界银行发表的《1992年世界发展报告》中列举的1990年人均国民生产总值的若干数据：中国370美元，瑞士32680美元，全世界4200美元。当然，我也附带解释了用美元衡量人均国民生产总值的局限性。例证新，大有益，它使社会主义政治经济学的讲授内容跳动着时代的脉搏，充满着现实生活的气息，从而大大增强了理论的说服力。

五、语言要精

在社会主义政治经济学的讲授中，理论好比躯干，例证宛如血肉，语言则恰似服装。语言要精，一是指语言精练，干脆利落，不拖泥带水，不说车轱辘话，以尽量满足学生以较少时间获取大量知识信息的需要；二是指语言优美，讲求语言表达艺术，使学生在课堂上不仅能得到理论上的“滋润”，还能在语言方面获得某种欣赏与满足。

马克思、恩格斯、列宁、斯大林和毛泽东不仅是理论大师，而且也是语言艺术大师。他们的著作不仅是社会科学的经典，同时也是语言艺术的楷模。“教员是宣传家”。[①] 作为政治经济学教师，应善于运用青年学生喜欢的语言来讲授社会主义经济理论，搭建起马克思主义与广大学生心扉之间的桥梁。我曾在农村和工厂搞过宣讲，后来长期在高校任教。我注重多渠道和一点一滴地学习语言，努力学会“到什么山上唱什么歌”。在实践

---

① 《毛泽东选集》第3卷，人民出版社1991年第2版，第838页。

中我体会到，给大学生讲课不同于在工人、农民中间进行宣传；讲授社会主义政治经济学也不同于讲授中文与历史，在语言运用上要刚柔相济，雅俗共赏。所谓刚柔相济，就是既要有“律师的面孔”，以显示真理的威严；又要有“姑娘的笑脸”，以体现真理的可爱。所谓雅俗共赏，就是既要有“阳春白雪”，也要有“下里巴人”。清一色的大众话是不行的，这难以满足大学生对高层次语言艺术的追求；而“孔夫子放屁——文气冲天”也是不行的，这容易给学生造成华而不实和脱离群众的感觉。俗，不能语言混浊；雅，不能“曲高和寡”，要雅俗适度。在讲授社会主义政治经济学的过程中，我尽可能地把理论语言与文学语言、抽象化语言与形象化语言、书面语言与口头语言有机地结合起来。例如，我用“政企不分”“瞎指挥”“大帮轰”（大呼隆）“大锅饭”来概括农村人民公社体制的主要弊端；用“草根工业成长为参天大树”来比喻某些乡镇工业企业的迅速崛起；用“市长当厂长、厂长当市长”来描绘传统经济体制下政企不分、企业办社会的状况；用“工业报喜、商业报忧、仓库积压、财政虚收”来概括传统经济体制下企业“为生产而生产”造成的后果；用“三位一体”“三足鼎立”来比喻社会主义制度下国家、集体、个人三者之间在物质利益方面的一致性与差别性；用“不为浮云遮望眼”来劝诫学生不要被当前的社会分配不公和不正之风所迷惑，等等，都收到了良好效果。有一次，学生的课堂讨论既十分活跃，也有一定的广度和深度。我在作讨论总结时首先用“群星璀璨”来概括我的总体印象，课堂上顿时鸦雀无声，几十名学生的目光和我的目光完全交汇在一起。语言艺术是一门大学问，我在这方面还远不是行家里手。然而，准确而艺术地运用语言，无疑会显著增强理论讲授的感染力和吸引力。

六、方法要活

社会主义政治经济学的教学方法从根本上来说是理论联系实际和启发式这两种教学方法，其目的在于提高学生运用对于社会主义经济的本质、运行和发展的科学认识分析问题与解决问题的能力。然而，这两种教学方法需要通过具体的教学方法来加以体现。我在实践中探索并采用了六种具体的教学方法：（1）抛纲式教学法（即抛纲—自学—质疑答疑）。这比较适合于教材阐述较细、自学难度较小且内容不很重要的章节。（2）归结式教学法（即提出教学目的和要求—自学—归纳总结）。这比较适合于具有中等难易程度且内容需要发挥的章节。（3）一般讲授式教学法。这比较适合于内容较重要且需要进一步充实的章节。（4）专题式教学法。这比较适合于社会主义政治经济学教材中的重点章节。（5）“走出去”与“请进来”。这是一种充分利用校外有利条件贯彻理论联系实际方针的有效教学方法。（6）讨论式教学法。我在每轮社会主义政治经济学教学过程中一般都安排2～3次课堂讨论，每次两课时。在上述教学方法中，我主要采用一般讲授和专题讲授这两种教学方法，辅之以其他教学方法。实践证明，这样做既有利于充分发挥教师的主导作用，也有利于调动广大学生的积极性和主动性。

七、要求从严

在社会主义政治经济学的教学过程中，我一直坚持以高标准来严格要求学生，主要是做好四项工作：（1）要求学生不得无故缺课。我院规定学生无故缺课3次以上就取消考试资格。我严格执行学院的有关规定，经常点名抽查。一次，1992级投资专业有名学生无故缺课，我便于课后主动找他谈心。他诚恳地检讨了错误，之后再没有缺课。对于因病或因事请假的学生，我都要求他们补看教材的有关部分和别的学生的课堂笔记，有时我还亲自给个别学生补课。（2）要求学生认真写好讨论提纲或“小论文”。我要求学生写讨论提纲既不能简单抄袭教材或其他材料，也不能互相抄袭，应有自己的真实观点和独立归纳，每份提纲1500字左右。对于交上来的讨论提纲，我尽量写上较为切中的评语，有时还纠正其中的错字和不正确的标点符号。1989级投资专业李蕾在准备关于社会分配不公问题的讨论提纲的过程中，先后查阅并参考了近10篇有关论文，写成了约6000字的讨论提纲。她在讨论会上的发言得到了学生们的一致好评。（3）期末考试前既不留重点复习范围，也不进行串线辅导。这不仅是教研室的统一规定，也是向学生预先发布的“安民告示”。我一直坚持这种做法，旨在督促学生平时多下功夫，掌握真本事。(4) 不给“人情分”。

教师的天职是搞好教学。在上述两篇论文中，我从教学内容到教学方法，从教师的主观条件到教学的客观条件，对搞好社会主义政治经济学教学的基本路径进行了较为全面的成功探索，以更好地培养高素质的社会主义建设者和接班人。我的论文不仅被中国人大复印报刊资料全文转载，还于 1997 年荣获北京高校优秀教学成果奖。

探索并提出搞好社会主义政治经济学教学的八种教学方法

政治经济学既是高校经济类专业的核心课程之一，也是高校公共马克思主义理论课中难讲的课程之一。搞好社会主义政治经济学的教学，关键是教学内容的改革，其次是教学方法的改革。我结合自己成功的教学实践，撰写了《社会主义政治经济学教学方法探索》和《研讨式与综合式教学法新探》[①] 两篇论文，探索并系统提出了搞好社会主义政治经济学教学的八种教学方法，特别是提出了具有较大新意的研讨式教学法与综合式教学法。

一、抛纲式教学法

抛纲式教学法（即抛纲—自学—质疑答疑）比较适合于教材阐述较细、自学难度较小、内容不很重要或学生较为熟悉的章节。例如，对于“社会主义经济制度的建立”这一节，因教材阐述得较为具体，学生在中学时期和大学一年级中国革命史课程的学习中又有基本的了解，我就采用了这种教学方法。从而，既避免了讲授内容与教材及学生过去所学知识的简单重复，又培养了学生的自学能力。

二、归结式教学法

归结式教学法（即提出教学目的和要求—自学—归纳总结）比较适合

① 郭飞：《社会主义政治经济学教学方法探索》，载于《金融科学》1998 年第 4 期；《研讨式与综合式教学法新探》，载于《中国教育报》1998 年 10 月 21 日。

于具有中等难易程度且内容需要发挥的章节。例如，对于教材中“建立社会主义市场经济体制的客观必然性”这一节，我就采用了这种教学方法。我先提出学习的重点在于认清社会主义商品经济存在的原因、社会主义市场经济体制的基本特征和我国为什么要建立社会主义市场经济体制三个问题，然后让学生在课上自学半小时，在此基础上由我提问并加以总结。在总结中，我不仅根据教学大纲的提法对教材的内容作了更为准确和精炼的概括，而且还在重点问题上进行深入讲授。例如，为了帮助学生深入理解我国为什么要建立社会主义市场经济体制这个问题，我在教材和教学大纲的基本内容之外深入讲授了四点：（1）从资源配置方式来说，计划和市场各有长短。（2）计划经济有其特定的适用范围。（3）从迄今为止的世界经济实践和总体经济效率考察，现代市场经济与传统计划经济相比已被证明是更有成效的经济运行机制和经济体制。（4）计划经济≠计划调节，市场经济≠市场调节。

三、一般讲授式教学法

一般讲授式教学法比较适合于内容较重要且需要进一步充实的章节。在采用这种教学方法的过程中，要力求对教材内容起到“加深”和“加宽”的作用。所谓“加深”，即突出重点，加强教学力度和理论深度，尽可能地释疑解惑；所谓“加宽”，即添枝加叶，也就是要阐明理论与实践新的发展，弥补教材在内容和例证方面的不足。譬如，在讲授社会主义生产目的这一节时，我不仅阐明社会主义生产目的的客观性，还从质和量的角度讲清社会主义生产目的的内容；不仅阐明社会主义生产目的的实现形式，还列举公式从数量上揭示社会主义生产目的的实现程度；不仅联系我国在社会主义建设中偏离社会主义生产目的曾经遭受的严重挫折，而且也阐述了党的十一届三中全会以来我们逐步端正生产目的给人民在物质文化生活方面带来的巨大实惠。再如，在讲授“实现我国现阶段经济发展战略目标的基本经济途径”时，教材中的相关内容与新形势和新口径差距较大。我根据《中共中央关于制定国民经济和社会发展“九五”计划和2010年远景目标的建议》以及中央领导讲话的新精神，把实现我国现阶段经济

发展战略目标的基本经济途径概括为两条：(1) 实行两个根本性转变（即经济体制从传统的计划经济体制向社会主义市场经济体制转变，经济增长方式从粗放型向集约型转变）。(2) 实施三项基本战略（即科教兴国战略、可持续发展战略和西部大开发战略）。

四、专题式教学法

专题式教学法比较适合于社会主义政治经济学教材中的重点章节。例如，社会主义初级阶段理论既是邓小平理论的基石，也是现阶段党和国家正确制定路线、方针、政策的基本理论依据。在社会主义政治经济学的教学中，我一直把社会主义初级阶段理论作为专题来讲授。不仅讲清社会主义初级阶段理论的产生及其重大意义，而且讲清社会主义初级阶段的含义和客观依据；不仅讲清社会主义初级阶段的基本经济特征，而且讲清社会主义初级阶段的主要矛盾、根本任务和党的基本路线。再如，中共十五大召开以后，针对当时我国社会的焦点问题与教学内容中的重点和难点问题，我给学生讲授了“加快推进国有大中型企业的改革与发展”这个专题。我从制度创新、强化管理、技术进步、结构优化、配套改革五个角度进行了较为全面和深入的讲授，并以下面这段话作为该专题的结语：“加快推进国有大中型企业的改革与发展，是当代中国人民责无旁贷的历史重任，是中国经济体制改革的攻坚战。这是一个充满痛苦和希望的自我扬弃的过程，是烈火熔金的过程。只要党和国家的政策措施得当，只要广大职工群策群力、奋起自救，中国的国有大中型企业终将走出低谷，再现辉煌!”此外，我还紧密结合教学内容，针对近几年来学生存在的主要思想问题，先后给学生讲授过“关于发挥社会主义制度优越性问题的几点思考”“必须坚持社会主义公有制的主体地位”“我国当前个人收入差距与对策”等专题，深受学生的好评。

五、“走出去”与“请进来”

这是一种充分利用校外的有利条件，以社会为课堂，贯彻理论联系实际方针的行之有效的教学方法。我们在学院和有关单位领导的支持下，紧密结合我国改革与发展的实际，组织和安排了多次“走出去”和“请进来”的活动，学生普遍反映“开门办学好”“在脑海里架起了一座沟通抽象的理论知识与具体的现实情况的桥梁”。在实践中我们体会到，要使“走出去”的教学活动取得预期的成效，关键是要选好参观调查的对象。例如，为增进学生对国有大中型企业改革与发展状况的了解，我们选择北京第一机床厂作为参观调查的对象，并先后多次组织学生到该厂进行参观调查；为加深学生对农业适度规模经营及中国农业改革与发展的“第二个飞跃”的认识，我们组织学生到北京顺义县进行了参观调查。北京第一机床厂在进口机床大量挤占国内机床市场的严峻形势下努力实现“两个转变”、开拓“两个市场”的骄人业绩，使学生对搞活搞好国有大中型企业增强了信心；而顺义农村在坚持集体经济的前提下实行土地规模经营的成功范例，则使学生看到了我国实现社会主义农村机械化的光辉前景，从而进一步认识到坚持社会主义基本方向和实行改革开放的必要性。在实践中我们还体会到，要真正搞好“请进来”的教学活动，不仅要选准报告题目（例如，1993 年 4 月，我们请中国社会科学院工业经济研究所的专家来校作了“社会主义市场经济与国有企业改革”的报告；1998 年 4 月，我们请劳动和社会保障部的专家来校作了“国有企业下岗职工与再就业工程”的报告），而且要选好报告人。聘请的报告人无论是专门介绍实际情况还是讲授理论专题，都不仅应有较高的包括表达能力在内的业务能力，而且应在基本的政治立场上与党和广大人民保持一致。在社会主义大学的讲坛上，我们希望更多地听到人民经济学家的声音，而决不许打着“知名经济学家”旗号的歪嘴和尚大放厥词，误导学生。

六、研讨式教学法

尽管对研讨式教学法尚无明确和统一的界定，但它却日益引起我国高教界的重视和采用。我认为，研讨式教学法实质上是通过科学探究和平等讨论的方式进行讲授（对教师而言）和学习（对学生而言）。从一般意义上说，研讨式教学法有利于学生接受已有的知识，增强探索未知的能力。

这是因为：(1) 科学探究式的讲授既不是灌输“长官意志”，也不是信口雌黄，而是靠事实说话，以理服人。(2) 科学探究式的讲授不仅在传授知识，而且也传授获取知识的正确方法，而后者从某种意义上说则是开启真理之门的钥匙。(3) 讨论方式以其平等争鸣的氛围既易于学生接受真理，也易于在集体智慧的碰撞中迸发出真知灼见的火花。从特殊意义上说，研讨式教学法更加适合于社会主义政治经济学的教学。我国现今的社会主义政治经济学，实质上是社会主义初级阶段的政治经济学。由于社会主义制度还很年轻，也由于现今的社会主义国家都没有经过资本主义充分发展的阶段，因而无论是对于发达社会主义经济的本质、运行和发展而言，还是对于社会主义初级阶段经济的本质、运行和发展而言，在我们面前都有许多尚未认识的“必然王国”。在社会主义政治经济学的内容和体系仍很不成熟的情况下，采用研讨式教学法无疑是十分必要和有益的。

实行研讨式教学法，对于高校教师来说，就是以科学探究和平等讨论的方式进行授课，这就要求教师不仅要掌握足够的资料和信息，而且要具有相当的研究能力，使教学内容尽可能地符合国情，跟上时代和理论发展的脚步。我在社会主义政治经济学教学的过程中，局部采用了这种教学方法。例如，在讲授社会主义市场经济条件下按劳分配的特点时，我先概略地讲述了马克思主义创始人设想的社会主义产品经济条件下按劳分配的实现模式，然后讲清楚教材的观点，在此基础上向学生介绍国内学术界在这方面的有科学价值的崭新见解。再如，在讲授如何对国有企业实行战略性改组时，我结合国内理论界与实际部门提出的有关见解和个人的研究，从资本重组、产业结构重组、企业组织结构重组三个基本层次进行了较为全面和深入的阐述。

实行研讨式教学法，对于开设社会主义政治经济学课程的大学低年级学生来说，主要是搞好课堂讨论。搞好课堂讨论不仅有利于学生消化和运用所学的知识，提高学生的思维和表达能力，而且还是学生、师生之间相互学习与促进教学相长的重要途径。我在每轮社会主义政治经济学的教学过程中一般都安排2～3次课堂讨论，每次两课时。为了搞好课堂讨论，我着力抓好四个环节：(1) 选好讨论题。讨论题应兼有“重点”“热点”“难点”三个特征，从而才既有讨论的必要，也有搞好讨论的可能。几年来，我们曾组织学生就“中国能否实行私有化”“为什么我国经济体制改革的目标模式是社会主义市场经济体制”“对国有企业如何抓大放小”“我国当前社会分配不公的表现、成因与对策”等问题进行课堂讨论，引起了学生的极大兴趣。（2）做好讨论准备。一方面，要力促学生查阅有关资料，独立进行思考和归纳，认真写好讨论提纲。有些学生为了写好讨论提纲，先后到我院和北京图书馆查阅资料，参考了10余篇论文和一些书籍，最后写成5000～6000字的“小论文”。1995级保险专业刘郁礼围绕国有大中型企业的改革与发展问题写了一份5000字左右的讨论提纲，不仅有理论分析和可靠数据，而且还颇具文采。他的讨论提纲（或“小论文”）分为三个部分，即“蓦然回首，国有大中型企业好尴尬”“极目而舒，已是悬崖百丈冰待日出”“放眼思量，终能一日同风起”。另一方面，在每次讨论之前我都仔细看过学生写的讨论提纲，切实做到“胸中有数”。不仅如此，我还与班长和课代表根据讨论提纲的水平、侧重点以及学生的口头表达能力共同商定重点发言人名单，并在讨论前2～3天将讨论提纲发至全体学生手中。（3）尽量由学生主持课堂讨论。除有的讨论确需由教师主持之外，在一般情况下我都充分征求班委的意见，安排班长或课代表或其他学生担当主持人的角色。主持人不仅应有一定的组织、表达和驾驭能力，而且还需预先看过重点发言人的讨论提纲。实践证明，由学生担任课堂讨论的主持人，有利于活跃气氛，各抒己见，进一步发挥学生在教学活动中的主体作用；教师只需在讨论“冷场”或“跑题”时适度“微调”。（4）教师要做好讨论总结。在讨论总结中，既要肯定成绩，也要指出不足，还应在精心准备的基础上就讨论题从总体或难点上阐明教师的思路与见解。必须强调指出，教师在肯定成绩的时候，尤其应该鼓励学生的创造意识和创新精神。《中华人民共和国高等教育法》规定：“高等教育的任务是培养具有创新精神和实践能力的高级专门人才，发展科学技术文化，促进社会主义现代化建设。”① 美国哈佛大学校长普西认为：“一个人是否具有创造力，是一流人才和三流人才的分水岭。”② 尽管我授课面对的大学低年级学生就

① 《中华人民共和国高等教育法》，中国法制出版社1998年版，第3页。

② 引自《中国教育报》1998年3月26日。

其创造能力而言总体上还处于萌芽阶段，但对其在讨论提纲和课堂讨论中些微显露的创造意识和创新精神也要加以褒奖和扶持。有一次，我在作讨论总结时提出，学生写的讨论提纲大体上有三种情况：一种是“抄”出来的，而且几乎只是抄袭和浓缩某一篇较有影响的文章；另一种是“拼”出来的，即是将若干篇论文的相关内容重新进行排列和组合；还有一种是“写”出来的，即是在参阅了若干篇论文和一些书籍的基础上加进自己的见解并独立成文。我不赞成第一种做法，要求学生从当时的自身条件出发普遍采用第二种做法（但要自圆其说，不能自相矛盾），提倡学生经过不断努力逐步达到第三种情况，即在博采众长和认真研究的基础上写出新意与特色。刘志丹、袁沁敔、黄凌等学生从认真写好“小论文”式的课堂讨论提纲起步，勤学苦钻，锲而不舍，本科学习期间就在省级学术刊物或大学学报上发表了有一定见地的论文，从而在专业研究领域崭露头角。

七、电化教学法

电化教学法融当代科技于教学手段之中，具有生动直观、信息量大、视听效率高等优点，在社会主义政治经济学的教学中可以适当采用。例如，在讲述社会主义初级阶段的第一个特征即生产力不发达时，我通常都引用世界银行的年度发展报告、《中国统计年鉴》《经济日报》，以及国家领导人披露的最新数据。在不使用 PPT 的情况下，我板书并讲解有关数据约需 1 小时；而在使用 PPT 的情况下，我把有关数字绘制成“人均国民生产总值（GNP）的国际比较”“工农业劳动生产率的国际比较”“进出口贸易额的国际比较”“世界前 48 个国家和地区竞争力名次表”“我国不同地区工农业总产值比较”“我国不同地区人均国内生产总值（GDP）比较”6 张图表，仅用半个小时就讲完了，且清晰准确，一目了然，真可谓事半功倍！再如，为了使学生更深刻地了解我国改革开放的历史背景，我们组织学生观看了教学录像片《太平洋的呼唤》。第二次世界大战以后亚洲“四小龙”的迅速崛起，使学生们的心灵受到了强烈的震撼，从而进一步增强了改革开放意识和振兴中华的历史责任感。

八、综合式教学法

为强化某一章或某一节的教学，不是采用前述的某一种具体的教学方法，而是综合采用多种教学方法，我称之为“综合式教学法”。在社会主义政治经济学教学的过程中，我数次采用了“综合式教学法”。例如，1997年上半年，围绕“社会主义初级阶段的企业”这一章的教学，我先是采用一般讲授式方法讲述社会主义初级阶段企业的基本理论与实践，然后给学生印发包括国家有关文件和国内重要理论文章在内的教学参考资料《国有企业改革专辑》，并组织学生到北京第一机床厂参观调查和听取关于该厂改革与发展情况的介绍，再后是组织学生观看我校根据中央电视台有关节目剪辑制作的录像片《国有企业改革试点追踪》（约两个半小时），在此基础上则要求学生围绕“如何搞活搞好国有大中型企业”这个问题写出发言提纲并进行课堂讨论，最后由我作3个小时的专题讲授。这种“小课堂”与“大课堂”相结合、学习与讨论相结合、一般讲授与专题讲授相结合的教学方法，不仅贯彻了理论联系实际的方针，而且还开创了教师、学生、社会同唱社会主义政治经济学“一台戏”的新局面。对此，学生们一致反映：“兴致高、思路宽、烙印深、收获大。”

在社会主义政治经济学的教学中，我探索并采用上述八种教学方法，其实质是贯彻理论联系实际和启发式这两条基本的教学原则，更多地采用现代科学的教学方法。这不仅有利于充分发挥教师的主导作用，也有利于充分调动广大学生的主动性和校内外的诸多积极因素，从而使社会主义政治经济学教学出现了异彩纷呈、引人入胜的新局面。

探索并提出中国经济体制改革专题课程研讨型教学模式

实施素质教育是当代中国教育改革的主流。作为教育改革的有益探索和发展趋势，研讨式教学法在国内外高等教育特别是研究生教育中日益受到重视和采用。中国经济体制改革专题课程是对外经济贸易大学为研究生开设的一门公共选修课。该门课程难度较大，在国内尚无教材和统一的教学大纲，绝大多数高校没能开设。我主撰了《中国经济体制改革专题课程研讨型教学模式探索》① 一文，提出了在中国经济体制改革专题课程中探索并实行的研讨型教学模式。

我们提出：所谓研讨型教学模式，就是从课程、教师和学生的实际出发，将研究与讨论尽可能地贯穿于课程教与学的全过程或基本环节，探索并采用研讨式的教学内容、教学方法和考核方式。换言之，研讨型教学模式是研讨式教学法的拓展和提升，是一种全方位的新的教学模式。在中国经济体制改革专题课程的教学实践中，我们探索并实行了研讨型教学模式，取得了显著的成效，受到了学生的好评。

一、研讨式的教学内容

实行研讨型教学模式，关键要提炼和展现好研讨式的教学内容。中国经济体制改革已经走过 30 多年的风雨历程，取得了举世公认的巨大成就。

---

① 郭飞、金燕：《中国经济体制改革专题课程研讨型教学模式探索》，载于《中国高等教育》2009 年第 23 期。

中国经济体制改革具有实践性、复杂性、探索性和创新性等特点。如何在有限的36课时内选择和确定好该门课程研讨式的教学内容？我们主要把握好三条：（1）凸显中国经济体制改革的核心、重点、难点和热点问题，以增强该课程对学生的吸引力；（2）与社会主义政治经济学、中国经济概论等本科生课程和中国经济专题等研究生课程在内容或深度上有明显区别，以避免简单重复或基本雷同；（3）充分展示国内外的主要研究成果和教师的研究专长，以拓宽与深化学生的研究思路，提升学生的研究能力。据此，我们在该门课程设置了经济体制改革的基本性质与转轨方式、中国企业体制改革、中国金融体制改革、中国劳动就业体制改革和中国个人收入分配体制改革等专题，并编写出在国内具有先进性、创新性、适用性的教学大纲。

我们以发展的马克思主义经济学为指导，紧密围绕中国经济体制改革的实践，充分吸收国内外相关研究的优秀成果和最新数据，采取历史分析与现实分析相结合、理论分析与对策分析相结合、纵向比较与横向比较相结合等方法，编写出一套较高水平的讲义或讲稿。例如，在讲授激进式改革与渐进式改革这一节时，任课教师首先阐明了两种经济体制转轨方式的区别与联系，然后介绍了国内外几种主要的评价经济体制转轨绩效的方法与相关数据，并对两种经济体制转轨方式的绩效进行了深入的分析，在此基础上结合转轨国家的实际情况对两种经济体制转轨方式的利弊及其适用性概括出三条基本结论。再如，在讲授中国劳动就业体制改革专题时，任课教师结合个人的最新研究成果，将中国当前失业的基本特征概括为六条：（1）城镇失业人员达到较大规模；（2）总量矛盾、结构矛盾与素质矛盾并存；（3）需求“瓶颈”与体制“瓶颈”并存；（4）非自愿失业与选择性失业并存；（5）隐性失业与隐性就业并存；（6）经济高增长与城镇高失业并存。学生们普遍反映：这样讲课理论性、现实感、说服力都很强，深受启迪。

二、研讨式的教学方法

我们在对中国经济体制改革专题课程进行教学改革的实践中，实行以

教师为主导、学生为主体、研讨为主轴的开放、互动式教学方法。具体来说，我们主要采用四种研讨式教学方法：

1. 课内讲授与课外自学相结合

课内讲授是基本方法。任课教师精心设计每一堂课，以科学探索和平等讨论的方式进行授课。课外自学是主导方法。我们要求学生原则上至少要用与教师授课时数相同的时间进行自学。为切实增强学生的自学能力，我们不仅在发给学生的教学大纲中列出各专题的参考文献和思考题，还给每个学生免费发放一本由任课教师选编且在内容上逐年有所更新的10万字左右的教学参考资料，并具体指导学生迅速便捷地查阅高质量的相关文献。例如，我们根据多年积累的经验，指导学生在查阅某一内容的参考论文时，注重查阅新论文、名刊或名家的论文，并通过文中所列的参考文献“顺藤摸瓜”，进一步拓展查阅范围。

2. “请进来”与“走出去”相结合

为配合中国金融体制改革专题和中国企业体制改革专题的教学，我们曾聘请一位著名经济学家和一位著名企业家来校作了“中国期货市场的历史、现状与未来”和“全面建设小康社会与民营企业发展”两个专题报告。两位专家置身于中国经济体制改革的最前沿，从理论与实践的结合上为学生作了深入的分析和精彩的演讲。我们还组织学生到北京一家知名企业进行参观调查，并请该企业总裁给学生作了“企业家的诚信”的专题报告。丰富多彩的开门办学实践，不仅弥补了任课教师的某些不足，也极大地激发了学生的学习热情，拉近了学生与现实之间的距离，从而使该门课程的吸引力和影响力显著增强。

3. 专题讨论与随机讨论相结合

我们在该门课程的每轮教学中，都安排学生进行两次共4课时的专题讨论。为使讨论取得实效，我们着力抓好四个环节：（1）选好讨论题目。近年来，我们根据中国经济体制改革的进展和社会热点问题的变化，先后确定了“我国收入分配体制改革存在的主要问题与对策”和“如何看待大学毕业生就业难”等作为专题讨论的大题目，学生可以在大题目的范围内自选切入点或自定题目。（2）做好讨论准备。我们要求每名学生都须独立撰写2000~3000字的讨论提纲，每组推荐一名学生在专题讨论中做重点发言。有些学生不仅撰写了讨论提纲，还精心制作了相关的数据图表和PPT。（3）认真组织讨论。专题讨论由任课教师或课代表主持。为活跃讨论气氛，引导讨论深入，主持人还经常穿插提出问题，并留出时间安排学生自由发言。通过不同内容、不同角度、不同观点的阐发、交锋和融合，学生之间相互学习、启发和促进，思辨与表达能力明显提升。（4）做好讨论总结。这既包括教师对学生讨论情况作一分为二的点评，也包括教师对讨论主题的要点提示。例如，任课教师在对“如何看待大学毕业生就业难”的专题讨论作要点提示时，紧密结合国内外的崭新数据和鲜活实例，深入阐明了大学毕业生就业难的基本含义、大学毕业生就业难是一个世界性的难题以及缓解我国大学毕业生就业难的基本途径。任课教师的精辟点拨，使学生对讨论主题的认识提升到一个新的高度。除专题讨论之外，我们还针对授课中的某些重点内容，随机引导学生进行有一定深度的讨论。

4. 教师提问学生与学生提问教师相结合

在课堂教学中，我们不仅把经常提问学生作为促进学生思考和活跃课堂气氛的手段，而且也提倡和鼓励学生就授课内容及相关问题向教师提问，教师则尽己所能给予回答。例如，任课教师在讲授中国个人收入分配体制改革专题时，有学生针对讲授中涉及的2006年我国事业单位工资制度改革提出一个问题：新工资制度中的绩效工资属于奖金吗？对此，任课教师作了四点阐释：（1）我国事业单位新实行的岗位绩效工资制度包括岗位工资、薪级工资、绩效工资和津贴补贴四个组成部分，绩效工资相对于其他三部分工资而言，属于活工资范畴；（2）奖金的经济学本义是劳动者提供的超额劳动的报酬形式；（3）我国事业单位实行绩效工资，根本目的是进一步贯彻按劳分配原则，充分调动事业单位工作人员的积极性、主动性和创造性；（4）绩效工资因人而异，其是否属于奖金须做具体分析。只有因超过标准工作的数量与质量规定而获得的那部分绩效工资，才属于真正意义上的奖金。实践证明，双向提问有利于促进师生互动和教学相长。

三、研讨式的考核方式

与传统的“上课记笔记、下课背笔记、考试考笔记”的填鸭式教学模式迥然不同，我们在实行研讨型教学模式的过程中，根据中国经济体制改革专题课程的特点和学生的实际情况，采取了以撰写小论文为主、以课堂讨论发言和案例分析为辅的灵活多样的考核方式。

我们在中国经济体制改革专题课程的每轮教学中，都要求学生必须提交两篇独立撰写的与课程内容密切相关的3000字左右的小论文，其成绩占课程总成绩的70%。为确保小论文的质量，我们要求学生尽可能地查阅相关的重要文献，尽可能地采用最新公布的相关数据，不得抄袭别人的论文，摘要、引证、注释、参考文献、文字表达都必须规范化，同时要有个人的独立见解。在任课教师的严格要求和热情指导下，学生们博读泛览，深入思考，认真撰写小论文。有的学生根据1994年我国税制改革以来多次较大幅度地调整出口退税率的实效，对我国提高出口退税率的做法提出质疑，并提出了变出口退税为研发投入、变刺激外需为扩大内需等颇有见地的政策建议。有的学生从高校人才培养模式、高校毕业生人数持续大幅增加、高校毕业生的择业观念和就业去向与社会需求脱节等角度全面分析我国大学毕业生就业难的基本成因；从政府、企业、高校、学生等角度深入探讨缓解我国大学毕业生就业难的基本途径。日本籍博士研究生西村友作在2007年撰写的小论文中，不仅对日本和中国大学毕业生的就业问题进行了多角度的比较分析，还附有2006年日本大学毕业生就业的产业结构占比、1996～2006年日本大学毕业生时序就业率和1997～2006年日本大学毕业生首月工资增长率3个图表。通过撰写小论文，学生们经历了独立进行研究与探索的实践过程，不仅为以后撰写硕士、博士论文或在报刊上公开发表论文等奠定了一定的基础，也明显提升了理论素养、创新精神、科研水平与表达能力。

第六篇 精华论文

治学创新，笃行不倦。本篇从笔者35年来在《中国社会科学》《经济研究》等权威学术期刊公开发表的多篇论文中，选取不同时期、不同方面的7篇论文（即笔者独撰的《深化中国所有制结构改革的若干思考》《刍议按劳分配中的“劳”》《外商直接投资对中国经济的双重影响与对策》《中国国有企业改革：理论创新与实践创新》《论经济体制改革的基本性质与转轨方式》等论文）为代表作，以飨读者，并接受实践和历史的检验。

深化中国所有制结构改革的若干思考*

在中共十七大报告中胡锦涛总书记重申并强调指出，要“坚持和完善公有制为主体、多种所有制经济共同发展的基本经济制度，毫不动摇地巩固和发展公有制经济，毫不动摇地鼓励、支持、引导非公有制经济发展”。[①] 这既是对改革开放以来我国所有制结构改革基本经验的正确总结，也为我国深化所有制结构改革指明了方向。本文对我国所有制结构改革中的三个关键问题略抒己见，以抛砖引玉，推动我国所有制结构改革不断深化与完善。

一、妥善处理所有制结构中主体与辅体的相互关系，坚持和完善公有制为主体、多种所有制经济共同发展的基本经济制度

我国现有的经济成分包括五种类型的所有制。一是全民所有制（或全民所有制经济）；二是集体所有制（或集体所有制经济）；三是个体经济；四是私营经济；五是外资经济。前两种属于公有制或社会主义经济，后三种属于私有制或非社会主义经济。[②] 个体经济是劳动者的私有制，既不姓“社”，也不姓“资”。私营经济是境内资本主义私有制，外资经济属于境

---

* 原载于《中国社会科学》2008 年第 3 期。

① 胡锦涛：《高举中国特色社会主义伟大旗帜 为夺取全面建设小康社会新胜利而奋斗》，载于《人民日报》2007 年 10 月 25 日。

② 严格考察，我国现有的外资经济中也包括来自境外的非资本主义私有制经济。因后者在外资经济中所占的比重很小，本文在分析外资经济的经济性质时不予考察。此外，随着我国经济体制改革的不断深入，混合所有制企业越来越多。混合所有制不具独立的所有制性质，在资本主义国家和社会主义国家中都存在。笔者认为，社会主义市场经济条件下混合所有制的性质，应运用发展的马克思主义政治经济学的观点作具体的分析和界定。

外资本主义私有制。进一步概括，我国当前存在社会主义公有制、资本主义私有制和个体所有制。

以公有制为主体、多种所有制经济共同发展，是《宪法》规定的我国现阶段的基本经济制度或所有制结构。[①] 其中，社会主义公有制经济居主体地位，非公有制经济居辅体地位。我国确立并实行这一基本经济制度来之不易。新中国成立初期，国有经济曾做出重大的历史性贡献。它不仅支撑了我国经济的发展，使我国在较短时期内形成了工业化的初步基础，还有力地促进了社会稳定，提高了我国在世界上的地位。[②] 然而，在进入社会主义初级阶段以后的较长时期中，我们脱离生产力的实际状况，片面追求所有制结构的公有化和高级化。1975 年，在我国工业总产值中，全民所有制工业占 81.1%，集体所有制工业占 18.9%；在社会商品零售总额中，全民所有制商业占 55.7%，集体所有制商业占 42.2%，个体商业仅占 0.1%。[③] 这种公有制“一统天下”的所有制结构，妨碍了生产力的迅速发展和人民生活水平的提高。改革开放以来，我国不断改革所有制结构，对非公有制经济的地位和作用的认识逐步深化。1982 年，中共十二大报告提出：“鼓励劳动者个体经济在国家规定的范围内和工商行政管理下适当发展，作为公有制经济的必要的、有益的补充”。[④] 1987 年，中共十三大报告提出：私营经济“是公有制经济必要的和有益的补充”“中外合资企业、合作经营企业和外商独资企业，也是我国社会主义经济必要的和有益的补充”[⑤]。1993 年，党的十四届三中全会通过的《中共中央关于建立社会主义市场经济体制若干问题的决定》中提出：“必须坚持以公有制为主体、多种经济成分共同发展的方针。”[⑥] 1997 年，中共十五大报告提出：“非公

① 《中华人民共和国宪法修正案》，见中共中央文献研究室编：《十五大以来重要文献选编》（上），人民出版社 2000 年版，第 808 页。

② 江泽民：《论社会主义市场经济》，中央文献出版社 2006 年版，第 104 页。

③ 根据中华人民共和国国家统计局编：《中国统计年鉴（1996）》提供的相关数据计算。

④ 中共中央文献研究室编：《十二大以来重要文献选编》（上），人民出版社 1986 年版，第 20～21 页。

⑤ 中共中央文献研究室编：《十三大以来重要文献选编》（上），人民出版社 1991 年版，第 32 页。

⑥ 中共中央文献研究室编：《十四大以来重要文献选编》（上），人民出版社 1996 年版，第 520 页。

有制经济是我国社会主义市场经济的重要组成部分。对个体、私营等非公有制经济要继续鼓励、引导，使之健康发展。”[①] 2002 年，中共十六大报告提出：“坚持和完善公有制为主体、多种所有制经济共同发展的基本经济制度。第一，必须毫不动摇地巩固和发展公有制经济。……第二，必须毫不动摇地鼓励、支持和引导非公有制经济发展。”[②] 在我国社会主义初级阶段，所有制结构从公有制经济扩展到非公有制经济；非公有制经济从个体经济扩展到私营和外资经济，其地位和作用从“必要补充”上升到“重要组成部分”；公有制为主体、多种所有制经济共同发展从“方针”提升到“基本经济制度”，这是我们党依据现阶段所有制结构的客观实际，对马克思主义社会主义社会所有制理论的重大发展。

在我国现阶段，为什么要确立和完善公有制为主体、多种所有制经济共同发展的基本经济制度或所有制结构？笔者认为，从根本上来说，这是我国现阶段迅速发展生产力的客观需要，也是我国社会主义社会基本性质的必然要求。邓小平提出的“三个有利于”（即有利于发展社会主义社会的生产力、有利于增强社会主义国家的综合国力、有利于提高人民的生活水平）的根本标准，[③] 不仅是我国改革开放总的指导方针，也是我国确立和完善公有制为主体、多种所有制经济共同发展的所有制结构的基本理论依据。

笔者认为，邓小平提出的“三个有利于”的根本标准，其核心是生产力标准，但决不囿于生产力标准。在“三个有利于”的根本标准中，生产力是指“社会主义社会”的生产力，综合国力是指“社会主义国家”的综合国力，“有利于提高人民生活的水平”则是社会主义社会发展生产力和增强综合国力的出发点和归宿。因此，坚持“三个有利于”的根本标准，内在地包含了

① 中共中央文献研究室编：《十五大以来重要文献选编》（上），人民出版社 2000 年版，第 22 页。

② 中共中央文献研究室编：《十六大以来重要文献选编》（上），中央文献出版社 2005 年版，第 19 页。

③ 《邓小平文选》第 3 卷，人民出版社 1993 年版，第 372 页。

坚持社会主义社会基本性质的客观要求。[①] 综观“三个有利于”的根本标准，贯穿和体现了“人民的利益高于一切”这一社会主义社会的最高价值标准。[②] 胡锦涛强调指出：“必须以服从最广大人民的根本利益为最高衡量标准”，“建设中国特色社会主义的根本目的是不断实现好、维护好、发展好最广大人民的根本利益”,[③] 这与“三个有利于”根本标准的实质是完全一致的。

用“三个有利于”的根本标准来衡量，我国现阶段的多种所有制经济既有与之一致的方面，也有与之矛盾的方面。先考察社会主义公有制经济。一方面，社会主义全民所有制与社会化大生产是相适应的，社会主义集体所有制一般是与生产社会化程度较低的生产力水平相适应的，从而社会主义公有制在其采取有效实现形式的条件下，与我国现阶段主体生产力状况是相适应的，有利于增强我国综合国力和提高人民生活水平。另一方面，我国现阶段的社会主义公有制在资金、技术、管理、劳动力安置等方面还不能将国内外可以利用的生产要素都充分有效地利用起来，全民所有制和集体所有制在实现形式上也存在某些缺陷，从而与“三个有利于”的根本标准又存在一定的矛盾。再考察非公有制经济。一方面，我国现阶段的非公有制经济在发展生产、促进技术进步、活跃市场、扩大就业、满足人民生活需要等方面发挥着重要作用，从而与“三个有利于”的根本标准有一致的方面。但另一方面，作为资本主义经济，私营经济、外资经济固有的矛盾并未消除，其唯利是图、剥削劳动者以及由个体经济的分散性、狭隘性、盲目性等导致的负面经济效应也显而易见，外资经济达到一定规模后对我国经济安全和基本经济制度也构成某种威胁，从而又与“三个有利于”的根本标准存在矛盾。

在我国现阶段，如何在所有制结构总体上兴利抑弊，最大限度地体现

---

① 坚持我国经济的社会主义基本性质，这是邓小平多年来反复强调的一个基本观点。例如，邓小平指出：我们“是搞社会主义的四个现代化，不是搞别的现代化。我们采取的所有开放、搞活、改革等方面的政策，目的都是为了发展社会主义经济。”（《邓小平文选》第3卷，人民出版社1993年版，第110页）

② 郭飞：《正确认识和把握“三个有利于”的根本标准》，载于《中国教育报》1999年1月13日。

③ 胡锦涛：《在“三个代表”重要思想理论研讨会上的讲话》，见中共中央文献研究室编：《十六大以来重要文献选编》（上），中央文献出版社2005年版，第364页。

“三个有利于”的根本标准？如何妥善处理公有制经济与非公有制经济的相互关系，使两者相互促进，统一于建设中国特色社会主义的伟大实践？笔者认为，关键是要坚持社会主义公有制的主体地位，不断探索、发展和完善公有制的有效实现形式。这是因为：（1）根据马克思主义的基本观点，社会的基本性质是由占统治地位的生产关系决定的。社会主义公有制是社会主义生产关系的基础和核心。只有坚持社会主义公有制的主体地位，才能为坚持和完善社会主义生产关系奠定基础，进而保证我国社会主义社会的基本性质。（2）坚持社会主义公有制的主体地位，不仅是实现最广大人民根本利益和共同富裕的制度基础，也是支配和影响其他所有制经济为社会主义服务的决定性条件。（3）坚持社会主义公有制的主体地位，发挥国有经济的主导作用，必须不断探索、发展和完善公有制的有效实现形式。在社会主义市场经济条件下，就是要探索、发展和完善既能体现社会主义公有制的本质，又能与市场经济实行对接的充满活力、富有效率的多样化的实现形式，从而促进生产力的迅速发展。这需要在国内外激烈的经济竞争中，通过社会主义的改革开放来逐步实现。改革开放以来，我国总体上妥善处理了所有制结构中主体与辅体的相互关系，逐步确立并实行了公有制为主体、多种所有制经济共同发展的基本经济制度，不断探索并初步采用了与市场经济结合的公有制的有效实现形式，取得了举世瞩目的巨大成就。从 1979 年到 2007 年，我国国内生产总值年均增长速度超过 9.7%。目前，我国经济总量（GDP）居世界第四位，进出口贸易总额居世界第三位，外汇储备居世界第一位，综合国力大幅提升。我国农村居民人均纯收入由 1978 年的 133.6 元增至 2007 年的 4140 元，城镇居民人均可支配收入由 1978 年的 343.4 元增至 2007 年的 13786 元。[①] 实践证明，坚持走基于公有制为主体多种所有制经济共同发展的中国特色社会主义道路，是我国现阶段实现国家富强、民族振兴、人民幸福的唯一正确的道路。坚持和完善社会主义初级阶段的基本经济制度，既不能忽视或排斥辅体，否则会犯“左”的错误，也不能放弃或颠倒主体，否则会犯右

① 中华人民共和国国家统计局编：《中国统计年鉴（2006）》，中国统计出版社 2006 年版，第 347 页；中华人民共和国国家统计局：《中华人民共和国 2007 年国民经济和社会发展统计公报》，载于《经济日报》2008 年 2 月 29 日。

的错误。苏东剧变后一些国家在生产力、综合国力、人民生活水平等方面出现的历史大倒退，其根本的经济制度原因就在于放弃或改变了社会主义公有制的主体地位，实行以资本主义私有制为主体的所有制结构。

毫不动摇地巩固和发展作为主体的公有制经济，毫不动摇地鼓励、支持和引导作为辅体的非公有制经济发展，这是我国在社会主义初级阶段必须坚持的基本方针。邓小平指出："一个公有制占主体，一个共同富裕，这是我们所必须坚持的社会主义的根本原则。"[①] 然而，一段时期以来，在国内忽视或否定非公有制经济辅体地位的"左"的干扰仍有表现的同时，受新自由主义、历史虚无主义等错误思潮的影响，某些人仍在坚持否定公有制主体地位的种种错误观点。对此，我国理论界已有不少学者撰文进行了有力的批评。[②] 近来，有些人打着"改革"的旗号，片面引用或歪曲错解马克思的观点，为坚持"私有化"的错误主张寻找理论根据。本文在此仅举两例，并略作评析。

其一，谢韬、辛子陵在《炎黄春秋》2007 年第 6 期发表了《试解马克思重建个人所有制的理论与中国改革》一文，笔者已发表论文与之进行商榷。[③] 笔者的基本观点是：（1）马克思关于重建个人所有制的重要论述，从狭义来看就是建立消费资料个人所有制，从广义来看就是建立生产资料的社会所有制或社会主义全民所有制。（2）谢韬等人把资本主义股份公司混同于社会主义全民所有制，是对马克思股份公司理论和重建个人所有制重要论述的错解。（3）所有制的实现形式可以相对地区分为制度、财产组织形式和经营方式三个层次。在社会主义社会中，不能笼统地谈论股份制的所有制性质，必须联系与股份制相结合的特定所有制在制度层次的实现形式（即特定所有制的特征）及其比重来具体地加以分析。在社会主义社会，既有社会主义股份公司，也有资本主义股份公司，还有其他性质的股

① 《邓小平文选》第 3 卷，人民出版社 1993 年版，第 111 页。

② 吴易风：《关于非国有化、民营化和私有化》，载于《当代经济研究》1999 年第 10 期；卫兴华：《警惕"公有制为主体"流于空谈》，载于《经济学动态》2005 年第 11 期；何干强：《关于维护公有制主体地位的十个理论是非问题》，载于《中国社会科学内刊》2007 年第 1 期；刘国光、杨承训：《坚持基本路线必须澄清错误思潮》，载于《经济学动态》2007 年第 5 期等。

③ 郭飞：《坚持我国所有制结构改革的正确方向——与谢韬、辛子陵商榷》，载于《当代经济研究》2007 年第 10 期。

份公司，不可一概而论。（4）联系谢韬在《炎黄春秋》2007 年第 2 期发表的《民主社会主义模式与中国前途》一文的基本观点，不难看出，他实质上主张实行资本主义私有制为主体的所有制结构。

其二，《炎黄春秋》2007 年第 10 期发表了《关于私有化的一点思考》一文（以下简称《私文》）。《私文》先是引证了马克思的一段著名论述："无论哪一个社会形态，在它所能容纳的全部生产力发挥出来以前，是决不会灭亡的；而新的更高的生产关系，在它的物质存在条件在旧社会的胎胞里成熟以前，是决不会出现的。"① 而后，《私文》抛出了两个基本观点：(1)"人类社会的发展经过了原始社会、奴隶社会、封建社会，现正处于资本主义社会阶段，都是私有制。"（2）"私有制是发挥人的积极性的一个带根本性的问题。"在我国经济体制改革中，我们不应当再回避这个问题，"这是个带有根本性的问题"。换言之，我国经济体制改革应实行私有化。

对于《私文》的基本观点，笔者有四点看法：一是马克思的这段经典论述正确阐明了生产力对生产关系的决定作用。在马克思这段话的前面，他还论述了生产关系对生产力的反作用以及经济基础对上层建筑的决定作用："社会的物质生产力发展到一定阶段，便同它们一直在其中运动的现存生产关系或财产关系（这只是生产关系的法律用语）发生矛盾。于是这些关系便由生产力的发展形式变成生产力的桎梏。那时社会革命的时代就到来了。随着经济基础的变更，全部庞大的上层建筑也或慢或快地发生变革。"② 马克思主义的唯物史观在社会实践中不断丰富和发展，这是我们正确认识和具体处理生产力与生产关系、经济基础与上层建筑辩证关系的重要理论基础。二是《私文》引证马克思的那段话，实际上是暗指我国和苏东一些国家当时尚不具备进行社会主义革命、建立社会主义经济制度的生产力条件。对此，国际国内曾展开过多次论战。我国著名学者徐崇温对经济文化较不发达国家究竟能否跨越资本主义充分发展阶段（或马克思所说的"通过资本主义制度的卡夫丁峡谷"③）而进入社会主义社会的问题进行

① 《马克思恩格斯选集》第 2 卷，人民出版社 1995 年版，第 33 页。
② 《马克思恩格斯选集》第 2 卷，人民出版社 1995 年版，第 32 ~ 33 页。
③ 《马克思恩格斯选集》第 3 卷，人民出版社 1995 年版，第 765 页。

了深入研究。他认为：既然特定的主客观条件促成了俄、中等国的社会主义革命，革命胜利后经济文化又获得了快速发展，那就说明资本主义制度的卡夫丁峡谷并不是不可跨越的障碍；但这种跨越又不是无条件地适用于一切不发达国家；同时，应将在一定条件下可以跨越的资本主义制度的卡夫丁峡谷和在任何条件下都不可超越的生产社会化严格区分开来。① 笔者同意他的基本看法。三是《私文》认为原始社会也是私有制社会，这违背基本的历史常识。《私文》认为人类社会现正处于资本主义社会阶段，闭口不谈早已崭露头角的社会主义社会，其目的之一是否定我国自20世纪50年代中期以来已进入社会主义初级阶段。这不仅有悖于我国社会主义初级阶段的基本国情，也与我们党的基本观点相抵触。中共十三大报告明确指出："我国从五十年代生产资料私有制的社会主义改造基本完成，到社会主义现代化的基本实现，至少需要上百年时间，都属于社会主义初级阶段。"② "我国正处在社会主义的初级阶段。这个论断，包括两层含义：第一，我国社会已经是社会主义社会。我们必须坚持而不能离开社会主义。第二，我国的社会主义社会还处在初级阶段。我们必须从这个实际出发，而不能超越这个阶段。"③ 四是私有制经济作为我国社会主义初级阶段所有制结构的重要组成部分，在我国仍有相当的发展空间。然而，我国鼓励、支持和引导作为辅体的非公有制经济发展，是以巩固和发展作为主体的公有制经济为前提的，决不是要放弃或改变公有制经济的主体地位，实行以资本主义经济为主体的私有化。如果搞私有化，将我国的所有制结构蜕变为资本主义社会的所有制结构，"在我国人口众多、社会生产力水平很低的情况下，只能使大多数人重新陷入极其贫困的状态。这种资本主义，只能是原始的、买办式的资本主义，只能意味着中国各族人民再度沦为外国资本和本国资产阶级的双重奴隶。"④ 这不仅违背我国现阶段主体生产力发

① 徐崇温：《不发达国家建设社会主义的世纪性难题》，载于《中国社会科学院研究生院学报》1996年第3期。

② 中共中央文献研究室编：《十三大以来重要文献选编》（上），人民出版社1991年版，第12页。

③ 中共中央文献研究室编：《十三大以来重要文献选编》（上），人民出版社1991年版，第9页。

④ 江泽民：《在庆祝中华人民共和国成立四十周年大会上的讲话》，见中共中央文献研究室编：《十三大以来重要文献选编》（中），人民出版社1991年版，第615页。

展的客观要求，违背最广大人民的根本利益，也使共产党执政和社会主义上层建筑丧失了经济基础，从而是绝对不能得逞的。我们要“既坚定不移地进行改革开放，又坚定不移地坚持中国共产党领导、坚持社会主义，坚决排除各种错误思潮、错误倾向的干扰，始终沿着正确方向前进”。[①]

笔者认为，在今后世界格局长期处于“西强东弱”和我国全面参与经济全球化的大背景下，在我国非公有制经济已有迅速发展并在国民经济中占有相当比重的格局下，在国内外某些人打着“改革”的旗号以形形色色的私有化观点误导我国所有制结构改革并造成负面影响的情况下，真正实现公有制经济特别是国有经济与市场经济的有效结合，坚持和加强社会主义公有制的主体地位，这是我们面临的重大历史课题和艰巨任务。从经济层面分析，这是我国经济体制改革成败的关键，是我国能否实现社会和谐和全面建成小康社会的关键，也是我们能否在国际风云变幻中坚持和发展中国特色社会主义伟大事业的关键。

二、公有经营性净资产在社会经营性净资产中不仅要有量的优势，也要有质的优势

中共十五大报告指出：“公有制的主体地位主要体现在：公有资产在社会总资产中占优势；国有经济控制国民经济命脉，对经济发展起主导作用。……公有资产占优势，要有量的优势，更要注重质的提高。”[②] 当前，社会上一个颇有争议的重大问题在于，我国公有资产在社会总资产中是否还具有量的优势？[③]

对于中共十五大报告中提出的上述资产概念，我国政府有关部门并无明确的解释，理论界也无统一的口径。在经济实践和理论研究中，与此相

---

① 胡锦涛：《继续把改革开放伟大事业推向前进》，载于《求是》2008 年第 1 期。

② 中共中央文献研究室编：《十五大以来重要文献选编》（上），人民出版社 2000 年版，第 21 页。

③ 我国经济学界对此问题存在两种不同的观点。杨圣明、周隆滨认为，尽管近年来非公有制经济发展较快，但我国目前公有资产在社会总资产中仍占优势地位（参见王雪冬、黎焰：《中国历史唯物主义学会等团体学习研讨胡锦涛总书记“6·25”讲话》，载于《马克思主义研究》2007 年第 10 期）。赵华荃则认为，我国非公有制资产比重已超过公有制（参见赵华荃：《坚持公有制为主体的基本经济制度之我见》，载于《马克思主义研究》2006 年第 11 期）。

关的资产概念可以有不同的理解。从微观来看，资产概念有广狭之分。从广义来看，“资产是指企业过去的交易或者事项形成的、由企业拥有或者控制的、预期会给企业带来经济利益的资源。”[①] 换言之，资产等于负债加所有者权益。这是会计学中的资产概念，也是通常使用的资产概念。从狭义来看，资产是指所有者权益或净资产。有学者提出，狭义国有资产即国有资本，是指资产负债表右方下半部分的“所有者权益”。[②] 从宏观来看，资产概念也有广狭之分。从广义来看，资产包括经营性资产、行政事业性资产和资源性资产；从狭义来看，资产仅指经营性资产。

笔者认为，中共十五大报告中采用的上述资产概念有两个基本维度：一是从宏观经济角度；二是从生产资料所有制角度。也就是说，其采用的资产概念，是在宏观经济的范围内，将资产作为生产资料所有制的主要表现形式之一，[③] 用以衡量社会主义公有制在我国所有制结构中的比重和地位，以明确我国社会的基本经济性质。按照这种理解笔者认为：第一，其资产应包括不含负债的经营性净资产。第二，其资产也包括资源性资产。资源性资产是能给人类带来收益与财富的自然资源。我国《宪法》第九、第十条规定：“矿藏、水流、森林、山岭、草原、荒地、滩涂等自然资源，都属于国家所有，即全民所有；由法律规定属于集体所有的森林和山岭、草地、荒地、滩涂除外。”“城市的土地属于国家所有。农村和城市郊区的土地，除由法律规定属于国家所有的以外，属于集体所有；宅基地和自留地、自留山，也属于集体所有。”[④] 我国《宪法》规定的上述自然资源分别属于社会主义全民所有制和集体所有制，对其开发利用可以形成的资源性

① 《企业会计准则（2006）》，经济科学出版社2006年版，第2页。

② 潘岳主编：《中国国有经济总论》，经济科学出版社1997年版，第29页。

③ 在商品经济条件下，衡量某种所有制在某一国家某一时期所有制结构中所占的比重或地位，资产的数量与质量仅是其主要表现形式之一。按照马克思的观点，生产资料所有制从广义来看实质上是生产关系体系，它不仅包括生产资料的归属，也包括奠基其上的人与人之间在生产、流通、分配等过程中的经济关系。因此，笔者认为，在社会主义社会中，衡量社会主义公有制是否占主体地位，除了考察公有资产在社会总资产中是否具有数量优势和质量优势以及国有经济是否掌握国民经济命脉并对经济发展起主导作用之外，还必须考察在整个社会的生产、流通、分配等过程中，社会主义经济关系是否占主体地位。

④ 《中华人民共和国宪法》，见中共中央文献研究室编：《十二大以来重要文献选编》（上），人民出版社1986年版，第221页。

资产当然应属于资产范畴。第三，其资产可以不包括行政事业性资产。尽管行政事业性资产也有所有制问题，① 但一般来说，它不属于我们通常所说的生产资料所有制范畴。当今世界，各国都有数量不等且日益增多的国有或公有的行政事业性资产，这并不能成为区分不同社会经济制度的重要依据。

综上所述，笔者认为，中共十五大报告采用的用以比较的资产概念，从广义来看包括经营性净资产和资源性资产，从狭义来看仅指经营性净资产。笔者认为，采用这两种口径进行资产的量化比较虽各有理据，但其核心应指经营性净资产。第一，经营性净资产是直接进入生产和流通过程、在创造和实现社会财富的过程中发挥重大作用且在通常情况下盈利的资产，是广义资产中最重要、最活跃的部分；资源性资产则作为尚未使用（或消费）的生产资料没有进入现实的生产和流通过程。第二，经营性净资产在物质表现上包括生产工具。按照马克思主义的观点，生产工具在生产资料中起着最重要的作用，它既是社会生产力发展水平最主要的标志，也是区分经济发展不同时代的主要标志。第三，在中共十五大报告面世之前，我国官方或经济界比较不同所有制成分在国民经济中所占的比重，一般都是采用产出率比重（如在工业总产值、农业总产值、国内生产总值中所占比重）和销售率比重（即在社会商品零售总额中所占比重）方面的数据。这些数据的统计口径与经营性净资产的统计口径在统计对象上虽有不同，但也有统计范围和内在逻辑的相似性。

由于受到种种限制，国家统计局从未完整公布过我国上述两种口径的资产数据。在我国既有的制度性安排下，资源性资产全部归全民或集体所有。② 因此，从广义角度来看，我国公有资产在社会总资产中具有毋庸置疑的量的绝对优势。而从狭义角度来看，我国目前公有经营性净资产在社会经营性净资产中是否还具有量的优势？

---

① 截至2006年末，我国行政事业单位国有净资产为5.31万亿元（参见孙勇：《全国行政事业单位国有资产总额超过8万亿元》，载于《经济日报》2008年1月24日）。

② 根据有关部门负责人披露的初步预测和核算数据，我国依据《宪法》界定的国有资源性资产潜在价值约为128万亿元（参见关开伟：《国资局要求强化资源性国资管理》，载于《经济日报》1995年3月28日）。

以下是笔者收集的五组权威或有代表性的数据。

第一组数据：根据2005年国务院第一次全国经济普查领导小组办公室、中华人民共和国国家统计局公布的《第一次全国经济普查主要数据公报（第一号）》，截至2004年末，在我国第二、第三产业全部企业法人单位实收资本总额的18.2万亿元中，国家、集体、个人、港澳台、外商投入的资本分别占48.1%、7.9%、28%、7.3%和8.7%。其中，国家、集体资本共计10.1万亿元，占56%。[①]

第二组数据：2006年，在我国国有企业及规模以上非国有工业企业净资产（所有者权益）中，国有及国有控股工业企业为5.8656万亿元，占47.53%；在我国建筑业净资产中，国有和集体建筑企业共计0.358万亿元，占28.34%。[②]

第三组数据：截至2006年末，我国国有或国有控股的非金融类企业的总资产和净资产已分别达到29万亿元和12.2万亿元。[③]

第四组数据：1979~2006年，我国累计实际使用外商直接投资总额为6918.97亿美元。[④] 2007年，我国实际使用外商直接投资金额为748亿美元。[⑤] 两者之和为7666.97亿美元。

第五组数据：截至2007年6月末，按登记注册类型划分，我国内资企业（在此包括国有企业、集体企业、股份合作企业、联营企业、有限责任公司、股份有限公司，它们基本上属于公有或公有控股企业——笔者注）注册资本为18.4万亿元，外商投资企业注册资本为1万亿美元（其中，外方出资额为8070.8亿美元），私营企业注册资本为8.3万亿元，个体工商

---

① 中华人民共和国国家统计局：《第一次全国经济普查主要数据分报（第一号）》，载于《经济日报》2005年12月7日。

② 根据中华人民共和国国家统计局编：《中国统计年鉴（2007）》提供的相关数据计算。

③ 袁祥：《国有资产法草案保障国有资产安全》，载于《光明日报》2007年12月24日。笔者迄今未见正式公布的我国国有金融类企业（含国有银行、保险、证券企业）净资产的权威数据，但其数量不可小视。其中，仅2007年成立的国有独资的中国投资有限责任公司的注册资本金就高达2000亿美元。

④ 中华人民共和国国家统计局编：《中国统计年鉴（2007）》，中国统计出版社2007年版，第742页。

⑤ 中华人民共和国国家统计局：《中华人民共和国2007年国民经济和社会发展统计公报》，载于《经济日报》2008年2月29日。

户资金数额为7034.7亿元。①

上述五组数据，或者是覆盖面不全，或者是统计口径欠精确（精确的统计口径应为经营性净资产或所有者权益），从而难以全面准确地进行经营性净资产的量化比较。笔者认为，统计不同经济类型的经营性净资产，应正确把握实收资本、注册资本、外商直接投资与现有经营性净资产的联系与区别。统计国有经营性净资产，应在国务院国资委通常公布的国有企业（实际上是国有工商企业）经营性净资产数据的基础上，既加入国有金融类企业经营性净资产的数据，也加入国有行政事业单位占有、使用并通过各种形式转化为经营性净资产的数据。统计公有经营性净资产，不仅应包括国有经营性净资产的全面数据，也应包括集体所有制（含城镇集体所有制和农村集体所有制）经营性净资产的全面数据。基于上述认识和已有的某些不完整的数据，笔者认为，我国目前公有经营性净资产在社会经营性净资产中，仍具有一定的量的优势。

近些年来，我国公有经营性净资产在绝对数量明显增长的同时相对比重却明显下降，② 非公有经营性净资产在绝对数量快速增长的同时相对比重也明显上升。笔者认为，我国所有制结构出现这种一降一升的明显反差，其经济原因至少包括以下五个方面。

第一，公有企业特别是国有企业为经济体制转轨付出了双重成本。首先，国有企业为自身改革付出了巨大成本，主要表现是历史包袱和社会负担成本。由于我国特定的历史条件和发展道路，国有企业长期形成了人多、债多、社会负担重等诸多问题。1995～2006年，国有企业职工人数由7544.1万降至2615.7万，③ 其安置和分流成本大概不亚于上万亿元。我国1985年开始对国有企业实行“拨改贷”（即经营性基本建设投资由原来的

① 国家工商总局办公厅统计处：《2007年上半年全国工商行政管理统计基本情况》（上），载于《中国工商管理研究》2007年第8期。

② 以我国工业为例。根据中华人民共和国国家统计局编：《中国统计年鉴（2007）》提供的相关数据，1998～2006年，我国国有及国有控股工业企业净资产（或所有者权益）由26759.22亿元增至58656.37亿元，上升了119.2%；但其在全部国有及规模以上非国有工业企业净资产中的比重，则由1998年的67.84%降至2006年的47.53%。同期集体工业企业净资产的数据尚缺。

③ 引自中华人民共和国国家统计局编：《中国统计年鉴（1996）》，第96页；《中国统计年鉴（2007）》，第132页。

财政拨款改为银行贷款）等措施，导致“七五”“八五”时期主要靠银行贷款搞起来的国有生产性基建和技改项目缺乏自有资本金，债台高筑。在传统经济体制下，国有企业承担了大量的社会性职能，创办了很多医院、学校、幼儿园和其他公共福利设施。其资产大约占国有企业固定资产的15%；国有企业每年用于职工的社会保障、医疗卫生、住房、教育、文化体育等方面的费用支出，大约占企业全年管理费用的50%。[①] 在国企改革过程中，逐步剥离“企业办社会”的职能，已经并将继续付出巨大的成本。其次，国有企业在较长时期中付出了高税负成本，客观上导致经济利益的转移，为其他企业特别是非公有制企业迅速发展提供了有利条件。据原国家经贸委统计，1980～1993年，我国国有企业的平均税负为86%，不仅显著高于国外30%～40%的税负水平，[②] 也明显高于国内其他内资企业和外资企业的税负水平。1994年我国内资企业所得税税率统一后，以国有企业为重点的内资企业所得税税率仍明显高于外资企业所得税税率。根据我国企业所得税税源调查资料测算，内资企业所得税平均实际税负为25%左右，外资企业所得税平均实际税负为15%左右。[③] 尽管我国政府对国有企业采取了减免某些债务等优惠措施，但国有企业为经济体制转轨付出的巨大双重成本，必然在相当程度上影响国有企业的资本扩大、技术创新、经济效益和市场竞争力，从而影响国有经济的发展。

第二，公有企业特别是国有企业中主要由以权谋私、权钱交易和管理漏洞引起的资产流失。“左手倒右手，公有变私有”，这方面的案例并非罕见。中央关于国有企业实行公司制股份制改革等基本方针是正确的，国家有关部门也出台了《企业国有产权转让管理暂行办法》等相关规定，国企改制取得了重大成果。但是，在国企改制过程中确实出现了较为明显的国有资产流失问题。在管理层收购或经营者持股的过程中，有的“自卖自

---

① 中央财经领导小组办公室主编：《〈中共中央关于国有企业改革和发展若干重大问题的决定〉学习辅导讲座》，人民出版社、经济科学出版社1999年版，第5～6页。

② 舒志军：《国有企业改革若干问题简述》，载于《经济学动态》1996年第3期。

③ 金人庆：《关于〈中华人民共和国企业所得税法〉（草案）的说明》，载于《经济日报》2007年3月9日。2008年1月1日起，我国实行新的企业所得税法，统一内外资企业所得税（但在过渡期内对部分外商直接投资企业仍保留一定程度的税收优惠）。这一重大举措有利于我国内外资企业进行公平竞争。

买，暗箱操作”，“以国有产权或实物资产作为其融资的担保，将收购风险和经营风险全部转嫁给金融机构和被收购企业”。[①] 在企业国有产权转让的过程中，“有的财务审计不严，资产评估不实，虚构虚增成本，转移企业资产；有的产权转让不规范，不透明，低估贱卖国有资产；一些地方甚至出现内外勾结，违规审批、隐匿转移、侵占私吞国有资产的违法违纪行为。”[②] 许多城镇和乡村的集体企业在改制过程中也存在类似问题。在改制过程中公有资产的流失规模无法精确计算，有学者估计仅国有资产流失就至少在2万亿元以上。[③] 其中，有不少流失的公有资产摇身一变，便以非公有制企业的面目粉墨登场。

第三，体制、机制等缺陷对公有制经济特别是国有经济发展的负面影响。作为社会主义大国，我国从长期形成的计划经济体制转变为社会主义市场经济体制，这是人类社会中史无前例的改革实践和伟大创举，也是艰巨复杂的体制创新和管理创新过程。其间，没有现成的成功经验可供借鉴，传统经济体制、机制和观念的惯性在发生作用，国内不同利益群体的激烈博弈和反复较量，致使公有制经济在与市场经济结合的过程中必然会遇到种种阻力、困难和问题。出资人缺位，政企不分，政资不分，建立健全企业经营者的激励与约束机制，完善公司治理结构，国有经济布局和结构的战略性调整，社会保障制度的建立与完善等，这些问题或目标并不能在短期内得到解决或实现。这些因素都在一定程度上制约了公有制经济特别是国有经济的发展。

第四，外商直接投资持续大量增加。引进外资是我国实行改革开放的一项重大决策。1993～2007年，我国已连续15年成为吸收外商直接投资最多的发展中国家。目前，我国实际使用外商直接投资累计已超过7600亿美元，这一变量必然引起我国非公有经营性净资产在社会经营性净资产中所占比重的重大变化。

---

① 国务院国有资产监督委员会研究室：《坚持国企改革方向　规范推进国企改制》，载于《人民日报》2004年9月29日。

② 国务院国有资产监督委员会研究室：《坚持国企改革方向　规范推进国企改制》，载于《人民日报》2004年9月29日。

③ 杨承训：《论国有经济的数量底线与质量》，载于《经济学动态》2005年第7期。

第五，许多非公有制企业具有“低成本优势”。私营经济和外资经济作为资本主义经济，其剥削性质是毋庸置疑的。在正常情况下，私营企业和外资企业（在此指外商独资企业和外资控股的中外合资等企业）支付给职工的工资应大体相当于劳动力的价值或价格。然而，在我国劳动力市场（特别是中、低端劳动力市场）严重供过于求的条件下，许多私营和外资企业支付给职工的工资明显低于劳动力的价值或价格。2004 年以来，我国东南沿海部分地区出现的“民工荒”，其主要原因就是工资水平太低。[①] 不仅如此，不少非公有制企业劳动条件较差，对其职工不缴或少缴社会保险费（包括基本养老保险费、基本医疗保险费、失业保险费等）、违规延长职工劳动时间、变相克扣和拖欠职工工资、偷工减料、偷漏骗税，从而大幅度地降低成本和增加利润，迅速扩大了资本规模。

笔者认为，在上述五个方面的经济原因中，既有合理因素，也有不合理因素；既有合法因素，也有非法因素；既有境内因素，也有境外因素。其中的不合理或违法因素所反映的问题，有的已经解决，有的正在解决，有的则尚未引起有关方面的重视或没有采取切实可行的解决方案。限于篇幅，本文对此不拟专门探讨，旨在引起我国政府有关部门和理论界对此问题的高度重视和认真研究，并采取切实有效的对策，以巩固和完善我国公有制为主体、多种所有制经济共同发展的基本经济制度。由此，我们吁请国家统计局等有关部门积极采取有力措施“摸清家底”，定期向社会公布我国不同经济类型在经营性净资产方面的相关数据，为党和政府科学决策以及有关人员进行科学研究提供全面可靠的数据。

从长远来看，公有资产在社会总资产中还应具有质的优势。这实际上是更为重要的方面。公有资产在社会总资产中具有质的优势，主要表现为公有经营性净资产在社会经营性净资产中具有质的优势，这可以从与经营性净资产密切相关的生产力和生产关系两个方面来加以分析和考察。

从生产力的角度看，公有经营性净资产不仅应有布局结构的优势，还应具有素质、效益和竞争力的优势。也就是说，公有经营性净资产不仅应在关系国家安全和国民经济命脉的重要行业和关键领域占控制地位，而且

① 国务院研究室课题组：《中国农民工调研报告》，中国言实出版社 2006 年版，第 204 页。

在总体上还应有更高的技术素质、管理素质、盈利水平和竞争力。笔者认为，对于后者而言，既可以进行宏观比较，也可以在同一行业或部门内对公有制企业与其他所有制企业进行企业之间的微观比较；进行比较的主要指标应是净资产收益率（税后利润总额/平均净资产总额×100%）和总资产贡献率（利润总额＋税金总额＋利息支出/平均资金总额×100%）。此外，比较的指标还应包括成本费用利润率、产品优质率、名牌产品率、科技创新率、降能降耗率、排污减量率、资源循环利用率、安全生产率、职工权益维护、消费者满意度、企业信誉度（诚信等级）以及承担其他社会责任的状况等。[①] 根据国务院国资委提供的数据，2003～2006年，我国国有企业户数减少了20.7%，但国有资产总额增长了45.7%，销售收入增长了50.9%，实现利润增长了147.3%，上缴税金增长了72%。同期，国务院国资委履行出资人职责的中央企业的资产总额、净资产总额、销售收入、实现利润和上缴税金分别增长了46.5%、49.7%、85.3%、155.5%和91.5%，净资产收益率和总资产报酬率分别提高了5.1%和2.9%。[②] 2007年，我国有16家中央企业入围美国《财富》杂志公布的世界500强，比2003年增加了10家。2007年，我国国有企业实现利润总额和上缴税金分别为1.62万亿元和1.57万亿元，与2006年相比分别增长31.6%和20%，双创历史新高；销售利润率为9%，成本费用利润率为10%，净资产利润率为14%，经济运行态势继续改善。[③] 可见，近年来我国国有企业的改革与发展取得了较大成绩，明显提升了国有经营性净资产的素质和效益。

从生产关系的角度看，公有经营性净资产质的优势不仅体现在公有制或公有资本控股的企业中劳动者应在或大或小的范围内拥有对生产资料的平等所有权，而且也体现在劳动者在生产经营活动中应具有当家作主的权利，并凭借（或主要凭借）其所提供的有效劳动成果的数量和质量获得合理的报酬，充分发挥其积极性、主动性和创造性。综合生产力和生产关系

① 杨承训、张新宁：《“国企低效”：颠倒事实的私有化悖论》，载于《海派经济学》2006年第3期。

② 国务院国资委研究室：《国有企业改革发展取得显著成就》，载于《经济日报》2007年7月12日。

③ 孙勇：《去年国有企业实现利润1.62万亿元》，载于《经济日报》2008年1月24日。

两个方面，公有经营性净资产质的优势，应集中表现在与公有经营性净资产相联系的社会主义经济能够创造出高于资本主义经济的劳动生产率。列宁曾经指出："劳动生产率，归根结底是使新社会制度取得胜利的最重要最主要的东西。"① 当然，我国公有经营性净资产从总体上真正体现出质的优势，就国内而言尚有某些明显的差距，就国际而言则任重道远（见表1）。

表1　　入围世界500强的中、美、日若干企业基本经济指标对比（2005年）　　单位：百万美元

位次	企业名称	所属国家	营业额	利润额（税后）	资产额	股东权益	雇员人数（人）	人均营业额	人均利润额（税后）	人均资产额	净资产收益率（%）
1	埃克森美孚公司	美国	339938	36130	208335	111186	83700	4.061	0.432	0.243	32.50
23	中国石油化工集团公司	中国	98785	2668	90438	30876	730800	0.135	0.004	0.124	8.64
14	花旗集团公司	美国	131045	24589	1494037	112537	303000	0.432	0.081	4.931	21.85
199	中国工商银行	中国	29167	4114	799741	31405	361623	0.081	0.011	2.212	13.10
168	新日本制铁	日本	34502	3038	38501	14220	46143	0.748	0.066	0.834	21.36
296	上海宝钢集团	中国	21501	1395	26523	14881	92682	0.232	0.015	0.286	9.37
8	丰田汽车	日本	185805	12120	243506	89502	285977	0.650	0.042	0.851	13.54
470	中国一汽集团	中国	14511	116	13308	1874	137175	0.106	0.001	0.098	6.19

资料来源：根据中华人民共和国国家统计局编：《国际统计年鉴（2006～2007）》提供的相关数据计算整理。

三、优化国有经济布局和结构，进一步发挥国有经济的主导作用

对国有经济布局和结构实施战略性调整，推进国有资本向关系国家安全和国民经济命脉的重要行业和关键领域集中，是我国深化国有企业改革、增强国有经济活力、控制力和影响力的一项重大举措，已经取得了明显的

① 《列宁选集》第4卷，人民出版社1995年版，第16页。

成效。胡锦涛提出：要“优化国有经济布局和结构”。[①] 笔者认为，党中央和国务院做出的相关决定和战略部署是正确的，在贯彻落实中央有关精神的过程中，应更加重视并妥善处理以下三个问题。

第一，正确认识和把握我国与资本主义国家在国有经济布局方面的特殊性，合理规划并不断优化我国国有经济布局。社会主义国家和资本主义国家都存在国有经济。在市场经济条件下，资本主义国家与社会主义国家在国有经济布局方面存在显著的区别，其根本原因在于两者的国有经济具有不同的性质、比重和功能。资本主义国家的国有经济是国家垄断资本主义或国家资本主义的经济形式，在国民经济中所占的比重较低，[②] 其基本功能是维持社会化大生产和市场经济的正常运行，为私人垄断资本攫取高额利润服务，巩固和发展资本主义制度。因此，资本主义国家的国有经济布局相对较窄，一般局限于非竞争性领域，即所谓“市场失效”的领域。根据表2提供的相关数据，笔者认为，资本主义国家的国有经济布局可概括为明显小于、大体等于、略大于非竞争性领域三种情况。美国的国有经济大体分布在邮政业，属于第一种情况；澳大利亚的国有经济大体分布在铁路、民航、电力、邮政、通讯等非竞争性领域，属于第二种情况；法国、芬兰、西班牙等国的国有经济则不仅分布在非竞争性领域，也分布在钢铁、汽车等竞争性领域，属于第三种情况。即使属于第三种情况，其国有经济在竞争性领域的分布也相当有限。衡量国有经济的参与度或其在国民经济中所占的比重，国际上通常采用国内生产总值（GDP）比重、投资比重和劳动力比重三大指标，[③] 有学者综合采用这三大指标对20世纪80年代世界范围内国有经济的参与度进行过计算，得出的基本数据是：在市场经济工业国，国有经济在基础设施部门占75%左右，在矿业和制造业部门占25%

---

① 胡锦涛：《高举中国特色社会主义伟大旗帜　为夺取全面建设小康社会新胜利而奋斗》，载于《人民日报》2007年10月25日。

② 据有关资料介绍，20世纪80年代末期，工业化国家国有经济增加值占GDP的比重不足10%。在西方发达国家中，法国国有经济增加值占GDP的比重最高，1990年为10%；美国国有经济增加值占GDP的比重最低，尚不足1%（参见国家统计局课题组：《对国有经济控制力的量化分析》，载于《统计研究》2001年第1期）。

③ 世界银行政策研究报告：《官办企业问题研究——国有企业改革的经济学和政治学》，中国财政经济出版社1997年版，第186~189、194~209页。

以下，在建筑业、商业和个人服务业近于零，在农业为零；在一般发展中国家，国有经济在上述部门分别占75%左右、50%左右、25%以下和近于零。[①] 这些数据也与笔者的上述概括基本吻合。而在社会主义市场经济条件下，国有经济是社会主义全民所有制的经济形式，在国民经济中占有较大或重要比重，不仅具有基础服务、支柱构筑、流通调节、技术示范、社会创利等功能，[②] 还有巩固和发展社会主义经济和政治制度、消除两极分化、实现共同富裕等功能。[③] 因此，社会主义国家的国有经济布局相对较宽，不仅包括非竞争性领域，而且包括相当广泛的竞争性领域。

表2　　部分资本主义国家国有资产占部门比重（1990年前后）　　单位:%

国家	钢铁	造船	汽车	采煤	铁路	民航	电力	煤气	邮政	通讯	银行
澳大利亚	0	0	0	0	100	75	100	0	100	100	—
奥地利	100	—	—	100	100	52	50	100	100	100	10
加拿大	0	0	0	0	75	0	100	0	100	25	—
芬兰	90	—	100	—	100	70	—	100	100	100	—
法国	100	—	40	100	100	100	100	100	100	100	—
德国	0	25	0	—	100	60	—	0	100	100	—
意大利	60	—	—	—	100	75	75	80	100	100	40
日本	0	0	0	0	66	0	0	0	100	46	0
西班牙	60	90	10	50	100	100	30	100	100	100	12
瑞典	40	75	0	—	100	—	—	0	100	100	—
瑞士	0	—	—	—	100	30	—	—	100	100	—
土耳其	75	—	23	100	100	85	—	100	100	100	—
英国	0	0	0	100	100	0	40	0	100	20	0
美国	0	0	0	0	—	0	—	—	100	0	0

资料来源：童计苕：《国有经济——经济发展的控制性力量》，载于《经济日报》2000年11月20日。

---

① 贺若先：《中国国有经济部门：分布变动和效率》，载于《经济研究》1991年第12期。

② 程恩富：《资本主义和社会主义怎样利用股份制——兼论国有经济的六项基本功能》，载于《经济学动态》2004年第10期。

③ 马建堂、黄达、林岗等著：《世纪之交的国有经济改革研究》，经济科学出版社2000年版，第89~90页。

中国是发展中的社会主义国家，在市场经济条件下国有经济的合理布局分为两块：一块是国有经济需占控制地位的领域；[①] 另一块是国有经济不需占控制地位的领域。从广大人民根本利益和国民经济全局出发，从经济文化比较落后的国家实现工业化和现代化的特殊要求出发，从经济上赶超资本主义发达国家的艰巨任务出发，我国国有经济需要控制（包含完全控制、绝对控制、相对控制三种基本形式）关系国家安全和国民经济命脉的重要行业和关键领域。党的十五届四中全会通过的《关于国有企业改革和发展若干重大问题的决定》中提出："国有经济需要控制的行业和领域主要包括：涉及国家安全的行业，自然垄断的行业，提供重要公共产品和服务的行业，以及支柱产业和高新技术产业中的重要骨干企业。"[②] 2006年12月，在国务院转发的国资委《关于推进国有资本调整和国有企业重组的指导意见》中，将"自然垄断的行业"调整为"重大基础设施和重要矿产资源"。[③] 可见，我国国有经济需占控制地位的领域，既包括非竞争性领域，也包括经济安全性产业（如国防工业、银行业、重要能源资源供应产业、支柱产业）、战略性新兴产业（如高新技术产业）等相当一部分竞争性领域，后者是关系国家安全和国民经济命脉的竞争性领域。笔者认为，国有经济在关系国家安全和国民经济命脉的相当一部分竞争性领域中占控制地位，是我国与资本主义国家在国有经济布局方面的主要区别。当然，我国关系国家安全和国民经济命脉的竞争性领域的范围，可以根据国民经济的实际状况和发展需要适时进行调整。中共十五大报告指出，在国有经济不需占控制地位的领域（也可称之为一般竞争性领域），国有经济"可

---

① 笔者认为，应将社会主义国家国有经济需占控制地位的领域与已占控制地位的领域有所区分。从社会主义国家国有经济的性质、比重和功能出发，高新技术产业无疑是国有经济需占控制地位的领域。然而，我国国有经济目前在该领域总体上并不占控制地位。但是，这并不能阻挡我国积极实施自主创新战略，大力加强国有或国有控股高新技术企业的实力，加快建设创新型国家的步伐。

② 中共中央文献研究室编：《十五大以来重要文献选编》（中），人民出版社2001年版，第1008页。

③ 李予阳、冯其予：《进一步推动国有经济布局和结构战略性调整——国资委负责人就〈关于推进国有资本调整和国有企业重组的指导意见〉答记者问》，载于《经济日报》2006年12月19日。

以通过资产重组和结构调整，以加强重点，提高国有资产的整体质量。”①笔者认为，我国在优化国有经济布局和结构的过程中，应把握好两条基本的政策底线：（1）不能将国有经济需占控制地位的领域缩小（或大体缩小）到非竞争性领域，从而与资本主义国家（特别是某些发达资本主义国家）的国有经济布局相混同；（2）在国有经济不需占控制地位的一般竞争性领域，不能强行要求国有企业全部退出。某些国有或国有控股企业具有竞争优势和良好的发展前景，仍可在这些领域中做强做大；而一些规模小、效益差的国有企业则可实行资产重组、依法转让或逐步退出。我国国有经济的合理布局，本质上不同于某些人关于在竞争性领域实行“国退民进”的主张。后者实质上是套用一些发达资本主义国家国有经济的布局模式，企图误导我国国有经济布局和结构调整，使我国经济最终坠入“私有化”陷阱。

中国国有经济在实现国家宏观调控目标中具有重要作用。其重要原因在于，随着中国对外开放的不断扩大与深化，世界市场的波动与震荡对中国经济运行与发展的影响也明显增大，需要以国有经济为主要支柱在结构与总量上加强对本国经济自主发展的全局统筹与合规控制。著名经济学家刘国光认为，中国国有经济还负有从经济基础上保障社会正义和公平的社会责任。国家既要保障在公益服务、基础设施、重要产业的有效投资，也要为解决就业问题在劳动密集领域进行多种形式的投资和运营。国家更要保障非竞争性领域和竞争性领域国有企业的健康发展，充分发挥其在稳定和增加就业、初次分配实现公平、保障社会福利与提供公共服务等方面的主导作用，增强国民收入再分配和实行转移支付的经济实力。② 中国政府有关部门应根据社会主义市场经济的基本特点，抓紧研究并科学细化国有经济需占控制地位的行业和领域，慎重出台相应的产业和企业目录。总之，我们既要避免传统经济体制下国有经济布局战线过长、力量分散等弊端，又要实行区别对待、有进有退、进而有为、退而有序、合理流动的正确方

① 中共中央文献研究室编：《十五大以来重要文献选编》（上），人民出版社2001年版，第21页。

② 刘国光：《关于分配与所有制关系若干问题的思考》，载于《高校理论战线》2007年第10期。

针，从整体上增强国有经济的活力、控制力和影响力，进一步发挥国有经济的主导作用。

第二，不许某些人滥用“反垄断”的名义，干扰和破坏国有经济对关系国家安全和国民经济命脉的重要行业和关键领域实行控制。垄断行业是中国国有经济最集中和控制力最强的领域。垄断行业中的主要大型骨干企业几乎都是国有企业中的中央企业。[①] 当前，垄断行业改革已成为国有企业改革的一个重点。在深化垄断行业改革的过程中，首先，必须区分行政垄断、自然垄断和经济垄断，明确反对和打破滥用行政垄断是我国当前垄断行业改革的一项重要任务。滥用行政垄断是指行政机关和法律、法规授权的具有管理公共事务职能的组织滥用行政权力排除、限制竞争的种种行为和方式。[②] 反对和打破滥用行政垄断，并不是一概反对和废除行政垄断，更不是否定行政机关和法律、法规授权的相关组织通过行政手段正确行使管理公共事务的职能。其次，对于经济垄断，要区分垄断结构和垄断行为。垄断结构相对于竞争结构，属于市场结构范畴。市场结构是指某一市场上企业数量多少和企业规模大小。而垄断行为则相对于竞争行为，属于市场行为范畴。市场行为是指企业在市场中的产品开发、定价、渠道安排、促销以及企业的横向、纵向或混合的扩张行为。垄断结构并不必然排斥和限制竞争，与垄断行为没有必然联系，不属于通常反垄断的范围。[③] 从中国社会主义市场经济的客观实际出发，国有经济在关系国家安全和国民经济命脉的重要行业和关键领域占控制地位，并不是反垄断的矛头指向。我国《反垄断法》第七条明确规定：“国有经济占控制地位的关系国民经济命脉和国家安全的行业以及依法实行专营专卖的行业，国家对其经营者的合法经营活动予以保护。”[④] 真正属于反垄断范围的对象，应是搞垄断协议、滥用市场支配地位等垄断行为。再次，必须区分自然垄断行业的自然垄断性业务与非自然垄断性业务。自然垄断性业务（如电力行业中的高压输电和

---

① 张卓元：《在坚持和完善基本经济制度实践中形成各种所有制经济平等竞争、相互促进新格局》，见本书编写组编著：《十七大报告辅导读本》，人民出版社2007年版，第169页。

② 《中华人民共和国反垄断法》第三十二至三十七条，载于《经济日报》2007年8月31日。

③ 戚聿东等著：《中国经济运行中的垄断与竞争》，人民出版社2004年版，第176~181页。

④ 《中华人民共和国反垄断法》，载于《经济日报》2007年8月31日。

低压配电等）具有网络性、规模经济、范围经济和普遍服务性等特征，必须由国家统一经营；而非自然垄断性业务（如电力行业中的电力设备供应、电力生产和供应等）则可以适当引入市场机制，允许包括外资在内的非公有制经济参与竞争，以提高效率，改善服务。当然，在深化垄断行业改革的过程中，无论对国有企业或非国有企业都应切实加强政府监管和社会监管，同时将某些利润丰厚的垄断性行业中由非企业贡献因素获得的超额利润收归国有。

第三，加快国有大型企业健全与完善现代企业制度的步伐，打造一批具有国际竞争力的国有或国有控股的大型企业或企业集团。发挥国有经济的主导作用，固然有赖于众多中小国有企业的有力支撑并在其专业化分工的基础上组成企业集群和产业链，但关键是在关系我国国家安全和国民经济命脉的重要行业和关键领域，打造一批拥有自主知识产权和知名品牌、具有较强或一定国际竞争力的国有或国有控股的大型企业或企业集团，使它们在国民经济特别是在企业集群和产业链中发挥核心作用。为此，要深化国有大型企业的公司制股份制改革。除极少数涉及国家安全的企业、必须由国家垄断经营的企业和专门从事国有资产经营管理的公司以外，国有大型企业可从自身实际出发，适度稳妥地引入国内外有实力的战略投资者，逐步改制为国有资本控股多元股东的股份公司。[①] 要继续推进中央企业董事会试点工作，积极探索并实施董事会的合理结构，切实加强董事会的制度建设，规范董事会运作，健全外部董事和外部监事制度，实行企业决策权与执行权适当分离和董事会选聘、考核、奖惩经营管理者，加快形成股东会、董事会、经理层和监事会各负其责、协调运转、有效制衡的公司治理结构。要突出主业，强强联合，加快中央企业之间、中央企业和地方国

① 国有大型企业引入国内外有实力的战略投资者，根本目的是不断发展和壮大自己，更好地发挥在国民经济中的中坚作用。因此，国有大型企业在引入有实力的战略投资者（特别是境外战略投资者）的过程中，应具有清醒的战略思维和正确的运作策略，防止对方实施股权控制或非股权控制（含技术控制、经营管理控制等）。我国应建立健全相关法律法规，为国有大型企业顺利开展此项工作提供重要保障。

有企业之间的优化重组，适度调整中央企业的户数规模。[①] 省、市国资委也要积极扶持和壮大其履行出资人职责的国有或国有控股的大型企业或企业集团。应根据国家需要与财力可能，主要由中央政府出资，在关系国家安全和国民经济命脉的重要行业和关键领域新建一些国有或国有控股的大型企业或企业集团。要大力实施自主创新战略，大幅增加研发投入，促进研发与生产紧密结合，着力突破并掌握具有自主知识产权的核心技术和关键技术。政府应积极协调多方力量，以实施国家重大科技专项为牵引，带动国有或国有控股大型企业或企业集团研发、制造、应用整体水平的明显跃升。要强化管理，苦练内功，精简机构，完善劳动、人事和分配三项制度改革，建立国有资本经营预算制度，规范产权交易市场和股权转让程序，防止国有资产流失。有条件的国有或国有控股的大型企业或企业集团应根据自身优势，创新对外投资和合作方式，在研发、生产、销售等方面积极开展国际化经营，加大实施“走出去”战略的步伐。要配套深化国有资产管理和国家行政、科技、财税、投资等领域的体制改革，抓紧制定并出台《国有资产法》等相关法律法规。[②] 与此同时，放开搞活国有中小企业，使其在国民经济特别是在企业集群和产业链的整合与运营中进一步发挥积极作用。

---

① 中央企业是我国国有企业的国家队，是质与量的统一。一方面，根据我国近年来的实际，适当减少中央企业的户数有利于单个中央企业做强做大，提高其国际竞争力；另一方面，无论从当前或长远来看，中央企业都应保持必要的数量规模，以发挥其在国民经济中的中流砥柱作用。著名经济学家刘国光已明确提出了我国中央企业的数量规模问题（参见刘国光：《关于分配与所有制关系若干问题的思考》，载于《高校理论战线》2007 年第 10 期），应引起国家有关部门的高度重视和认真研究，并采取相应的积极对策。此外，笔者建议：应在国务院国资委监管的中央企业中根据净资产规模、税前利润、竞争实力及在国民经济中的重要程度等因素设立两类企业，一类企业由国务院国资委直接授权对其占有和支配的国有资产进行投资和运营；二类企业则由国务院国资委直接授权的国有资产经营管理机构对其进行投资和运营。

② 项启源认为，生产关系的主体是人而不是物，建议制定《国有经济管理法》（参见《围绕〈反垄断法〉展开的争论说明了什么——访中国社会科学院马克思主义研究院顾问项启源》，载于《马克思主义研究》2007 年第 10 期）。

全民企业工资改革目标模式新探*

工资改革是我国经济体制改革的重要组成部分。全民所有制企业（以下简称全民企业）的工资改革，是我国企业工资改革的核心。为了推动经济体制改革由旧体制向新体制转换，加速建设具有中国特色的社会主义，有必要深入探讨并逐步确立全民企业工资改革的目标模式。

围绕全民企业工资改革的目标模式，近年来国内已展开了讨论并取得了一定的进展。我先对其中有代表性的观点略作评述，然后阐述我对全民企业工资改革目标模式的新思路。

1. “市场型”工资模式

持这种观点的同志认为，工资改革的根本方向是开放劳动力市场，将市场机制引入工资决定。他们强调，工资是劳动力的价格，“应由市场供求决定”。①

我不同意这种观点。第一，社会主义全民企业中的工资，本质上是由劳动者提供的劳动量决定（即是说由生产决定），但也受到市场制约。然而，决定作用和制约作用决不能等同。主张市场供求决定工资，实际上是主张“供求决定论”，它既否定了生产的决定作用，也无法说明在供求一致的条件下工资是如何决定的。第二，把全民企业中的工资说成是劳动力的价格，实质上是认为全民企业中的劳动力是商品。然而，在全民企业中，劳动者和生产资料相对于剥削制度而言是直接结合的，因而劳动者虽然具有劳动力的个人所有权，但却无需出卖劳动力，所以劳动力并不是商品，

---

* 原载《经济研究》1989 年第 11 期。

① 中国经济体制改革研究所综合调查组：《改革：我们面临的挑战与选择》，载于《经济研究》1985 年第 11 期。

从而工资也并不是劳动力的价格而是按劳分配的报酬形式。第三，只有在资本主义经济中，劳动力才成为商品，从而工资才成为劳动力的价格，即使在这种情况下，工资也不是由市场供求关系决定，而是由劳动力价值决定。换言之，就资本主义工资而言，是劳动力价值规律起决定作用，而不是劳动力供求规律起决定作用，劳动力供求关系不过是影响工资围绕劳动力价值上下波动而已。由于"市场型"工资模式从根本上背离了按劳分配原则，因此它不能成为全民企业工资改革的目标模式。

2. "挂钩型"工资模式

持这种观点的同志认为，在社会主义商品经济条件下，劳动计量分为国家对企业和企业对职工两个层次，因而工资分配也相应地分为两个层次，即先通过企业工资总额同本单位经济效益挂钩浮动，解决国家与企业的分配关系，然后再由企业自主安排对职工的分配。①

我认为，这种工资模式有两大优点：一是它把工资总额与企业经济效益联系起来，有利于克服企业之间的平均主义，是对传统工资制度的重大突破；二是它有利于提高企业经济效益，增加中央和地方政府的财政收入。据统计，自1985年以来，实行工资总额同经济效益挂钩的企业，在产值、税利、劳动生产率等经济指标的增长方面，都好于没有实行挂钩改革的企业；而且，工资总额或平均工资的增长，一般都没有超过生产或劳动生产率的增长幅度。② 但是，"挂钩型"工资模式在体现效率原则和按劳分配原则方面存在着一些不足。第一，它由国家直接核定企业的挂钩指标、考核基数和工资浮动比例，实质上还是由国家给企业确定工资总额。这种方法不能使企业从根本上摆脱政权附属物的地位，同实行两权分离的原则相矛盾。第二，它采用企业工资总额与上缴税利挂钩的方法，不能充分体现按劳分配原则。从理论上讲，贯彻按劳分配原则，应该是企业工资总额与职工创造的净产值挂钩，而企业上缴的税利仅是职工创造的净产值的一部分。从实践中看，它一般实行纵向比较法，以当年上缴税利比上年的增加幅度

① 孙桢：《对企业工资改革目标模式等问题的意见》，载于《中国劳动科学》1987年第1期。

② 国家经济体制改革委员会编：《中国经济体制改革十年》，经济管理出版社、改革出版社1988年版，第538页。

按一定的浮动比例系数确定企业工资总额。由于各企业上年实际上缴税利的水平和增加上缴税利的潜力差异很大，因而造成上缴税利基数低、增长潜力大的企业得益多，上缴税利基数高、增长潜力小的企业得益少。我国目前的价格体系也很不合理，许多企业的经济效益难以得到正确衡量。在此情况下，实行企业工资总额与上缴税利挂钩的方法，“鞭打快牛”、苦乐不均的现象实难避免。第三，当企业经营不善、工资下浮时，国家仍要以不同形式不同程度地承担“保底”的责任，这同企业自负盈亏的原则是相悖的。因此，我认为“挂钩型”工资模式只能作为转轨期间的一种过渡模式，但不宜作为目标模式。

3. “分成制”模式

持这种观点的同志认为，“分成制”是与工资制完全不同的一种新的分配方式。“工资制度是一种与劳动者提供的劳动量、劳动成果以及企业的经营收入不联系，在劳动之前就已经确定并发生且数量相对固定的分配方式；而分成制则是一种与劳动者提供的劳动量、劳动成果以及企业的经营收入相联系并随之浮动的分配方式，劳动者的劳动所得并不在劳动之前确定，而是在劳动之后根据企业经营收入和劳动者的劳动量直接分配。”①因此，他们主张用分成制代替工资制“作为我国工资制度改革的目标”。②

我认为，“分成制”模式强调实行职工收入既同企业经济效益又同个人劳动贡献紧密挂钩，这是完全正确的。几年来，我国全民企业的工资改革正是朝着这个方向前进的。然而，如果把工资制度等同于固定工资制度，并把它看成是“资本主义经济特有的分配制度”③，这就未必妥当。首先，工资制度决非仅仅是固定工资制度。“工资制度是由支付工资的原则、形式、标准等构成的体系。”④ 固定工资只是其中的一种工资形式，并非唯一的工资形式。例如，与固定工资（死工资）相对应，还有奖金、浮动工资等活工资形式。其次，工资制度也并不直接等同于资本主义工资制度。不能否认，本来意义上的工资制度是资本主义的经济范畴，体现的是资本家

①②③ 张泽荣：《工资改革的新思路——用分成制代替工资制》，载于《中国劳动科学》1987 年第 6 期。

④ 许涤新主编：《简明政治经济学辞典》，人民出版社 1983 年版，第 19 页。

和雇佣工人之间剥削与被剥削的关系。然而，社会主义工资制度体现的恰恰是在国家、企业和劳动者个人三者利益根本一致的基础上按劳分配的经济关系，与资本主义工资制度有本质的区别。既然迄今在绝大多数社会主义国家的全民企业中都实行社会主义工资制度，那么我们就决不能断言工资制度仅是资本主义经济特有的分配制度。因此，我认为“分成制”模式在理论上不够严密，也不适合作为全民企业工资改革的目标模式。

4. “多元型”工资模式

持这种观点的同志认为，应该区别情况，建立多层次的全民企业工资改革的目标模式。他们认为，对于在国民经济中起决定作用的部门和企业，在工资分配上应由国家实行直接管理；对于大量的既受一定的指令性计划约束、又受市场调节的企业，可以实行工资总额与企业经济效益挂钩的方法，即在工资分配上由国家实行半直接管理；而对于某些完全放开、由市场调节生产经营的企业，在工资分配上则由国家实行间接管理。①

我认为，“多元型”工资模式的突出优点是区别对待，不搞“一刀切”。但这种工资模式在体现效率原则和按劳分配原则方面也有缺陷。因为，它对企业工资实行的是以直接与半直接管理为主的宏观经济调控体系，与我国建立以间接管理为主的宏观经济调控体系这一经济体制改革的基本方向不相适应，从而难以避免传统体制下政企不分带来的种种弊端，压抑企业的生机和活力。因此，我认为“多元型”工资模式同样不适合作为我国全民企业工资改革的目标模式。

5. “自主分配型”工资模式

这种工资模式最基本的特点是：对于绝大多数全民企业，国家主要通过工资税收和工资立法进行宏观管理，企业在工资分配上有比较充分的权力。② 这种工资模式与前四种工资模式相比，无疑具有许多优点，在此不加赘述。目前，在国内关于全民企业工资改革目标模式的讨论中，主张采用这种模式已成为居主导地位的观点。但我认为，这种工资模式似乎有两

① 冯慧娟：《关于企业工资制度改革目标模式问题的讨论综述》，载于《劳动科学研究资料》1986 年第 10 期。

② 赵东宛：《关于我国的劳动工资制度改革》，载于《中国劳动科学》1987 年第 9 期。

点不足。第一，它虽强调了国家征税，但却没有明确国家有权适当分享全民企业的税后利润。实际上，社会主义国家对于全民企业具有社会管理者和资产所有者的二重身份。作为社会管理者，国家有权向全民企业和其他企业无偿征收税赋；作为资产所有者，国家则有权适当分享全民企业的税后利润。无论是传统体制下的“以利挤税”还是近年来的“以税代利”，实质上都是在不同程度上混淆了国家对全民企业的二重身份和二重分配关系。从建立符合社会主义商品经济发展要求的与企业经营机制相适应的企业财务体制来看，国家对全民企业应该实行税利并存。[①] 第二，它没有从表述形式上鲜明体现出社会主义商品经济条件下实行按劳分配的根本特点（即职工工资同企业经济效益和个人劳动贡献紧密挂钩）。因此，我在基本同意“自主分配型”工资模式的前提下，将其更名为“上缴税利、自主分配、双紧挂钩型”工资模式，并加以补充和作出进一步的论证。

全民企业的工资模式，主要涉及两方面的关系。一方面，涉及国家与企业之间的分配关系；另一方面，涉及企业对职工之间的分配关系。“上缴税利、自主分配、双紧挂钩型”工资模式，就是试图正确处理这两方面的经济关系、较好地贯彻效率原则和按劳分配原则的工资模式。

所谓“上缴税利”，就是国家凭借社会管理者和资产所有者的二重身份，通过收缴税利对全民企业的工资分配水平进行必要而合理的宏观调控。其主要内容包括：（1）征收资源税、房产税和土地使用税等税赋。全民企业净产值的形成，既有主观的因素，也有客观的因素。资源、房产和土地使用条件，是影响企业净产值形成的重要客观因素。通过征税尽量把这些客观因素形成的级差收入加以剔除，既有利于增加国家的财政收入，也有利于促进企业合理地使用国家的经济资源，还有利于企业之间的平等竞争和在全民所有制经济内部贯彻按劳分配原则。（2）征收流转税和所得税。流转税包括产品税、增值税和营业税等。流转税和所得税都是国家凭借社会管理者的身份征收的税赋，既是我国税收和财政收入的主体，也是监督管理经济、促进国民经济协调发展的重要手段。因此，企业必须依法纳税。（3）实行所得税后部分利润上缴制度。在我国全民企业中，国家以社会的

① 王丙乾：《财政工作和财政改革》，载于《红旗》1988 年第 1 期。

名义拥有对企业生产资料的所有权，因而应该分享企业的一部分利润。这既是生产资料全民所有权的经济实现形式，也是增加财政收入、提高资产使用效率的重要措施。要根据全民企业的不同经营方式，以不同形式适当分取企业税后利润。对实行股份制的全民企业，可采用按股分红的办法参与税后利润分配；对实行承包制的全民企业，可以按照承包合同规定以承包费的形式参与税后利润分配；对实行租赁制的全民企业，可以按照租赁合同规定以租赁费或租金的形式参与税后利润分配。（4）征收工资基金调节税和个人收入调节税。对于平均工资超过一定标准、资金积累率又低于一定标准的企业，要逐级累进征收工资基金调节税，税金从工资基金中列支。以此约束企业的短期行为，抑制消费基金膨胀，鼓励企业自我积累，增强后劲。同时，对那些收入较高、负担能力较强的人，要适当征收个人收入调节税，以避免收入过分悬殊，促进社会安定和经济发展。（5）征收社会劳动保险税。为统筹解决职工的医疗、退休和失业时的保障问题，国家应按一定比例向企业和职工征收社会劳动保险税，改变长期形成的单纯由企业“承包”职工劳动保险的局面。

所谓“自主分配”，就是企业在上缴税利和扣除积累基金以后，享有充分的工资分配自主权，其主要内容包括：（1）有权自行确定适合本企业生产发展的收入分配原则。随着所有制改革的深入，全民企业中的非全民成分会占有一定的比重，经营方式也会趋向多样化。这种情况必然导致全民企业收入分配原则的多元化。因此，各全民企业有权在适合生产力发展的前提下实行以按劳分配为主体的多种分配原则。（2）有权自行确定适合本企业生产情况的工资形式和工资标准。企业中不论采用哪种工资形式和工资标准，都要区分劳动者的不同岗位（生产岗位、技术岗位、经营管理岗位），区分脑力劳动和体力劳动、复杂劳动和简单劳动、熟练劳动和非熟练劳动、繁重劳动和非繁重劳动，并尽量采用复合指标对劳动者提供的有效劳动进行模拟计量，在此基础上扩大工资差距，拉开档次，使劳动者的工资上挂企业效益，下联个人劳绩。北京市革制品厂试行以岗位（职务）、技能、年功、区类、奖金、津贴 6 个单元组成的结构工资制和以基额、系数、常数计算各单元工资标准的定量体系，提供了企业内部工资改革的新鲜经验，其有益做法值得借鉴。（3）有权根据《全民所有制企业工资法》自行确定本企业的工资水平和增长速度。各全民企业的经济效益和劳动者的实际贡献不会整齐划一，因而各自的工资水平及其增长速度也不应千篇一律。企业的工资水平和增长速度，从数量上看，主要取决于企业工资总额和职工人数这两个因素。从理论上讲，贯彻按劳分配原则，企业的工资总额应该与企业净产值挂钩。但是，结合社会主义商品经济的具体情况，我认为企业工资总额应该与企业上缴税利以后的净产值挂钩。正确实行这种挂钩的关键是如何确定平均收入率。平均收入率即在积累与消费的比例比较适合的正常年景下，物质生产部门的全民企业工资总额与上缴税利后净产值总额之比。《全民所有制企业工资法》中似应明确规定，各企业的工资总额原则上应等于上缴税利以后净产值乘以平均收入率，不得以滥发补贴和实物等形式变相扩大企业工资总额。这样，在企业职工人数不变的情况下，企业工资水平就与上缴税利后的净产值和企业劳动生产率成正比。从而，既可以贯彻多劳多得、少劳少得的按劳分配原则，打破企业之间的“大锅饭”；又能抑制消费基金膨胀，使职工的收入增长与企业劳动生产率增长相适应。有些全民企业经营不善，甚至亏损，应设法通过多种途径确保按照《全民所有制企业工资法》的规定至少发给职工最低工资。连续半年开不出最低工资且又无法获得贷款的企业，国家应允许优势企业对其实行兼并，促进资产存量的重组和产业结构的优化。（4）有权根据《全民所有制企业法》自行确定企业中集体消费基金、工资储备基金、风险基金和补充养老保险基金各自所占的比例。我认为，工资储备基金要逐年积存，在数量上至少要相当于企业职工三年最低工资的总和。它既可以以丰补歉，也能确保在正常条件下职工平均工资逐年有所增加。风险基金主要用于补足企业亏损时不能完成的上缴税利，使企业真正做到自负盈亏。补充养老保险基金是企业通过保险公司建立的退休养老专项基金，其用途在于弥补社会统筹的职工退休基本养老保险基金和个人储蓄的养老保险基金之不足。

所谓“双紧挂钩”，是指职工工资既同企业经济效益又同个人劳动贡献紧密挂钩。这是“上缴税利、自主分配，双紧挂钩型”工资模式的核心。如前所述，国家通过收缴税利，既基本排除了影响企业净产值的级差收入，又相对满足了社会对企业的资金需要，在此基础上根据平均收入率

实行企业工资总额与企业上缴税利后净产值挂钩的办法，就破除了企业之间的平均主义，使各企业联合劳动的实际贡献在分配上得到了体现；而企业通过自主分配，多劳多得，少劳少得，则破除了企业内部的平均主义，使每个职工的实际贡献在分配中也得到了体现。这样，就使职工工资同企业经济效益和个人劳动贡献紧密结合起来，即实现了“双紧挂钩”，从而较好地体现了按劳分配原则。在国内有些关于按劳分配的文章和著作中，通常不是强调“双紧挂钩”，而是泛泛谈论“两个挂钩”，我认为这是不够的。挂钩程度有松紧之分，在社会主义商品经济条件下较好地贯彻按劳分配原则，应该是“双紧挂钩”，而不是“双松挂钩”。全民企业工资改革的目标模式，无论从内容还是从形式上，都应充分体现这一特点。否则，就既无法与传统的全民企业工资模式从根本上区分开来，也无法与目前采用的一些过渡性工资模式明显地区分开来。当然，区分“双紧挂钩”和“双松挂钩”也还应有进一步的量的规定，这有待于我们今后继续深入进行研究。但必须指出，“上缴税利、自主分配、双紧挂钩型”工资模式只能覆盖绝大多数全民企业。对于少数由国家直接管理和控制的全民所有制公益性企业，其工资分配基本上应由国家统筹安排，但同时应给予企业适当的自主权，以有利于贯彻按劳分配原则。

不仅如此，“上缴税利、自主分配、双紧挂钩型”工资模式还间接体现了效率原则。这不仅表现在它通过收缴税利尽力排除级差收益从而为企业之间的平等竞争创造了条件，也不仅表现在它实行了富有活力的以按劳分配为主体的多元化分配原则，而且还表现在它有利于企业合理使用经济资源并正确处理积累与消费的关系，从而能够促进微观经济效率和宏观经济效率的不断提高。

全民企业的工资改革，必须与经济体制其他方面的改革综合配套进行。我认为，实现“上缴税利、自主分配、双紧挂钩型”工资模式，必须相对具备下述四项基本条件：

（1）企业拥有充分的工资分配自主权，并且形成互相制约的利益均衡机制。全民企业是相对独立的商品生产者和经营者，必须拥有包括工资分配自主权在内的经营管理自主权。企业拥有经营管理自主权以后，建立和完善互相制约的利益均衡机制就显得尤为重要。为此，首先必须强化市场约束、预算约束和法律约束。要积极开展市场竞争，实行企业破产法制度，使企业根据价格信号和利率信号来确定自己的生产经营规模和投资方向。要硬化财政税收制度和银行信用制度，使企业做到确保上缴，歉收自补，并把税前还贷改为用企业留利还贷。要通过制定有关法律法规，促使企业保证产品质量和服务质量，不许乱涨价和变相涨价，以维护国家和消费者利益；促使企业把大部分留利用于生产发展和技术进步，并使职工平均实际工资的增长幅度与劳动生产率的增长幅度相适应。其次，企业必须进一步健全对职工严格科学的劳动考核制度，切实贯彻按劳分配原则。简言之，要采取各种有效途径和措施，使企业正确处理国家、企业和劳动者之间的经济利益关系，逐步实现生产与生活、积累与消费的良性循环。

（2）建立社会主义市场体系，价格关系基本理顺。这既是我国经济体制改革的一项基本任务，也与全民企业的工资改革密切相关。在建立社会主义市场体系的过程中，我们必须积极稳步地推进价格改革，理顺商品价格和各种生产要素价格。价格改革要同调整收入政策和实行工资改革相配合，使绝大多数职工的实际生活水平不致在改革中下降，并且随着生产的发展逐步提高。为此，国家除了继续坚持有计划有步骤地改革不合理的价格体系这一基本方针以及采取加强对物价的管理和监督等项措施之外，关键是要严格控制货币发行，避免货币供应量超经济增长。据测算，如果我国经济每年增长7%～8%，考虑到价格结构性调整的需要，则货币发行增长率以13%～15%为宜。而前几年我国货币发行增长率每年都在20%以上，个别年份甚至超过40%，从而造成物价猛涨，这个沉痛教训必须认真吸取。

（3）健全和完善财政税收和经济立法等宏观经济调控机制。近年来，我国对全民大中型企业的所得税采用55%的固定比例税率，对全民小型企业采用10%～55%的八级超额累进税率。实行这种较高的所得税税率，固然有利于“国家拿大头”，但也存在着全民企业负担过重，在竞争中处于不利地位等严重问题。我认为，适当降低全民企业所得税的税率（以税率33%左右为宜），进一步理顺国家与企业的经济利益关系，不仅有利于贯彻按劳分配原则，充分调动广大职工的生产积极性，而且也有利于增强企业自我改造和自我发展的能力，从长远来看对增加财政收入和促进国家经

济发展更为有利。此外，应该加快步伐，完善资源税，开征社会劳动保险税，实行所得税后分取利润制度，制定并实施《全民所有制企业工资法》等经济法，以健全和完善与全民企业工资改革目标模式相适应的宏观经济调控机制。

（4）建立新型的社会保障制度。我国现行的社会保障制度很不适应社会主义商品经济发展和企业工资改革的需要。就全民企业而言，改革社会保障制度主要应采取两项措施：一是变“企业保障”为社会保障。社会保障基金应由国家、企业和职工三者合理分担，并应按一定比例预留储蓄，以适应我国人口逐渐老龄化所引起的退休费大幅度增加的需要。二是改进并完善退休金和医疗保险制度。

刍议按劳分配中的“劳”*

按劳分配既是社会主义经济的基本特征，也是我国社会主义初级阶段个人收入分配方式的主体。从理论和实践的结合上深入探讨按劳分配中的“劳”的基本内涵，对于建设有中国特色的社会主义经济具有重要意义。我读了何伟同志发表在《经济研究》1991 年第 10 期的《在有计划商品经济条件下实现按劳分配的两个问题》一文（以下简称《何文》），受益匪浅。然而，《何文》认为，马克思设想的按劳分配中的“劳”是抽象劳动，这种抽象劳动在社会主义商品经济条件下实质上是社会必要劳动。对此观点我持不同看法，在此略陈管见并向何伟同志请教。

一、马克思设想的按劳分配中的“劳”究竟是什么？

综观马克思关于按劳分配的论述，他并没有明确提出按劳分配中的“劳”就是社会平均劳动。但是，根据马克思按劳分配的理论逻辑，按劳分配中的“劳”实质上是社会平均劳动。首先，马克思论述的按劳分配中的“劳”不是个别劳动。因为，无论从马克思反复阐明的劳动价值论或从实际情况来看，以个别劳动时间作为计算尺度都无法准确衡量各个生产者提供劳动量的大小。一方面，生产者的劳动存在着脑力劳动与体力劳动、复杂劳动与简单劳动、熟练劳动与非熟练劳动、繁重劳动与非繁重劳动的差别，在相同的时间内从事不同劳动的生产者提供的劳动量可以相差很大。马克思指出：“一个人在体力或智力上胜过另一个人，因此在同一时间内

---

* 原载《经济研究》1993 年第 2 期。

提供较多的劳动”。[①] 另一方面，生产者的劳动态度也有好、中、差的区别，从而即使劳动时间相同，从事同一劳动的生产者提供的劳动量也可以迥然各异。其次，马克思论述的按劳分配中的“劳”也不是社会必要劳动。众所周知，“社会必要劳动时间是在现有的社会正常的生产条件下，在社会平均的劳动熟练程度和劳动强度下制造某种使用价值所需要的劳动时间”。[②] 由于社会必要劳动时间既取决于生产的主观条件，也取决于生产的客观条件，因而即使生产者的劳动具有社会平均的强度、熟练程度和繁杂程度，但由于各自与不同的客观生产条件相联系，其同量劳动所形成的社会必要劳动时间也必然不同。根据马克思的观点，按劳分配是以生产者共同占有生产资料即具有生产资料的平等所有权为前提，客观生产条件的差异不应导致个人消费品分配的差别，而只有主观生产条件的差异才可以导致个人消费品分配的差别，从而社会必要劳动也不是马克思论述的按劳分配中的“劳”。既然马克思论述的按劳分配中的“劳”既不是个别劳动，也不是社会必要劳动，那就只能是社会平均劳动。因为，社会平均劳动是抛开客观生产条件以后社会平均强度、熟练程度和繁杂程度的劳动，以社会平均劳动时间作为按劳分配的计量尺度，既能体现生产者在生产资料所有权的平等地位，又能体现生产者向社会提供的劳动量的实际差别，符合马克思按劳分配学说的原意。这种理解还可以在《反杜林论》中得到佐证。恩格斯指出：“社会一旦占有生产资料并且以直接社会化的形式把它们应用于生产，每一个人的劳动，无论其特殊用途是如何的不同，从一开始就成为直接的社会劳动。那时，一件产品中所包含的社会劳动量，可以不必首先采用迂回的途径加以确定；日常的经验就直接显示出这件产品平均需要多少数量的社会劳动。社会可以简单地计算出：在一台蒸汽机中，在一百公升的最近收获的小麦中，在一百平方米的一定质量的棉布中，包含着多少工作小时。”[③] 可以看出，他认为在社会主义社会中计量产品中所包含的社会劳动量，就是计量产品中所包含的社会平均劳动量，因而是以

---

① 《马克思恩格斯选集》第3卷，人民出版社1972年版，第11页。
② 《马克思恩格斯全集》第23卷，人民出版社1972年版，第52页。
③ 《马克思恩格斯选集》第3卷，人民出版社1972年版，第348页。

社会平均劳动时间作为计量尺度的。既然计量产品中所包含的劳动量要以社会平均劳动时间作尺度，那么，计量生产者提供的劳动量相应地也要以社会平均劳动时间作为尺度。在此还须指出，《反杜林论》从一定意义上说是恩格斯和马克思合写的一部著作。从而可以断言，马克思对恩格斯在《反杜林论》中所阐明的观点是完全同意的。由上可见，尽管马克思在其著述中并没有明确提出按劳分配中的“劳”就是社会平均劳动，但他实质上是清楚的。

马克思设想的按劳分配中的“劳”并不是抽象劳动。对于抽象劳动这个经济范畴，我国经济学界长期以来就存在着广义和狭义的两种理解。无论按照哪一种理解，抽象劳动都难以准确体现马克思设想的按劳分配中“劳”的原意。从广义理解来看，抽象劳动作为撇开各种具体形式的抽象的无差别的人类劳动，是一个永恒的范畴。马克思指出：“劳动一般”就其作为抽象的简单的范畴来说，“表现出一种古老而适用于一切社会形式的关系的最简单的抽象。”① 就此而言，从质的角度看，采用抽象劳动这个经济范畴无法区分私有制商品经济中的劳动与马克思设想的社会主义社会中的劳动，无法区分社会必要劳动与社会平均劳动，从而也就无法解释尽管按劳分配中“通行的是商品等价物的交换中也通行的同一原则，即一种形式的一定量的劳动可以和另一种形式的同量劳动相交换”，② 但是，按劳分配中体现的等量劳动相交换与以私有制为基础的商品经济中等价交换所体现的等量劳动相交换究竟在性质上有什么区别；从量的角度看，尽管马克思也曾把抽象劳动归结为每个普通人都能完成的简单劳动，③ 从而在理论上解决了将复杂劳动还原为简单劳动的问题，但是，即使是简单劳动，也有劳动强度大、中、小和劳动熟练程度高、中、低的差别，那么，抽象劳动究竟是指哪一种简单劳动？对此，马克思并没有进一步加以论述，我国理论界也缺乏深入的探讨。然而，如果把社会必要劳动时间视为抽象劳动的量化尺度，则显然与马克思设想的按劳分配中的“劳”的内涵有明显

① 《马克思恩格斯选集》第2卷，人民出版社1972年版，第107页。
② 《马克思恩格斯选集》第3卷，人民出版社1972年版，第11页。
③ 《马克思恩格斯全集》第13卷，人民出版社1962年版，第19页。

差别。从狭义理解来看，抽象劳动是指与商品经济相联系并形成价值实体的无差别的人类劳动，是一个历史的范畴。马克思指出：“表现在交换价值中的劳动是以分散的个人劳动为前提的。这种劳动要通过它采取与自身直接对立的形式，即抽象一般性的形式，才变成社会劳动。”① “抽象劳动属于一种社会关系”②。由于马克思设想的社会主义社会不存在商品经济，因而也就不存在与商品经济相联系的狭义的抽象劳动。所以，我认为把马克思设想的按劳分配中的“劳”归结为抽象劳动，不仅有悖于马克思著作的原意，而且对于从理论与实践的结合上深入探讨按劳分配中的“劳”的内涵并没有实质性的意义。

二、社会主义商品经济条件下按劳分配中的“劳”究竟是什么?

社会主义经济是公有制基础上的商品经济，而不是马克思原来设想的产品交换经济。社会主义商品经济条件下的按劳分配，必然具有商品经济的特点。这主要表现在：(1) 由于社会主义联合劳动具有社会范围内的联合劳动和企业范围内的联合劳动两个最基本的层次，由于社会主义公有制企业是独立或相对独立的商品生产者和经营者，从而企业便成为按劳分配的主体。国家作为资产所有者和社会管理者，只能对全民所有制企业的按劳分配进行必要和合理的宏观调控。(2) 企业范围的联合劳动并不直接等同于社会劳动，企业联合劳动能否转化以及转化为多少社会劳动要受到商品经济规律特别是价值规律的制约，从而企业通过销售商品所实现的社会劳动量还要以价值量即物化的社会必要劳动时间来衡量。(3) 企业根据按劳分配原则发给生产者货币工资，生产者凭借货币工资去购买作为商品的个人消费品。其中，前一个过程是按劳分配的关键环节，后一个过程则既是按劳分配的最终完成，同时也是商品交换过程。尽管社会主义商品经济条件下的按劳分配具有上述主要特点，但我认为，应该把社会主义公有制企业外部的商品经济关系与社会主义公有制企业内部的按劳分配区分开来，

---

① 《马克思恩格斯全集》第 13 卷，人民出版社 1962 年版，第 22 页。
② 《马克思恩格斯全集》第 13 卷，人民出版社 1962 年版，第 25 页。

前者影响分配的水平，后者决定分配的性质；应该在承认商品经济关系特别是承认价值规律对按劳分配具有重要制约作用的同时，从马克思主义经典作家关于按劳分配的基本理论和我国按劳分配的基本实践的结合上，进一步探讨社会主义商品经济条件下按劳分配中的“劳”的内涵。

我认为，在社会主义商品经济条件下，全民所有制企业按劳分配中的“劳”首先是指社会平均劳动（即整个社会全民所有制企业范围内以有效劳动为基础的社会平均劳动），从而社会平均劳动时间就成为按劳分配的重要计量尺度，这是由全民所有制企业的根本性质决定的。社会主义全民所有制的性质决定了其不同企业的生产者具有生产资料的平等所有权，从而客观上要求排除各个企业由于人均占有生产资料的优劣多寡等非劳因素对生产者分配个人消费品的影响。在社会主义经济实践中，这表现为国家通过收缴税利等手段尽力排除制约社会必要劳动时间形成的种种客观生产条件的差异对各全民所有制企业净产值的影响，其主要包括：（1）尽力排除由国家通过“剥夺剥夺者”或直接投资等途径形成的企业人均占有固定资产的差异对企业净产值的影响；（2）尽力排除有利的自然资源和地理位置对企业净产值的影响；（3）尽力排除某些商品（如国有烟厂的卷烟）产销的垄断性因素和价格的政策性因素对企业净产值的影响。当然，排除客观生产条件的差异对各全民所有制企业净产值的影响也不是绝对的。这不仅由于在技术上难于精确计算，而且也由于国家有意对某些非劳因素作适当的保留（如国家对企业用自有资金进行投资带来的收益就不能全部提取，以鼓励企业自我积累和进行技术改造的积极性和主动性）。

除了社会平均劳动以外，全民所有制企业按劳分配中的“劳”还包括企业平均劳动（即以有效劳动为基础的企业平均劳动），从而企业平均劳动时间便成为全民所有制企业中按劳分配的另一重要计量尺度，这是由社会主义商品经济条件下全民所有制企业在按劳分配中的作用以及按劳分配的实现方式决定的。一方面，全民所有制企业是依法自主经营、自负盈亏、自我发展、自我约束的相对独立的商品生产者和经营者，具有充分的个人消费品分配的自主权。从而全民所有制企业便成为按劳分配的主体，企业平均劳动时间便成为全民所有制企业中按劳分配的又一重要计量尺度。采用企业平均劳动时间作为全民所有制企业按劳分配的重要计量尺度，既能

排除企业内部客观生产条件的差异对生产者分配个人消费品的影响，又能体现不同企业生产经营状况和同一企业内部不同生产者劳动贡献的实际差别，从而有利于克服平均主义，更好地贯彻按劳分配原则。另一方面，国家先要以社会平均劳动时间作为计量尺度来衡量各个全民所有制企业的生产者通过主观努力对社会做出的贡献并在分配方面给予相应的体现，然后各个全民所有制企业再以企业平均劳动时间作为计量尺度来衡量企业内部各个生产者的实际贡献并给予相应的报酬。可见，全民所有制企业中按劳分配的“劳”并不是社会必要劳动，而是社会平均劳动与企业平均劳动的有机统一。

集体所有制企业的按劳分配与全民所有制企业的按劳分配有显著的区别。由于生产资料归集体所有，从而不同企业由于人均拥有生产资料的数量和质量的差别而形成的对企业净产值的影响是客观存在和不容排除的。它必然直接影响生产者的收入分配水平，使不同集体所有制企业之间“同工不同酬”的现象较之全民所有制企业更为触目。这种状况，一方面表明集体所有制企业按劳分配中的“劳”不包括社会平均劳动，另一方面也极易使人们产生集体所有制企业按劳分配中的“劳”即是社会必要劳动的错觉。但我认为，集体所有制企业按劳分配中的“劳”，同样不是社会必要劳动，而只是企业平均劳动。举例来说，假定某一集体所有制企业由于条件所限，为生产同一种产品要同时采用先进和落后两种机器。假定生产者甲使用先进机器，1 小时可以制造 5 件产品；而生产者乙使用落后机器，1 小时只能制造 2 件产品。为分析的简便起见，假定这两种机器的折旧费和辅助材料费相同。在产品符合社会需要的情况下，生产者甲 1 小时创造的新价值是生产者乙的 2.5 倍。据此，能否断言生产者甲的劳动报酬就应是生产者乙的 2.5 倍？显然不能。因为，生产者甲创造的新价值之所以大大超过生产者乙，不仅源于生产技艺的差别，同时也源于生产工具的差别。根据按劳分配原则，后者的差别对于分配的影响应予剔除。换言之，如果集体所有制企业中按劳分配的“劳”是社会必要劳动从而其计量尺度是社会必要劳动时间的话，那就意味着同一集体所有制企业内部，在付出同样或大体相同的劳动代价的情况下，使用先进机器的生产者获得的收入可以大大超过使用落后机器的生产者，这等于变相承认企业内部实际使用生产资料的差异对生产者收入的影响，变相承认企业内部在生产资料所有权方面存在着不平等，从而既违背集体所有制企业的性质，也不符合按劳分配原则。因此，尽管就不同的集体所有制企业而言，人均拥有生产资料状况的差异对各个企业生产者按劳分配的水平影响较大；但是，就各个集体所有制企业内部的按劳分配而言，其“劳”的内涵则只能是企业平均劳动，而不是社会必要劳动。

综上所述，我认为，马克思设想的按劳分配中的“劳”实质上是社会平均劳动，其计量尺度是社会平均劳动时间；社会主义商品经济条件下按劳分配中的“劳”，在全民所有制企业中是社会平均劳动与企业平均劳动的有机统一，在集体所有制企业中则是企业平均劳动，其计量尺度分别是社会平均劳动时间与企业平均劳动时间的有机统一和企业平均劳动时间。当然，在社会主义商品经济条件下，把全民所有制企业按劳分配的计量尺度归结为社会平均劳动时间与企业平均劳动时间的有机统一，把集体所有制企业中按劳分配的计量尺度归结为企业平均劳动时间，这不过是理论上的一种抽象，在实践中无疑具有多样化的渐趋完善的表现形式。

外商直接投资对中国经济的双重影响与对策*

吸收和利用外商直接投资，是我国实行对外开放的重大举措和重要标志。改革开放以来，我国吸收和利用外商直接投资已达到较大规模。2003年，我国实际利用外商直接投资额曾一度超过美国，跃居世界首位。然而，投资自由化是一把“双刃剑”，其对我国经济既有重大的积极作用，也有不容忽视的消极影响。国内相关著述为数不少，有的学者过分夸大其积极作用，忽视或否认其消极影响；也有的学者不适当地夸大其消极影响而忽视其积极作用。显然，这两种倾向都有失偏颇。只有从客观实际出发，正确评价改革开放以来外商直接投资对我国经济的双重影响，正确制定并实施应对外商直接投资的战略举措，才有利于我国抓住机遇，趋利避害，将建设中国特色社会主义的伟大事业稳步推向前进。

一、外商直接投资对中国经济的积极影响

改革开放以来，外商直接投资对我国经济产生了重大的积极作用。其主要表现在五个方面。

（一）促进中国经济持续快速增长和增加财政收入

资本是重要的生产要素。我国是发展中的社会主义国家，资本和技术等生产要素相对短缺。1978～2005年，我国实际使用外商直接投资总额已

* 原载《马克思主义研究》2006年第5～6期。

达到6224.01亿美元，它对于我国27年来实现年均9.5%的高经济增长率具有重要的促进作用。

改革开放初期，我国实际使用外商直接投资的规模很小。1979～1982年，我国实际使用外商直接投资仅有17.69亿美元。从1983年起，我国实际使用外商直接投资的步伐明显加快。从表1可以看出，1983～2005年，我国实际使用外商直接投资为6206.32亿美元，相当于同期我国固定资产投资总额（70129.43亿美元）的8.85%。外商直接投资不仅增加了我国的资本存量，而且还通过乘数效应和前后向联系，间接推动我国企业扩大投资规模，从而明显增大整个社会的资本规模。

表1　1983～2005年外商直接投资占中国固定资产投资和国内生产总值的比重

年份	实际使用外商直接投资（亿美元）	全社会固定资产投资（亿美元）	外商直接投资占全社会固定资产的比重（%）	国内生产总值（亿美元）	外商直接投资占国内生产总值的比重（%）
1983	9.16	722.27	1.27	3008.79	0.30
1984	14.19	786.65	1.80	3093.00	0.46
1985	19.56	865.03	2.26	3057.52	0.64
1986	22.44	904.52	2.48	2957.00	0.76
1987	23.14	1019.30	2.27	3213.58	0.72
1988	31.94	1251.02	2.55	4011.37	0.80
1989	33.93	1173.00	2.89	4499.41	0.75
1990	34.87	945.00	3.69	3890.88	0.90
1991	43.66	1051.60	4.15	4071.90	1.07
1992	110.08	1466.46	7.51	4837.00	2.28
1993	275.15	2269.51	12.12	6134.38	4.49
1994	337.67	2068.12	16.33	5591.42	6.04
1995	375.21	2458.07	15.26	7280.72	5.15
1996	417.26	2810.90	14.84	8565.22	4.87
1997	452.57	3047.00	14.85	9526.30	4.75
1998	454.63	3468.22	13.11	10193.48	4.46

续表

年份	实际使用外商直接投资（亿美元）	全社会固定资产投资（亿美元）	外商直接投资占全社会固定资产的比重（%）	国内生产总值（亿美元）	外商直接投资占国内生产总值的比重（%）
1999	403.19	3593.53	11.22	10830.56	3.72
2000	407.15	3998.85	10.18	11982.49	3.40
2001	468.78	4587.79	10.22	13243.36	3.54
2002	527.43	5440.46	9.70	14532.97	3.63
2003	535.05	6710.94	7.97	16403.74	3.26
2004	606.30	8511.76	7.12	19308.94	3.14
2005	603.00	10979.43	5.49	22592.44	2.67

资料来源：根据中华人民共和国国家统计局编：《中国统计年鉴》提供的相关数据、中华人民共和国国家统计局2006年1月9日发布的调整后的国内生产总值的历史数据和2006年2月28日发布的我国《2005年国民经济和社会发展统计公报》提供的最新数据计算整理。

根据表1的相关数据，对外商直接投资（FDI）和我国经济增长（即我国国内生产总值或GDP增长）作简单的回归分析，结果如下：

$$GDP = 2172.261 + 23.0190\ FDI \quad (1)$$

$$Ln(GDP) = 6.842259 + 0.4060399\ Ln(FDI) \quad (2)$$

回归结果表明，FDI和GDP存在显著的正相关，即外商直接投资对我国经济增长作出了重要的积极贡献。

与此同时，外商直接投资促进了我国财政收入不断增加。对此，可通过外商直接投资企业缴纳的税金数额来间接地加以说明。[①] 改革开放以来，特别是20世纪90年代以来，我国以外商投资税收为主的涉外税收总额（不含关税和土地费）迅速增长。1992～2004年，我国涉外税收总额年度

① 在许多论述外商直接投资对中国经济的积极作用（或贡献）的文献中，往往把外商直接投资企业（或“三资企业”，即外商独资企业、中外合资企业和中外合作经营企业）和外商直接投资混为一谈，并在不附加任何说明的情况下简单搬用外商直接投资企业的相关数据来论证外商直接投资的积极作用。这种做法并不妥当。实际上，我国外商直接投资企业与外商直接投资既有联系也有区别。无论从资本规模还是从客观作用上考察，前者都明显大于后者。不能因没有外商直接投资在某一方面作用的精确数据就无视或抹杀这种区别。笔者尚未见到官方公布的外商直接投资对我国财政收入产生积极作用的专门数据，只能借用或参照外商直接投资企业的相关数据，以此类推。

增长率在20.95%~85.31%，平均增幅为38.66%。我国涉外税收总额由1992年的122.26亿元猛增到2004年的5355亿元（大体相当于我国1995年的工商税收总额），其占我国工商税收总额的比重也由1992年的4.25%升至2004年的20.81%。[①] 由于来自外商直接投资企业的税收总额占我国涉外税收总额的98%以上，从而外商直接投资对我国财政收入不断增长作出了重要贡献。

（二）有利于优化中国产业结构和出口贸易结构

产业结构是国家经济素质的集中体现。技术含量高的产业在整个国家产业结构中的比重越大，其产出效益就越大，国际分工地位就越高。世界各国产业结构的演进历程和发展趋势表明，产业结构高级化的重要标志是国民经济的发展使第一产业的比重逐步下降，第二产业的比重先升后降，第三产业的比重日趋增大。[②] 在传统经济体制条件下，我国产业结构很不合理，第一产业比重偏大，第三产业比重较小，各产业内部的比例关系也不协调。1978年，在我国国内生产总值中，第一、第二、第三产业增加值分别占28.1%、48.2%和23.7%，[③] 基本比例为2∶4∶2。改革开放以来，我国在经济发展的同时不断调整产业结构，使原来产业结构严重失衡的状况有了明显改善。2005年，在我国国内生产总值中，第一产业增加值所占的比重下降为12.4%，第二产业增加值所占的比重与过去相比基本持平（47.3%），第三产业增加值所占的比重升至40.3%[④]，基本比例为1∶4∶3。在我国产业结构不断优化升级的过程中，外商直接投资功不可没。

从表2可以看出，截至2004年，在我国合同利用外商直接投资总额中，近7/10投向第二产业，近3/10投向第三产业，投向第一产业的比重尚不足2%。这大体上符合我国现阶段调整产业结构的客观要求，从而促

① 中华人民共和国商务部：《2005中国外商投资报告》，第188页。

② 李江帆主编：《中国第三产业发展研究》，人民出版社2005年版，第47页。

③ 中华人民共和国国家统计局编：《中国统计年鉴（2005）》，中国统计出版社2005年版，第52页。

④ 中华人民共和国国家统计局：《2005年国民经济和社会发展统计公报》，载于《经济日报》2006年3月1日。

进了我国第二、第三产业（特别是第二产业中的制造业和第三产业中的房地产业）的发展。就此而言，吸收和利用外商直接投资是实现我国产业结构优化升级的一条重要途径。国内有的学者利用我国 1978 ~ 1999 年的相关数据，构建外商直接投资与我国产业结构的因果关系模型，也得出了外商直接投资是引起我国产业结构变动的重要因素之一的结论。①

表 2　　　　外商在华直接投资的产业结构（截至 2004 年）

产业名称	项目数（个）	比重（%）	合同外资额（亿美元）	比重（%）
第一产业	14463	2.84	213.07	1.94
第二产业	381701	75	7486.31	68.27
第三产业	112777	22.16	3266.71	29.79
总 计	508941	100	10966.09	100

资料来源：中华人民共和国商务部：《2005 年中国外商投资报告》，第 209 页。

然而，仔细考察截至 2004 年外商在华直接投资的行业结构，则可以看出外商直接投资在我国制造业和房地产业过于集中（分别占我国同期合同利用外商直接投资总额的 64.76% 和 17.73%），而在我国急需发展的某些行业则又投资过少（如在采矿业的投资仅占其总额的 0.26%，在信息传输计算机服务和软件业的投资仅占其总额的 0.18%，在科学研究、技术服务和地质勘察业的投资仅占其总额的 0.47%）。② 这种一条腿长一条腿短的投资状况，与我国产业政策并不完全吻合，也不利于我国产业内部行业结构的调整和优化。

外商直接投资在总体上优化我国产业结构的同时，也极大地推动了我国对外贸易的迅速发展。改革开放以来，外商直接投资和对外贸易的持续发展已成为我国经济迅速发展的两大引擎。外商直接投资对我国进出口贸易总量的效应可分为直接效应和间接效应。直接效应反映在外商直接投资

① 江锦凡：《外国直接投资在中国经济增长中的作用机制》，载于《世界经济》2004 年第 1 期。

② 中华人民共和国商务部：《2005 中国外商投资报告》，第 208 页。

企业进出口总额的快速增长及其在我国对外贸易总量中所占份额的迅速扩大上。间接效应则表现为贸易替代效应、贸易创造效应（可以在母国和我国之间创造新的贸易机会、增大贸易规模）、贸易补充效应（往往带来维修等后续的可持性活动的发展，从而有利于增加贸易机会）和市场扩张效应（即在加深对我国市场渗透的同时，也会进一步拓展新的第三国市场）。① 从外商直接投资对我国进出口贸易总额的直接效应来看，1986 年，外商直接投资企业进出口总额仅占我国进出口总额的 4.04%，而 2005 年这一比重则高达 61.18%，且已连续 5 年超过了 50% 的大关。从外商直接投资企业的出口商品结构来看，1991～2004 年，外商直接投资企业出口工业制成品所占的比重平均为 90.12%，而我国同期出口工业制成品所占的比重平均为 86.85%，前者高出后者 3.27%；外商直接投资企业出口初级产品所占比重通常不超过 10%，也明显低于我国同期出口初级产品所占的比重。可见，外商直接投资企业促进了我国出口商品结构的优化。尤为引人注目的是，在高新技术产品的出口方面，外商直接投资企业与国内其他企业相比，则不仅占了绝对优势，而且增势迅猛。2004 年，外商直接投资企业高新技术产品出口额为 1445.69 亿美元，比 2003 年增长 53.4%，占全国高新技术产品出口总额（1655.4 亿美元）的比重为 87.33%，占外商直接投资企业出口额（3386.1 亿美元）的比重为 42.69%。而从外商直接投资企业出口商品的地区流向来看，1991～2004 年，外商直接投资企业的商品出口 80% 左右都流向中国香港、中国台湾、日本、欧盟、美国等发达国家或地区，1998 年以来流向美国的出口商品总额甚至超过中国香港而跃居首位。因此，外商直接投资在推动我国对外贸易迅速发展和优化出口贸易结构方面扮演了举足轻重的角色。

（三）提升中国技术水平

吸收和利用外商直接投资的重要目的之一是提升我国技术水平，而能否实现这一目的又与外国直接投资的技术外溢效应密切相关。尽管国内学

① 陈继勇等著：《国际直接投资的新发展与外商对华直接投资研究》，人民出版社 2004 年版，第 485～486 页。

者对外商直接投资在我国的技术外溢效应存在激烈的争论①，但从实际情况来看，外商直接投资直接或间接地促进了我国技术水平的提高。

1. 提升中国产品技术水平

改革开放以来，中国产品的技术水平有了显著提高，其中外商直接投资起到了重要的作用。从直接效应来看，外商直接投资给我国带来了不少较为先进和适用的技术，促进了我国产品技术的升级换代。据有关人员对207家英、美、德、日公司的一项调查表明，34%的公司向我国转移了先进技术，其余66%的公司只转移了成熟技术。而对大连部分合资企业的调查表明，26%的中方经理认为获得了高级技术，48%的中方经理认为获得了中级技术，另有26%的中方经理则认为没有获得实质性的技术转让。②国内也有学者基于对某些跨国公司在华投资企业的抽样调查，对外商直接投资企业采用先进或比较先进技术所占的比重持有相当乐观的看法。③ 通过与外商的合资与合作，我国许多产品的技术水平有了明显提升。从间接效应来看，通过示范作用特别是通过竞争，促使我国其他企业或者通过技术贸易的形式从国外引进并采用先进技术，或者通过自主创新采用较为先进的技术。前者如我国许多家电企业在20世纪八九十年代大量引进国外的生产线；后者如我国奇瑞汽车有限公司，在高性能汽车发动机领域的关键技术上取得了重大突破，其研制开发的具有自主知识产权的汽车已经进入欧美市场。

2. 提升中国产业结构的技术含量

外商直接投资促进了我国产业结构和出口结构的优化，这与提升中国产业结构的技术含量密切相关。例如，汽车业是外商在华投资较早和较多的一个行业。截至2004年底，我国汽车业外商直接投资项目共3404个，实际使用外商直接投资101.85亿美元。目前，大众、宝马、戴姆勒—克莱

---

① 朱廷珺：《外国直接投资的技术外溢效应：文献述评》，载于《兰州商学院学报》2005年第1期。

② 杨先明等著：《国际直接投资、技术转移与中国技术发展》，科学出版社2004年版，第171页。

③ 江小涓著：《中国的外资经济——对增长、结构升级和竞争力的贡献》，中国人民大学出版社2002年版，第53页。

斯勒、标致—雪铁龙、沃尔沃、本田、丰田、雷诺、现代、通用、福特等世界著名汽车集团均在我国设立了合资企业，并实行在我国本土生产和销售的新战略。我国主要汽车产品达到了国际上20世纪80年代的水平，行业技术差距由原来的20～30年缩短为10～15年。21世纪以来，我国汽车市场的竞争日益加剧，跨国公司向我国合资企业转移的汽车生产技术显著提高。20世纪80年代，跨国公司通过我国合资企业推出的汽车产品一般要落后国际市场2～3代；现在，其通过我国合资企业推出的产品则与国际市场基本同步，从而大幅提升了我国汽车行业的技术含量。

3. 提升中国科技人员和劳动者的技术素质

有关研究表明，从总体上看，我国的外资工业企业技术密集度明显高于内资工业企业，从而在技术上比内资企业先进（见表3）。因此，我国科技人员和其他劳动者在外商直接投资企业工作，有利于提高生产技术水平。在外商直接投资企业工作的中方管理人员，也能学到一些先进的管理经验和方法。此外，随着外商在中国直接投资的增多和竞争的加剧，越来越多的跨国公司在中国设立研发中心。目前，在中国设立的跨国公司研发中心已超过750家，并且主要从我国聘用优秀人才。因此，跨国公司在中国设立的研发中心，也是提高我国科技人员技术素质的一条渠道。

表3　1993～2000年中国内资与外资工业企业技术密集度比较

分类	1993年	1994年	1995年	1996年	1997年	1998年	1999年	2000年
内资企业	1.42	1.32	1.63	2.04	2.33	2.83	2.81	3.14
外资企业	4.23	6.27	7.97	9.73	11.51	14.16	14.81	15.28

注：①技术密集度以每个从业人员平均使用的固定资产表示；②内资企业包括全部国有及规模以上非国有工业企业。

资料来源：转引自杨先明等著：《国际直接投资、技术转移与中国技术发展》，科学出版社2004年版，第172页。

（四）改善中国就业状况

人均资源短缺与劳动力总量相对过剩，是我国长期面临的一个基本国

情。改革开放以来，特别是20世纪90年代中期以来，我国失业问题日益凸显并构成对我国经济发展和社会稳定的严峻挑战。我国吸收和利用外商直接投资，从总体上改善了我国的就业状况。

1. 增加中国就业总量

吸收和利用外商直接投资，对我国就业数量具有创造就业或替代就业的双重效应。前者可称为正效应，后者可称为负效应或“挤出效应”。

外商直接投资对我国就业数量的正效应包括两个方面：（1）直接的正效应。其主要表现为外商直接投资企业直接聘用我国员工，从而增加了我国的就业总量。1992~2004年，外商直接投资企业职工人数由221万人猛增到1033万人，其占我国职工人数的比重也由1.49%升至9.77%。（2）间接的正效应。其主要表现为外商直接投资企业通过前后向的产业联系来促进我国的经济增长，间接地创造就业机会，增加我国就业人数。有关统计表明，我国汽车业每提供1个就业岗位，就可引致其上下游行业新增就业人数10~15人。[①] 改革开放以来，我国汽车业实际利用外商直接投资已超过100亿美元，不仅带动了直接就业，也带动了高比例的间接就业。

外商直接投资对我国就业数量的负效应主要表现为四个方面：（1）外商直接投资企业并购我国某些企业并进行大量裁员，从而导致失业人数增加；（2）外商直接投资的进入加剧了产业或行业内竞争，导致我国某些企业破产倒闭，从而间接增加了失业人数；（3）有些外商直接投资企业的原材料和设备主要依靠进口，弱化了前向产业联系，从而间接减少了就业机会；（4）外商直接投资带来的较为先进的技术促进了我国相关产业或行业资本有机构成和劳动生产率的提高，从而导致部分劳动者失业或新增的就业机会相对或绝对地减少。[②]

---

① 中华人民共和国商务部：《2005中国外商投资报告》，第70页。

② 对于外商直接投资推动我国资本有机构成和劳动生产率提高而导致的就业损失，应持辩证的观点。一方面，外商直接投资推动我国资本有机构成和劳动生产率提高，对我国技术进步和产业结构优化升级以及转变经济增长方式等均具有重要的积极作用；另一方面，即使没有外商直接投资，受生产力规律支配和国内外竞争的影响，我国的资本有机构成和劳动生产率也会逐步提高。从长远来看，一个国家由于资本有机构成和劳动生产率提高而导致的就业损失，可以通过扩大投资、调整产业和企业结构、适当缩短劳动者的工作时间以及大力发展灵活就业等其他途径来加以弥补。

尽管外商直接投资对我国就业数量具有双重影响，但从我国近年来的总体状况考察，其正效应还是明显大于负效应。国内有的学者在外国直接投资与东道国就业理论的基础上建立了联立方程模型，全面分析并测算了外商直接投资对我国就业数量的综合效应：1994～2002年，外商直接投资每增长1%，直接引致就业增长0.052%，间接降低就业机会0.044%，从而带动我国实际就业增长0.008%。同期，外商直接投资增长引致我国实际就业人数增加407.18万人。①

2. 提高中国就业质量

外商直接投资对提高我国就业质量的积极作用，可以从直接和间接两个角度来考察。从直接作用来看，主要表现有三：（1）外商直接投资企业的生产技术从而劳动生产率总体上高于国内其他企业，其员工的工资水平也高于国内其他企业员工的工资水平。（2）外商直接投资企业特别是跨国公司为员工提供的工作条件和社会福利往往高于国内的其他企业（特别是高于集体和私营企业）。（3）部分外商直接投资企业重视对员工提供技术培训。从间接作用来看，主要表现有二：（1）外商直接投资企业的技术人员和其他职工在脱离本企业后，可将已获得的技术和经验转至其他企业，从而不仅能够提升个人的就业能力，而且也有利于其他企业的发展壮大。（2）外商直接投资企业为有业务联系的当地企业提供管理和技术服务，培训相关的技术和管理人员。例如，微软在我国的子公司十余年来每年通过微软授权视窗应用学习中心和微软认证高级技术培训中心培训我国相关人员几十万人。②

3. 改善中国就业结构

外商直接投资对我国就业结构的影响，大致可以从就业的产业结构、素质结构和区域结构三个角度来考察。从就业的产业结构来看，由于外商直接投资企业绝大多数都设在第二、第三产业，直接或间接地推动了相当数量的农民工就业，从而有力地推动了我国农业劳动力向第二、第三产业特别是向第二产业转移。从就业的素质结构来看，外商直接投资扩大了对

---

① 王剑：《外商直接投资对中国就业效应的测算》，载于《统计研究》2005年第3期。

② 王志乐主编：《2005跨国公司中国报告》，中国经济出版社2005年版，第193页。

熟练劳动力、专业技术人才以及高层次管理人才的需求，刺激和促进了我国的人力资本投资，从而对提升我国从业者的技术和业务素质具有显著的积极作用。从就业的区域结构来说，一方面，外商直接投资促进了熟练劳动力和优秀人才向东部沿海地区集中，以适应其生产经营和资本扩张的需要；另一方面，也导致中西部地区大量熟练劳动力和优秀人才的流失，从而加剧了我国地区经济发展的不平衡。

（五）推动中国经济体制改革

我国经济体制改革的目标是建立社会主义市场经济体制。社会主义市场经济体制是社会主义社会的基本经济制度与市场经济运行机制的有机结合。改革开放以来，我国吸收和利用外商直接投资的规模逐步扩大，有力地推动了我国的经济体制改革。

一是促进了我国所有制结构和个人收入分配制度的深刻变化。改革开放以前，我国所有制结构基本上是公有制“一统天下”，非公有制经济的比重微乎其微，严重阻碍了生产力的迅速发展。改革开放以来，我国在积极发展个体经济、私营经济的同时，大力吸收和利用外商直接投资。目前，我国累计实际使用外商直接投资已超过6000亿美元；外商直接投资企业工业增加值占我国工业增加值的近30%，消费品销售总额占我国消费品销售总额的近20%，出口商品总额占我国出口商品总额近60%，纳税额超过我国税收总额的20%。与外商直接投资的不同所有制形式相适应，外商直接投资企业实行多元化的个人收入分配制度。在外商独资企业实行按生产要素分配原则；在中外合资和中外合作经营企业，相对于中方企业的不同所有制性质，则或者实行按劳分配和按生产要素分配相结合的分配制度，或者实行按生产要素分配。可见，外商直接投资促进了我国所有制结构和个人收入分配制度的多元化。

二是推动了我国现代产权制度和现代企业制度的建立和完善。现代产权制度是现代企业制度的基石。无论是现代产权制度还是现代企业制度，都是社会化大生产和市场经济发展的客观要求。我国吸收和利用外商直接投资，特别是吸收欧盟、美、日等发达国家大型跨国公司的投资，有利于我国学习与借鉴国外在现代产权制度和现代企业制度方面的成功做法和有益经验，推动我国建立和完善现代产权制度，推动我国其他企业特别是国有大中型企业实行公司制股份制改革，健全和完善公司治理结构。

三是推动了我国的市场体系建设。改革开放以来，外商直接投资企业异军突起，不仅促进了国有、集体企业市场主体地位的确立，也明显加剧了竞争的深度、广度和强度，促进了国内商品、要素市场的形成和发展及其与国际市场的衔接。目前，在我国生活资料和生产资料的商品价格中，市场调节价格所占的比重已占90%左右。我国进出口贸易的关税和非关税壁垒明显减少，外贸依存度大幅上升，利率市场化步伐加快，市场在资源配置中已经发挥了基础性作用。

四是促进了我国宏观调控方式的转变。与外商直接投资和建立社会主义市场经济体制的要求相适应，我国的宏观调控方式也逐渐由原来的直接调控为主转变为间接调控为主，更多地采用经济和法律手段。此外，外商直接投资还直接或间接地推动了我国劳动、人事、财税、外贸、投资、金融等体制的改革和法制建设，显著增强了广大人民的开放意识和竞争观念，加速了我国经济的市场化、国际化进程。

二、外商直接投资对中国经济的消极影响

外商直接投资既对我国经济具有占主导方面的重要积极作用，也存在不容忽视的消极影响。后者主要表现在三个方面。

（一）明显削弱中国内资企业的自主创新能力

改革开放以来，我国大力吸收和利用外商直接投资，对我国某些内资企业提升自主创新能力具有积极作用。其主要表现是在外资进入、外企林立、国际竞争和国内竞争融为一体且显著加强的态势下，海尔、华为、奇瑞等一批内资企业“奋袂而起”，自主创新，打造出一批具有自主知识产权并在国内外市场占有一定份额的名牌产品。换言之，一方面，外商直接投资对我国某些内资企业自主创新能力产生的积极作用，是通过加剧竞争和这些内资企业正确有效应对来间接地实现的；另一方面，在大规模吸收和利用外商直接投资的同时，我国许多内资企业的自主创新能力明显削弱。

外商直接投资与我国内资企业增强自主创新能力具有利益上的矛盾。外商直接投资的根本目的是获取长期稳定的高额利润。为此，外商要最大限度地垄断技术和市场，打败竞争对手；而绝不是要培植竞争对手，增强我国内资企业的自主创新能力，陷自身于不利或败北的境地。外商直接投资主要通过三条途径削弱我国内资企业的自主创新能力。一是在技术、质量、规模悬殊的情况下，绕过关税壁垒，在我国就地生产，低价竞销，打垮内资企业。柯达公司在较短时间内占领了我国大部分彩色胶卷市场，就是一个佐证。二是遏制合资企业开发新产品或新技术。在中外合资企业，由于引进并采用外方的产品技术，只有生产许可权而没有产品设计确认权，因而无须也不能对外方的产品技术进行任何修改和创新。我国不少国有企业在与外商合资的过程中，原有的研发机构被大卸八块，技术力量大量流失。据对120家中外合资企业的调查，设立研发机构的企业仅占51%。[①]三是外商直接投资企业特别是外商独资或外商控股企业，以较为优厚的薪水和待遇“挖走”我国许多优秀人才，为外商直接投资企业特别是为大型跨国公司服务。有关统计表明，我国最优秀人才的40%、优秀人才中的45.7%都流向了外商直接投资企业或大型跨国公司在华设立的研发机构，从而导致内资企业和国内相关单位自主研发力量的巨大损失。[②]

我国官方或研究机构提供的某些重要经济数据也表明，近年来我国企业特别是内资企业自主创新能力总体来看明显削弱：（1）我国大中型工业企业中，拥有研发机构的企业所占的相对比重逐渐下降。这一比重2000年为28.5%，2002年为25.3%，2004年则降至23.4%。[③]（2）我国大中型企业的研究开发经费只占销售额的0.39%，即使是高新技术企业的研究开发经费也只占销售额的0.6%，这个比例尚不足发达国家的1/10。[④]（3）我国大中型工业企业技术引进经费支出与消化吸收经费支出的比例严

① 黄志勇、王玉宝：《FDI与我国产业安全的辩证分析》，载于《世界经济研究》2004年第6期。

② 董书礼：《跨国公司在华设立研发机构与我国产业技术进步》，载于《中国科技论坛》2004年第2期。

③ 中华人民共和国国家统计局编：《中国统计年鉴（2005）》，中国统计出版社2005年版，第716页。

④ 陈至立：《提高自主创新能力　建设创新型国家》，载于《经济日报》2005年11月6日。

重“倒挂”。我国这一比例2000年为1∶0.074，2002年为1∶0.069，2003年为1∶0.067。[①] 而日本和韩国在工业化成长时期，这一比例则为1∶5～1∶8。日本和韩国的许多企业高度重视并以数倍的投入对引进技术进行消化吸收和创新，而我国许多企业则恰恰相反。日本和韩国的许多企业走的是引进——创新之路，而我国的许多企业则陷入了引进——落后——再引进——再落后的怪圈。（4）在高技术产业专利申请方面，外商直接投资企业所占的比重已经反超国有企业。1995年，国有企业高技术产业专利申请为475件，外商直接投资企业为50件，分别占全国高技术产业专利申请总数的77.6%和8.29%；到2001年，国有企业高技术产业专利申请为575件，外商直接投资企业为795件，分别占全国高技术产业专利申请总数的17%和23.5%[②]。（5）我国对外技术依存度高达50%以上，产业发展的主导技术基本上是依靠国外。我国大中型工业企业技术引进费用支出与购买国内技术费用支出的比例，2000年为1∶0.108，2002年为1∶0.115，2003年为1∶0.134，2004年为1∶0.190。[③] 我国制造光纤、集成电路、石油化工、轿车和数控机床的装备，依赖进口的比率分别达到100%、85%、80%、70%和70%。当然，我国内资企业自主创新能力总体上明显削弱，也是多因一果。除了受外商直接投资的负面影响之外，我国较长时期在发展战略、科技投入以及相关的体制、机制等方面存在的诸多问题和缺陷，也是造成这种状况的重要原因。

（二）对中国民族经济形成强烈冲击

外商直接投资长时期大规模地进入我国，必然加剧外资经济与我国民族经济的激烈竞争和反复较量。外商直接投资凭借其资金、技术、管理、品牌、规模等垄断优势，通过“绿地投资”和并购我国内资企业，控制了

---

① 中华人民共和国国家统计局编：《中国统计年鉴（2005）》，中国统计出版社2005年版，第716页。

② 中国工程院课题组：《技术创新和高技术产业发展研究》，见马凯主编：《“十一五”规划战略研究》，北京科学技术出版社2005年版，第886页。

③ 中华人民共和国国家统计局编：《中国统计年鉴（2005）》，中国统计出版社2005年版，第716页。

我国的某些行业和市场，大量“消灭”我国民族品牌产品，通过合法或不正当手段吞食我国内资企业特别是国有资产，已经对我国民族经济发展产生了显著的负面影响。

1. 控制了我国某些行业和市场

经过二十多年的迅速扩张，外商直接投资企业在我国某些行业和市场中已占绝对优势。其中，有两个特点值得高度关注。一是外商直接投资企业在我国的幼稚产业抢先建立大企业。例如，在电子与通信设备制造业中的移动通讯、光通讯、卫星通讯等产品的生产和销售上，外商直接投资企业已占到90%以上的份额。二是外商直接投资企业在我国某些盈利率高、市场前景广阔的支柱产业和战略产业实行垄断。以汽车业为例，世界著名跨国公司都已抢滩我国，通过与我国汽车行业“领头羊”合资或对之进行并购等方式，基本上控制了我国的汽车市场。目前，9家外商直接投资汽车企业在我国轿车市场所占的份额已高达95%。再如高新技术产业。目前，外商直接投资企业高新技术产品出口额占我国高新技术产品出口总额的比重近90%。可见，我国高新技术产业目前已基本上被外商直接投资企业所掌控。

2. 大量民族品牌产品相继被挤出市场

外商直接投资企业利用其种种垄断优势，加之在我国实行本土化生产的劳动力低成本优势，与我国内资企业进行激烈竞争，迫使我国大量民族品牌逐渐退出市场。外商直接投资企业在这方面主要采用了三种方式：(1) 竞争式淘汰。外商直接投资企业凭借其品牌产品的质量和服务优势，将我国一些民族品牌产品淘汰出局。(2) “冷冻”式淘汰。外资在与中方企业合资时收购了中方原有的名牌商标，但并不使用，蓄意“冷冻”。合资企业的产品只使用外方的商标。最后，导致中方原有的名牌产品在市场上销声匿迹。(3) “下滑”式淘汰。外资在与中方企业合资时，要求中方将名牌商标转让给合资企业。然后，利用中方原有的销售渠道主要销售外方商标的产品，少量销售中方商标的产品。一旦外方商标的产品在市场上站稳脚跟，则立即停止生产和销售中方商标的产品。

3. 导致国有资产大量流失

在外商直接投资过程中，通过种种合法或非法、直接或间接的方式，导致我国国有资产大量流失：（1）高值低估。外资在与国有企业进行合资或对国有企业进行并购的过程中，由于对国有资产评估很不规范，往往低估国有资产，特别是漏估国有企业原有的品牌、商业信誉等无形资产，从而使国有资产蒙受巨大损失。（2）偷税、漏税、逃税、骗税。许多外商直接投资企业程度不同地存在着偷、漏、逃、骗税问题。特别是不少外商直接投资企业通过在跨国公司内部高价进口、低价出口等转移价格方式，"假亏损、真避税"。据国家税务总局有关人士估计，近年来，外商直接投资企业通过转移价格给我国每年造成的税收损失就超过 300 亿元。[①]（3）某些地方政府的"非理性"馈赠。除中央政府对外商直接投资企业统一规定的税收优惠政策之外，不少省、市的地方政府为了追求招商引资的"政绩"，竟擅自规定了有关土地无偿使用和税收减免等方面的一些"土政策"，从而使国家利益遭受严重损失。此外，在外资与内资企业特别是与国有企业进行合资的过程中，往往是对其精华部分进行合资，而将劣质资产、沉重债务、亏损业务、老弱病残和冗员等统统推给老企业。这样，不仅在增强外商直接投资企业竞争力的同时削弱了内资企业的竞争力，而且也增加了我国地方政府在财政支出和安排就业方面的压力。

4. 加剧资源短缺，恶化生态环境

在我国外商直接投资企业中，有一部分是属于高物耗、高能耗、高污染企业。尽管这些企业对我国经济发展具有一定的积极作用，但其给我国资源消耗和环境破坏带来的负面影响不可低估。仅就高污染企业而言，根据 1995 年第三次全国工业普查提供的有关数据，外商投资于 PIIS（指在生产过程中若不加以治理便会直接或间接产生大量污染物的产业）的企业有 16998 家，投资于 MPIIS（指严重污染密集型产业）的企业有 7487 家，其工业产值分别为 4153 亿元和 1984 亿元，就业人数分别为 295.5 万人和 118.6 万人。外商在华设立这些高物耗、高能耗和高污染企业，实际上是将发达国家和新兴工业化国家和地区的某些高物耗、高能耗、高污染产业转移到我国，不仅加剧了我国资源短缺的状况，恶化了我国的生态和社会环境，而且也严重危害企业职工和附近居民的身体健康，从而不利于我国

① 石华：《外企流失数百亿税收》，载于《环球时报》2004 年 7 月 7 日。

经济的可持续发展。

5. 加剧了我国地区经济发展的不平衡

外商在华直接投资的地区分布具有明显的非均衡特征。从表4可以看出，截至2004年，我国东部地区累计批准的外商直接投资项目总和、合同利用外商直接投资总额和实际使用外商直接投资总额分别为全国的82.43%、86.78%和86.25%，堪称“一花独秀”；中部地区明显落后，分别为11.04%、7.69%和9.16%；西部地区则比重很低，分别为6.53%、5.53%和4.59%。这种非均衡格局的出现，既与我国在较长时间内实行的由东向西、由沿海到内地的梯度开放战略有关，更与东部地区具有的人才、技术、基础设施、产业集聚和区位等优势有关。尽管我国政府近年来大力实施西部大开发战略，利用优惠政策鼓励外商更多地向中西部特别是向西部地区投资，但却未见明显成效。外商直接投资的区位选择与我国政府的政策导向具有明显的矛盾，不仅加剧了我国地区之间经济发展的不平衡和居民收入差距的扩大，而且也进一步促使西部、中部地区的一些人才和资金向东部地区“倒流”。

表4　　截至2004年中国东、中、西部地区利用外商直接投资情况

地　区	项目数（个）	比重（%）	合同外资金额（亿美元）	比重（%）	实际使用外资金额（亿美元）	比重（%）
东部地区	419505	82.43	9515.89	86.78	4848.13	86.25
中部地区	56195	11.04	843.39	7.69	514.70	9.16
西部地区	33241	6.53	606.81	5.53	258.17	4.59
总 计	508941	100	10966.08	100	5621.01	100

资料来源：中华人民共和国商务部：《2005中国外商投资报告》，第211页。

（三）对中国经济安全和基本经济制度构成较大威胁

近年来，在扩大对外开放的过程中如何维护国家经济安全的问题愈益引起党和政府的高度重视。然而，我国理论界和实际部门对国家经济安全的内涵在认识上并不一致。其中，有两种提法值得重视。一种提法认为，国家经济安全是指一个国家的经济竞争力，抵御国内外各种干扰、威胁、侵袭的能力，以及国家经济得以存在并不断发展的国内、国际环境。[①]另一种提法则认为，国家经济安全是指一个国家在经济发展过程中能够有效地消除和化解潜在风险，抗拒外来冲击，以确保国民经济持续、快速、健康发展，确保国家经济主权不受分割的一种经济状态。[②] 吸收上述两种提法的长处，笔者认为，国家经济安全是国家安全的经济基础，具体表现为一个国家具有较强的经济竞争力和及时消除与化解潜在或现实的内部和外来经济风险的能力，国民经济长期保持较快和健康发展的态势。国家经济安全的核心内容是国家的经济主权不受分割，经济自主性得以实现，基本经济利益得到保障。

按照上述对国家经济安全概念的理解，前已述及的外商直接投资导致的负面效应如我国内资企业自主创新能力总体弱化、许多关键技术和一些重要行业被外国跨国公司所控制、民族品牌大量消失、国有资产大量流失等都严重影响了我国的经济安全。不仅如此，随着我国金融市场的全面开放，资金雄厚、管理先进、装备精良、竞争力强的外资金融机构的大规模进入将对我国金融安全构成严重威胁。它不仅增加了我国金融调控的难度，而且还使我国许多国有和非国有银行面临巨大的生存和发展危机。在我国全面入世之前（即我国加入 WTO 后过渡期结束之前)，外商直接投资已经给我国经济安全带来了严重影响；当我国全面入世之后，外商直接投资持续地大量增加，无疑使我国经济安全面临更为严峻的挑战。与此同时，外商直接投资持续地大规模增加，在经济全球化和国际投资自由化趋势的大背景下，也对我国现阶段的基本经济制度提出了尖锐的挑战。我国现行《宪法》规定，我国社会主义初级阶段的基本经济制度是公有制为主体、多种所有制经济共同发展。社会主义公有制为主体、国有经济为主导，始终是我国经济体制改革的一条基本原则。然而近些年来，我国公有制的主

---

① 陈继勇等著：《国际直接投资的新发展与外商对华直接投资研究》，人民出版社 2004 年版，第 509 页。

② 王朝才等：《世界经济全球化与中国经济安全》，见胡元梓等主编：《全球化与中国》，中央编译出版社 1998 年版，第 180 页。

体地位和国有经济的主导地位在一定程度上均有所削弱和动摇。

首先，从公有制的主体地位来考察。如果排除国有经济和集体经济拥有的资源性资产，在我国目前的社会净资产（含经营性净资产和行政事业性净资产）中，公有制经济即国有经济和集体经济的净资产约占2/3，非公有制经济即外资经济、私营经济和个体经济的净资产约占1/3。① 如果从经营性净资产的角度考察，两者之间的差距会明显缩小，但公有经营性净资产在社会经营性净资产中仍占主体地位。然而必须看到，尽管改革开放以来我国公有经营性净资产的绝对量和公有制经济的增加值都在显著增加，但其在社会经营性净资产和社会增加值中的相对比重却在明显下降。对比分析我国工业领域的相关数据，这种情况就会更加清楚（见表5和表6）。

表5　　1998～2004年中国国有及国有控股工业企业和外商直接投资工业企业资产情况

年份	国有及国有控股工业企业			外商直接投资工业企业		
	资产总计（亿元）	负债合计（亿元）	负债率（%）	资产总计（亿元）	负债合计（亿元）	负债率（%）
1998	74916.27	48144.41	64.26	21326.95	12481.58	58.52
1999	80471.69	49877.69	61.98	23018.92	13287.86	57.73
2000	84014.94	51239.61	60.99	25714.06	14658.92	57.01
2001	87901.54	52025.60	59.19	28354.46	15558.91	54.87
2002	89094.60	52837.08	59.30	31513.76	17136.03	54.38
2003	94519.79	55990.53	59.24	39260.26	21763.06	55.43
2004	101593.74	60291.23	59.35	47951.13	26886.09	56.07

资料来源：根据中华人民共和国国家统计局编：《中国统计年鉴（2005）》提供的相关数据计算整理。

① 此数据系笔者根据我国政府有关部门通过多种途径公布的零散相关数据综合概算而成。

表 6　　2000～2005 年中国规模以上工业企业增加值主要分类情况　单位：亿元

分类	2000 年	2001 年	2002 年	2003 年	2004 年	2005 年
全国工业企业增加值	25394.8	28329.4	32994.8	41990.2	54805.1	66425
国有及国有控股工业企业增加值	13777.7	14652.1	15935.0	18837.6	23213.0	26063
集体工业企业增加值	3071.6	2615.5	2552.5	2551.7	2877.4	2581
外商直接投资企业工业增加值	6090.4	7128.1	8573.1	11599.6	15240.5	18977
私营工业企业增加值	1318.5	2174.4	3255.8	5378.8	8290.0	11807

资料来源：根据中华人民共和国国家统计局编：《中国统计年鉴（2005）》和中华人民共和国国家统计局发布的我国《2005 年国民经济和社会发展统计公报》提供的相关数据计算整理。

从表 5 可以看出，1998～2004 年，国有及国有控股工业企业净资产总额增长了 54.28%，而外商直接投资工业企业净资产总额却增长了 138.15%，从而两者净资产总额的相对比例由 1998 年的 3.03∶1 缩小为 2004 年的 1.96∶1；国有及国有控股工业企业的负债率趋向下降，但仍高于外商直接投资工业企业的负债率。从表 6 可以看出：（1）2000～2005 年，国有及国有控股工业企业增加值虽然有了显著增长，但其在全国规模以上工业企业增加值中的相对比重已由 2000 年的 54.25% 降至 2005 年的 39.24%；（2）国有及国有控股工业企业和集体工业企业增加值占全国规模以上工业企业增加值的比重，已由 2000 年的 66.35% 降至 2005 年的 43.12%；（3）外商直接投资工业企业和私营工业企业增加值在全国规模以上工业企业增加值中所占的比重，已由 2000 年的 29.2% 升至 2005 年的 46.34%，超过了 2005 年国有及国有控股工业企业和集体工业企业增加值所占的比重（43.12%）；（4）2000～2005 年，外商直接投资工业企业增加值明显超过私营工业企业增加值。尽管外商直接投资工业企业并非完全属于外资经济，国有控股工业企业也并非完全属于国有经济，但表 5 与表 6 所反映的现状和趋势对我国公有制主体地位的影响是显而易见的。

其次，从国有经济的主导作用角度来考察。国有经济的主导作用，即国有经济控制国民经济命脉，对经济发展起主导作用。中共十五大报告提出：国有经济的主导作用，主要体现在控制力上。一般认为，国有经济的主导作用主要体现在四个方面：（1）国有经济在关系国民经济命脉的重要行业和关键领域占支配地位，支撑、引导和带动整个社会经济的发展，在实现国家宏观调控目标中发挥关键作用；（2）国有经济应保持必要的数量，但更要注重在整体分布上的优化和经济、技术、管理素质等方面质的提高和影响力的扩大；（3）国有经济对国民经济控制力的发挥，既要通过国有独资企业的作用来实现，更应通过大力发展由国家控股或参股的混合所有制形式的企业来实现；（4）国有经济在国民经济中的主导作用，在国家经济发展的不同阶段，在不同的产业和地区，可以有所差别。党的十五届四中全会通过的《关于国有企业改革和发展若干重大问题的决定》进一步提出，国有经济需要控制的行业和领域主要包括涉及国家安全的行业，自然垄断的行业，提供重要公共产品和服务的行业，支柱产业和高新技术产业中的重要骨干企业。从我国近年来的实际情况来看，国有经济基本上能够发挥对国民经济的主导作用。但是，在某些重要行业和关键领域以及关系国计民生的重点企业（例如在汽车业、高新技术产业的许多重要骨干企业）中，国有经济则已经或正在逐步丧失控制力。随着外商直接投资在我国的进一步发展，近年来业已凸显的外商“独资化”、外资“控股化”趋势可能会进一步强化，其并购我国重要行业国有大中型企业的规模也可能会持续扩大。从而，我国国有经济无论在数量、素质、分布和控制力等方面都将面临激烈竞争和严峻挑战。

二、新时期中国应对外商直接投资的战略措施

我国现正处于一个新的历史起点。在经济全球化迅猛发展的条件下，宝贵机遇与尖锐挑战并存。在全面建设小康社会的新时期，我国应对外商直接投资的战略措施，必须着眼于社会主义现代化建设的宏伟目标，必须坚持科学发展观和“五个统筹”的基本要求，必须正视和利用较长时期内国际直接投资自由化的发展趋势，必须基于我国已是世贸组织成员这一客观现实。为此，我国应主要做好三项工作。

（一）实施以自主创新为基点的科技发展战略

我国政府制定的《国家中长期科学和技术发展规划纲要（2006～2020年）》中明确提出“自主创新、重点跨越、支撑发展、引领未来”。这既是我国新时期科技发展的指导方针，也是我国新时期的科技发展战略。自主创新，就是从增强国家创新能力出发，加强原始创新、集成创新和引进消化吸收再创新。重点跨越，就是坚持有所为、有所不为，选择具有一定基础和优势、关系国计民生和国家安全的关键领域，集中力量、重点突破，实现跨越式发展。支撑发展，就是从现实的紧迫需求出发，着力突破重大关键、共性技术，支撑经济社会的持续协调发展。引领未来，就是着眼长远，超前部署前沿技术和基础研究，创造新的市场需求，培育新兴产业，引领未来经济社会的发展。这一发展战略是我国半个多世纪科技事业发展实践经验的正确总结，也是面向未来、实现中华民族伟大复兴的重要选择，必须贯穿于我国科技事业发展的全过程。

在我国新时期科技发展战略中，自主创新置于首位。自主创新，并不是闭关自守搞创新。在世界科技革命飞速发展的时代，完全依靠本国的知识、经验和技术而不借鉴和吸收国外的知识、经验和技术，自主创新只能是事倍功半。同时，自主创新与引进先进技术和吸引外商直接投资也并不是对立的，处理得好则可以促进本国的自主创新。因此，我们所说的自主创新是开放型的自主创新。然而，在我国新时期的科技事业发展中，对于自主创新这一基石或战略主线决不能有丝毫动摇。一方面，自主创新能力是国家和企业竞争力的核心；另一方面，在关系国计民生和国家安全的战略领域，真正的核心技术、关键技术是买不来的，必须依靠自主创新。缺乏自主创新能力，缺乏具有自主知识产权的核心技术与关键技术，我国在国际产业分工中就会永远被锁定在低技术、低附加值的层次，经济安全和国家安全就会受到极大的威胁，甚至会成为发达国家的技术殖民地和经济附属国。因此，实施以自主创新为基点的科技发展战略，不仅是我国积极应对当代国际竞争的客观要求，也是我国追求自立自强的民族意识的必然体现。

与我国新时期科技发展战略相适应，我国必须把技术进步的主要立足点由一段时期以来依赖国外技术逐步转移到开放型自主创新上来。换言之，我国技术进步要逐步实现由外源性技术进步为主向内源性技术进步为主转变。我国技术进步的基本路径，应该以自主创新与引进先进技术、吸收和利用外商直接投资相结合。具体来说，大体通过五条途径：（1）以创新获技术。通过独立或联合攻关实现自主创新，获得我国经济和社会发展所需要的关键技术、核心技术、共性技术和前沿技术，为全面建设小康社会提供强有力的技术支撑。到2020年，我国对外技术依存度要从目前的超过50%降至30%以下，本国人发明专利年度授权量要达到世界前5位。（2）以竞争获技术。在与海外跨国公司的竞争中，大力提升内资企业的技术水平，迫使海外跨国公司在华直接投资采用先进技术，发挥其技术外溢效应。（3）以引进获技术。在较长时期内，引进海外的先进和适用技术，仍是我国技术进步的重要途径。（4）以市场换技术。积极吸收和利用能够带来先进或适用技术的外商直接投资，并逐步提高其市场准入的技术门槛。（5）以优惠换技术。以一定的优惠政策吸引外商投资于我国急需发展的某些产业，提升我国的产业技术水平。在上述五种途径中，自主创新从近中期来看应处于主导地位，从长期来看则应逐步处于主体地位，而其他途径则处于重要地位。这种以自主创新为基点“五位一体”的技术进步基本路径格局，坚持了内外因关系的辩证统一，对于调整我国产业结构与转变经济增长方式具有关键意义，是实现我国由制造大国向创造大国、经济大国向经济强国转变的必然选择。

为实现以自主创新为基点的技术进步，我国应主要做好四项工作：（1）在全社会范围内铸就自主创新的民族之魂。创新是民族进步之魂，国家兴旺发达之本。在实现工业化和现代化的征途上，我国的基本国情决定了既不能走中东某些国家“自然资源输出型”的发展道路，也不能走拉美某些国家“经济依附型”的发展道路，而只能走创新型国家的发展道路。我国已经把自主创新确定为国家战略，把建成创新型国家作为21世纪头20年的重要奋斗目标，就必须大力增强民族意识和创新理念，努力转变和克服局部存在的妄自菲薄、崇洋媚外、不求进取的错误思想和糊涂观念，进一步激发全体社会成员的创新活力。（2）加速确立企业在技术创新中的主体地位。企业是市场主体和法人实体，也是技术创新的主体。目前，我国绝大多数企业尚未确立技术创新的主体地位。应学习深圳市“4个90%”（即90%的研发人员在企业，90%的科技投入来自企业，90%的专利产生于企业，90%的研发机构设在企业）的成功经验，使企业特别是大中型企业逐步成为技术创新的投资主体、研究开发主体和科技成果应用主体。对此，国家应从财税、金融等方面给予优惠和扶持。(3) 加快国家创新体系建设。一要建设以企业为主体、市场为导向、产学研相结合的技术创新体系；二要建设科学研究与高等教育有机结合的知识创新体系；三要建设军民结合、寓军于民的国防科技创新体系；四要建设各具特色和优势的区域创新体系；五要建设社会化、网络化的科技中介服务体系。应该强调指出，在建设国家创新体系的过程中，政府必须发挥十分重要的作用。首先，中央和地方政府要按照《中华人民共和国科学技术进步法》的要求，保证科技经费的增长幅度明显高于财政经常性收入的增长幅度，逐步提高国家财政性科技投入占国内生产总值的比例。通过企业和政府等多方面的努力，使我国研究开发投入占国内生产总值的比例由2004年的1.35%提升到2010年的2%和2020年的2.5%以上。与此同时，要通过科技体制改革和优化投入结构，提高科技经费的使用效益。其次，要在充分体现市场配置科技资源基础性作用的同时，积极发挥社会主义制度能够集中力量办大事的优势。要像当年实施“两弹一星”工程和近年来实施载人航天工程那样，由政府组织协调社会各方面的力量，实施若干重大专项并力争取得突破，实现以科技发展的局部跃升带动生产力的跨越发展，并填补国家战略空白。最后，要实施促进自主创新的政府采购，制定并实施知识产权战略和技术标准战略，促进高新技术产业化和先进适用技术的推广。(4) 要创造良好环境，培养造就富有创新精神的人才队伍。人才资源是最重要的战略资源。要实施人才强国战略，深化教育改革，加强素质教育，充分发挥教育在创新型科技人才培养中的重要作用，加快培养造就一批具有世界前沿水平的高级专家和中青年科技领军人物，大力支持企业培养和吸引科技人才，积极吸引海外高层次优秀人才和优秀留学人才来华或回国工作，努力构建有利于创新型科技人才成长的文化环境。

（二）积极合理安全有效地利用外商直接投资

吸收和利用外商直接投资本身并不是目的。我国吸收和利用外商直接投资的主要目的在于提升国内产业结构、技术和管理水平，充分利用劳动力资源丰富的优势，促进我国社会主义现代化建设。与此同时，基于外商直接投资存在明显的负面效应，我国在吸收和利用外商直接投资的过程中必须十分注意维护国家经济安全和基本经济制度。因此，我国应本着有利于提升我国产业结构、技术和管理水平，有利于充分利用我国劳动力资源优势，以及切实维护国家经济安全与基本经济制度的原则，积极合理安全有效地利用外商直接投资。为此，我国应主要做好以下四项工作。

1. 合理引导外商投资方向

要根据国民经济发展和产业优化升级的需要，动态调整与完善《外商投资产业指导目录》和《外商投资方向规定》。要把吸收和利用外商直接投资与产业结构调整、国企改革和区域经济协调发展紧密结合起来。要引导外资重点投向高技术产业、现代服务业、高端制造环节、基础设施和生态环境保护以及符合我国产业政策的劳动密集型项目。要在保护民族品牌的基础上，引导和规范外资参与内资企业特别是国有企业的改革改组改造。要引导外资更多地投向中西部地区和东北地区等老工业基地，发展这些地区的优势产业。要鼓励外商直接投资企业进行技术创新，增强配套能力，延伸产业链。要鼓励跨国公司在我国设立地区总部、研发中心、采购中心和培训中心，推动外商直接投资企业与内资企业在技术开发、资源采购和市场开拓等方面开展合作。

2. 实行利用外资方式多样化

除继续采用外商独资、中外合资和中外合作经营三种基本形式的外商直接投资之外，还要支持更多的国有大型企业和有实力的民营企业在境外上市。鼓励外商风险投资公司和风险投资基金来华投资，鼓励具备条件的境外机构参股国内证券公司和基金管理公司。努力用好国际金融组织和外国政府提供的贷款和国际商业贷款，允许具备条件的金融机构和企业在境外融资。

3. 对外商直接投资企业实行国民待遇

对外商直接投资企业实行国民待遇，既是世贸组织规定的一条基本原则，也是我国对外经济体制改革的一项重要内容。长期以来，我国对外商直接投资企业实行的政策实质上是超国民待遇、国民待遇和次国民待遇三者并存，以超国民待遇为主。目前，我国对外开放已进入新的发展阶段，这种状况应该而且必须逐步改变。对外商直接投资企业实行国民待遇，要根据我国国情和国际惯例有步骤分阶段进行。近期，我国应重点调整涉外税收优惠政策，大幅减少对外商直接投资企业的超国民待遇。一方面，要加快统一内外资企业所得税，促进内外资企业在同一起跑线上公平竞争；另一方面，要将涉外税收优惠政策由全面优惠制转变为特定优惠制。在国家鼓励发展和重点发展的产业和地区，继续对外商直接投资实行一定的优惠政策；在外商直接投资的一般项目上，逐步取消税收优惠政策。要加强对各地区涉外税收优惠政策的协调与管理，避免以提供过度优惠条件、损害国家利益的做法来吸引外商直接投资。要加强对外商直接投资企业的税收征管，尤其要采取有效措施尽量避免或减少跨国公司通过转移价格造成的税源流失。同时，要根据我国政府签署的入世协议和国内相关产业市场化程度，审慎稳妥地逐步开放金融、保险、电信、内贸、旅游等服务领域。

4. 切实维护国家经济安全和基本经济制度

首先，应合理调控外商直接投资规模，切实提高利用外商直接投资的质量和水平。目前，我国累计吸收和利用外商直接投资已超过6000亿美元，外商直接投资存量总值将近3000亿美元。从国际横向比较来看，我国外商直接投资存量占国内生产总值的比重略低于世界平均水平[①]，我国近些年来外商直接投资存量占国内固定资本形成总额的比重在世界平均水平上下徘徊[②]；然而，从国内横向比较来看，外商直接投资存量在我国经营性净资产中所占的比重已不算小。2005年底，我国金融机构各项存款余额高达30.02万亿元，各项贷款余额为20.68万亿元，存贷差额高达近10万

① 王梦奎主编：《中国长期发展的重要问题（2006～2020年）》，中国发展出版社2005年版，第153页。

② 江小涓：《中国对外开放进入新阶段：更均衡合理地融入全球经济》，载于《经济研究》2006年第3期。

亿元。[①] 据此，既不能盲目认为我国吸收和利用外商直接投资越多越好，也不能得出我国今后无须继续吸收和利用外商直接投资的简单结论。我国应综合考虑多方面的因素，将外商直接投资规模控制在加快社会主义现代化建设所需要与国家经济安全和基本经济制度能够承受的合理区间。与此同时，要着力提高利用外商直接投资的质量和水平。在外商直接投资统计指标和评价体系上，要重视考核外商直接投资的技术含量、就业贡献、资源消耗、环境保护等项质量指标，克服片面追求引资数量的错误倾向。

其次，应针对关系我国国民经济命脉的重要行业和关键领域的外商直接投资进行必要与合规的控制。近年来，随着我国进入入世后过渡期和外商直接投资规模的持续扩大，外商直接投资几乎已涉足我国所有的产业和部门。从维护我国经济安全和基本经济制度出发，国有经济应在关系国民经济命脉的重要行业和关键领域占支配地位，决不能让海外资本扼住我国经济的"咽喉"。根据中央文件的有关精神，我国应在涉及国家安全的行业、自然垄断的行业、提供重要公共产品和服务的行业以及支柱产业和高新技术产业中的重要骨干企业中，实行国有经济的完全控制、绝对控制和相对控制。为此，除了要通过深化改革、技术创新、布局调整等途径逐步壮大国有经济（特别是要打造一批具有自主知识产权、知名品牌和国际竞争力的国有或国有控股的大公司或大型企业集团）以外，还应根据我国国情和国际法的诸多例外条款以及国际惯例，进一步修订《中外合资经营企业法》《中外合作经营企业法》《外资企业法》，制定《反垄断法》和外资并购管理办法，对外商直接投资在上述行业和领域中的流向、流量、企业股权比重等进行必要与合规的控制。在上述行业和领域（国家规定必须由国有经济完全控制的行业和领域除外），对外商直接投资的进入应严格审批，对外资在中外合资、中外合作经营企业中的股权比例应有所限制（原则上不能控股；行业和领域越重要，外资所占的比例就应越低），对外资并购我国国有大型企业特别是龙头企业应进行严格审查和控制，对中外合资、合作经营企业中的民族品牌应进行适度保护。在上述有的行业和领域

① 中华人民共和国国家统计局：《2005年国民经济和社会发展统计公报》，载于《经济日报》2006年3月1日。

中，外商在资本、品牌、市场上已占支配地位，我国应通过大力扶持国有重点企业或国有控股的大型企业集团、健全并实施相关法规等措施来尽可能地扭转局面。

最后，应逐步限制和禁止外商投资高能源、高物耗、不利于环境保护和我国经济可持续发展的项目。

（三）大力培育和发展有国际竞争力的中国跨国公司，加快实施“走出去”战略

当今世界，跨国公司已成为国际直接投资的主要载体。外商直接投资可以“引进来”，境内直接投资也可以“走出去”。改革开放以来的较长时期内，我国在国际直接投资方面偏重于“引进来”，这是有其客观必然性的。然而，这种局面不应长期保持不变，否则，势必造成资本和技术的单向流动和对境外资本与技术的严重依赖。我国只有在“引进来”的同时不断地“走出去”，实现“引进来”与“走出去”相结合的双向资本流动和良性循环，才能分享经济全球化和国际投资自由化趋势带来的积极成果，不断提升本国企业和本国经济的国际竞争力，逐渐跻身于世界强国之林。当前，我国实施“走出去”战略尚处于初级阶段，对外直接投资的规模较小，绩效较差，问题较多。就对外直接投资规模而言，截至2005年8月，我国累计非金融类对外直接投资仅有477.1亿美元①，明显滞后于我国经济发展水平。我国要大力实施“走出去”战略，全面参与国际竞争和世界范围的资源优化配置，逐步提高我国产品、企业和产业的国际化程度，构建我国企业的全球化研发、生产、销售和营运体系，根本途径在于打造一大批具有国际竞争力的跨国公司。为此，我国应主要做好三方面的工作。

一是加快建立和完善现代企业制度。国有大中型企业和有实力的民营企业要加快公司制股份制改革步伐，建立和完善“产权清晰、权责明确、政企分开、管理科学”的现代企业制度。国有大中型企业应进一步完善公司治理结构，强化激励与约束机制。

---

① 肖导：《我国“走出去”战略扩展到近200个国家和地区》，载于《经济日报》2006年2月7日。

二是实行自主创新战略和人才战略。缺少具有自主知识产权的名牌产品和高素质人才，已成为我国企业实行“走出去”战略的两大瓶颈。我国对外直接投资企业应把自主创新确立为企业战略，大幅度增加研究与开发经费，着力培育和发展具有国际竞争力的自主品牌。同时，应广泛吸纳并合理使用跨国经营所需要的高级金融、科技、管理和法律人才。对于通晓或熟悉国际法和国际直接投资惯例、能够熟练运用外语处理国际直接投资业务和纠纷的高级复合型经营管理人才，更要积极招聘并委以重任。

三是实施科学的对外直接投资发展战略。我国对外直接投资企业应根据自身优势、投资动机、东道国投资环境和国际直接投资惯例等因素制定并实施科学的对外直接投资发展战略。一要实行市场多元化战略。目前，我国企业对外直接投资仍以亚洲国家和地区为主。随着我国企业国际竞争力的增强，对外直接投资可逐步拓展到更多的发展中国家和发达国家。从长远来看，我国企业对外直接投资要经历发展中国家为主——发展中国家与发达国家并重——发达国家为主三个阶段。二要实行投资类型多元化战略。对外直接投资一般包括自然资源导向型、生产要素导向型、市场导向型、交易成本节约型和研究开发型五种基本类型。我国对外直接投资企业可以根据主客观条件选择适宜的投资类型，并逐渐从国际产业分工价值链的低端向高端上移。三要实行投资方式多元化战略，从独资企业与合资企业划分的角度看，拥有特定优势和内部化特定优势的企业对外直接投资，可以采取独资企业方式；优势不明显的企业对外直接投资，可以采取合资企业方式。从新建投资（绿地投资）与跨国并购划分的角度看，跨国并购现已成为我国企业对外直接投资的主要方式，这与当今国际直接投资的主流方式是一致的。我国有些企业通过并购具有良好核心资产特别是具有良好技术、品牌和客户资源但经营困难的国外企业，提升了自身拥有核心技术的能力和全球品牌影响力。然而，国际经验表明，跨国并购也有许多失败的案例。因此，我国企业实行跨国并购要精细论证、周密筹划，稳妥推进。四要实行融资多元化战略。除了从母公司和母国资本市场解决资金缺口之外，还可以通过向东道国和国际银行借款、发展项目融资、进行国际融资租赁等途径筹措资金，而后者已逐渐成为国际直接投资中的通用方式。五要建立跨国战略联盟。建立跨国战略联盟有利于我国对外直接投资企业和世界优秀企业共同拓展并分享全球市场，优势互补，分担风险，提升国际竞争力。海尔集团和联想集团在这方面取得了成功经验，值得我国许多对外直接投资企业学习和借鉴。

加快实施“走出去”战略，还要转变对外承包工程增长方式，积极拓展对外劳务合作。与此相适应，我国要继续深化对外投资管理体制改革，不断提高对外投资便利化程度。

中国国有企业改革：理论创新与实践创新*

国有企业是中国特色社会主义的重要支柱，是中国人民根本利益和综合国力的基石。改革开放35年来，作为中国经济体制改革重头戏的国有企业改革，经历了气势磅礴、跌宕起伏、不断创新的光辉历程。中国国有企业改革的理论创新与实践创新，不仅为继续深化国有企业改革和推进中国特色社会主义伟大事业奠定了坚实基础，也为世界社会主义事业的伟大复兴提供了重要动力与宝贵经验。

一、性质创新

国有企业，就其基本性质而言是社会主义全民所有制企业。新中国的国有企业，不同于资本主义国家的国有企业，它“是社会主义全民所有制经济”。① 无论是在传统计划经济体制时期，还是在改革开放以来直至社会主义市场经济体制条件下，《中华人民共和国宪法》规定的我国国有企业（或国有企业资本）的这一性质都没有任何改变。②

---

* 原载《马克思主义研究》2014年第4期。本文中的国有企业，一般是指我国纯粹意义上的全民所有制企业；在我国国有企业实行公司制股份制改革以后，也包括国有控股企业。而国有企业资本，在社会主义市场经济条件下则包括国有独资企业、国有控股企业和国有参股企业中的全部国有资本。

① 《中华人民共和国宪法》，见中共中央文献研究室编：《十二大以来重要文献选编》（上），人民出版社1986年版，第220页。

② 必须指出，改革开放以来特别是近些年来，我国国有企业的基本性质受到国内外某些势力的强烈冲击与反复侵蚀。在国外，以新自由主义学说为理论依据的“华盛顿共识”的鼓吹者与践行者，旨在包括我国在内的体制转轨国家中推行私有化，企图改变我国国有企业的基本性质。在国内，极少数人通过鼓吹各种谬论与采取多种途径，或者要“分光”“卖光”国有企业，使国有企业化为乌有；或者要将绝大部分国有企业改制为非公有制企业（特别是资本主义企业）；或者在国有企业改制或改革的过程中实行官商勾结，中饱私囊，蚕食与削弱国有企业。

然而，从生产关系（或经济关系）角度考察，改革开放以来我国国有企业的性质确实发生了相当显著的变化，即从传统计划经济体制时期国家行政机构的附属物，转变为社会主义市场经济中独立的法人实体和市场主体。

在传统计划经济体制时期，既由于在实践中基本沿袭苏联全民所有制企业模式，也由于在理论上将所有权与经营权混为一谈，我国国有企业几乎没有经营自主权。在经济决策方面，权力高度集中在国家手里，企业处于无权的地位；在经济调节方面，全部或几乎全部由自上而下的指令性计划安排，市场不能发挥应用的作用；在经济利益方面，片面强调国家的统一利益，忽视企业和劳动者的差别利益；在经济组织方面，政企不分，政资不分，企业只是国家行政机关的附属物或“算盘珠”。尽管国有企业在我国传统计划经济体制时期也发挥了重要的积极作用，但日本东京大学教授小宫隆太郎一语中的：我国传统计划经济体制下的国有企业，不是真正意义上的“企业”。①

改革开放以前，我国和苏联与东欧国家的一些经济学家，都曾对社会主义全民所有制企业是否具有商品生产者的地位问题进行过有益的探讨。改革开放初期，蒋一苇率先提出振聋发聩的“企业本位论”，为社会主义国家全民所有制企业具有商品生产者的地位奠定了理论基础。他提出，社会主义社会不但不能取消商品生产，还应大力发展商品生产。经济体制改革的核心，就是要把国家作为基本经济单位，进行内部的统一管理、统一核算的“国家本位”，改变为以企业为基本经济单位，在国家统一领导和监督下，实行独立经营、独立核算的“企业本位”。② 1984 年 10 月，党的十二届三中全会通过的《中共中央关于经济体制改革的决定》，不仅明确提出社会主义经济是“公有制基础上的有计划的商品经济”，“商品经济的充分发展，是社会经济发展的不可逾越的阶段，是实现我国经济现代化的

---

① 周叔莲、张冀湘：《重建社会主义企业》，中国社会科学出版社 1990 年版，第 2 页。

② 蒋一苇：《企业本位论刍议》，载于《经济管理》1979 年第 6 期；《企业本位论》，载于《中国社会科学》1980 年第 1 期。

必要条件”；[①] 还明确提出“所有权同经营权是可以适当分开的”，应使全民所有制企业“真正成为相对独立的经济实体，成为自主经营、自负盈亏的社会主义商品生产者和经营者，具有自我改造和自我发展的能力，成为具有一定权利和义务的法人”。[②] 这些精辟论断，表明中国共产党已经明确提出社会主义经济具有商品经济性质，全民所有制企业是自主经营、自负盈亏、自我改造、自我发展的社会主义商品生产者和经营者。这是对传统的社会主义经济理论的重大突破，初步确立了社会主义商品经济理论。[③] 1987 年 10 月，中共十三大报告提出：要“按照所有权经营权分离的原则，搞活全民所有制企业”；“这决不会改变企业的全民所有制性质，只会使企业更加生气蓬勃，使公有制经济的优越性得到充分发挥”。[④] 1992 年 10 月，中共十四大报告提出，我国经济体制改革的目标是建立社会主义市场经济体制。1993 年 11 月，党的十四届三中全会通过的《中共中央关于建立社会主义市场经济体制若干问题的决定》明确提出：“建立现代企业制度，是发展社会化大生产和市场经济的必然要求，是我国国有企业改革的方向”；现代企业制度的基本特征是产权清晰、权责明确、政企分开、管理

---

① 中共中央文献研究室编：《十二大以来重要文献选编》（中），人民出版社 1986 年版，第 568 页。

② 中共中央文献研究室编：《十二大以来重要文献选编》（中），人民出版社 1986 年版，第 565 ~ 566 页。

③ 社会主义商品经济理论是社会主义市场经济理论的基础。确立社会主义商品经济理论，关键在于正确揭示社会主义公有制经济内部特别是社会主义全民所有制经济内部商品关系存在的原因。改革开放以来，我国经济学界对社会主义经济内部商品关系存在的原因进行了深入探讨。较为流行的观点认为：在社会主义社会中，社会分工的存在和发展，是社会主义商品经济存在的一般前提；社会主义公有制采取全民所有制和集体所有制两种基本类型，特别是全民所有制经济内部各个企业是具有独立经济利益的法人实体和市场主体，则是社会主义商品经济存在的根本原因。也有学者认为：社会主义商品经济的存在，一是由于社会分工，二是由于企业物质利益的差别。企业物质利益的差别既可以由财产关系决定，也可以由劳动差别决定。社会分工决定了企业之间需要进行劳动交换，企业物质利益的差别则决定了相互之间必须实行等价补偿和等价交换的原则即商品经济原则。前者是社会主义商品经济存在的条件，后者是社会主义商品经济存在的根本原因（参见谷书堂、宋则行主编：《政治经济学（社会主义部分）》，陕西人民出版社 1988 年版，第 101 页）。

④ 中共中央文献研究室编：《十三大以来重要文献选编》（上），人民出版社 1991 年版，第 27 ~ 28 页。

科学。[①] 2003 年 10 月，党的十六届三中全会通过的《中共中央关于完善社会主义市场经济体制若干问题的决定》提出，要建立“归属清晰、权责明确、保护严格、流转顺畅”的现代产权制度，构建现代企业制度的重要基础。[②]

在我国国有企业改革的实践中，先后经过了扩大企业自主权、推行经营承包责任制和初步建立现代企业制度等阶段。凤凰涅槃，终成正果。2013 年 11 月，党的十八届三中全会通过的《中共中央关于全面深化改革若干重大问题的决定》指出，我国“国有企业总体上已经同市场经济相融合”。[③] 我国国有企业在全民所有制基本性质不变的前提下与市场经济实现了有机结合，由原来的国家行政机构的附属物，变成了独立的法人实体和市场主体。

二、功能创新[④]

在传统计划经济体制时期，我国国有经济不仅是国民经济的主导，而且逐渐成为城市经济和国民经济的主体。[⑤] 国有企业不仅从事生产和流通，

---

① 中共中央文献研究室编：《十四大以来重要文献选编》（上），人民出版社 1996 年版，第 520～524 页。对于我国国有企业建立的现代企业制度的特征，时任国务院副总理的吴邦国曾在中央企业工委工作会议上明确提出：我国国有企业要建立的现代企业制度不是一般意义上的市场经济国家的现代企业制度，而是有中国特色的现代企业制度。一要坚持公有制与市场经济的有机结合，二要坚持党对国有企业的领导，三要坚持工人阶级的主人翁地位（参见韩振军、王彦田：《中央企业工作会议在京召开　朱镕基作重要批语》，载于《人民日报》2000 年 2 月 28 日）。笔者认为，这种阐释正确揭示了我国国有企业要建立的现代企业制度与西方发达市场经济国家建立的现代企业制度之间的联系与区别。

② 中共中央文献研究室编：《十六大以来重要文献选编》（上），中央文献出版社 2005 年版，第 467 页。

③ 《中共中央关于全面深化改革若干重大问题的决定》，载于《光明日报》2013 年 11 月 16 日。

④ 功能的基本含义之一是功效、作用（参见夏征农主编：《辞海》，上海辞书出版社 2001 年版，第 685 页）。本文在此使用的功能一词与作用同义。

⑤ 1978 年，在我国工业总产值中，国有企业占 77.6%，集体企业占 22.4%；在社会商品零售总额中，国有企业占 54.6%，集体企业占 43.3%；在工农业总产值中，农业占 24.8%（其中也包括国有农、牧、渔场等的农业产值），轻工业占 32.4%，重工业占 42.8%；在国家财政收入中，国有单位占 86.8%，集体单位占 12.7%，个体经济占 0.5%（引自中华人民共和国国家统计局编：《中国统计年鉴（1993）》，中国统计出版社 1993 年版，第 25～26 页）。

还承担了许多“企业办社会”的职能（如修建企业职工住房，兴办幼儿园、中小学、职工培训学校及医院，负责离退休职工养老与富余人员的费用等，本文称之为“企社不分”）。从生产关系的角度看，国有经济（即全民所有制经济）已成为我国社会主义制度的主要经济基础。改革开放35年来，我国国有经济状况和所有制结构都发生了相当显著的变化。与此相适应，我国国有经济由“主体”向“主导”转变，国有企业由“企社不分”向“企社分离”转变。国有企业初步实现了功能创新。

1982年12月，五届全国人大五次会议通过的《中华人民共和国宪法》明确规定：国有经济“是国民经济中的主导力量”。[①] 1997年9月，中共十五大报告提出：“国有经济控制国民经济命脉，对经济发展起主导作用”。[②] 1999年9月，党的十五届四中全会通过的《中共中央关于国有企业改革和发展若干重大问题的决定》提出：“国有企业是我国国民经济的支柱。发展社会主义社会的生产力，实现国家的工业化和现代化，始终要依靠和发挥国有企业的重要作用。”[③] “包括国有经济在内的公有制经济，是我国社会主义制度的经济基础，是国家引导、推动、调控经济和社会发展的基本力量，是实现广大人民群众根本利益和共同富裕的重要保证。”[④] “国有经济在关系国民经济命脉的重要行业和关键领域占支配地位，支撑、引导和带动整个社会经济的发展，在实现国家宏观调控目标中发挥重要作用”。[⑤] 国有企业要“分离企业办社会的职能，切实减轻国有企业的社会负担”。[⑥] 党的十八届三中全会通过的《中共中央关于全面深化改革若干重大问题的决定》提出，国有企业是“推进国家现代化、保障人民共同利益的重要力量”“必须以规范经营决策、资产保值增值、公平参加竞争、提高企业效

① 《中华人民共和国宪法》，见中共中央文献研究室编：《十二大以来重要文献选编》（上），人民出版社1986年版，第220～221页。

② 中共中央文献研究室编：《十五大以来重要文献选编》（上），人民出版社2000年版，第21页。

③④ 中共中央文献研究室编：《十五大以来重要文献选编》（中），人民出版社2001年版，第1004页。

⑤ 中共中央文献研究室编：《十五大以来重要文献选编》（中），人民出版社2001年版，第1008页。

⑥ 中共中央文献研究室编：《十五大以来重要文献选编》（中），人民出版社2001年版，第1016页。

率、增强企业活力、承担社会责任为重点，进一步深化国有企业改革”；“国有资本投资运营要服务于国家战略目标，更多投向关系国家安全、国民经济命脉的重要行业和关键领域，重点提供公共服务、发展重要前瞻性战略性产业、保护生态环境、支持科技进步、保障国家安全”。[⑤]

纵观改革开放以来我国《宪法》和中共中央重要文献中关于国有企业功能的相关论述，大体可以概括为六点：（1）强调国有经济是我国社会主义制度的主要经济基础；（2）强调国有经济必须控制关系国家安全和国民经济命脉的重要行业和关键领域，在国民经济中发挥主导作用；（3）强调国有经济在实现国家宏观调控目标和共同富裕中的重要作用；（4）强调国有企业具有资产保值增值、提供公共服务、发展重要前瞻性战略性产业、支持科技进步、保护生态环境、保障国家安全等功能；（5）强调国有企业必须分离举办社会事业的功能；（6）强调国有企业在实现国家工业化和现代化进程中的重要作用。

关于社会主义市场经济条件下国有企业的功能，我国经济学界还提出了一些富有新意、饶有价值的观点。程恩富提出：国有经济在社会主义市场经济条件下具有基础服务、支柱构筑、流通调节、技术示范、社会创利、产权导向六大功能。[⑥] 王钦提出：我国社会主义市场经济体制下的国有企业，就是要作为国有经济的支柱力量和重要载体，去解决三类市场失灵：（1）发达国家普遍面临的市场失灵（如公共产品的提供、自然垄断行业产品和服务的提供，宏观调控职能的发挥以及国家安全的保证）；（2）转轨国家遇到的市场失灵（如建立社会保障体系等“制度变迁”成本）；（3）发展中国家遇到的市场失灵（如实现国家主导下的“经济赶超”战略）。[⑦] 马建堂等提出：我国国有经济除具有实现社会公共目标、控制自然垄断行业和特殊行业、弥补市场缺陷、实现宏观调控目标等基于市场经济需要的一般功能之外，还应具有基于社会主义基本政治经济制度需要的特

---

⑤ 《中共中央关于全面深化改革若干重大问题的决定》，载于《光明日报》2013年11月16日。

⑥ 程恩富：《资本主义和社会主义怎样利用股份制——兼论国有经济的六项基本功能》，载于《经济学动态》2004年第10期。

⑦ 吕政、黄速建主编：《中国国有企业改革30年研究》，经济管理出版社2008年版，第195～196页。

殊功能。[①] 卫兴华系统提出国有经济功能（或重要作用）的七个方面：（1）国有经济与其他公有制经济是社会主义经济制度的基础，是实现社会主义本质即大力发展生产力、消灭剥削和消除两极分化、达到共同富裕的制度安排；（2）国有经济是我国国民经济的主导力量，它保证社会主义国家的整体利益和长远利益，保证经济社会发展的社会主义方向；（3）国有经济是我国社会主义市场经济中国家进行宏观调控、克服市场失灵的物质手段；（4）国有经济是保证我国经济独立自主和国家安全，应对国内外重大突发事件的物质手段；（5）国有经济是实现重大科技创新、科技兴国、实现国家现代化、应对国际竞争的坚强力量；（6）国有经济是增强我国经济实力、国防实力和民族凝聚力的重要力量；（7）以国有经济为核心的公有制经济，是共产党执政的经济基础。[②]

笔者认为，对于我国社会主义市场经济条件下国有企业功能的探讨和界定，至少应该包括三点：一是社会主义市场经济条件下国有企业的功能，从根本上说来取决于国有企业的性质。国有企业作为全民所有制企业，其产权归属决定了其必须集中和首要体现社会主义国家利益。国有企业在社会主义市场经济条件下的经济属性，首先和本质上是社会主义全民所有制性质，然后才是独立的法人实体和市场主体。二是社会主义市场经济条件下国有企业的功能，必须与我国社会主义初期阶段不同时期的国情及国有企业的实际状况相适应。既不应超前，也不能滞后。三是界定社会主义市场经济条件下国有企业的功能，可以从多维视角进行探讨和概括。既可以从生产力的角度，也可以从生产力与生产关系的统一即生产方式的角度，还可以从社会有机体的基本要素——生产力、生产关系（经济基础）与上层建筑的角度；既可以从整体的角度，也可以从个体的角度，还可以从分类监管的角度等。着眼于建设中国特色社会主义的伟大事业，从社会有机体基本要素的角度正确界定国有企业（或国有经济）的功能，无疑是最全面和最深刻的。而从分类监管角度正确界定不同国有企业的功能，也必须

---

① 马建堂、黄达、林岗等：《世纪之交的国有企业改革研究》，经济科学出版社2000年版，第89~90页。

② 卫兴华：《中国特色社会主义经济制度的理论是非需要澄清——兼谈怎样正确理解邓小平南方谈话中关于“社”与“资”、“公”与“私”的论述》，载于《政治经济学评论》2012年第3期。

立足于全局和长远，使其具有科学性、合理性、现实性与可操作性。[①] 对此，有待于我们在深化国有企业改革的实践中继续探索。

三、形式创新

改革开放35年来，我国国有企业改革初步实现了形式创新。这既体现在从“国营企业”到“国有企业”这一称谓上的变化，也体现在一部分原国有事业单位转变为国有或国有资本控股企业，更体现在我国国有企业由传统计划经济体制时期的国营企业，转变为初步建立现代企业制度的国有独资或国有资本控股公司。

在传统计划经济体制时期和改革开放初期，我国全民所有制企业通常被称为国营企业，这与当时全民所有制企业所有权与经营权两权合一的状况是相适应的。随着改革开放不断深入，全民所有制企业两权分离的实践推动了企业形式的转变。中共十四大报告将全民所有制企业由“国营企业”改称为“国有企业”，[②] 准确表达了全民所有制企业的所有权特征。1993年3月，八届全国人大一次会议通过了《中华人民共和国宪法修正案》，正式以“国有企业”取代“国营企业”，并以法律形式将这一称谓固定和明确起来。[③]

在传统计划经济体制时期和改革开放以来的较长时期内，我国国有科

---

① 从分类监管角度界定不同国有企业的功能，我国政府部门和经济学界存在不同观点。刘纪鹏认为，我国国有企业应区分为公益性和盈利性国有企业；张政军认为，我国国有企业应划分为三类，第一类是完全商业化或市场化的国有企业，第二类是商业化运营但有一定战略利益的国有企业，第三类是以产业、社会、文化、公共政策等目标为主的有特殊职能的国有企业；李锦认为，我国国有企业应划分为完全公益、完全盈利、公益为主盈利为辅、盈利为主公益为辅四类（参见刘青山：《分类监管：国企改革下一个突破口》，载于《国企》2013年第7期）。2013年12月，上海市委市政府在《关于进一步深化上海国资改革促进企业发展的意见》中，将不同国有企业的功能划分为竞争类企业（以市场为导向，以企业经济效益最大化为主要目标，兼顾社会效益）、功能类企业（以完成战略任务或政府重大专项任务为主要目标，兼顾经济效益）和公共服务类企业（以确保经济正常运行和稳定、实现社会效益为主要目标，引入社会评价）三种基本类型。

② 中共中央文献研究室编：《十四大以来重要文献选编》（上），人民出版社1996年版，第19页。

③ 中共中央文献研究室编：《十四大以来重要文献选编》（上），人民出版社1996年版，第209页。

研机构、设计单位和文化单位都属于国有事业单位。随着科技体制和文化体制改革的不断深化，我国对许多国有应用型科研机构和设计单位以及有面向市场能力的公益型科研机构实行企业化转制，[①] 对文化产业中国有经营性文化单位实行转企改制，有力地促进了我国技术创新、科技成果转化和文化生产力的发展。

改革开放以来，我国一直在实践中积极探索全民所有制的有效实现形式。[②] 我国国有企业改革先是从转变经营方式入手，经历了扩大企业自主权、推行经营承包责任制等阶段，逐步向转变财产组织形式的公司制股份制改革迈进。[③] 中共十三大报告提出："改革中出现的股份制形式，包括国家控股和部门、地区、企业间参股以及个人入股，是社会主义企业财产的一种组织形式，可以继续试行。"[④] 中共十四大报告提出："股份制有利于促进政企分开、转换企业经营机制和积聚社会资金，要积极试点，总结经验，抓紧制定和落实有关法规，使之有秩序地健康发展。"[⑤] 中共十五大报告提出："公有制实现形式可以而且应当多样化。一切反映社会化生产规律的经营方式和组织形式都可以大胆利用。要努力寻找能够极大促进生产力发展的公有制实现形式。股份制是现代企业的一种资本组织形式，有利于所有权和经营权的分离，有利于提高企业和资本的运作效率，资本主义可以用，社会主义也可以用。不能笼统地说股份制是公有还是私有，关键看控股权掌握在谁手中。国家和集体控股，具有明显的公有性，有利于扩大公有资本的支配范围，增强公有制的主体作用。"[⑥] 党的十五届四中全会

---

① 《中共中央、国务院关于加强技术创新，发展高科技，实行产业化的决定》，见中共中央文献研究室编：《十五大以来重要文献选编》（中），人民出版社2001年版，第938～939页。

② 笔者认为，所有制的实现形式可以相对地区分为所有制基本类型、财产组织形式和经营方式三个层次（参见郭飞：《社会主义公有制与股份制若干问题探讨》，载于《经济学动态》2004年第7期）。

③ 国有企业公司制股份制改革，主要是指国有企业通过改革，转变为符合《中华人民共和国公司法》规定的国有独资公司和国有控股多元股东的有限责任公司和股份有限公司。

④ 中共中央文献研究室编：《十三大以来重要文献选编》（上），人民出版社1991年版，第28页。

⑤ 中共中央文献研究室编：《十四大以来重要文献选编》（上），人民出版社1996年版，第21页。

⑥ 中共中央文献研究室编：《十五大以来重要文献选编》（上），人民出版社2000年版，第21～22页。

通过的《中共中央关于国有企业改革和发展若干重大问题的决定》提出："国有经济的作用既要通过国有独资企业来实现，更要大力发展股份制，探索通过国有控股和参股企业来实现。"① 党的十六届三中全会通过的《中共中央关于完善社会主义市场经济体制若干问题的决定》提出："大力发展国有资本、集体资本和非公有制资本等参股的混合所有制经济，实现投资主体多元化，使股份制成为公有制的主要实现形式。需要由国家资本控股的企业，应区别不同情况实行绝对控股或相对控股。"② 截至2012年末，我国83%以上的国有企业实行了公司制股份制改革，初步建立了现代企业制度。③ 2012年末，我国国有控股上市公司有953家，占A股上市公司总数的38.5%；国有控股上市公司市值达13.71万亿元，占A股上市公司总市值的51.4%。④ 实践证明，国有企业实行公司制股份制改革，转变为国有独资公司和国有控股产权多元的股份公司，可以实现国有企业与市场经济的有机结合，有利于充分发挥国有经济的主导作用，是国有企业在我国现阶段促进生产力发展的有效实现形式。

党的十八届三中全会通过的《中共中央关于全面深化改革若干重大问题的决定》提出："国有资本、集体资本、非公有资本等交叉持股、相互融合的混合所有制经济，是基本经济制度的重要实现形式，有利于国有资本放大功能、保值增值、提高竞争力，有利于各种所有制资本取长补短、相互促进、共同发展。允许更多国有经济和其他所有制经济发展成为混合所制经济。"⑤ 从微观角度考察，混合所有制经济实际上是一企多制，其涵

---

① 中共中央文献研究室编：《十五大以来重要文献选编》（中），人民出版社2001年版，第1007~1008页。

② 中共中央文献研究室编：《十六大以来重要文献选编》（上），中央文献出版社2005年版，第466页。

③ 根据国务院国资委编委会编：《中国国有资产监督管理年鉴（2013）》提供的相关数据计算。

④ 本书编写组编著：《〈中共中央关于全面深化改革若干重大问题的决定〉辅导读本》，人民出版社2013年版，第79~80页。

⑤ 《中共中央关于全面深化改革若干重大问题的决定》，载于《光明日报》2013年11月16日。

盖范围大于一企多制的股份制企业。[①] 从坚持“三个有利于”的根本标准与完善我国现阶段基本经济制度出发，我国国有企业改革中除在涉及国家安全的少数国有企业和国有资本投资公司、国有资本运营公司必须采取国有独资公司之外，积极发展国有资本控股（含绝对控股和相对控股两种类型或绝对控股、优势控股和有效控股三种类型）的混合所有制企业，不断探索混合所有制企业员工持股的有效途径和办法，必将进一步完善国有企业的实现形式，增强国有经济活力、控制力和影响力。

四、体制创新

国有企业改革实质上是产权制度改革。[②] 国有企业改革不仅涉及形式创新，更涉及体制即内容的创新。[③] 从横纵的角度看，国有企业改革既涉及企业与企业之间横向经济体制的变化，也涉及国家与企业、企业与职工纵向经济体制的变化；从内外的角度看，国有企业改革既涉及企业内部经济体制（或企业管理体制）的变化，也涉及企业外部经济体制（在此指国家

---

① 混合所有制经济是指不同性质的资本联合、融合或参股而形成的经济成分，一般采取股份制的资本组织方式。它以社会中存在多种所有制经济成分为前提，通过各类性质的产权在市场中以多种形式自主流动和重组形成，并适应竞争的需要不断变化资本结构（参见本书编写组编著：《〈中共中央关于完善社会主义市场经济体制若干问题的决定〉辅导读本》，人民出版社 2003 年版，第 480～481 页）。

② 产权主要是指财产权或财产权利。从产权本身看，它是以财产所有权为主体的一系列财产权利的总和，包括占有、使用、收益和处分等权利；从财产类型看，它是包括物权、债权、股权和知识产权等在内的一系列财产权利的总和。产权最基本的内涵是财产所有权，它是法律加以认定和维护的最高占有权或法律上的所有权，它决定着其他权利。使用、收益和处分权是产权实际运行中的行为权利，是实际上的占有权。在现代市场经济条件下，财产的所有权和经营权即最高占有权和实际占有权是可以分开的，即通过一定的途径，不具有财产所有权的法人和自然人，在一定时间和一定程度内对不属于自己的财产有使用、收益和处置的权利（参见本书编写组编著：《〈中共中央关于完善社会主义市场经济体制若干问题的决定〉辅导读本》，人民出版社 2003 年版，第 480～481 页）。产权中的所有权、占有权、使用权、收益权和处置权既可以统一于一个主体，也可以相互分离或局部组合（参见郭飞：《新世纪中国经济重大问题研究》，经济科学出版社 2010 年版，第 126 页）。

③ 任何事物都是形式与内容的统一。本文论述中将国有企业改革区分为形式创新与体制（或内容）创新，仅具有相对的意义。

与企业的经济体制即国有资产管理体制）的变化。[①] 改革开放35年来，我国国有企业由政企不分、排斥竞争、缺乏激励、行政隶属的国营企业旧体制向建立与完善现代企业制度和建立健全政企分开、政资分开、授权经营的国有资产管理新体制转变。国有企业改革初步实现了体制创新。

1978年10月，四川省在重庆钢铁公司等6家企业率先进行了国有企业扩大经营自主权的改革试点。1979年7月，国务院颁布了关于扩大企业自主权、实行利润留成等政策文件，并选择首都钢铁公司等8家企业进行试点，在全国范围内拉开了国有企业改革的帷幕。随后，通过实行经济责任制、利改税、拨改贷等途径，对国有企业进行了初步的扩权让利的改革。国有企业开始摆脱国家行政机构附属物的地位，从生产型向生产经营型转变，劳动、人事、分配制度也逐渐变革。然而，这种改革并没有摆脱传统计划经济体制时期国有企业管理体制的基本框架。

1986年12月，国务院颁发《关于深化企业改革 增强企业活力的若干规定》，明确提出深化改革要围绕企业经营机制进行，并提出要积极探索股份制、租赁制、资产经营责任制、承包经营责任制等形式。1988年2月，国务院颁布《全民所有制工业企业承包经营责任制暂行条例》，其主要内容是“两包一挂”，即包上缴国家利润，包技术改造任务，工资总额与经济效益挂钩。1992年7月，国务院颁布《全民所有制工业企业转换经营机制条例》，强调国有企业转换企业经营机制的目标是成为依法自主经营、自负盈亏、自我发展、自我约束的商品生产和经营单位，成为独立享有民事权利和承担民事义务的企业法人，并且明确规定企业具有14项经营自主权。从而，国有企业的承包经营责任制得到了较快发展，企业内部的决策、激励和约束机制也发生了明显变化，还形成与发展了一批国有企业集团。然而，国有企业仍旧不能成为“四自”的法人实体和市场主体。其根本症结在于，实行承包经营责任制并没有赋予国有企业与市场经济接轨

① 我国国有资产既包括经营性国有资产，也包括资源性国有资产和行政事业性国有资产。限于本文的研究对象，文中的国有资产管理体制一般是指经营性国有资产管理体制。

的法人财产权[①]，不仅无法真正实现两权分离和自负盈亏，而且还必然导致“内部人控制”、企业行为短期化和合同约束软化。

《中共中央关于建立社会主义市场经济体制若干问题的决定》（以下简称《决定》）指明我国国有企业改革的方向是建立现代企业制度。该《决定》提出：国有企业中的“国有资产所有权属于国家，企业拥有包括国家在内的出资者投资形成的全部法人财产权，成为享有民事权利、承担民事责任的法人实体”；“企业以其全部法人财产，依法自主经营、自负盈亏，照章纳税，对出资者承担资产保值增值的责任”；“企业在市场竞争中优胜劣汰，长期亏损、资不抵债的应依法破产”；“建立科学的企业领导体制和组织管理制度，调节所有者、经营者和职工之间的关系，形成激励和约束相结合的经营机制”。[②] 该《决定》还提出：“国有企业实行公司制，是建立现代企业制度的有益探索。规范的公司，能够有效地实现出资者所有权与企业法人财产权的分离，有利于政企分开、转换经营机制，企业摆脱对行政机关的依赖，国家解除对企业承担的无限责任；也有利于筹集资金，分散风险。”[③]《中共中央关于国有企业改革和发展若干重大问题的决定》提出：“对国有大中型企业实行规范的公司制改革。公司制是现代企业制

① “法人财产权”于1993年在中共中央文件中首次出现。我国经济学界对法人财产权的理解不尽相同。一种观点认为，法人财产权是指法人拥有的财产权利，它本身是一个边界可伸缩、属性不确定的概念。在不同的产权结构下，法人财产权各有不同的内涵。法人财产权是否包含（归属）所有权，要由具体条件决定，主要看所有制主体与企业的关系。当国有产权主体有必要同别的所有制主体在资金上融合，或合资组织新的企业，它就只能同其他出资者一样成为股东之一，企业就会与包括国家在内的出资者相分离，成为拥有所有权的独立法人；当国家根据《公司法》授权某些大型国有独资公司行使资产所有者的权利时，这些公司也拥有企业资产的所有权。除此之外的国有企业成为法人，实行所有权和经营权适当分开，法人财产权不包括所有权（参见吴宣恭：《论法人财产权》，载于《中国社会科学》1995年第2期）。另一种观点则认为，法人财产权是以公司法人享有的对企业财产的权利，不是单个自然人对财产的权利；法人财产权不同于所有权，公司法人不是也不可能是企业财产的所有者，所有者是对企业进行投资的出资者和所有权主体，法人财产权是由所有权派生，经国家有关法律认可并保护的权利；法人财产权的实质，是在资产的委托代理关系下发生的由代理人（机构）掌握的对他人或社会的资产（出资者资产）的支配权（参见刘诗白著：《主体产权论》，经济科学出版社1998年版，第294页）。

② 中共中央文献研究室编：《十四大以来重要文献选编》（上），人民出版社1996年版，第523～524页。

③ 中共中央文献研究室编：《十四大以来重要文献选编》（上），人民出版社1996年版，第524页。

度的一种有效组织形式。公司法人治理结构是公司制的核心。要明确股东会、董事会、监事会和经理层的职责，形成各负其责、协调运转、有效制衡的公司法人治理结构。”① 1993 年 12 月 29 日，《中华人民共和国公司法》正式颁布，尔后又经过多次修改或修订。该法紧密结合我国国情，为我国规范公司法人治理结构，保护公司、股东和债权人合法权益，推进国有企业实行公司制股份制改革，提供了坚实的法律依据。在国有企业内部经济体制改革的实践中，我国还在适度稳妥地引进国内外有实力的战略投资者、建立外部董事制度、企业经营者市场化选聘制度、外派董事会制度以及正确处理公司法人治理结构与企业党组织和工会的关系等方面进行了有益的探索，并取得了可喜的进展。

改革开放 35 年来，我国国有资产管理体制改革在实践中不断探索与创新。在传统计划经济体制时期和改革开放初期，我国国有资产管理体制的最大特点是高度集中，政企不分，政资不分。《中共中央关于经济体制改革的决定》明确提出了全民所有制企业所有权与经营权适当分离的改革思路，突破了将国有企业所有权与国家行政机构直接经营混为一谈的传统观念。1987 年，全国首个从事国有资产管理的政府专门机构——深圳市投资管理公司宣告成立。1988 年，国务院决定组建国家国有资产管理局，代表国务院专司国有资产管理职能。这是我国从地方政府到中央政府将国有资产所有者职能与社会经济管理职能分离的最初尝试。

《中共中央关于建立社会主义市场经济体制若干问题的决定》提出："对国有资产实行国家统一所有、政府分级监管、企业自主经营的体制。按照政府的社会经济管理职能和国有资产所有者职能分开的原则，积极探索国有资产管理和经营的合理形式和途径。加强中央和省、自治区、直辖市两级政府专司国有资产管理的机构。”② 1993 年，上海成立了市国有资

① 中共中央文献研究室编：《十五大以来重要文献选编》（中），人民出版社 2001 年版，第 1012 页。

② 中共中央文献研究室编：《十四大以来重要文献选编》（上），人民出版社 1996 年，第 526 页。

产管理委员会，构建起“两级管理、三个层次”的国有资产管理体制。[①]

1998 年，国家国有资产管理局被撤销，其原职能并入财政部。《中共中央关于国有企业改革和发展若干重大问题的决定》明确提出：“要按照国家所有、分级管理、授权经营、分工监督的原则，逐步建立国有资产管理、监督、营运体制和机制，建立与健全严格的责任制度。国务院代表国家统一行使国有资产所有权，中央和地方政府分级管理国有资产，授权大型企业、企业集团和控股公司经营国有资产。要确保出资人到位。”[②] 尽管该《决定》仍提出由国务院代表国家统一行使国有资产所有权，但其在中共中央文件中首次提出了“授权经营”，明确了国有资产运营主体，强调国有资产出资人到位，对推动我国国有资产管理体制改革具有重要意义。

2002 年，中共十六大报告提出：“建立中央政府和地方政府分别代表国家履行出资人职责，享有所有者权益，权利、义务和责任相统一、管资产和管人、管事相结合的国有资产管理体制。关系国民经济命脉和国家安全的大型国有企业、基础设施和重要自然资源等，由中央政府代表国家履行出资人职责。其他国有资产由地方政府代表国家履行出资人职责。中央政府和省、市（地）两级地方政府设立国有资产管理机构”。[③] 2003 年，国务院成立了国有资产监督管理委员会（简称国务院国资委）；随后，全国各省、市（地）两级政府陆续组建了国资委，分别代表国家对中央企业的国有资产（不含金融企业国有资产）和地方的经营性国有资产履行出资人职责。从而，我国从中央到地方实现了政府的社会经济管理职能与国有资产所有者职能相分离，出资人所有权与企业法人财产权相分离。2003 年 5 月 27 日，国务院公布了《企业国有资产监督管理暂行条例》。2008 年 10

---

① 所谓“两级管理”，是指市政府对区县政府综合授权，由市、区县两级政府对其所辖企业的国有资产行使出资者权利。所谓“三个层次”，其最高层次是上海市国有资产管理委员会（作为上海市国家资产所有权的总代表，负责管理全市国有资产），中间层次是上海市国有资产运营主体（主要包括在原主管局基础上组建的国有控股公司、授权经营国有资产的企业集团公司和国有资产存量较大的部分区县国有资产管理部门），最低层次是中间层次机构全资、控股或参股的企业（参见刘树成、吴太昌主编：《中国经济体制改革 30 年研究》，经济管理出版社 2008 年版，第44 页）。

② 中共中央文献研究室编：《十五大以来重要文献选编》（中），人民出版社 2001 年版，第 1012 页。

③ 中共中央文献研究室编：《十六大以来重要文献选编》（上），中央文献出版社 2005 年版，第 20 页。

月28日，《中华人民共和国企业国有资产法》正式公布，并于2009年5月1日起施行。由此，我国国有资产管理体制的基本框架和法规体系初步形成，国有资产管理体制改革进入新阶段。

中共十七大报告提出：要“完善各类国有资产管理体制和制度。”① 随着我国体制改革的不断深入，一部分原有行政事业性国有资产和资源性国有资产也转化为经营性国有资产，并纳入经营性国有资产管理体制。《中共中央关于全面深化改革若干重大问题的决定》提出：要“改革国有资本授权经营体制，组建若干国有资本运营公司，支持有条件的国有企业改组为国有资本投资公司。”② 这是在坚持国家所有、分级代表的原则和政企分开、政资分开改革方向的前提下，对我国国有企业改革实践中曾经出现和理论界曾经提出的国有资产管理体制三层架构的重新肯定和升华，进一步明确了我国国有资产管理体制的改革方向。

五、布局创新

在传统计划经济体制时期和改革开放以后的较长时期中，我国国有企业分布过宽，力量分散，整体素质不高。为更好地发挥国有经济的主导作用，积极推进产业结构调整和所有制结构改革，我国国有企业在改革中逐步实行了“有进有退、合理流动”的布局创新。

中共十五大报告明确提出：“要从战略上调整国有经济布局。对关系国民经济命脉的重要行业和关键领域，国有经济必须占支配地位。在其他领域，可以通过资产重组和结构调整，以加强重点，提高国有资产的整体质量。”③ 在此，已将国有经济布局划分为必须占支配地位的行业和领域与不必占支配地位的行业和领域（即“其他领域”）。《中共中央关于国有企业改革和发展若干重大问题的决定》进一步提出：调整国有经济布局，要

---

① 中共中央文献研究室编：《十七大以来重要文献选编》（上），中央文献出版社2009年版，第20页。

② 《中共中央关于全面深化改革若干重大问题的决定》，载于《光明日报》2013年11月16日。

③ 中共中央文献研究室编：《十五大以来重要文献选编》（上），人民出版社2000年版，第21页。

“坚持有进有退，有所为有所不为”；“国有经济需要控制的行业和领域主要包括：涉及国家安全的行业，自然垄断的行业，提供重要公共产品和服务的行业，以及支柱产业和高新技术产业中的重要骨干企业”。[①]笔者认为，该《决定》中“有进有退”中的“退”，决不意味着国有经济从必须占支配地位的行业和领域之外的其他领域中完全退出，更不意味着国有经济完全退出竞争性领域。一方面，该《决定》明确规定：国有经济在不必占支配地位（或不需要控制）的其他行业和领域，可以通过资产重组和结构调整，集中力量，加强重点，提高国有经济的整体素质。另一方面，即使是国有经济必须占支配地位（或需要控制）的行业和领域，也必然包括相当一部分竞争性领域。笔者在经过对比研究后认为，从社会主义市场经济条件下国有经济的性质、比重和功能考察，社会主义国家的国有经济与发达资本主义国家的国有经济相比，前者布局相对较宽，不仅包括非竞争性领域，而且包括相当广泛的竞争性领域。国内极少数人主张国有经济应完全退出竞争性领域，实际上是企图误导我国国有经济的布局调整，使我国经济最终坠入“私有化”陷阱。[②]

《中共中央关于完善社会主义市场经济体制若干问题的决定》提出：“完善国有资本有进有退、合理流动的机制，进一步推动国有资本更多地投向关系国家安全和国民经济命脉的重要行业和关键领域，增强国有经济的控制力。”[③] 2004 年，国务院国资委相关人员根据国有企业在国民经济中的地位和作用，将国务院国资委监管的中央企业在国有经济必须占支配地位（或需要控制）的关系国家安全、国民经济命脉的重要行业和关键领域的分布细化为两类。第一类为直接关系国家安全、国民经济命脉的重要行业和关键领域，主要分布在：（1）涉及国家安全的产业，包括军工、重要物资储备、军品贸易等；（2）垄断（含管制性垄断和自然垄断）产业，包括电信、电网行业等；（3）提供重要公共产品和服务的产业，包括发

---

① 中共中央文献研究室编：《十五大以来重要文献选编》（中），人民出版社 2001 年版，第 1008 页。

② 郭飞：《深化中国所有制结构改革的若干思考》，载于《中国社会科学》2008 年第 3 期。

③ 中共中央文献研究室编：《十六大以来重要文献选编》（上），中央文献出版社 2005 年版，第 466 页。

电、民航等；（4）重要自然资源开发产业，包括石油、石化、天然气、煤炭、黄金、盐业等。第二类为间接关系国家安全、国民经济命脉的重要行业和关键领域，主要分布在：（1）支柱产业的重要骨干产业，包括冶金、技术装备、汽车、建筑、房地产、建材、化工等；（2）科技产业，包括电子信息、生物医药、科研等。[①]

2006年12月，国务院办公厅转发了国务院国资委《关于推进国有资本调整和国有企业重组的指导意见》。国务院国资委根据中央精神，对所监管的中央企业进行了“四个优化”“四个集中”的布局调整。[②] 中央企业之间、中央企业和地方国有企业之间、地方国有企业之间的优化重组步伐明显加快。国务院国资委监管的中央企业由2003年的196家减至目前的113家。与此同时，我国根据国民经济发展的需要，投资新建了大型国有或国有资本控股公司。例如，2007年9月，我国新建了注册资本高达2000亿美元国有独资的中国投资有限责任公司；2008年5月，我国新建了注册资本高达190亿元国有资本控股的中国商用飞机有限责任公司。此外，围绕做强做优、培育具有国际竞争力的世界一流企业的目标，国务院国资委所属中央企业大力实施转型升级、科技创新、国际化经营、人才强企、和谐发展“五大战略”，取得了相当显著的成效。

六、结构创新

在传统计划经济体制时期和改革开放以后的较长时期中，我国国有企

---

① 参见国务院国资委编委会编：《中国国有资产监督管理年鉴（2004）》，中国经济出版社2004年版，第42页。应该指出，国务院国资委相关人员对关系国家安全、国民经济命脉的重要行业和关键领域的细分中尚未包括金融业，这与国务院国资委监管的中央企业不包括国有金融企业有关。笔者认为，尽管就整个金融业而言，其是否属于关系国家安全、国民经济命脉的重要行业和关键领域尚待进一步研究；但金融业中至少是银行业，绝对属于关系国家安全、国民经济命脉的重要行业和关键领域。

② “四个优化”，即优化国有经济在国民经济行业和区域的分布、在产业内部的分布、在企业业务领域的分布以及在企业内部的分布。“四个集中”，即国有资本向关系国家安全、国民经济命脉的重要行业和关键领域集中，向技术先进、结构合理、机制灵活、核心竞争力强的大公司大企业集团集中，向具有市场竞争力的优势行业集中，向中央企业主业集中（参见国务院国资委编委会编：《中国国有资产监督管理年鉴（2004）》，中国经济出版社2004年版，第43页）。

业数量过多，企业平均规模偏小。① 为优化国有企业组织结构，增强国有经济活力、控制力和影响力，我国国有企业改革逐步实行了“抓大放小”的结构创新。

1995 年 9 月，党的十四届五中全会通过的《中共中央关于制定国民经济和社会发展“九五”计划和二〇一〇年远景目标的建议》提出，“要着眼于搞好整个国有经济”，对国有企业实施战略性改组；“要以市场和产业政策为导向，搞好大的，放活小的，把优化国有资产分布结构、企业组织结构同优化投资结构有机地结合起来”。② 中共十五大报告重申：国有企业改革要“抓好大的，放活小的”。③《中共中央关于国有企业改革和发展若干重大问题的决定》明确提出：“坚持‘抓大放小’。要着力培育实力雄厚、竞争力强的大型企业和企业集团，有的可以成为跨地区、跨行业、跨所有制和跨国经营的大企业集团。要发挥这些企业在资本营运、技术创新、市场开拓等方面的优势，使之成为国民经济的支柱和参与国际竞争的主要力量。”④ “放开搞活国有中小企业。要积极扶持中小企业特别是科技型企业，使它们向‘专、精、特、新’的方向发展，同大企业建立密切的协作关系，提高生产的社会化水平。要从实际出发，继续采取改组、联合、兼并、租赁、承包经营和股份合作制、出售等多种形式，放开搞活国有小企业，不搞一个模式。”⑤从力求搞好每一个国有企业到“着眼于搞好整个国有经济”，从“抓大放小”到抓好大型国有企业和国有企业集团、放开搞活国有中小企业，我国国有企业改革中结构创新的思路更加清晰和正确，既显著增强了国有企业的活力，也明显提高了国有企业的资本配置效率。2012 年末，我国国有企业已减至 15.2 万户，每户平均拥有的净资产（所有者权益）增至 22453

---

① 在传统计划经济体制时期更不待言，即使在 1998 年，我国国有企业每户平均资产为 5663 万元（参见刘树成、吴太昌主编：《中国经济体制改革 30 年研究》，经济管理出版社 2008 年版，第 52 页）。

② 中共中央文献研究室编：《十四大以来重要文献选编》（中），人民出版社 1997 年版，第 1496 页。

③ 中共中央文献研究室编：《十五大以来重要文献选编》（上），人民出版社 2000 年版，第 23 页。

④⑤ 中共中央文献研究室编：《十五大以来重要文献选编》（中），人民出版社 2001 年版，第 1010 页。

万元，国有大型企业从业人员占国有企业从业人员总数的59%。[①]

改革开放以来，中国国有企业改革既有掣肘于传统计划经济体制的尴尬，也有敢为天下先的突破；既有壮士断腕的悲壮，也有举世瞩目的辉煌。经过35年的改革，中国国有企业成功开创了社会主义大国全民所有制与市场经济实现有机结合之先河，在世界社会主义经济体制改革史上写下了浓墨重彩的辉煌篇章。这是中国共产党领导中国人民特别是国有企业广大职工的伟大创造。我国国有企业将改革与发展相结合，推进体制创新、技术创新和管理创新，转方式调结构促升级，取得了巨大的经济成就。2002～2011年，我国国有企业营业收入由8.53万亿元增至39.2万亿元，年均增长18.5%；实现利润由3786.3亿元增至2.58万亿元，年均增长23.8%；上缴税金由6960.4亿元增至3.45万亿元，年均增长19.5%。[②] 2003～2012年，我国国有企业净资产（所有者权益）由7.14万亿元增至34.09万亿元。[③] 一批国有大型企业已经成长为世界知名企业。2013年，在进入美国《财富》杂志世界500强的中国85家内地企业中，国有企业有78家，占92%；其中，中石化、中石油集团公司分别名列第四、第五位。

当然，我国国有企业改革中也存在一些不容忽视的重要问题：（1）一部分国有大型企业公司制股份制改革进展缓慢，国有企业中的小、微企业数量偏多；（2）国有资产管理体制和公司法人治理结构尚未完善；（3）国有企业有中国特色的市场化职业经理人制度尚未真正形成；（4）不少国有企业（特别是国有金融企业和部分央企）高管薪酬和职务消费过高或偏高；（5）一些国有企业中职工的主人翁地位有所削弱；（6）不少国有企业仍有大量的历史包袱，“企社分离”的任务较重；（7）在国有经济必须占支配地位（或需要控制）的行业和领域中，有的行业和领域非公有制经济进入的门槛过高，有的行业和领域国有经济则未占支配地位。国企改革，任重道远。只要我国国有企业改革继续沿着社会主义市场经济的正确方向前进，中国国有企业的未来将会更加辉煌。

---

① 根据国务院国资委编委会编：《中国国有资产监督管理年鉴（2013）》提供的数据计算整理。

② 本书编写组编著：《十八大报告辅导读本》，人民出版社2012年版，第122～123页。

③ 引自国务院国资委编委会编：《中国国有资产监督管理年鉴（2004）》和《中国国有资产监督管理年鉴（2013）》，中国经济出版社2004年、2013年版。

试论马克思剩余价值理论的当代价值*

——兼论剩余价值理论对建设中国特色社会主义的意义

劳动价值论是马克思经济理论的基石，剩余价值论是马克思经济理论的核心。① 马克思撰写的《资本论》第一卷德文版于1867年出版，至今已经150年了。马克思在《资本论》第一卷重点阐发并在《资本论》第二、第三卷中完成创立的剩余价值理论，在当代仍然具有巨大的科学价值与现实意义。马克思创立的剩余价值理论，不仅深刻揭示了资本主义剥削制度的本质从而为无产阶级翻身求解放的伟大斗争提供了科学的思想武器，而且对创立与发展社会主义政治经济学特别是中国特色社会主义政治经济学，加快我国社会主义经济建设进而早日实现中华民族伟大复兴具有重大意义。

一、马克思剩余价值理论的基本内核

根据马克思主义政治经济学的观点，剩余价值是与资本主义相联系的经济范畴。剩余价值观点的萌芽形式，在资产阶级古典经济学和空想社会主义者的学说中就已经存在。恩格斯指出："资本主义下的人，生产剩余价值已经有几百年了，他们渐渐想到剩余价值起源的问题。"② 资产阶级古典经济学的创始人威廉·配第在地租的形式上探索剩余价值，弗朗索瓦·

---

* 原载《教学与研究》2017年第8期。

① 列宁指出："剩余价值学说是马克思经济理论的基石。"见《列宁选集》第2卷，人民出版社1995年版，第312页。许多马克思主义经济学者据此也持同样的观点。笔者根据剩余价值理论在马克思经济理论体系中的地位和恩格斯对马克思伟大历史贡献的评价，认为剩余价值理论是马克思经济理论的核心。

② 《资本论》第二卷，人民出版社2004年版，第13页。

魁奈在“纯产品”的形式上探索剩余价值，亚当·斯密在地租和利润的形式上探索剩余价值，大卫·李嘉图在利润的形式上探索剩余价值，空想社会主义者罗伯特·欧文等也对剩余价值进行了探索。然而，他们在探索中有很大的局限性和缺陷。恩格斯曾经指出：资产阶级古典经济学家在对剩余价值的探索中从来没有超出通常关于利润和地租的概念，从来没有把产品的无酬部分作为一个整体来研究，从来没有对产品无酬部分的起源、性质和制约其分配的规律有一个清楚的理解。[①] 进一步分析，资产阶级古典经济学家和空想社会主义者都没有从剩余价值的具体形式中抽象出剩余价值的一般形式，都没有在劳动二重性理论的基础上科学揭示剩余价值的来源与实质，更没有提出剩余价值规律这一资本主义基本经济规律。马克思在创立科学的劳动价值论的基础上，批判地吸收了资产阶级古典经济学和空想社会主义学说的合理成分，进而创立了科学的剩余价值理论。

马克思首创了劳动力范畴，严格区分了劳动力和劳动。马克思指出：劳动力是人的劳动能力，是“一个人的身体即活的人体中存在的、每当他生产某种使用价值时就运用的体力和智力的总和”。[②] 在资本主义经济中，雇佣工人向资本家出卖的是劳动力商品，而不是劳动。劳动则是劳动力的使用，即具有劳动能力和劳动经验的人在生产过程中有目的的活动。在商品生产条件下，劳动有具体劳动和抽象劳动的二重属性。具体劳动是劳动者与自然物质相结合的特殊形式的劳动，创造商品的使用价值；抽象劳动是无差别的一般人类劳动，创造商品的价值。马克思首创了剩余价值范畴。通过分析资本流通公式（G—W—G′）与商品流通公式（W－G—W）的本质区别，马克思揭示了资本家购买的劳动力是一种特殊商品，其使用价值即劳动所创造的价值大大超过劳动力自身的价值，两者的差额便是资本家获得的剩余价值。因此，劳动力成为商品就成为货币转化为资本的前提和解决资本流通公式（也称资本总公式）与价值规律之间矛盾的关键，剩余价值就是雇佣工人所创造被资本家无偿占有的超过劳动力价值的价值。

---

① 恩格斯：《〈资本论〉英文版序言》，见《资本论》第一卷，人民出版社2004年版，第33页。

② 《资本论》第一卷，人民出版社2004年版，第195页。

马克思不仅抽象出剩余价值的一般形式，还将其还原为产业利润、商业利润、借贷利息、地租等剩余价值的特殊形式，进而从整体上分析和解构资本主义社会的剥削关系。马克思首创了不变资本与可变资本范畴，指出剩余价值不是来源于资本家用于购买生产资料的那部分资本（不变资本），而是来源于资本家用于购买劳动力的那部分资本（可变资本）。马克思首创了剩余价值率（即剩余价值与可变资本之比）范畴，以精确表示资本家对雇佣工人的剥削程度。马克思首创了绝对剩余价值和相对剩余价值范畴，从最抽象的意义上科学概括了资本主义剥削的两种基本方法——绝对剩余价值生产和相对剩余价值生产。马克思运用劳动二重性理论分析资本主义生产过程，指出它一方面是生产使用价值的劳动过程，另一方面则是生产剩余价值的价值增殖过程，其实质是价值增殖过程（即超过补偿劳动力价值的“一定点”的价值形成过程）。马克思发现并揭示了剩余价值规律即资本主义基本经济规律，指出：“生产剩余价值或赚钱，是这个生产方式的绝对规律”。[①] 通过对剩余价值生产、流通、分配等过程的分析，马克思深刻揭示出资本的实质：资本是能够带来剩余价值的价值；资本不是物，是物外壳掩盖下的资本主义生产关系；资本是一个历史的范畴。恩格斯高度评价马克思创立的剩余价值理论，称其是“马克思著作的划时代的功绩。它使明亮的阳光照进了经济学领域，而在这个领域中，从前社会主义者像资产阶级经济学家一样曾在深沉的黑暗中摸索。科学社会主义就是以此为起点，以此为中心发展起来的”。[②] 恩格斯还认为，马克思创立的剩余价值理论从而揭示的资本主义生产方式的特殊运动规律，是他毕生的两大发现之一。[③]

二、马克思剩余价值理论在世界的当代价值

150 年来，世界发生了翻天覆地的巨大变化。第二、第三次科技革命

---

① 《资本论》第一卷，人民出版社 2004 年版，第 714 页。

② 恩格斯：《反杜林论》，见《马克思恩格斯选集》第 3 卷，人民出版社 1995 年版，第 548 页。

③ 恩格斯：《在马克思墓前的讲话》，见《马克思恩格斯选集》第 3 卷，人民出版社 1995 年版，第 776 页。

显著地改变了社会生产和生活面貌，资本主义从自由竞争资本主义阶段发展到垄断资本主义阶段。社会主义国家早已诞生并在辉煌与曲折的发展中不断前进。马克思剩余价值理论具有巨大的当代价值。

（一）马克思剩余价值理论的基本原理在当代资本主义国家并没有过时

第二次世界大战以后，发达资本主义国家出现了某些引人注目的新变化。一些资本主义企业中由电子计算机等组成的控制系统把机器联结成自动化生产体系，在相当程度上替代了劳动者的体力和脑力劳动。机器人和"无人车间"的出现是否改变了剩余价值的源泉？在不少资本主义企业中，出现了资本家和劳动者"利益分享"的制度安排（即企业所有权分享制度、企业管理权分享制度、企业利润分享制度等）。[①] 这一制度安排是否体现了资本主义企业剥削性质的根本变化？发达资本主义国家普遍建立了较为完善的社会保障制度。在某些"高福利"的发达资本主义国家中，国民收入再分配的资金在国内生产总值中的占比甚至高达40%以上。[②] 这种宏观分配格局的变化是否表明了资本主义国家的根本性质已经改变？发达资本主义国家诸如此类的新变化，既是适应形势要求必须深入研究的重大课题，同时也为坚持和发展马克思剩余价值理论提供了客观依据。

首先，发达资本主义国家的上述新变化，都与生产力发展较快这一基础性因素密切相关，并没有改变剩余价值的真正源泉。以资本主义自动化生产为例。机器人固然可以部分替代劳动者的体力和脑力劳动，却不能全部替代劳动者的体力和脑力劳动。机器人是由劳动者设计、制造和操纵的。劳动者采用机器人生产，就是采用先进的机器设备进行生产。在生产过程中，复杂劳动、熟练程度更高的劳动者在同一时间内能够创造出更大的价值量，而机器人则只能渐次转移自身消耗的旧价值，并不能创造任何新价

---

① 王振中、裴小革：《论剩余价值理论的学术价值及其发展依据》，载于《经济研究》2002年第6期。

② 20世纪80年代，瑞典、挪威、法国和奥地利的税收占国内生产总值的比重分别为50.7%、46.6%、44.1%和41%。参见张泽荣主编：《当代资本主义分配关系研究》，经济科学出版社1994年版，第214页。

值和剩余价值。剩余价值的真正源泉，仍然是包括科技劳动者、管理劳动者和直接生产者在内的“总体生产劳动者”为资本家提供的剩余劳动。

其次，发达资本主义国家的有些新变化，也是工人阶级经过长期斗争和资本主义国家借鉴、吸收马克思主义经典作家某些思想和社会主义国家某些有益做法的结果。[①] 在发达资本主义国家，资产阶级为了维护资本主义制度的长治久安，为了再生产出资本主义生产所需要的更高素质的劳动力，从而攫取更多的剩余价值，不得不在一定程度上缓和阶级矛盾，对原有的资本主义生产关系进行局部的调整和改良。尽管这是一种历史进步，但是必须看到，“股东分散化”、职工代表（或部分职工）参与企业管理、劳动者参与“利润分割”以及国民收入再分配比重上升导致的“高福利”，并没有改变资本主义私有制的根本性质，也没有改变雇佣劳动者的根本地位，更没有改变资本家攫取剩余价值和资本主义国家仍是资产阶级政权机器的铁的事实。

最后，在经济全球化不断发展的条件下，发达资本主义国家的资产阶级不仅剥削本国工人阶级和劳动群众，而且还剥削发展中国家的工人阶级和劳动群众。通过资本输出和商品输出、垄断高价和垄断低价以及滥发作为纸币的世界货币——美元等手段，发达资本主义国家的资产阶级从发展中国家攫取了高额垄断利润和巨量财富。发展中资本主义国家的工人阶级和劳动群众不仅饱受本国资产阶级的剥削，还深受发达资本主义国家资产阶级的剥削。在当代发展中的资本主义国家中，马克思当年论述的资本主义剥削形式俯拾皆是，触目惊心，贫富分化相当严重。[②]

总之，资本主义制度在当代世界仍占统治地位。“全球最富有的 1% 人

---

① 有学者指出：在马克思逝世后的一个多世纪中，发达资本主义国家推行了许多《共产党宣言》所列举和社会主义国家所采取的措施，如劳动法、最低工资法、福利救济、公共卫生体制、遗产税、累进所得税等。这些举措使资本主义的统治秩序得以在矛盾和危机中稳定下来，以致有的西方国家左派学者评论说：“没有这些改革措施，很难想象资本主义社会还能继续存在。”参见徐崇温：《如何理解资本主义社会中“新社会的因素”》，载于《马克思主义研究》2006 年第 1 期。

② 例如，2016 年，印度尼西亚最富有的 4 个人的财富总和为 250 亿美元，超过该国最贫困的 1 亿人的财富总和。参见《报告称印尼贫富悬殊到危险程度》，载于《参考消息》2017 年 2 月 24 日。

口拥有的财富量超过其余99%人口财富的总和”[①] 这一基本事实，更加彰显出马克思剩余价值理论的真理光芒。

（二）资本主义生产关系在当代尚有较强的生命力和一定的发展空间

在19世纪60年代，马克思曾经预言：“资本主义私有制的丧钟就要响了。剥夺者就要被剥夺了。”[②] 一个半世纪过去了，资本主义生产关系在世界上仍有较强的生命力和一定的发展空间。笔者认为，这主要有三方面的原因。

一是资本主义生产关系可以容纳若干层次的生产力。一个半世纪以来，尽管整个世界的生产力状况发生了巨大变化，但在不同国家或许多国家不同地区的生产力水平却是多层次和不平衡的。如果以人均国内生产总值（GDP）来代表不同国家的生产力水平，2014年，挪威和美国的人均国内生产总值分别为97363美元和54630美元，中非和利比里亚则仅为379美元和461美元。[③] 2014年，世界人均国内生产总值为10804美元，高收入国家人均国内生产总值为37897美元，中等收入国家人均国内生产总值为4732美元，低收入国家人均国内生产总值为648美元。[④] 生产力决定生产关系，生产关系必须适应生产力的性质和发展要求。尽管生产关系与生产力并不是简单或机械的对应关系，但也受不以人们主观意志为转移的经济规律的支配。马克思在《资本论》中曾将资本主义相对剩余价值生产划分为简单协作、工场手工业、机器大工业三个阶段，[⑤] 并认为机器大工业奠定了资本主义生产关系典型和成熟的物质技术基础。在马克思之后，发达国家资本主义生产关系的物质技术基础还在向前发展。第二次世界大战以

---

① 习近平：《共担时代责任　共促全球发展》，载于《光明日报》2017年1月18日。

② 《资本论》第一卷，人民出版社2004年版，第874页。

③ 中华人民共和国国家统计局编：《国际统计年鉴（2015）》，中国统计出版社2015年版，第25～28页。

④ 中华人民共和国国家统计局编：《国际统计年鉴（2015）》，中国统计出版社2015年版，第25页。

⑤ 实际上，这也是到马克思所处年代资本主义生产先后经历的三个阶段。例如，马克思指出：资本主义简单协作，“在历史上和概念上都是资本主义生产的起点”。参见马克思：《资本论》第一卷，人民出版社2004年版，第374页。

后，不仅发达资本主义国家总体上没有改变资本主义性质，而且绝大多数原殖民地半殖民地国家和附属国也走上了资本主义道路。如果排除后者在民族民主革命中起领导作用的政党方面的主观因素和某些国际因素，主要原因则是由其欠发达的生产力状况决定的。

二是资本主义生产关系与商品经济关系的结合即资本主义商品经济，内在包含了促进生产力发展的动力机制和资源配置的自发调节机制。资本主义生产的目的是攫取最大限度的剩余价值，资本主义剥削的基本方法之一是相对剩余价值生产，[①] 而相对剩余价值生产实质上是通过技术创新和管理创新来提高劳动生产率以降低劳动力价值和获得更多的剩余价值。从而，资本主义生产的目的和主要手段决定了资产阶级对提高剥削程度和提高劳动生产率的追求是没有限制的。此外，商品经济的运行机制——竞争机制、价格机制和供求机制等市场机制又促进了资本主义企业不断提高劳动生产率和扩大生产规模，同时在生产力的浪费和破坏中自发地调节整个社会的资源配置。马克思指出：资本“榨取这种剩余劳动的方式和条件，同以前的奴隶制、农奴制等形式相比，都更有利于生产力的发展，有利于社会关系的发展，有利于更高级的新形态的各种要素的创造。”[②]

三是资本主义国家的上层建筑对资本主义生产关系具有重要的促进和保护作用。20 世纪 30 年代，当世界上发达资本主义国家堕入特大经济危机的深渊时，英国资产阶级经济学家凯恩斯提出的国家干预理论和主张以及美国“罗斯福新政”应运而生，力图拯救濒危的资本主义大厦。第二次世界大战以后，为缓解资本主义个别企业生产的有组织性和整个社会生产的无政府状态之间的矛盾，不少发达资本主义国家也运用计划这只“有形之手”来调节宏观经济运行，甚至通过国际组织、国际会议和经济一体化等形式进行国际经济调节。为缓解资本主义生产无限扩大的趋势与广大人民群众有支付能力的需求相对缩小之间的矛盾，发达资本主义国家在劳动生产率大幅提高的基础上，明显加强了对劳资关系的干预和调节，从总体上明显改善了劳动者的生活状况，刺激并扩大了社会消费需求。而当资本

① 在当代世界，相对剩余价值生产已逐渐成为资本主义剥削的主要方法。

② 《资本论》第三卷，人民出版社 2004 年版，第 927 ~ 928 页。

主义生产关系面临崩溃时，资本主义国家的政权机器则竭力加以保护。例如，1871 年法国建立的工人阶级政权——巴黎公社刚刚成立不久，便被普鲁士军队帮助下的法国资产阶级国家军队残酷扼杀。另一方面，资本主义国家的上层建筑对社会主义生产关系则具有重要的破坏和瓦解作用。例如，发达资本主义国家对社会主义国家长期实行“和平演变”战略，试图改变社会主义国家的政权性质和经济基础。毫无疑问，发达资本主义国家对苏联实行的“和平演变”战略，是导致苏联演变与解体的极为重要的外部条件。

（三）社会主义国家的建立与发展和资本主义国家中“新社会因素”① 与“过渡点”② 的发展，初步显示出社会主义制度必然取代资本主义制度的历史趋势

资本主义生产方式的基本矛盾是生产社会化与生产资料资本主义私有制之间的矛盾。在资本主义国家中，资本主义生产方式的基本矛盾及其派生的矛盾是不会消除的，资本主义生产关系对不断发展的生产力的束缚或阻碍也是不会消除的。“资本主义制度日益具有国际的性质。随着那些掠夺和垄断这一转化过程的全部利益的资本巨头不断减少，贫困、压迫、奴役、退化和剥削的程度不断加深，而日益壮大的、由资本主义生产过程本身的机制所训练、联合和组织起来的工人阶级的反抗也不断增长。资本的垄断成了与这种垄断一起并在这种垄断之下繁盛起来的生产方式的桎梏。生产资料的集中和劳动的社会化，达到了同它们的资本主义外壳不能相容的地步。”③ 100 年来，资本主义制度独霸世界的格局已被打破，形成了资

---

① 马克思恩格斯在《共产党宣言》中指出：“当人们谈到整个社会革命化的思想时，他们只是表明了一个事实：在旧社会内部已经形成了新社会的因素，旧思想的瓦解是同旧生活条件的瓦解步调一致的。”见《马克思恩格斯选集》第 1 卷，人民出版社 1995 年版，第 292 页。马克思在《法兰西内战》中指出：工人阶级“要解放那些由旧的正在崩溃的资产阶级社会本身孕育着的新社会因素”。见《马克思恩格斯选集》第 3 卷，人民出版社 1995 年版，第 60 页。

② 马克思指出：在资本主义国家的股份公司中，私人资本采取了社会资本的形式，资本所有权与经营权相分离。资本主义国家的股份公司“是资本再转化为生产者的财产所必需的过渡点，不过这种财产不再是各个互相分离的生产者的私有财产，而是联合起来的生产者的财产，即直接的社会财产。”见《资本论》第三卷，人民出版社 2004 年版，第 494～495 页。

③《资本论》第一卷，人民出版社 2004 年版，第 874 页。

本主义制度与社会主义制度“一球两制”的新格局。

1917 年 10 月，列宁领导俄国无产阶级在帝国主义统治最薄弱的环节夺取了政权，开辟了社会主义革命的新纪元。20 世纪三四十年代，斯大林领导苏联人民进行了卓有成效的社会主义经济建设并在第二次世界大战中打败了曾不可一世的德国法西斯军队，体现出社会主义制度的巨大优越性。第二次世界大战以后，十余个国家特别是长期处于半殖民地半封建社会的东方大国——中国相继走上了社会主义道路，开创了社会主义从一国实践向多国发展的新时期。1988 年，连长期对社会主义制度持敌视态度的资产阶级政治家尼克松也不得不承认：“极权共产主义在本世纪初还只是一个策划于密室之中的阴谋，现在已统治着世界人口的 35% 。”① “20 世纪最重大的事态发展不是殖民主义宣告结束或民主大踏步前进，而是极权共产主义的崛起。”② 尽管 20 世纪 80 年代末 90 年代初发生了苏东剧变，使世界社会主义事业遭受了巨大挫折，但社会主义制度取代资本主义制度的历史大趋势并没有改变。中国共产党领导中国人民“不畏浮云遮望眼”，保持战略定力，不懈艰辛探索，开辟了中国特色社会主义道路，形成了中国特色社会主义理论，确立了中国特色社会主义制度，“创造了人类社会发展史上惊天动地的发展奇迹”“实现了中国人民从站起来到富起来再到强起来的伟大飞跃”。③ 实践证明，只要坚持以发展的马克思主义为指南的共产党的领导，坚持以经济建设为中心不断提高人民生活水平的基本方针，坚持社会主义社会基本制度和改革开放的基本国策，坚持马克思主义在意识形态领域的指导地位，坚持从严治党、反腐倡廉和拒腐防变，坚持建设现代化的强大人民军队，坚持和平发展、互利共赢的外交政策，社会主义制度就必然会生机勃勃，不断发展。

与此同时，资本主义国家中的“新社会因素”和资本主义生产关系转化为社会主义生产关系的“过渡点”也在不断发展。首先，发达资本主义国家的生产力获得了巨大发展。在发达资本主义国家，19 世纪中叶出现了

---

① 尼克松：《1999：不战而胜》，世界知识出版社 1997 年版，第 5 页。

② 尼克松：《1999：不战而胜》，世界知识出版社 1997 年版，第 6 页。

③ 习近平：《在庆祝中国共产党成立 95 周年大会上的讲话》，载于《光明日报》2016 年 7 月 2 日。

以电力和电动机的发明与使用为主要标志的第二次科技革命；20 世纪中叶出现了以核能和电子计算机的发明与运用为主要标志的第三次科技革命。目前，以信息技术、生物技术、新材料技术、新能源技术广泛渗透并带动以绿色、智能、泛在为特征的群体性技术突破的新科技革命正在孕育兴起。科技革命极大地推动了生产力的发展。马克思指出："发展社会劳动的生产力，是资本的历史任务和存在理由。资本正是以此不自觉地创造着一种更高级的生产形式的物质条件。"① 其次，在不少发达资本主义国家中，还存在着占国内生产总值 3% ~5% 的合作社所有制。② 合作社所有制是劳动者集体所有制。笔者认为，在资本主义社会中，合作社所有制尽管受占主体地位的资本主义私有制的影响和制约，使其不完全等同于社会主义社会中的合作社所有制，但其基本性质并没有因此而改变；正如在社会主义社会中，资本主义私有制尽管受占主体地位的社会主义公有制的影响和制约，使其不完全等同于资本主义社会中的资本主义私有制，但其基本性质并没有因此而改变一样。马克思曾高度评价资本主义国家中工人的合作工厂"是在旧形式内对旧形式打开的第一个缺口……资本和劳动之间的对立在这种工厂内已经被扬弃"。③ 再次，资本主义生产关系也在不断调整和完善。随着生产社会化的发展，资本主义私有制也不断改变其存在形式，使资本社会化的形式不断发展。资本社会化的形式，由资本主义股份资本的形式，逐渐发展为私人垄断资本的形式，继而发展为国家垄断资本的形式，并进一步发展为国际垄断资本的形式。这是资本主义私有制在资本主义的基本框架内不断扬弃的过程，也是资本主义私有制不断发生的部分质变。从历史角度考察，发达资本主义国家的资本主义私有制及其社会化的表现形式，正逐步逼近其自身发展的极限。恩格斯指出："资本关系并没有被消灭，反而被推到了顶点。但是在顶点上是要发生变革的。"④ 综上所述，"新社会因素"和资本主义生产关系转化为社会主义生产关系的"过渡点"的存在和发展，表明资本主义国家的生产方式（特别是发达资本主义国家的生产方式）正逐步向社会主义国

① 《资本论》第三卷，人民出版社 2004 年版，第 288 页。
② 高峰主编：《现代资本主义的经济关系和运行特征》，南开大学出版社 2000 年版，第 10 页。
③ 《资本论》第三卷，人民出版社 2004 年版，第 499 页。
④ 《马克思恩格斯选集》第 3 卷，人民出版社 1995 年版，第 629 页。

家的生产方式趋近。只要马克思主义政党领导无产阶级和广大人民群众在主客观条件具备时进行社会主义革命并取得胜利，这些“新社会因素”和资本主义生产关系转化为社会主义生产关系的“过渡点”，就可以直接成为社会主义生产方式或为转变成社会主义生产方式创造有利的条件。

当然，从世界整体来看，一种新的社会制度取代旧的社会制度，往往需要相当长的历史时期。有学者指出，从世界整体来看，奴隶制度取代原始公社制度，经历了约3000年左右的时间；封建制度取代奴隶制度，大约经历了1000多年的时间；资本主义制度取代封建制度，大约经历了约500年的时间。[①] 而社会主义制度取代资本主义制度，则是更高级的公有制为基础的社会制度取代更高级的私有制为基础的社会制度，是人类社会演进中前所未有的社会制度最伟大的根本变革。对于这种社会制度变革和更替中的尖锐性、复杂性、曲折性和长期性，我们必须保持明确和清醒的认识。

三、马克思剩余价值理论在中国的当代价值

（一）马克思揭示的资本主义基本经济规律，为我国深入探索社会主义基本经济规律提供了宝贵启迪

经济规律是经济现象和经济过程内在的本质的必然联系。任何社会都有基本经济规律，它不仅在该社会的经济规律体系中居主导地位，决定着该社会生产发展的主要方面和主要过程，而且还决定着该社会占统治地位的生产关系的产生、发展和灭亡。

在诸多马克思主义政治经济学的教材、著作和论文中，通常都将马克思揭示的资本主义生产目的视同剩余价值规律，并将剩余价值规律视同资本主义基本经济规律。笔者认为，将资本主义生产目的视同剩余价值规律即资本主义基本经济规律，既有充分的理论依据，也存在一定的缺陷。其理论依据前已述及，且马克思在其著作中曾不止一次地指出：在资本主义经济中，“剩余价值的生产是生产的直接目的和决定动机”。[②] 其缺陷在于，

① 逄锦聚等主编：《政治经济学》（第2版），高等教育出版社2003年版，第278页。

② 《资本论》第三卷，人民出版社2004年版，第997页。

资本主义生产目的固然体现了资本主义生产的实质，但并没有表明实现这一目的的手段。手段与目的相比，目的更为重要，但手段也不可或缺。手段中既应包括生产力方面的因素，也应包括生产关系方面的因素。斯大林明确提出“基本经济规律”的概念，并从目的和手段两个方面探索垄断资本主义基本经济规律和社会主义基本经济规律，这是对马克思主义政治经济学的发展和贡献。从而，我们也可以根据马克思在《资本论》中的相关论述，将资本主义基本经济规律表述为：以绝对剩余价值生产和相对剩余价值生产的方法，攫取最大限度的剩余价值。

我国早已进入社会主义社会，现正处于社会主义初级阶段。在社会主义初级阶段，社会主义公有制占主体地位，深入探索社会主义基本经济规律具有重要意义。斯大林将社会主义基本经济规律表述为：“用在高度技术基础上使社会主义生产不断增长和不断完善的办法，来保证最大限度地满足整个社会经常增长的物质和文化的需要。”① 他还进一步指出：满足整个社会的物质和文化的需要，是指“满足人的物质和文化的需要”。② 笔者认为，斯大林表述的社会主义基本经济规律的基本内容至今看来仍然是正确的。倘若在后面加上“促进人的自由和全面的发展”，则似乎完全适合在发达资本主义国家基础上建立的社会主义社会（即通常所说的发达的社会主义社会）。然而，我国社会主义初级阶段的社会主义公有制的两种基本类型——全民所有制和集体所有制，就其物质技术基础而言，与斯大林表述的“高度技术基础”并不完全吻合；特别是集体所有制的物质技术基础，与“高度技术基础”尚有较大差距。改革开放以来，我国经济学界对社会主义基本经济规律进行了有益的探讨。有学者提出：“包括个人必要产品和公共必要产品在内的社会必要产品，才是社会主义基本经济规律的经济范畴。以最小限度的劳动耗费生产出最大限度的社会必要产品，来满足整个社会日益增长的需要，才是社会主义基本经济规律的主要内容和要求。”③

---

① 斯大林：《苏联社会主义经济问题》，见《斯大林选集》（下卷），人民出版社 1979 年版，第 569 页。

② 斯大林：《苏联社会主义经济问题》，见《斯大林选集》（下卷），人民出版社 1979 年版，第 598 页。

③ 雍文远主编：《社会必要产品论》，上海人民出版社 1985 年版，第 86 页。

这种观点不仅明确提出和初步论证了社会必要产品这一经济范畴，并以其作为社会主义生产的目的；而且在实现社会主义生产目的手段方面采用了更为抽象和灵活的表述。有学者提出必要价值规律是社会主义基本经济规律，指出在社会主义商品生产过程中，v 为个人必要价值，m 为社会（或公共）必要价值。必要价值所表明的是个人利益、集体利益和国家利益三者既相统一又有差别的关系，表明了社会主义生产关系的本质，体现了社会主义的生产目的。只有必要价值和它的承担者必要产品的生产，才是不断满足人民物质文化生活需要的物质基础。同时，必要价值规律还是社会主义生产发展的根本动力。① 这种观点将社会必要产品直接表述为必要价值，从而与社会主义商品经济的实际完全一致。还有学者提出社会主义初级阶段的基本经济规律是“通过发展社会主义现代市场经济的途径和不断吸收当代科技新成果进行技术创新的手段，用提高劳动生产率和推动生产力发展的办法，在实现共同富裕的基础上，最大限度地不断满足国家、集体和全体劳动者日益增长的物质、文化、精神等多层次的需要”。② 这种观点将对社会主义基本经济规律的研究细化为对社会主义初级阶段基本经济规律的研究，但有的提法尚待完善。③ 笔者认为，应从客观实际出发，继续深化对社会主义基本经济规律特别是社会主义初级阶段基本经济规律的研究，以促进马克思主义政治经济学的创新发展和我国社会主义经济建设，不断提高广大人民物质文化水平。

（二）马克思剩余价值理论为我国正确处理社会主义经济与资本主义经济的关系、促进社会主义经济更好更快发展提供了深刻启示

1. 必须将发展生产力作为社会主义社会的根本任务，逐步创造出显著

---

① 王珏：《必要价值规律是社会主义基本经济规律》，载于《经济研究》1986 年第 3 期。

② 白永秀、任保平：《试论社会主义初级阶段的基本经济规律》，载于《经济评论》2000 年第 5 期。

③ 例如，“在实现共同富裕的基础上”的提法就未必妥当。邓小平指出：“社会主义的本质，是解放生产力，发展生产力，消灭剥削，消除两极分化，最终达到共同富裕。”见《邓小平文选》第 3 卷，人民出版社 1993 年版，第 373 页。笔者认为，共同富裕是社会主义的本质要求和根本目标，在我国社会主义初级阶段还不能完全实现。在关于社会主义初级阶段基本经济规律的表述中提出“在实现共同富裕的基础上”，莫如改为“朝着共同富裕的方向”。

高于发达资本主义国家的劳动生产率和人民生活水平。

马克思的剩余价值理论，不仅是揭示资本主义剥削奥秘的理论，也是揭示资本主义生产关系如何发展生产力的理论，还是揭示资本主义生产关系如何从根本上阻碍生产力发展从而必然被社会主义生产关系所取代的理论。我国从半殖民地半封建社会的废墟上经由新民主主义社会进入社会主义社会，使马克思当年关于经济文化落后的国家可以跨越“资本主义卡夫丁峡谷”的设想得到了初步的证实。社会主义初级阶段的主要矛盾是人民日益增长的物质文化需要同落后的社会生产之间的矛盾，根本任务是发展生产力。列宁指出：“劳动生产率，归根结底是使新社会制度取得胜利的最重要最主要的东西。”① 笔者认为，只有社会主义国家的劳动生产率和人民生活水平显著超过发达资本主义国家，社会主义经济制度的优越性才能充分发挥出来，资本主义经济制度复辟（或资本主义经济制度占统治地位）的可能性才能从根本上得以避免。

我国进入社会主义初级阶段以后，曾经走过一段“以阶级斗争为纲”的弯路，错误地开展了“文化大革命”，并使国民经济遭受了巨大损失。改革开放以来，我国坚持以经济建设为中心的正确方针，不断提高广大人民的物质文化生活水平，取得了举世瞩目的巨大成就。2010 年，我国经济总量已升至世界第二位，估计在 2030 年左右将升至世界第一位。然而，我国当前的劳动生产率水平仍明显低于发达资本主义国家。2014 年，我国全员劳动生产率（国内生产总值与全部就业人员的比率，以 2011 年不变价格表示的购买力平价 GDP）为 21630 美元，仅分别相当于美国（109314 美元）的 19.8%、日本（72523 美元）的 29.8%。② 我国当前广大人民的生活水平虽有显著提高并初步达到了小康标准，但仍有 5814.9 万人口尚未脱贫③，与发达资本主义国家广大人民的生活水平尚有较大差距。正如

---

① 列宁：《伟大的创举》，见《列宁选集》第 4 卷，人民出版社 1995 年版，第 16 页。

② 参见世界银行世界发展指标数据库，http//databank. world bank. org。

③ 2016 年末，我国农村贫困人口 4335 万人，享受城市居民最低生活保障待遇的贫困人口 1479.9 万人，两者之和约为 5814.9 万人，约占当年全国大陆总人口的 4.2%（根据《经济日报》2017 年 3 月 1 日刊发的中华人民共和国国家统计局发布的《中华人民共和国 2016 年国民经济和社会发展统计公报》提供的相关数据整理计算）。

习近平指出的那样：我国仍处于并将长期处于社会主义初级阶段的基本国情没有变，我国是世界上最大发展中国家的国际地位没有变。笔者认为，从劳动生产率和人民生活水平方面赶超发达资本主义国家，我国还有很长一段路要走。即使将来在劳动生产率和人民生活水平方面显著超过了发达资本主义国家，除发生战争等特殊情况之外，我国也仍应继续坚持以经济建设为中心，将其作为兴国之要，以充分发挥社会主义经济制度的优越性，促进人的自由全面发展和社会的不断进步。

2. 必须适应生产力的性质和发展要求，不断完善社会主义市场经济体制。

恩格斯指出："所谓'社会主义社会'不是一种一成不变的东西，而应当和任何其他社会制度一样，把它看成是经常变化和改革的社会。"① 经济体制是生产关系的具体表现形式。"在当今世界，资本主义与社会主义两种制度的竞争主要表现为经济体制的竞争。谁能创造并实行适合高科技进步和生产力发展要求的充满生机和活力的经济体制，谁就能在竞争中取胜。"② 我国进入社会主义初级阶段以后，长期仿效苏联模式实行高度集中的传统计划经济体制。传统计划经济体制在历史上曾经发挥过重大的积极作用，但在我国经济条件发生显著变化、经济建设的指导思想出现急躁冒进的"左"的错误和第三次科技革命在发达资本主义国家蓬勃兴起等新情况下，其缺陷和弊端则日益凸显。改革开放以来，中国共产党领导全国人民坚持"解放思想、实事求是、与时俱进"的思想路线，既不走封闭僵化的老路，也不走改旗易帜的邪路，注重借鉴和吸收人类社会特别是发达资本主义国家的一切文明成果，明确社会主义经济具有商品经济性质，积极探索能够极大促进生产力发展的社会主义公有制和按劳分配的有效实现形式，充分发挥市场在资源配置中的主要作用，逐步建立起社会主义市场经济体制。从国有企业实行公司制股份制混合所有制改革，到国家所有、分级代表、授权经营的国有经营性资产管理体制的确立；从农村建立以家庭

① 《马克思恩格斯全集》第 37 卷，人民出版社 1971 年版，第 443 页。

② 《郭飞文选——经济理论与经济改革重大问题研究》（下卷），经济科学出版社 2016 年版，第 559 页。

联产承包责任制为主统分结合的双层经营体制，到实行农村集体所有制土地所有权、承包权、经营权“三权分置”的改革；从社会主义公有制为主体多种所有制经济共同发展，到按劳分配为主体多种分配方式并存，中国社会主义市场经济体制的航船在人类社会前所未有的探索中破浪前行。只要在解放生产力、发展生产力、保护生产力的基础上坚持经济体制改革的社会主义基本性质，中国特色社会主义经济制度就必然会充满生机和活力。

3. 在坚持社会主义公有制主体地位的前提下，利用非公有制经济特别是资本主义经济为发展社会主义经济服务。

在今后较长时期内，发达资本主义国家的经济、技术、政治、军事实力在世界格局中仍占优势地位；我国经济总量和综合国力虽上升较快，但仍无法单独与国际资本主义抗衡。社会主义中国与资本主义国家共处一个星球，既存在同一性，也存在斗争性，是矛盾的对立统一。苏东剧变恍然如昨，“不战而胜”音犹在耳。我国应在妥善处理与资本主义国家（特别是发达资本主义国家）相互关系的同时，妥善处理好国内社会主义经济与非公有制经济（特别是资本主义经济）的相互关系。

首先，必须坚持和加强社会主义公有制的主体地位。社会主义公有制是中国特色社会主义的主要经济基石，是全国人民最终实现共同富裕的经济基础。改革开放以来，我国打破了传统计划经济体制下公有制经济“一统天下”的局面，非公有制经济迅速发展。然而，由于国内外多种因素的共同作用，在我国经营性净资产的相对比重中“公降私升”已成为持续多年的一种趋势。[①] 目前，在我国经营性净资产中公有经营性净资产是否仍占主体地位？对此，国家统计局尚未提供相关数据，经济学界的看法也并不一致。笔者认为，公有经营性净资产在我国经营性净资产中必须占主体地位，这是关系我国社会根本性质和经济体制改革根本性质的重大原则问题。我国不仅应继续坚持资源性资产的社会主义公有制，还应通过深化改革和政策扶持等多种途径，在经营性净资产中切实坚持和加强社会主义公有制的主体地位，同时充分发挥国有经济的主导作用。

其次，必须长期坚持鼓励、支持、引导非公有制经济发展的方针。在

① 郭飞：《深化中国所有制结构改革的若干思考》，载于《中国社会科学》2008 年第 3 期。

我国社会主义初级阶段，个体经济是劳动者私有制，私营经济是境内民族资本主义所有制，外资经济是境外资本主义所有制[①]。私营经济、外资经济和个体经济虽不属于社会主义经济，却是我国现阶段所有制结构的辅体。非公有制经济对生产力发展和社会主义经济具有两面性。我国应兴利抑弊，充分发挥其在发展生产、科技进步、促进就业、改善民生和增强国力等方面的积极作用，发挥其与社会主义公有制经济竞争与合作中产生的正效应，引导和利用其直接或间接地为发展社会主义经济服务。

此外，我国应高度重视意识形态工作，切实坚持马克思主义在意识形态领域的指导地位；高度重视党的建设，时刻保持马克思主义政党的先进性和纯洁性；高度重视转变政府职能、深化机构改革和加强国防现代化建设，充分发挥社会主义上层建筑对社会主义经济基础从而最终对生产力的促进和保护作用。

（三）马克思揭示的相对剩余价值实现机制中提高劳动生产率的基本路径，为我国正确实行供给侧结构性改革提供了基本思路

马克思指出："通过缩短必要劳动时间、相应地改变工作日的两个组成部分的量的比例而生产的剩余价值，叫作相对剩余价值。"[②] 相对剩余价值生产是在工作日长度不变的情况下，以个别资本家追逐超额剩余价值为起点，通过"变革劳动过程的技术条件和社会条件"[③]，促进本部门乃至全社会"提高劳动生产力"，[④]导致生产资料和生活资料价值的降低，并最终引致雇佣工人必要劳动时间的缩短（或劳动力价值的降低）和剩余劳动时间的相对延长，从而使整个社会的资产阶级获得相对剩余价值。简言之，相对剩余价值是在资本主义生产条件下，依靠提高劳动生产率的基本途径——技术创新和管理创新来实现的。

我国经济发展已进入新常态。我国经济运行面临的突出矛盾和问题，主要根源是重大结构性失衡。我国实行供给侧结构性改革，"最终目的是满足需求，就是要深入研究市场变化，理解现实需求和潜在需求，在解放

---

① 本文在此论及的外资经济，系指来自境外的资本主义所有制经济。

②③④《资本论》第一卷，人民出版社2004年版，第366页。

和发展生产力中更好满足人民日益增长的物质文化需要。主攻方向是提高质量，就是要减少无效供给、扩大有效供给，着力提升整个供给体系质量，提高供给结构对需求结构的适应性”。① 笔者认为，就提高供给质量和供给结构对需求结构的适应性而言，我国当前存在的根本问题是高端供给明显不足，低端供给显著过剩。其主要表现是：（1）产业结构总体上处于中低端水平，与我国产业结构迈向中高端的阶段性目标形成尖锐矛盾；（2）技术结构总体上较为落后，具有自主知识产权的高新技术严重缺乏，许多领域的关键技术、核心技术和共性技术受制于人；（3）产品结构中的中国名牌产品占比很低，许多重要商品（如汽车等）的市场被外国名牌商品所垄断，我国企业生产的大量商品或者在质量上差强人意，或者在数量上供过于求，从而导致不少国内需求“外溢”或形成无效供给；（4）企业结构中具有较强国际竞争力的中国大型企业很少，经济效益低下的中小型企业偏多，极少数严重亏损的企业仍在生产。习近平指出：我国经济“大而不强、臃肿虚胖体弱问题相当突出，主要体现在创新能力不强，这是我国这个经济大块头的‘阿喀琉斯之踵’。”② 笔者认为，实行供给侧结构性改革，既是我国结构调整的攻坚战，也是一项关系国民经济发展全局的长期和艰巨的任务。围绕实行供给侧结构性改革的最终目的和主攻方向，我国的基本途径就是大力推进并切实搞好科技创新和管理创新。

科技创新是国家竞争力的核心和全面创新的主要引领，对生产力和生产关系具有决定性作用。我国实施创新驱动发展战略，实行供给侧结构性改革，关键是要搞好科技创新。“当今世界，谁牵住了科技创新这个‘牛鼻子’，谁走好了科技创新这步先手棋，谁就能占领先机、赢得优势。”③

如何搞好我国的科技创新？笔者认为，应主要抓好以下三项工作。

一是切实搞好自主创新。邓小平指出：“独立自主，自力更生，无论过

① 《中央经济工作会议在北京举行》，载于《光明日报》2016年12月17日。

② 习近平：《在省部级主要领导干部学习贯彻党的十八届五中全会精神专题研讨班上的讲话》，载于《人民日报》2016年5月10日。

③ 中共中央文献研究室编：《习近平关于科技创新论述摘编》，中央文献出版社2016年版，第26页。

去、现在和将来，都是我们的立足点。”[①] 新中国成立以来特别是改革开放以来，我国在军工、航天和计算机等领域取得的重大科技成果，都是靠自主创新搞出来的。无论是“两弹一星”，还是神舟十一号载人飞船、500米口径射电望远镜（FAST）和“神威·太湖之光”超级计算机都是如此。实践反复证明：在关系国计民生和国家安全的重要行业和关键领域，真正的核心技术、关键技术是买不来的，必须依靠自主创新。我国应紧紧围绕经济竞争力的核心关键、社会发展的瓶颈制约、国家安全的重大挑战，加强对关系国家发展全局的基础研究和共性关键技术的研究，全面提升自主创新能力，力争在科技创新上不断取得重大突破，加速实现我国科技水平由跟跑并跑向并跑领跑的跨越。

二是进一步实施人才强国战略，大力加强科技人员队伍建设，逐步增加研发投入。要深化教育和科技体制改革，不断提高全体人民的文化科学素质，实行更加积极的人才引进政策和更为灵活合理的收入分配政策，努力培养一线创新人才和青年科技人才，造就一批具有世界一流水平的科学家、科技领军人才和创新团队。近些年来，尽管我国研发投入占国内生产总值的比重提高较快（2016年为2.08%）[②]，但仍低于世界平均水平（2011年为2.1%）和高收入国家平均水平（2012年为2.3%），更低于美国（2012年为2.8%）、德国（2012年为2.9%）和日本（2011年为3.4%）等发达资本主义国家的水平。[③] 我国应进一步加大研发投入，优化高效使用科研经费，促进我国科技创新实现“弯道超车”。

三是紧密围绕社会有效需求和我国产业结构优化升级的战略目标，切实加强政企学研用深度融合的国家创新体系建设。应进一步加强企业创新的主体地位和主导作用，形成一批有较强国际竞争力的创新型领军企业。应依托企业、高校和科研院所，建设一批国家技术创新中心。应积极支持科技型中小企业发展。应大力推动跨领域跨行业协同创新。应加强技术和

---

① 《邓小平文选》第3卷，人民出版社1993年版，第3页。

② 中华人民共和国国家统计局：《中华人民共和国2016年国民经济和社会发展统计公报》，载于《经济日报》2017年3月1日。

③ 中华人民共和国国家统计局编：《国际统计年鉴（2015）》，中国统计出版社2015年版，第342页。

知识产权交易平台建设，促进科技成果资本化、产业化、产品化。应推动政府职能从研发管理向创新服务转变，积极支持北京、上海建设具有全球影响力的科技创新中心，努力实施国家技术创新工程，切实加大对基础研究和战略前沿、共性关键技术研究的支持力度，在重大关键项目上充分发挥社会主义举国体制优势。

此外，我国还应搞好管理创新。在微观经济管理方面，我国应从实际情况出发，进一步学习、借鉴和吸收发达资本主义国家符合社会化大生产与市场经济一般规律的先进的企业管理经验，同时采取民主管理的有益做法，实行科学高效管理。在宏观经济管理方面，我国应完善市场在资源配置中起决定性作用的体制机制和深化行政管理体制改革，创新和完善宏观调控方式，使政府的“有形之手”和市场的“无形之手”优势互补，深入推进“三去一降一补”，适度扩大社会总需求，切实提高经济发展的质量和效益，促进国民经济平稳健康较快发展。

论经济体制改革的基本性质与转轨方式*

经济体制改革是当代世界不可阻挡的历史潮流。20 世纪 80 年代以来，苏联、东欧国家和中国的经济体制改革尤为引人注目。无论是原来或现今的社会主义国家，在经济体制改革过程中都存在着改革的基本性质和体制的转轨方式这两大问题。初步的实践表明，对这两大问题的解决是否妥当，决定着经济体制改革的成效和命运。

一、经济体制改革与基本经济制度

基本经济制度与经济体制是既有区别又有联系的两个经济范畴。基本经济制度可以从不同角度来理解。从广义来看，它是指某一社会中占统治地位的生产关系的总和，并且构成该社会上层建筑赖以存在的主要经济基础。例如，社会主义经济制度是社会主义社会的基本经济制度。从狭义来看，它是指某种经济制度的基本内容或基本要素。而经济体制则是某一社会经济制度或某种经济制度所采取的具体组织形式和管理制度，是生产关系的具体实现形式。在同一基本经济制度下可以采用不同的经济体制，在不同的基本经济制度下也可以采取在许多方面相同或类似的经济体制。基本经济制度决定着经济体制的基本性质和发展方向，而经济体制的选择是否得当则对经济发展和基本经济制度产生重大的积极或消极的作用。实践证明，当代世界两种社会制度的激烈竞争主要表现为经济体制的竞争。谁能创造并实行适合高科技进步和生产力发展的充满生机和活力的经济体制，

---

* 原载《东欧中亚研究》1996 年第 3 期。

谁就能在竞争中取胜。

毫无疑问，对社会主义国家长期实行的传统经济体制可以而且必须实行改革。恩格斯指出："所谓'社会主义社会'不是一种一成不变的东西，而应当和任何其他社会制度一样，把它看成是经常变化和改革的社会。"①然而，如何对传统经济体制进行改革？就其基本性质或基本方向而言，确实存在着两种根本不同的改革。一种是戈尔巴乔夫在执政后期进行的所谓的经济体制"改革"。在"必须根本改造我们的整个社会大厦"的喧嚣声中，戈尔巴乔夫等人改变了经济体制改革的基本方向，从"完善社会主义"转向实现"人道的民主的社会主义"。他们竭力否定国有经济的主导作用和社会主义公有制的主体地位，推行经济非国家化即实质上的国有企业私有化；竭力贬低计划的作用，大肆鼓吹"市场万能论"，实行国家对国民经济管理自由化；竭力否定按劳分配，推行按资分配和按劳动力价值分配。实际上，这是以建立资本主义市场经济体制为取向的改革，是要把社会的基本经济制度从社会主义制度的"扭曲"或"变形"状态拉入资本主义的轨道。另一种则是我国目前正在进行的经济体制改革。我国经济体制改革的目标是建立社会主义市场经济体制。社会主义市场经济是同社会主义基本经济制度紧密结合的市场经济，是既充分发挥社会主义制度优越性又充分发挥市场机制长处的市场经济。我国要建立的社会主义市场经济体制具有三个基本特征：（1）在所有制结构上，以公有制为主体，个体经济、私营经济、外资经济为辅体，多种经济成分长期共同发展。（2）在分配制度上，以按劳分配为主体，其他分配方式为辅体，效率优先，兼顾公平。（3）在宏观调控上，能够把人民的当前利益与长远利益、局部利益与整体利益结合起来，更好地发挥计划和市场两种手段的长处。这是以社会主义为基本方向的经济体制改革，是社会主义经济制度的自我完善和发展。

同是针对传统的经济体制进行改革，却走着根本不同的道路，这在理论上和实践中至少要涉及三个根本性的问题。

一是国有企业的"无人负责"（或"产权虚置"）状况，是否只有通过

---

① 《马克思恩格斯全集》第37卷，人民出版社1971年版，第443页。

“私有化”的途径才能得到改变？

主张走资本主义市场经济道路的人对此问题的回答是肯定的，而我们则持否定的观点。首先，必须对国有企业的“无人负责”状况有正确的理解。所谓国有企业的“无人负责”，并不是泛指所有国有企业都是无人负责，而是特指在传统经济体制下由于产权不明晰而必然造成的国有企业管理责任不清的状况。在传统经济体制下，国有企业是“国有国营”。政府的任何部门都可以以所有者的身份自居，任意干预企业的生产经营活动，却不承担干预的后果。企业没有经营自主权，自然也难以承担生产经营的责任。有人将这种状况概括为“全民所有、无人负责”，确有一定的道理。其次，改变国有企业“无人负责”的状况，并非只有通过“私有化”的途径才能得以实现。17 年来，我们一直在实践中不断探索具有中国特色的国有企业改革之路。党的十二届三中全会通过的《中共中央关于经济体制改革的决定》，提出了国有企业的所有权与经营权适当分离的改革思路。党的十四届三中全会通过的《中央中央关于建立社会主义市场经济体制若干问题的决定》，则又进一步提出了转换国有企业经营机制、建立现代企业制度的改革思路。现代企业制度是产权清晰、权责明确、政企分开、管理科学的企业制度。现代企业制度具有五个基本特征：（1）企业中的国有资产所有权属于国家，企业拥有包括国家在内的出资者投资形成的全部法人财产权，成为享有民事权利、承担民事责任的法人实体。（2）企业以其全部法人财产，依法自主经营，自负盈亏，照章纳税，对出资者承担资产保值增值的责任。（3）出资者按投入企业的资本额享有所有者的权益，即资产受益、重大决策和选择管理者等权利。企业破产时，出资者只以投入企业的资本额对企业债务负有限责任。（4）企业按照市场需求组织生产经营，以提高劳动生产率和经济效益为目的，政府不直接干预企业的生产经营活动。企业在市场竞争中优胜劣汰，长期亏损、资不抵债的依法破产。（5）建立科学的企业领导体制和组织管理制度，调节所有者、经营者和职工之间的关系，形成激励和约束相结合的经营机制。目前，我国国有企业改革按照“转机建制”的思路不断地向前推进，国务院确定的百户建立现代企业制度的试点单位进展顺利，改革已经触及的一些深层次矛盾和重点难点问题正在通过试点逐步加以解决。

二是发展商品生产者之间的竞争，是否必须改变国有经济的主导作用？

主张走资本主义市场经济道路的人对此问题的回答是肯定的，而我们则持否定的观点。毫无疑问，社会主义经济是商品经济，竞争是商品经济的内在属性和推动商品经济发展的巨大杠杆。在社会主义社会中，发展商品生产者之间的竞争，与发挥国有经济的主导作用并没有实质性的矛盾。第一，在社会主义商品经济中，国有企业是法人实体和市场竞争主体，而不是政府机关的附属物和“算盘珠”。国有企业也和集体企业、私营企业、“三资企业”一样参与市场竞争，它本身是促进市场竞争的因素，而不是阻碍市场竞争的因素。第二，充分发挥国有经济的主导作用，是社会主义市场经济健康发展的基本前提。（1）国有经济对社会主义国家的经济稳定、政治稳定、社会稳定具有至关重要的作用。（2）国有经济是实现社会主义国家的整体利益和实行宏观经济调控的物质基础。（3）国有经济在发展社会主义社会的生产力、提高综合国力和人民生活水平以及实现共同富裕等方面起着领导作用。（4）国有经济是社会主义国家经济独立的重要支柱和参与国际经济竞争的主力军。因此，我们认为，国有经济不仅要在基础产业和非竞争性产业中发挥主要作用，而且也要在关系国计民生和国家长远发展的竞争性产业中发挥主要作用。一句话，国有经济要在关系国民经济命脉的重要行业和关键领域居于支配地位。具体来说，国有经济发挥主要作用的领域大体应该包括社会公共基础设施部门（如邮政、电讯、交通、港口、大型水利工程等）、基础工业（如煤炭、电力、石油、钢铁、有色金属等）、支柱产业（如机械、电子、汽车、建筑业等）、高新技术产业、国防工业和对国民经济起调控作用的产业（如金融业）等部门。如果把国有经济发挥作用的领域仅仅局限在某些关键性的公益事业和基础产业部门，或者把国有经济占国民经济的比重压得很低，那就与某些市场经济比较发达的资本主义国家大体相同了，从而无法控制国民经济命脉并对经济发展发挥主导作用，无法体现社会主义市场经济的基本特点。第三，发挥国有经济的主导作用，并不意味着国有经济在国民经济中所占的比重越大越好，更不意味着实行国有经济的一统天下。在传统经济体制下，苏联和我国国有经济在国民经济中都占有很高的比重。1984 年，苏联国有工业企业产值在工业总产值中占 97.5%。1975 年，我国国有经济分别占工业总产值的83.2%和社会商品零售总额的90.2%。实践证明，国有经济的比重过高，并非符合苏中两国的国情，不利于充分调动国内外方方面面的积极性，加速社会生产力的发展。因此，适当降低国有经济在国民经济中的比重，是我国现阶段生产力发展的客观要求。改革开放以来，我国国有经济的实力虽然有了明显的增强，但在国民经济中所占的比重却显著下降。1994年，我国国有工业企业产值占工业总产值的比重为34%，国有商业企业消费品零售额占社会消费品零售总额中的比重为32%。随着国有企业改革的进一步深入，我国国有经济在国民经济中的比重在今后一段时期内还可能有所下降。如何从整体上搞活搞好国有经济，避免国有经济在国民经济中的比重进一步大幅度下降，真正发挥国有经济的主导作用，这个问题关系到经济体制改革的成败，关系到社会主义制度优越性的发挥，关系到经济和社会发展战略目标的实现，需要在实践中不断探索并逐步加以解决。

三是传统分配体制中的平均主义弊端，是否应该通过按资分配和按劳动力价值分配来加以解决？

主张走资本主义市场经济道路的人对此问题的回答是肯定的，而我们则持否定的观点。毫无疑问，无论苏联或中国的传统分配体制中都存在着严重的平均主义弊端，极大地挫伤了广大职工进行社会主义建设的积极性。平均主义或收入均等化并不是社会主义，而是小资产阶级追求的一种收入分配中的平等权利。实行按资分配和按劳动力价值分配，当然可以解决平均主义的问题，当然比实行平均主义的分配方式有利于生产力的发展。可是，按资分配和按劳动力价值分配是资本主义的分配方式，它与社会主义公有制在个人收入分配领域的实现方式——按劳分配相比，究竟哪一种分配方式更有利于促进我国现阶段主体经济中生产力的迅速发展？我们认为，是后者而非前者。第一，按劳分配否定凭借生产资料私有权剥削他人劳动成果的权利，是人类社会分配制度的巨大变革。第二，按劳分配把劳动贡献和劳动报酬紧密地联系起来，促使劳动者从物质利益上关心自己的劳动成果。按劳分配是对剥削制度和平均主义分配方式的双重否定，能够极大地调动劳动者的积极性、主动性和创造性，促进社会主义生产的发展和人民生活水平的提高。因此，列宁指出：按劳分配“包含了社会主义的基础，社会主义力量的取之不尽的泉源，社会主义最终胜利的不可摧毁的保障。"① 社会主义的分配方式——按劳分配从总体上优越于资本主义的分配方式——按资分配和按劳动力价值分配，这在理论上是无可非议的，但在实践中却遇到了尖锐的挑战。关键问题在于，要在社会主义公有制经济中逐步建立起能够较好地体现按劳分配原则的分配体制，以充分体现按劳分配制度的优越性。党的十一届三中全会以来，我们逐步加深了对商品经济条件下按劳分配特点的认识，在农业集体经济中实行了以家庭承包为基础的联产计酬的分配体制，在城镇的部分国有企业中实行了"工效挂钩"（即职工收入既与企业经济效益又与个人劳动贡献紧密联系）的分配体制，从而在探索按劳分配的有效实现形式方面取得了显著的进展。

无论是以社会主义市场经济体制为取向的改革，还是以资本主义市场经济体制为取向的改革，都在经受实践的检验。从经济实践来看，我国以社会主义市场经济体制为取向的改革，对于解放和发展生产力确实起到了巨大的推动作用，使我国的经济建设、社会发展和人民生活水平都上了一个大台阶。1979～1994 年，我国国内生产总值年均增长 9.44%，城镇居民和农村居民人均收入年均增长分别为 6.5% 和 8.25%，进出口贸易额由 240 亿美元增至 2367 亿美元，外汇储备现已超过 800 亿美元。显然，这与某些实行以资本主义市场经济体制为改革取向的原社会主义国家的国内生产总值大幅度下降、人民生活水平明显滑坡的状况形成了极为鲜明的对照。在当今世界社会主义运动处于低潮的严峻形势下，连断言"共产主义大失败"的布热津斯基都不得不承认："中国共产主义的改革很可能取得成功"。

二、"激进式"改革与"渐进式"改革

在高度集中的计划经济体制向市场经济体制转变过程中不同国家各具特色。但是，大体上仍可以归结为"激进式"改革与"渐进式"改革两种方式。

---

① 《列宁选集》第 3 卷，人民出版社 1972 年版，第 560～561 页。

“激进式”改革与“渐进式”改革具有不同的特点：(1) 经济体制转轨的速度不同。“激进式”改革的时间较短。戈尔巴乔夫执政后期在苏联登台亮相的几个经济改革方案中，预计经济体制转轨的时间短则 1 年，多则 3 年，明显体现出实行“激进式”改革的意向。而“渐进式”改革的时间较长。党的十一届三中全会以来，我国实行的是“渐进式”转轨方式。如果我们能在 20 世纪末初步建立社会主义市场经济体制，那么经济体制转轨的时间也将长达二十余年。(2) 经济体制改革的方法不同。在价格改革方面，“激进式”改革一般是价格改革先行，迅速而全面地放开价格；而“渐进式”改革则是先调后放，分阶段地调整和理顺价格关系。在国有企业改革方面，“激进式”改革一般是通过各种方式（包括无偿分配）尽快实现国有企业私有化；而“渐进式”改革在某些国家则是培育和发展非国有经济与国有企业转换经营机制、建立现代企业制度相结合。(3) 稳定经济的措施不同。“激进式”改革把消除通货膨胀作为稳定经济的首要目标，为此紧缩银根，取消补贴，减少财政赤字，放开进口，以求强制实现社会总需求与社会总供给的基本平衡。而“渐进式”改革则着眼于既要减轻通货膨胀的压力，又要促进经济发展和社会稳定，从而实行适度从紧的货币政策和较为宽松的财政政策，逐步减少对国有企业的补贴，并对其提供必要的信贷资金，以刺激生产，帮助必须保留和有潜力的国有企业闯过难关。“激进式”改革奉行政府基本上不干预经济的自由放任原则，而“渐进式”改革则奉行政府应对经济实行必要干预的方针。

“激进式”改革与“渐进式”改革只是经济体制转轨方式或转轨战略的一种相对的区分，没有绝对的不可逾越的界限。一方面，“激进”中有“渐进”。实行“激进式”改革的国家在稳定经济、放开价格等方面的举措可以在较短时期内付诸实施并收到成效，但在国有制改革和法律改革方面则颇费时日，不可能立竿见影。另一方面，“渐进”中有“激进”。我国 17 年来的经济体制改革总体上属于“渐进式”改革，但也并不总是小步推进。1994 年，我国在财税、金融、外汇外贸、投资、价格和流通体制等方面进行了重大改革，其范围之广、力度之大前所未有，从而使我国经济体制改革迈出了决定性的步伐。当然，就某一国家而言，经济体制转轨也并非始终采取一种方式。有的国家是“激进”不成变“渐进”，有的国家则是“渐进”失败变“激进”，从而交替采取两种转轨方式。

“激进式”改革与“渐进式”改革孰优孰劣，这在国内外都是一个颇有争议的问题。我们依据迄今为止的实践对这两种转轨方式的绩效作一初步的考察。

以社会主义为基本方向的经济体制转轨，实行“渐进式”改革有较为成功的例证，而实行“激进式”改革则鲜有成功的先例。

我国17年来的经济体制转轨走的是“渐进式”改革之路。我国经济体制的“渐进式”改革主要具有五个特点：(1) 先易后难。经济体制改革先从国民经济和传统经济体制的薄弱环节农业入手，逐渐深入到传统经济体制盘根错节的国有企业。(2) 突出重点。我国在经济体制改革中突出两个重点，一是宏观经济运行机制的转换；二是微观经济主体的重塑。由于企业是国民经济的细胞，国有企业是社会主义国民经济的支柱，因此，我国经济体制改革一直以国有企业改革为中心。目前，我国正集中力量抓好1000户国有大型企业和企业集团的改革。其中的800多家工业企业，占全国国有工业总资产的63%，销售收入的70%，利税的74%。这些大企业和企业集团一般都是国家独资或国家控股，搞好它们的改革也就搞好了国有企业改革的大头，从而能促进整个国有经济的发展。(3) 协调配套。例如，为了深化国有企业改革，我国配套进行了计划、投资、价格、财税、金融、社会保障体制等方面的改革，逐步建立和健全国有资产管理和监督体系以及包括劳动力市场在内的市场体系。(4) 保持平衡。我国在经济体制改革中，始终把正确处理改革、发展和稳定的关系作为宏观调控的出发点，努力实现三者的相对平衡。例如，我国1993年下半年出台的加强和改善宏观调控的重大措施，没有采取“急刹车”和全面紧缩的办法，而是着力于解决影响改革、发展和稳定的突出矛盾和问题，从而避免了经济的“大起大落”，既兼顾了在国民经济快速发展中推进经济体制改革，也保持了社会的基本稳定。(5) 民间和政府“两个积极性”相结合。既有广大微观经济主体在改革开放的大环境中的自发性实践活动，更有政府勇于承担改革的领导者与推动者的责任，采取有效措施，不失时机地将改革推向前进。

除我国以外，越南实行的以社会主义为基本方向的“渐进式”改革也

取得了初步的成功。越南的经济体制改革是从20世纪80年代初开始的，先后经历了准备阶段、实质性的改革阶段和全面深化的改革三个阶段，目前已经奠定了新经济体制的基础。尽管越南经济体制改革在许多方面与中国相似，但在价格改革、国有企业改革、工资制度改革、金融体制改革和国家管理职能转变等方面都有自己的特点。在经济体制改革的推动下，越南的国民经济有了明显的恢复和发展。1991～1993年，除了农业连年丰收之外，工业总产值年均增长速度高达12%。

南斯拉夫于20世纪50年代初在没有动摇社会主义基本经济制度的情况下，通过“激进式”改革较为成功地实现了经济体制的转轨。其重要原因在于，南斯拉夫原有的市场经济基础在1945年政权更迭后没有遭到根本性的破坏，并从西方国家获得了大量的经济援助。[①]

以资本主义为基本方向的经济体制转轨，实行“渐进式”改革和“激进式”改革都有较为成功的例证，而实行“激进式”改革也不乏失败的教训。

匈牙利是实行“渐进式”改革较为成功的国家。20世纪80年代末90年代初，匈牙利政府并未接受萨克斯等人关于“休克疗法”的游说，决定实行“渐进式”改革。匈牙利在经济体制转轨时期虽然也采取了紧缩货币和财政的政策，但是相对来说具有更大的灵活性和回旋余地。匈牙利逐步实现价格自由化和贸易自由化。1988年开始放开部分商品和劳务的价格，1990年已有80%的价格放开，1992年价格放开的比重达到90%。匈牙利的进口1990年放开78%，1991年放开90%，1992年则完全放开。匈牙利逐步将其货币大幅贬值，使其具有可兑换性。匈牙利拒绝了以资产券方式无偿分配国有资产的建议，而是向国内外的出价者直接出售国有企业，并且取得了初步的进展。1990～1993年，匈牙利的国内生产总值分别下降了3.3%、11.9%、4.5%和2.0%。1994年，匈牙利的国内生产总值则增长了1%～2%，从而扭转了经济负增长的局面。同年，匈牙利的农业生产增长3%，工业生产增长7.7%，通货膨胀率控制在20%左右。

波兰则是实行“激进式”改革较为成功的国家。波兰在经济体制转轨

① 葛霖生：《论原苏联东欧国家的经济转轨》，载于《世界经济与政治》1995年第12期。

时期实行了严厉的紧缩货币和财政的政策。波兰于1990年1月1日全面放开了90%的商品和劳务的价格，取消了对进口的数量限制和对出口的大部分限制，基本上实行了统一的关税，并降低了出口税率。波兰1990年一次性地将其货币大幅度贬值，使官方汇率接近于平行市场的汇率，从而实现了其货币在国内的可兑换性。波兰国有企业的私有化以直接出售和无偿分配为主要方式。到1994年，已有约1/4的原国有大中型企业完成了私有化改造，私有经济在国内生产总值中所占的比重已达到60%。波兰的国内生产总值从1990～1992年分别下降了11.6%、7.6%和1.5%，而1993年则上升了4%，1995年又比1994年增长了6.5%。波兰成功地控制了高达2000%的恶性通货膨胀，到1994年已将通货膨胀率控制在30%左右。

应该指出，尽管波兰等国实行“激进式”改革获得了相对的成功，但是，某些国家实行“激进式”改革却归于失败。俄罗斯的“激进式”改革就是后者的典型例证。1992～1993年，俄罗斯推行了两年的“休克疗法”即“激进式”改革。1992年伊始，在不到两周的时间内，商品价格上涨了几倍至几十倍，卢布大幅度贬值，数百万人骤然陷于贫困的境地，从而造成社会的巨大震荡。俄政府实行财政和信贷的双紧政策，与价格狂涨相互交织，导致企业出现严重的支付危机。俄政府为了加快私有化的步伐，对相当一部分国有资产甚至采取了无偿私有化的办法。通过两年的“激进式”改革，俄罗斯的经济形势严重恶化。1992年，国内生产总值和工业生产分别下降了18.5%和12%，消费价格总指数高达2508.8%；1993年，国内生产总值和工业生产又比上年分别下降了18.8%和16%，消费价格总指数仍高达844.2%。与此同时，财政赤字居高不下，广大人民生活水平明显下降，贫富差距急剧拉大。俄罗斯经济处于既非计划经济又非市场经济的混乱无序状态，政治对抗加剧，社会治安恶化。面对这种严峻的经济政治形势，叶利钦总统被迫宣布放弃“休克疗法”，切尔诺梅尔金总理也不得不宣称：“改革的浪漫时代已经过去”。

基于对两种经济体制转轨方式绩效的初步考察，我们认为至少可以得出以下三点结论。

第一，选择何种经济体制转轨方式，如同选择何种经济体制改革的目标模式一样，从根本上来说取决于各国的国情，取决于转轨成本与转轨收益的比较，没有统一的固定不变的模式。俄罗斯在苏联解体之前就选择了“激进式”改革的道路。但是，在俄罗斯实行名副其实的“激进式”改革，一般认为是在1992～1993年。俄罗斯的“激进式”改革为什么归于失败？撇开社会制度剧变这一根本原因不论，其激进的经济体制转轨方式严重脱离国情也是一条重要原因。应该看到，俄罗斯实行“激进式”改革的经济、政治和社会条件与东欧某些国家有着明显的区别。一是俄罗斯长期实行指令性的计划经济体制，国有经济成分的比重极高，价格体系的扭曲已达到荒谬绝伦的程度，市场经济的基础较差。二是在苏联解体以后，不仅苏联各加盟共和国之间的经济联系遭到了严重破坏，而且在俄罗斯内部的地区分散主义和企业违约现象颇为盛行，从而对俄罗斯经济造成很大冲击。三是俄罗斯经济的军事化程度很高，调整经济结构的任务十分艰巨。四是俄罗斯政治经济体制转轨的政治、思想准备和社会认同程度较差，政局很不稳定，市场和社会秩序极为混乱。在此情况下，俄罗斯的经济体制转轨必然具有两方面的突出特点：一方面，经济体制和经济发展中蕴含的矛盾很深，亟须加速解决；另一方面，在短时期内又缺乏解决上述矛盾的条件和可能性。然而，俄罗斯政府却忽略了后者，强制推行“激进式”改革，甚至计划在3年内全面实现私有化，这就必然是欲速则不达。俄罗斯不仅在经济体制转轨方面没有达到预期目标，而且还大大加深了经济危机和社会危机，陷入一种难以摆脱的恶性循环。

第二，“激进式”改革并不是包医百病的“灵丹妙药”。“激进式”改革或“休克疗法”在东欧和苏联各国向市场经济过渡的初期曾风靡一时，但是，俄罗斯等国推行“休克疗法”的失败则打破了“激进式”改革是经济体制转轨最佳方式的“神话”。我国有的学者曾把美国萨克斯教授提出的“休克疗法”的理论依据归结为：旧体制缺乏效率，从它出发向新体制过渡，“采取‘一步走’的剧变式方法，以尽可能快的速度将旧体制打破，按照‘目标模式’的最优方式重构经济体制。在最初阶段改革成本可能要大些，甚至引起一定的社会动荡，但由于能使经济结构较快地‘跃到’最优状态，避免长期信号扭曲、资源配置无效率所造成的损失，总的来说成本要小些”。[①] 现在看来，实行“激进式”改革或“休克疗法”，至少在两个方面难以达到目的。一是所有制改革无法在短时期内完成。英国拥有比东欧和苏联各国强大得多的私人资本。可是，英国将其国有经济从占国内生产总值的15%减少到5%，还花费了10多年的时间。而俄罗斯和东欧某些国家实行的“激进式”改革，却试图将占国民经济60%~80%以上的国有经济在3~5年内实现私有化，这个目标恐怕难以达到。近几年来，俄罗斯和东欧某些国家在国有大中型企业私有化过程中障碍重重、步履维艰，就是明证。二是结构调整的最优状态也不可能在短期内实现。在传统经济体制下，个人消费品生产所占的比重很低，经济结构严重失衡。调整经济结构，大幅度地增产个人消费品，则需要较长的时期。实行“激进式”改革，并不能与经济结构的调整和个人消费品的增长同步。“激进式”改革可能缩短结构调整的时间，却不能消除二者之间极为明显的较长的时间差。国外有些经济学家认为，即使是经济体制转轨较快的国家，真正实现经济结构的优化也需要10~20年的时间。至于实行“激进式”改革通常导致在一定时期内生产和生活水平明显下降、失业率激增以及社会动荡等负面效应，则是人们有目共睹的事实。

在此有必要指出，美国等西方国家极力唆使和推动苏联各国实行以资本主义为基本方向的“激进式”改革，其用心十分险恶，一方面，摧毁苏联这个社会主义制度的发源地和“桥头堡”，是国际资产阶级长期以来梦寐以求的目标；另一方面，俄罗斯在条件尚不具备的情况下实行“激进式”改革所付出的巨大代价，又可以极大地削弱俄罗斯这一美国的竞争对手，从而置俄罗斯在政治、经济等方面于附庸地位。在俄罗斯实行以建立资本主义市场经济体制为目标的“休克疗法”，客观上代表了美国等西方国家的利益。

尽管如此，“激进式”改革也并非一无可取。一般来说，实行了“激进式”改革可以缩短经济体制转轨和经济结构调整的时间，为国民经济的长远发展奠定某种有利的基础。在某些经济体制转轨条件较好的国家，实行“激进式”改革可能是一种明智的选择。

---

① 樊纲：《两种改革成本与两种改革方式》，载于《经济研究》1993年第1期。

第三，对于以建立社会主义市场经济体制为目标的国家来说，“渐进式”改革很可能是较为适宜的经济体制转轨方式。当代社会主义国家的经济体制转轨，是在国内外极为复杂的历史条件下进行的。从国际环境来看，资本主义国家在经济、政治和军事方面还占有明显的优势；东欧剧变和苏联解体之后，世界范围内的社会主义运动处于低潮。从国内条件来看，人们的思想转变需要有一个较长的过程，利益格局变化显著，各种矛盾比较突出。在这种情况下，探索并建立前所未有的社会主义市场经济体制，必然会有极大的风险。为了顺利地达到预定的目标，社会主义国家在经济体制转轨方式的选择上必须立足于本国实际，必须着眼于妥善处理改革、发展与稳定三者之间的关系。经济和社会发展是解决国内外一切问题的关键，是改革和稳定的直接目的，而改革则是经济和社会发展的强大动力，稳定的政治社会环境是发展和改革的前提。要协调好改革、发展与稳定三者之间的关系，努力做到在政治和社会稳定中推进改革和发展，在改革和发展的推进中实现政治和社会的长期稳定，似应选择“摸着石头过河”的“渐进式”改革道路。我国17年来在改革、发展和稳定方面取得的巨大成就，不仅初步证明了我国经济体制改革基本方向的正确，同时也初步证明了我国实行的“渐进式”经济体制转轨方式的成功。

当然，实行“渐进式”改革也有其负面效应。它不可避免地形成双轨经济体制，往往会造成经济信号重叠扭曲，使效率低下的问题在较长时期内难以得到根本解决，并滋生一个“吃双轨经济体制饭”的新的既得利益集团。他们不仅会成为改革中新的阻力，而且也会增加社会的矛盾和不安定因素。因此，实行“渐进式”改革并不意味着要把过渡期拉得很长，而是既要讲求改革的循序渐进、协调配套，又要不失时机地在重要环节上取得突破，以推动改革全局，缩短转轨过程。简言之，应实行积极的“渐进式”改革。

主要参考文献

[1]《马克思恩格斯全集》(第23~24卷),人民出版社1972年版。

[2]《马克思恩格斯全集》(第25卷),人民出版社1974年版。

[3]《马克思恩格斯选集》(第1~4卷),人民出版社1995年版。

[4]《列宁选集》(第1~4卷),人民出版社1995年版。

[5]《斯大林选集》(上、下卷),人民出版社1979年版。

[6]《毛泽东著作选读》(上、下册),人民出版社1986年版。

[7]《邓小平文选》(第3卷),人民出版社1993年版。

[8]《习近平谈治国理政》(第一卷),外文出版社2018年第2版。

[9]《习近平谈治国理政》(第二卷),外文出版社2017年第1版。

[10]《刘国光经济论著全集》,知识产权出版社2017年版。

[11]《程恩富选集》,中国社会科学出版社2010年版。

[12] 卫兴华:《中国特色社会主义经济理论体系研究》,中国财政经济出版社2015年版。

[13] 项启源:《论中国社会主义初级阶段的生产关系》,中国社会科学出版社2013年版。

[14] 郭飞:《中国经济改革若干问题研究》,东北师范大学出版社1995年版。

[15] 郭飞:《经济理论与经济改革新思考》,吉林人民出版社2001年版。

[16] 郭飞:《新世纪中国经济重大问题研究》,经济科学出版社2010年版。

[17]《郭飞文选——经济理论与经济改革重大问题研究》（上、下卷），经济科学出版社2016年版。

[18] 邰丽华：《郭飞的学术贡献和经济思想》，载于《海派经济学》2014年第3期。

附录：郭飞主要科研成果目录
（1984～2019年）

一、科研论文

1. **《深化中国所有制结构改革的若干思考》**（论文，25000字，独撰），载于《中国社会科学》2008年第3期（《中国社会科学（英文版）》2008年第4期、《中国社会科学文摘》2008年第11期、《新华文摘》2008年第16期、中国人大复印报刊资料《社会主义经济理论与实践》2008年第7期、《人民日报》2008年7月8日理论版等全文或部分转载）。

2. **《全民企业工资改革目标模式新探》**（论文，9000字，独撰），载于《经济研究》1989年第11期。

3. **《刍议按劳分配中的“劳”》**（论文，6300字，独撰），载于《经济研究》1993年第2期。

4. **《生产要素按贡献参与分配原则新思考》**（论文，11000字，独撰），载于《马克思主义研究》2005年第2期（中国人大复印报刊资料《社会主义经济理论与实践》2005年第7期全文转载）。

5. **《外商直接投资对中国经济的双重影响与对策》**（论文，27000字，独撰），载于《马克思主义研究》2006年第5～6期（中国人大复印报刊资料《外贸经济·国际贸易》2006年第8～9期全文转载，《新华文摘》2006年第17期部分转载）。

6. **《马克思、列宁的资本输出理论与当代国际投资》**（论文，12000字，独撰），载于《马克思主义研究》2007年第6期（中国人大复印报刊资料《理论经济学》2007年第9期全文转载）。

7. **《中国个人收入分配改革：成就、问题与对策》**（论文，23000字，第一作者），载于《马克思主义研究》2010年第3期。

8. **《城乡居民人均收入十年翻一番：基本指标、结构特征与实现路径》**（论文，11000字，第一作者），载于《马克思主义研究》2013年第3期。

9. **《中国国有企业改革：理论创新与实践创新》**（论文，22000字，独撰），载于《马克思主义研究》2014年第4期。

10. **《中国居民财产差距悬殊的基本成因与对策》**（论文，22000字，独撰），载于《马克思主义研究》2015年第12期（中国人大复印报刊资料《社会主义经济理论与实践》2016年第3期全文转载）。

11. **《我国当前个人收入差距实证考察》**（论文，6500字，独撰），载于《经济学动态》1998年第5期。

12. **《区分社会主义初级阶段基本经济制度与社会主义基本经济制度刍议》**（论文，4700字，独撰），载于《经济学动态》1999年第11期。

13. **《按生产要素分配若干观点辨析——兼谈"要素财富论"》**（论文，9000字，独撰），载于《经济学动态》2001年第11期（中国人大复印报刊资料《社会主义经济理论与实践》2002年第1期全文转载）。

14. **《我国失业的五大特征与对策》**（论文，6000字，独撰），载于《经济学动态》2003年第11期。

15. **《社会主义公有制与股份制若干问题探讨》**（论文，10000字，独撰），载于《经济学动态》2004年第7期（中国人大复印报刊资料《社会主义经济理论与实践》2004年第9期全文转载）。

16. **《对"以市场换技术"方针与涉外税收超国民待遇的再思考——兼与赵中杰商榷》**（论文，10000字，独撰），载于《经济学动态》2006年第9期（《中国社会科学文摘》2007年第1期转载0.7万字，日本广岛经济大学《经济研究论集》2007年第29卷第4号全文译载）。

17. **《"经济全球化与中国经济科学发展高峰论坛"暨中国经济规律研究会第21届年会综述》**（5500字，独撰），载于《经济学动态》2011年第11期。

18. **《社会主义公有制经济中劳动力性质讨论综述》**（6000字，独撰)，载于《中国工业经济研究》1994 年第 8 期（中国人大复印报刊资料《劳动经济与人力资源管理》1994 年第 9 期全文转载）。

19. **《论经济体制改革的基本性质与转轨方式》**（论文，12500 字，独撰），载于《东欧中亚研究》1996 年第 3 期（中国人大复印报刊资料《社会主义经济理论与实践》1996 年第 11 期全文转载）。

20. **《探微索隐　力抒新见》**（书评，2000 字，第一作者），载于《金融研究》1994 年第 8 期。

21. **《关于科技人员最佳流向及其机制的探讨》**（论文，4000 字，第一作者），载于《人才研究》1987 年第 4 期。

22. **《和平与发展是当代世界的主题》**（论文，9000 字，独撰），载于《中国高等教育（社会科学理论版）》1988 年第 6 期（中国人大复印报刊资料《外国政治·国际关系》1989 年第 3 期全文转载）。

23. **《搞好社会主义政治经济学教学的几点思考与尝试》**（论文，4000 字，独撰），载于《中国高等教育》1993 年第 6 期。

24. **《中国经济体制改革课程研讨型教学模式探索》**（论文，4500 字，第一作者），载于《中国高等教育》2009 年第 23 期。

25. **《也谈社会主义初级阶段的按劳分配》**（论文，9000 字，独撰），载于《高校社会科学》1989 年第 5 期。

26. **《试论社会主义市场经济中按劳分配的特点》**（论文，7500 字，独撰），载于《高校理论战线》1993 年第 2 期（中国人大复印报刊资料《劳动经济与人力资源管理》1993 年第 5 期全文转载）。

27. **《社会分配不公及对策》**（论文，7500 字，独撰），载于《高校理论战线》1993 年第 5 期。

28. **《培育与发展劳动力市场若干问题探讨》**（论文，4500 字，独撰），载于《高校理论战线》1994 年第 3 期（中国人大复印报刊资料《劳动经济与人力资源管理》1994 年第 7 期全文转载）。

29. **《公有制经济中劳动力性质问题近期讨论综述》**（7500 字，独撰，署笔名郭鹏举），载于《高校理论战线》1995 年第 5 期。

30. **《经济体制改革与基本经济制度》**（论文，4500 字，独撰），载于《高校理论战线》1996 年第 3 期。

31.**《正确认识和把握社会主义初级阶段》**（论文，2000字，独撰），载于《高校理论战线》1997年第8期。

32.**《我国当前个人收入差距与对策》**（论文，7500字，独撰），载于《高校理论战线》1998年第9期。

33.**《劳动价值论若干问题探讨》**（论文，8000字，独撰），载于《当代经济研究》2001年第10期。

34.**《试论分配方式的决定和制约因素》**（论文，6500字，独撰），载于《当代经济研究》2002年第10期（中国人大复印报刊资料《理论经济学》2003年第1期全文转载）。

35.**《价值创造和价值分配》**（论文，5000字，独撰），载于《当代经济研究》2003年第2期。

36.**《坚持我国所有制结构改革的正确方向》**（论文，7500字，独撰），载于《当代经济研究》2007年第10期。

37.**《城市化进程中城乡收入差距的"倒U型"趋势与对策》**（论文，10000字，第二作者），载于《当代经济研究》2011年第8期。

38.**《应准确使用表述经济效益的经济范畴》**（论文，1000字，独撰），载于《中国劳动科学》1987年第3期。

39.**《按劳分配若干问题探讨》**（论文，7500字，独撰），载于《中国劳动科学》1990年第2期（中国人大复印报刊资料《政治经济学（社会主义部分）》1990年第3期全文转载）。

40.**《略论社会主义劳动力市场》**（论文，3200字，独撰），载于《中国劳动科学》1993年第11期。

41.**《劳动力市场与"劳动力商品论"》**（论文，8200字，第二作者），载于《中国劳动科学》1994年第11期。

42.**《市场经济与按劳分配》**（论文，5000字，独撰），载于《中国劳动》2003年第11期。

43.**《关于全民企业工资改革目标模式的探讨》**（论文，4000字，独撰），载于《经济工作者学习资料》1989年第32期。

44.**《我国当前个人收入分配：问题、成因与对策》**（论文，15000字，独撰），载于《经济工作者学习资料》1993年第14期（中国人大复印报刊资料《体制改革》1993 年第 6 期全文转载）。

45. **《对一种社会主义经济效益公式的商榷》**（论文，2000 字，合撰），载于《教学与研究》1984 年第 2 期。

46. **《按劳分配的综合计量尺度》**（论文，3000 字，独撰），载于《教学与研究》1989 年第 4 期（中国人大复印报刊资料《政治经济学（社会主义部分）》1989 年第 10 期全文转载）。

47. **《社会必要劳动时间不是按劳分配的计量尺度》**（论文，3700 字，独撰），载于《教学与研究》1993 年第 1 期。

48. **《关于我国劳动力市场若干问题的思考》**（论文，6500 字，独撰），载于《教学与研究》1995 年第 1 期（中国人大复印报刊资料《劳动经济与人力资源管理》1995 年第 3 期全文转载）。

49. **《我国当前个人收入分配的主要问题与对策》**（论文，12000 字，独撰），载于《教学与研究》2010 年第 2 期（中国人大复印报刊资料《社会主义经济理论与实践》2010 年第 6 期全文转载）。

50. **《中国低工资制度的阶段特征与中期对策》**（论文，16000 字，第一作者），载于《教学与研究》2011 年第 12 期（中国人大复印报刊资料《社会主义经济理论与实践》2012 年第 3 期全文转载）。

51. **《良师益友绽新蕾》**（征文，6500 字），载于《教学与研究》2013 年第 3 期。

52. **《试论马克思剩余价值理论的当代价值——兼论剩余价值理论对建设中国特色社会主义的意义》**（论文，19000 字，独撰），载于《教学与研究》2017 年第 8 期。

53. **《社会主义劳动力非商品论》**（论文，9000 字，主撰），载于《经济研究参考》1995 年第 9 期。

54. **《关于搞好国有大中型企业的若干思考》**（论文，8000 字，独撰），载于《经济研究参考》1997 年第 13 期。

55. **《必须区分按比例分配社会劳动规律与按比例分配生产要素规律》**（论文，1500 字，独撰），载于《经济纵横》1987 年第 2 期。

56. **《全民企业按劳分配计量尺度再探讨》**（论文，6000 字，独撰），载于《经济纵横》1988 年第 11 期。

57. **《社会主义公有制经济中劳动力不是商品》**（论文，7000 字，独撰），载于《经济纵横》1993 年第 11 期。

58. **《提高经济效益是我国新时期经济发展的主线》**（论文，1500 字，独撰），载于《经济纵横》1996 年第 10 期。

59. **《我国失业现状及其基本特征》**（论文，7000 字，独撰），载于《经济纵横》2004 年第 1 期。

60. **《关于繁荣和发展马克思主义政治经济学中的两个问题》**（论文，6500 字，独撰），载于《经济纵横》2005 年第 10 期。

61. **《实现全体人民共同富裕的四个基本途径》**（论文，5000 字，独撰），载于《经济纵横》2018 年第 1 期。

62. **《关于社会主义社会收入分配基本理论的若干思考》**（论文，11000 字，独撰），载于《经济评论》2004 年第 2 期（中国人大复印报刊资料《社会主义经济理论与实践》2004 年第 5 期全文转载）。

63. **《生产要素按贡献参与分配原则探析》**（论文，3000 字，独撰），载于《经济学家》2003 年第 6 期。

64. **《试论全民企业工资改革的目标模式》**（论文，13000 字，独撰），载于《社会科学战线》1988 年第 4 期。

65. **《构建合理有序收入分配新格局的基本路径》**（论文，11000 字，独撰），载于《毛泽东邓小平理论研究》2014 年第 1 期。

66. **《略论改革开放以来我国对社会主义公有制理论的新发展》**（论文，7000 字，第一作者），载于《毛泽东邓小平理论研究》2016 年第 1 期。

67. **《由假商品案引起的思考》**（论文，2000 字，第一作者），载于《新长征》1987 年第 5 期。

68. **《简谈供求异常不一致条件下社会必要劳动时间的内涵》**（论文，2000 字，第一作者），载于《吉林社会科学》1986 年第 12 期。

69. **《按劳分配若干问题争论概述》**（12000 字，主撰），载于《中国人民大学学报》1991 年第 2 期。

70. **《走效益兴国之路》**（论文，4500 字，独撰），载于《理论前沿》1996 年第 17 期。

71. **《两个生产力规律辨异》**（论文，3000 字，独撰），载于《争鸣》1988 年第 2 期。

72. **《科技人员流动若干问题新探》**（论文，6000 字，第一作者），载于《长白学刊》1987 年第 6 期。

73. **《对中国革命与世界革命关系的一个重要提法的商榷》**（论文，3000 字，第一作者），载于《长白学刊》1988 年第 3 期。

74. **《中国失业：特征与对策》**（论文，9000 字，独撰），载于《江苏行政学院学报》2005 年第 6 期。

75. **《苏联东欧国家的所有制改革》**（论文，7500 字，独撰），载于《外国问题研究》1987 年第 3 期。

76. **《商品经济意识与社会主义精神文明建设》**（论文，8000 字，第一作者），载于《东北师大学报》1987 年增刊。

77. **《社会主义商品经济中活劳动不是商品》**（论文，2000 字，独撰），载于《长春市委党校学报》1987 年第 4 期。

78. **《论确立全民企业工资改革目标模式的基本原则》**（论文，7500 字，独撰），载于《金融科学》1989 年第 1 期。

79. **《必须坚持社会主义公有制的主体地位》**（论文，6500 字，独撰），载于《金融科学》1991 年第 4 期（中国人大复印报刊资料《政治经济学（社会主义）》1992 年第 1 期全文转载）。

80. **《马克思的虚拟资本理论》**（论文，9000 字，独撰），载于《金融科学》1992 年第 4 期（中国人大复印报刊资料《财政·金融》1993 年第 4 期全文转载）。

81. **《略论我国当前个人收入分配中的主要问题》**（论文，10500 字，独撰），载于《金融科学》1993 年第 2 期。

82. **《社会主义政治经济学教海探珠》**（论文，9500 字，独撰），载于《金融科学》1993 年第 4 期（中国人大复印报刊资料《政治经济学（社会主义）》1993 年第 12 期全文转载）。

83. **《跨越资本主义卡夫丁峡谷的艰辛开拓》**（论文，14500 字，独撰），载于《金融科学》1994 年第 2 期（中国人大复印报刊资料《理论经济学》1994 年第 8 期全文转载）。

84. **《社会主义公有制经济中劳动力性质问题探讨》**（论文，10500 字，独撰），载于《金融科学》1994 年第 4 期（中国人大复印报刊资料《社会主义经济理论与实践》1994 年第 12 期全文转载）。

85. **《略论苏联传统经济发展战略》**（论文，7000 字，独撰），载于《金融科学》1995 年第 2 期。

86. **《苏联的“加速战略”及其主要缺陷》**（论文，12000 字，独撰），载于《金融科学》1995 年第 4 期。

87. **《“激进式”改革与“渐进式”改革》**（论文，9000 字，独撰），载于《金融科学》1996 年第 2 期。

88. **《中国金融学院代表团赴俄罗斯普列汉诺夫经济大学考察报告》**（5000 字，主撰），载于《金融科学》1996 年第 2 期。

89. **《试论搞活搞好国有大中型企业的基本途径》**（论文，10500 字，独撰），载于《金融科学》1996 年第 4 期（中国人大复印报刊资料《工业经济管理》1997 年第 3 期全文转载）。

90. **《略论我国企业技术改造的主要问题与对策》**（论文，5000 字，独撰），载于《金融科学》1997 年第 2 期（中国人大复印报刊资料《工业经济管理》1997 年第 7 期全文转载）。

91. **《东方社会主义大国的正确抉择》**（论文，9000 字，独撰），载于《金融科学》1997 年第 4 期（中国人大复印报刊资料《社会主义研究》1998 年第 2 期全文转载）。

92. **《我国当前个人收入差距与对策研究》**（论文，11000 字，独撰），载于《金融科学》1998 年第 2 期（中国人大复印报刊资料《劳动经济与人力资源开发》1998 年第 6 期全文转载）。

93. **《社会主义政治经济学教学方法探索》**（论文，7500 字，独撰），载于《金融科学》1998 年第 2 期（中国人大复印报刊资料《高等教育》1999 年第 1 期全文转载）。

94. **《社会主义社会基本经济制度与社会主义基本经济制度辨析》**（论文，4000 字，独撰），载于《金融科学》1999 年第 2 期（中国人大复印报刊资料《社会主义经济理论与实践》1999 年第 8 期全文转载）。

95. **《科研之道探微》**（学术综述，1500 字，独撰），载于《金融科学》1999 年第 2 期。

96.《**教学之道再探索**》（学术综述，2800 字，独撰），载于《金融科学》1999 年第 3 期。

97.《**关于社会主义制度历史命运的思考**》（论文，9800 字，独撰），载于《金融科学》1999 年第 4 期（中国人大复印报刊资料《社会主义研究》2000 年第 4 期全文转载）。

98.《**科研之道再探索**》（学术综述，2800 字，独撰），载于《金融科学》2000 年第 1 期。

99.《**我国当前居民消费不足及对策研究**》（论文，9000 字，独撰），载于《金融科学》2000 年第 2 期。

100.《**中国金融学院代表团赴美培训与考察报告**》（9000 字，第一作者），载于《金融科学》2000 年第 4 期。

101.《**中国对外直接投资的逆向技术溢出效应——基于分行业面板数据的实证研究**》（论文，11000 字，第一作者），载于《海派经济学》2012 年第 3 期（中国人大复印报刊资料《马克思主义文摘》2013 年第 1 期转载）。

102.《**构建中国橄榄型个人收入分配新格局**》（19000 字，第一作者），载于《海派经济学》2013 年第 3 期。

103.《**全球价值链视角下 OFDI 逆向技术溢出效应的传导机制研究**》（论文，9000 字，第一作者），载于《管理学刊》2012 年第 3 期。

104.《**探讨中国基本经济制度的力作**》（书评，2000 字，独撰）载于《海派经济学》2017 年第 3 期。

105.《**切实加强农业在国民经济中的基础地位**》（论文，11000 字，独撰），载于樊献征等主编：《实事求是是深化改革的法宝》（北京农业大学出版社 1993 年版）。

106. 社会主义市场经济中按劳分配特点新探（论文，10000 字，独撰），载于国家体改委经济体制与管理研究所编：《中国经济改革的理论与实践——改革开放十五年研讨会优秀论文集》（北京科学技术出版社 1994 年版）。

107.《**关于国际价值理论的两个问题**》（论文，3000 字，独撰），载

于郭飞著：《新世纪中国经济重大问题研究》（经济科学出版社2010年版）。

108. **《关于我国公有资产在社会总资产中是否具有数量优势的探讨》**（论文，9000字，独撰），载于柳思维等主编：《中国改革30年：经济理论发展与实践探索》（经济科学出版社2009年版）。

109. **《刘国光教授的分配思想与重大意义》**（论文，11000字，独撰），载于程恩富主编：《完善社会主义市场经济体制暨刘国光经济思想研讨会文集》（中国社会科学出版社2014年版）。

110. **《日中市场经济比较研究》**（论文，约40000字，合撰），载于［日本］山形大学社会科学辑刊第26卷第1号（1995年7月出版）。

111. **《分配原则与分配制度的多维视角》**（论文，3000字，独撰），载于《人民日报》2003年7月8日理论版。

112. **《大学毕业生就业难与选择性失业》**（论文，2000字，独撰），载于《人民日报》2004年10月21日理论版。

113. **《政治经济学研究对象创新刍议》**（论文，2800字，独撰），载于《人民日报》2005年7月8日理论版。

114. **《探讨国际投资问题的新作——〈国际投资条约与协定新论〉简评》**（1000字，独撰），载于《人民日报》2009年6月10日理论版。

115. **《使市场之手和政府之手优势互补》**（论文，1500字，独撰），载于《人民日报》2014年5月13日理论版（《红旗文摘》2014年第5期全文转载）。

116. **《社会主义公有制理论的创新发展》**（论文，2000字，独撰），载于《人民日报》2015年12月6日理论版。

117. **《牢牢把握社会主义初级阶段这个最大国情》**（论文，4000字，独撰），载于《人民日报》2017年8月31日理论版。

118. **《关怀现实的历史研究——〈中外跨国公司发展史〉简评》**（700字，独撰），载于《人民日报》2017年11月6日理论版。

119. **《国有企业改革取得历史性成就》**（论文，4200字，独撰），载于《人民日报》2018年11月19日理论版。

120. **《“改革开放十五周年理论与实践研讨会”学术综述》**（1000字，

第一作者)，载于《光明日报》1993 年 11 月 16 日理论版。

121.《“要素财富论”与按生产要素分配》(论文，2000 字，独撰)，载于《光明日报》2002 年 8 月 6 日理论版。

122.《以人为本与适度就业》(论文，3000 字，独撰)，载于《光明日报》2005 年 8 月 23 日理论版。

123.《社会主义市场经济中的国有经济合理布局》(论文，3000 字，独撰)，载于《光明日报》2008 年 9 月 23 日理论版。

124.《“经济全球化与中国经济科学发展高峰论坛”述要》(1500 字，独撰)，载于《光明日报》2011 年 12 月 9 日理论版。

125.《中国低工资制度的阶段性特征与对策》(论文，3000 字，独撰)，载于《光明日报》2012 年 4 月 13 日理论版。

126.《如何看“城乡居民人均收入十年翻一番”》(论文，3500 字，第一作者)，载于《光明日报》2012 年 12 月 28 日理论版。

127.《发展混合所有制经济与国有企业改革》(论文，2800 字，独撰)，载于《光明日报》2014 年 4 月 2 日理论版。

128.《深化收入分配制度改革：意义与路径》(论文，2200 字，独撰)，载于《光明日报》2015 年 9 月 16 日理论版。

129.《企业技改亟待四个转变》(论文，2000 字，独撰)，载于《经济日报》1997 年 4 月 21 日理论版。

130.《社会主义政治经济学教学方法改革的初步尝试》(论文，2200 字，独撰)，载于《中国教育报》1993 年 6 月 16 日理论版。

131.《我国高校教师工资纵横谈》(论文，6000 字，独撰)，载于《中国教育报》1993 年 7 月 7 日理论版(《新华文摘》1993 年第 10 期部分转载，中国人大复印报刊资料《劳动经济与人力资源管理》1993 年第 9 期全文转载)。

132.《略论公有制经济中劳动力不是商品》(论文，3500 字，独撰，署笔名郭鹏举)，载于《中国教育报》1993 年 12 月 8 日理论版。

133.《面向经济体制改革新阶段的思考》(学术综述，2400 字，第一作者)，载于《中国教育报》1993 年 12 月 8 日理论版。

134.《切实把提高经济效益作为经济工作的中心》(论文，6200 字，

独撰），载于《中国教育报》1996年3月15日理论版（中国人大复印报刊资料《社会主义经济理论与实践》1996年第4期全文转载）。

135. **《正确认识与把握初级阶段理论》**（论文，1000字，独撰），载于《中国教育报》1997年8月1日理论版。

136. **《大胆探索和采用公有制的有效实现形式》**（论文，6800字，独撰），载于《中国教育报》1997年10月3日理论版。

137. **《研讨式与综合式教学法新探》**（论文，4000字，独撰），载于《中国教育报》1998年10月21日理论版。

138. **《正确认识和把握"三个有利于"的根本标准》**（论文，6300字，独撰），载于《中国教育报》1999年1月13日理论版（中国人大复印报刊资料《邓小平理论研究》1999年第3期全文转载）。

139. **《社会主义是真正的历史大趋势》**（论文，5200字，独撰），载于《中国教育报》1999年10月13日理论版（中国人大复印报刊资料《社会主义研究》1999年第11期全文转载）。

140. **《我国经济发展问题的新探索》**（书评，1600字，独撰），载于《中国教育报》2001年4月11日理论版。

141. **《三代领导集体对社会主义经济理论的重大贡献》**（论文，5500字，独撰），载于《中国教育报》2001年5月30日理论版。

142. **《科学技术与价值创造》**（论文，3400字，独撰），载于《中国教育报》2001年9月12日理论版。

143. **《高校文科教师科研之道探微》**（论文，3500字，独撰），载于《中国教育报》2002年3月13日理论版（中国人大复印报刊资料《高等教育》2002年第4期全文转载）。

144. **《全面建设小康社会的思考》**（论文，3000字，独撰），载于《中国教育报》2002年12月4日理论版。

145. **《实施经济发展和扩大就业并举的新战略》**（论文，6000字，独撰），载于《中国教育报》2003年9月8日理论版（《新华文摘》2003年第12期部分转载）。

146. **《坚持和完善我国基本经济制度》**（论文，5500字，独撰），载于《中国教育报》2003年12月3日理论版。

147.《增长速度　自主创新　收入差距》（论文，2500字，独撰），载于《中国教育报》2005年10月18日理论版。

148.《坚持和完善我国现阶段基本经济制度》（论文，4500字，独撰），载于《中国教育报》2008年8月9日理论版。

149.《当前收入分配领域的四大问题》（论文，5000字，独撰），载于《中国教育报》2010年3月3日理论版。

150.《我国个人收入分配怎样改?》（论文，4000字，独撰），载于《中国教育报》2012年3月2日理论版。

151.《中国特色社会主义的重大发展》（论文，5500字，独撰），载于《中国教育报》2017年10月27日理论版。

152.《〈资本论〉核心经济理论在中国的当代价值》（论文，6000字，独撰），载于《中国经济时报》2017年9月26日。

153.《论社会主义市场经济中的按劳分配》（论文，4400字，独撰），载于《中国财经报》1993年9月7日理论版。

154.《高校扩大招生将拉动内需》（论文，3300字，独撰），载于《中国改革报》1999年6月9日理论版（《新华文摘》1999年第9期全文转载）。

155.《共和国乳汁哺育我成长》（理论界庆祝新中国成立五十周年征文，2000字，独撰），载于《中国改革报》1999年7月21日理论版。

156.《我国当前失业六大特征》（论文，5000字，独撰），载于《中国改革报》2005年1月31日理论版。

157.《我国涉外税收实行国民待遇利大于弊》（论文，5000字，独撰），载于《中国改革报》2006年10月9日理论版。

158.《当代国际投资的新变化》（论文，4500字，独撰），载于《中国改革报》2007年7月5日理论版。

159.《马克思金融理论研究的新进展》（书评，1300字，独撰），载于《金融时报》1994年3月7日理论版。

160.《企业技改亟待四个转变》（论文，3000字，独撰），载于《金融时报》1997年5月18日理论版。

161.《商品经济意识的共性与个性》（论文，2000字，第二作者），

载于《吉林日报》1987年2月5日理论版。

二、主要著作

1. **《郭飞文选——经济理论与经济改革重大问题研究》**（论著，75万字，独撰），经济科学出版社2016年版。

2. **《中国经济改革若干问题研究》**（论著，20万字，独撰），东北师范大学出版社1995年版。

3. **《经济理论与经济改革新思考》**（论著，22万字，独撰），吉林人民出版社2001年版。

4. **《新世纪中国经济重大问题研究》**（论著，26万字，独撰），经济科学出版社2010年版。

5. **《经邦济民治学创新——我与马克思主义经济学》**（论著，42万字，独撰），经济科学出版社2019年版。

6. **《苏联演变与经济改革研究》**（国家社会科学基金项目，专著，25万字，主编、主笔），吉林教育出版社1996年版。

7. **《中国经济规律研究报告（2011年）》**（35万字，主编），经济科学出版社2012年版。

8. **《贸易自由化与投资自由化互动关系研究》**（国家"十五""211工程"重点学科建设项目，专著，40万字，项目负责人，第一作者），人民出版社2006年版。

后记

经过几个月的艰辛写作，我的这部书稿终于可以付梓了。这是我以绵薄之力献给伟大祖国和人民的又一束理论之花。在我撰写本书的过程中，多少个闪动的身影，多少部（篇）熟悉的经典著作、专著、教材和重要文献，多少次半夜醒来的深入思考与“火花”出现，多少次亲身经历的重要活动，多少个激情燃烧的岁月，都不断在脑海里浮现，仿佛绘就了一幅幅色彩斑斓的画面。我或沉思，或感慨，或悲叹，或流泪，或激动，或喜悦……自强不息，厚德载物，中华人民共和国的乳汁哺育我成长。我是共和国同龄人中的奋斗者和总体上的幸运者。作为一名高校教师和经济理论工作者，我深知个人力量在社会合力中是微小的，正如地球在宇宙中是微小的一样。然而，倘能将华夏儿女中每个人的正能量都较好地发挥出来，就必然会形成推动中国社会主义巨轮破浪前进的磅礴力量。

如果说我在经济理论与经济改革研究方面取得了某些有益的成果，那么，这不仅得益于发展的马克思主义经济学的立场、观点和方法的导引，也得益于国内外许多相关优秀成果的启发，还得益于许多专家学者、良师挚友的悉心指教和热忱帮助，更得益于党和人民的长期培育。除了将我带入经济学研究殿堂的导师曹序教授，还要特别提及的是当今中国最杰出的经济学家、中国社会科学院原副院长（现特邀顾问）刘国光学部委员，杰出经济学家、世界政治经济学学会与中国政治经济学学会及中华外国经济学说研究会会长、中国社会科学院马克思主义学院原院长程恩富学部委员，杰出经济学家、教育部社会科学委员会主任、北京大学原校长吴树青教授，杰出经济学家、中国政治经济学学会顾问、中国《资本论》研究会原副会长、中国人民大学经济系原主任、荣誉一级教授卫兴华，杰出经济学家、全国马克思主义经济学说史学会会长、教育部社会科学委员会副主任顾海良教授，杰出经济学家、中国政治经济学学会原会长、中国社会科学院经济研究所原副所长项启源荣誉学部委员，杰出经济学家、中国政治经济学学会原会长（现名誉会长）、中国社会科学院财贸经济研究所原所长杨圣明学部委员，都曾以不同方式给我以宝贵的指导和帮助。张卓元、于祖尧、吴宣恭、张薰华、刘方棫、陈德华、胡钧、胡乃武、王振中、郭继严、黄泰岩、文魁、胡家勇、毛立言等著名经济学家，也曾给我无私的帮助。《人民日报》《光明日报》《经济日报》《中国教育报》《中国社会科学》《经济研究》《马克思主义研究》《经济学动态》等报刊的相关负责人和编辑，也为我公开发表科研论文提供了支持和帮助。在此，我一并表示衷心的感谢。另外，我还衷心感谢1948年在复旦大学等高校就读时投身革命的父亲郭学洁教授、母亲郑海心副研究员对我的生身养育之恩和一心为民、锐意进取的精神激励，感谢夫人杨静对我的协助和多方面的鼎力支持，感谢对外经济贸易大学和原中国金融学院等高校的领导和同事多年来对我的热情帮助，感谢对外经济贸易大学国际经济贸易学院对本书出版提供的宝贵资助，感谢经济科学出版社领导对出版本书给予的大力支持和范莹副编审的精心策划和辛勤劳动。

“长风破浪会有时，直挂云帆济沧海。”我将继续坚持发展的马克思主义经济学的立场、观点和方法，兼收并蓄，博采众长，深入研究中国经济理论与经济改革的重大问题，为推进中国特色社会主义伟大事业发光放热。

作 者

2019年5月5日于北京轩昂斋